• 21 世纪高职高专规划课改教材 •

实用语文教程

罗国仕　杨金娥　主　编

科学出版社
北京

内 容 简 介

本书分上下两篇,上篇精选文学作品 37 篇,下篇精选应用写作 24 种。全书以培养学生从无限知识体系中吸取、提炼所需知识能力为教学目标,按柔性化原则整合语文教学的共性特征、个性特征和工具性,从而突出了培养学生的文学鉴赏能力、思维创新能力、听说读写等实用能力。练习设计新颖别致,具有启发性、拓展性和可操作性。

本书是语文课程通用教材,也是适合于社会同等学历青年的自学用书。

图书在版编目(CIP)数据

实用语文教程/罗国仕,杨金娥主编.—北京:科学出版社,2008
(21 世纪高职高专规划课改教材)
ISBN 978 - 7 - 03 - 022105 - 6

Ⅰ.实… Ⅱ.① 罗… ② 杨… Ⅲ.汉语—高等学校:技术学校—教材 Ⅳ.H1

中国版本图书馆 CIP 数据核字(2008)第 074129 号

责任编辑:王雨舸　梅　莹/责任校对:吉正霞
责任印制:董艳辉　　　/封面设计:苏　波

科 学 出 版 社 出版

北京东黄城根北街 16 号
邮政编码:100717
http://www.sciencep.com

京山德兴印刷有限公司印刷

科学出版社发行　各地新华书店经销

*

2008 年 5 月第 一 版　开本:B5(720×1000)
2008 年 5 月第一次印刷　印张:22
印数:1—4000　　　　字数:431 000

定价:35.00 元

(如有印装质量问题,我社负责调换)

前　言

　　《实用语文教程》是根据国家教育部对学生实施素质教育,培养学生人文素养、塑造健康人格、提升审美能力,整体提高学生的独立思考能力、创新思维和写作能力等基本要求编写的,是各专业学生拓宽视野、开启想象能力、训练思维能力,加强人文精神、美育德育、创新意识等教育,提高在校学生的汉语阅读能力和书面与口头表达能力等素质教育教材,也适合于作为社会同等学历青年的自学用书。

　　《实用语文教程》是提高学生文化素质类课程,是较高层次、审美情趣、贯穿一生的母语教育,它兼有工具性、人文性和审美性。而职业教育"是以培养具有一定理论知识和较强实践能力,面向基层、面向生产、面向服务和管理第一线职业岗位的实用型、技能型专门人才为目的。"因此,本教材是围绕以培养学生从无限知识体系中吸取、提炼所需知识能力为教学目标,按柔性化原则整合语言教学的共性特征、个性特征和工具性,突出培养学生的文学鉴赏能力、语言表达能力、思维创新能力、听说读写等实用功能编写的。

　　本教材由上、下两篇组成。上篇为文学赏析篇,精选了诗歌、散文、戏剧(曲)、小说等古今中外名家名作37篇,每个单元作品按时间先后排列,每篇选文均以精当的简介、精确的注释、精美的简析等方式诠注教学过程,并选择富有启发性、拓展性的思考与练习题,促使学生养成独立思考的习惯。下篇为应用写作篇,按通用实用性原则,精选了事务文书、公务文书、社交文书、科技文书等23种应用文书,每个单元的应用文书按平行排列,每一文种均以简明扼要的知识要点、短小精悍的例文选读、恰到好处的例文简析等方法阐明教学过程,并选配富有时代性、评改性、模拟性的综合训练题,培养学生较强的读说听写能力。教学内容富有弹性,教学重点突出实用性,教学难点突出可操作性,教学空间富有自然可伸缩性,充分调动学生学习语言文化的主动性和创造性,引导学生到阅览室、图书馆、互联网和社会生活中拓宽视野,提高学生的阅读能力、欣赏能力、实用写作能力和人文涵养。

　　"21世纪高职高专规划课改教材"丛书由张林国主编,负责拟定丛书的编写体例、指导思想和组编风格,并对若干编后事宜进行总体把关。本教材由罗国仕、杨金娥任主编,李惊涛、张雪萍任副主编。上篇由罗国仕、李惊涛、孙玉蓉、龙丽红、朱玉萍等编写,下篇由罗国仕、杨金娥、王琳、张雪萍、陈其艳等编写,全书由罗国仕拟定总体框架、编写体例和范文,并负责统稿和定稿工作。教材在编写过程中,参阅了大量相关报刊、杂志、教材和专著,援引了其中某些资料,在此致以诚挚的谢意。

编　者

2008 年 2 月

目录

下篇　应用写作

上 篇

文 学 赏 析

第一单元 诗 歌

采 薇[1]

《诗 经》

《诗经》是我国第一部诗歌总集,相传为孔子所编定。收录西周初年至春秋中叶的作品三百零五篇,又称"诗三百"。全书分为"风"、"雅"、"颂"三个部分:《风》是民间乐歌,有十五国风,一百六十篇;《雅》是宫廷乐歌,分为《大雅》、《小雅》,一百零五篇;《颂》是宗庙乐歌和舞歌,分为《周颂》、《鲁颂》、《商颂》,四十篇。其中,《风》的绝大部分及《小雅》的少部分作品,具有较高的思想性和艺术性,代表了《诗经》的最高文学成就。这些产生于民间的作品,或揭露当时社会政治的黑暗,或反映徭役、兵役的痛苦,或表现劳动生活的苦乐,或描述爱情婚姻的悲欢,从各个侧面广泛地展示了古代社会、政治和日常生活的图景。

《诗经》的基本句式是四言,间或杂有二言直至九言的各种句式。多用赋、比、兴的表现手法,意蕴丰赡含蓄。常用重章叠句的形式,大量使用双声、叠韵、叠字的语汇。这样一唱三叹,增强了诗歌的音乐性和节奏感。《诗经》是中国诗歌,乃至整个中国文学的一个光辉起点。

采薇采薇,薇亦作止[2]。曰归曰归,岁亦莫止[3]。靡室靡家[4],
玁狁之故[5]。不遑启居[6],玁狁之故。

采薇采薇,薇亦柔止[7]。曰归曰归,心亦忧止。忧心烈烈[8],载
饥载渴[9]。我戍未定[10],靡使归聘[11]。

采薇采薇,薇亦刚止[12]。曰归曰归,岁亦阳止[13]。王事靡
盬[14],不遑启处[15]。忧心孔疚[16],我行不来[17]!

彼尔维何[18],维常之华[19]。彼路斯何[20],君子之车[21]。戎车
既驾,四牡业业[22]。岂敢定居,一月三捷[23]。

驾彼四牡,四牡骙骙[24]。君子所依[25],小人所腓[26]。四牡翼
翼[27],象弭鱼服[28]。岂不日戒[29],玁狁孔棘[30]!

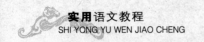

　　昔我往矣[31]，杨柳依依[32]。今我来思[33]，雨雪霏霏[34]。行道迟迟[35]，载渴载饥。我心伤悲，莫知我哀！

【注释】

［1］　选自《诗经·小雅》，篇名取自首句的两个字。薇(wēi)：今名野豌豆苗，嫩叶可食用。

［2］　作：起，生长出来。止：句尾语气词，无实义，下同。

［3］　莫：古体"暮"字，"年底"的意思。这句大意是：要回去要回去，而一年又快完了(总是回不去)。

［4］　靡(mí)：无。

［5］　猃狁(xiǎn yǔn)：我国古代西北边区民族，春秋时称"戎"或"狄"。

［6］　不遑：没有功夫。遑：闲暇。启居：指坐下来休息。古人席地而坐，坐时双膝着地，臀部贴在小腿上叫"居"；上身伸直，臀部离开脚后跟叫"启"。

［7］　柔：肥嫩。

［8］　忧心烈烈：忧心如焚。

［9］　载：又。

［10］　戍：守，这里指防守的地点。未定：不固定。

［11］　使：使者。归：(请人)带回，捎回。聘：问候家人的音讯。

［12］　刚：坚硬，指薇菜茎叶渐老变硬。

［13］　阳：农历十月。

［14］　盬(gǔ)：止息。

［15］　启处：与上文"启居"同义。

［16］　孔：很。疚：病痛，苦痛。

［17］　我行不来：我从军远行之后一直回不来。来：归来。

［18］　尔：花盛开的样子。维何：是什么。维：句中语气词。

［19］　常：通"棠"，即棠棣树。华：同"花"。

［20］　路：通"辂"，古代一种大车。斯：语气助词。

［21］　君子：这里指将帅。车：兵车，即下文的戎车。

［22］　牡：驾戎车的雄马。业业：强壮而高大的样子。

［23］　捷：通"接"，与敌交战。三捷：指交战频繁。

［24］　骙骙(kuí kuí)：马强壮的样子。

［25］　依：指乘坐。全句意为将帅坐在战车上指挥。

［26］　小人：指兵士。腓(féi)：掩护，隐蔽。全句意为步兵在兵车后面，靠车身掩护自己。

［27］　翼翼：行列整齐的样子，指训练有素。

［28］　象弭(mǐ)：用象牙镶饰的弓的两头缚弦的地方。鱼服：用鱼皮做的箭袋。全句指武器精良。

［29］　戒：戒备。

［30］　孔棘：十分吃紧。棘：同"亟"，紧急。

［31］　往：当年离家出征的时候。

［32］　依依：树枝柔弱随风飘拂的样子。

[33] 来思:指归来时。思:语末助词。

[34] 雨雪:下雪。霏霏(fēi):雪下得很大的样子。

[35] 行道:归途。迟迟:缓慢的样子。全句指归途遥远,时间很长。

【简析】

　　《采薇》是一首反映兵役痛苦的诗篇。它以一位久戍归来的士兵的口吻追忆了转战边陲的艰苦生活和内心悲痛,字里行间充满了对战争的不满和对故乡的思念之情。全诗六节,以采薇起兴。前三节回忆征战的苦况,说明难以返乡的原因。四、五节笔锋陡转,描写出征的军威,表现士兵的爱国精神。末节抒发归途的悲伤,表达诗人的无比同情。

　　在艺术上,这首诗巧妙地运用比兴手法,集中体现了《诗经》的艺术特点。诗的前三节采用重章叠句的形式,易于反复吟唱。一方面以植物的生长暗示时间的流逝,另一方面也在鲜明的节奏中表现出诗歌特有的音乐之美。在一唱三叹中,充分流露了戍卒的思乡之情。其次是情景交融,感人至深。品读诗的前五节,让人深深感到:生活的艰苦与思乡的痛苦交织,战斗的频繁与饥渴的折磨相伴。猃狁不退,戒备难除。薇菜由嫩变硬,兵役遥遥无期。戍卒的心如同煎熬一般!尤其是诗末节首四句,历代传诵不已,被视为情景交融的佳句。清代王夫之在《薑斋诗话》里说:"'昔我往矣,杨柳依依;今我来思,雨雪霏霏。'以乐景写哀,以哀景写乐,一倍增其哀乐。"

【思考与练习】

　　1. "昔我往矣,杨柳依依。今我来思,雨雪霏霏"被称为《诗经》中最佳诗句之一。刘熙载《艺概》评曰:"雅人深致,正在借景言情。"试分析诗人是如何"借景言情"的?

　　2. 这首诗反复描写戎车的"四牡业业"、"四牡骙骙"、"四牡翼翼"是为了表现什么?

　　3. 战争结束,戍卒返乡。按常理作品应表现士卒胜利后的喜悦,但诗人却营造了"昔日杨柳依依,如今雨雪霏霏"的场景,最后竟以"我心伤悲,莫知我哀!"结尾。试分析其中的道理。

　　4. 汉乐府继承了《诗经》以来的现实主义传统,具有浓郁的生活气息。阅读《陌上桑》,试分析罗敷的性格特征。

陌 上 桑

汉乐府

　　日出东南隅,照我秦氏楼。秦氏有好女,自名为罗敷。罗敷喜蚕桑,采桑城南隅。青丝为笼系,桂枝为笼钩。头上倭堕髻,耳中明月珠。湘绮为下裙,紫绮为上襦。行者见罗敷，下担捋髭须。少年见罗敷，脱帽著帩头。耕者忘其犁，锄者忘其锄。来归相怨怒，但坐观罗敷。

使君从南来，五马立踟蹰。使君遣吏往，问是谁家姝？"秦氏有好女，自名为罗敷。""罗敷年几何？""二十尚不足，十五颇有余。""使君谢罗敷，宁可共载不？"罗敷前置辞："使君一何愚！使君自有妇，罗敷自有夫。"

"东方千余骑，夫婿居上头。何用识夫婿？白马从骊驹；青丝系马尾，黄金络马头；腰中鹿卢剑，可值千万余。十五府小史，二十朝大夫，三十侍中郎，四十专城居。为人洁白晰，鬑鬑颇有须。盈盈公府步，冉冉府中趋。坐中数千人，皆言夫婿殊。"

送应氏·步登北邙阪[1]

曹　植

　　曹植（192～233年），字子建，沛国谯（今安徽亳县）人，三国魏杰出诗人，曹操第三子，封陈思王（又称陈王）。因富才学，曹植早年曾被曹操宠爱，一度欲立为太子，后失宠。曹丕称帝后，他受曹丕的猜忌和迫害，屡遭贬爵和改换封地。曹丕死后，曹丕的儿子曹睿即位，曹植曾几次上书，希望能够得到任用，但都未能如愿，最后忧郁而死，年四十一岁。曹植的一生以曹丕称帝为界，明显地分为前后两期。两种不同的生活遭遇，对他的创作有着深刻的影响。曹植是建安时期最负盛名的作家，《诗品》称为"建安之杰"。现在流传下来的作品也最多，诗有八十多首，辞赋、散文完整的与残缺不全的共四十余篇。从这些作品来看，其成就的确在建安时期一般作家之上。谢灵运曾说："天下才有一石，曹子建独占八斗，我得一斗，天下共分一斗。"

步登北邙阪[2]，遥望洛阳山。　　洛阳何寂寞[3]，宫室尽烧焚[4]。

垣墙皆顿擗[5]，荆棘上参天。　　不见旧耆老[6]，但睹新少年。

侧足无行径[7]，荒畴不复田[8]。　　游子久不归，　不识陌与阡[9]。

中野何萧条，　千里无人烟[10]。　　念我平常居，　气结不能言。

【注释】

[1]　选自余冠英《三曹诗选》，人民文学出版社出版。本诗写于建安十六年（211年），曹植随曹操西征马超，路过洛阳，会见文友应场、应璩兄弟。应氏兄弟因洛阳荒芜准备出游北往，曹植为他们饯别赋诗送行，作《送应氏》二首，这里选的是第一首。

[2]　北邙（máng）阪：邙山，在洛阳的旁边，登邙山而望洛阳曾经是汉代一名景。

[3]　何寂寞：这是作者登临纵目的总体印象，也是全诗中心所在。

[4]　指初平元年（190年），董卓挟持汉献帝迁都长安，把洛阳的宗庙宫室全部付之一炬。

[5]　垣（yuán）墙：矮墙。擗（pǐ）：分裂。

[6]　旧耆老：耆（qí），年老。昔日的老人。

[7]　指小路上因长满荆棘，行人只能侧着身子通过。

[8]　畴（chóu）：田地。全句指荒废了的土地不再有农夫耕种。

[9]　游子二句：应为诗人的悬想，说明被生活逼迫长期在外的游子，在荒田中恐怕分不清东西南北而迷路了。

[10] 中野二句：诗人慨叹田野中萧条冷落，千里内外人烟灭绝。

【简析】

本诗是曹植《送应氏》二首中的第一首，此诗除叙述友情外，借送别的地点，真实地描绘了当时洛阳遭董卓之乱以后的毁败情景和荒凉景象，直抒了作者的悲愤之情。诗人于北邙山登高望远，以遣忧愤。洛阳城周围的山峰尽收眼底，诗人选择"宫室"、"垣墙"、"荆棘"三个典型景物，交汇成一幅荒凉残破的暗淡图画。"垣墙"、"荆棘"二句，因距洛阳被焚 21 年，所以有垣墙顿擗、荆棘丛生的景象。物象是时代的折光，这种荒芜残破的景象正反映了建安这个时代长期战乱频繁、生灵涂炭的社会现实。其笔调哀怨，语近情遥，诗人无限的感慨流露在字里行间。

物既如此，人何以堪。诗人由静到动，由物到人，以人托事。在写人时分两个层面着墨。先写洛阳城中"不见旧耆老，但睹新少年"，这一对偶再次点明了洛阳的荒凉残破。为什么昔日的老人销声匿迹？因为他们或葬身于战场，或服役在边防，或流落在他乡，是频繁的战乱才导演出这场凄惨的悲剧。再写洛阳城外的景况，"侧足无行径，荒畴不复田"是诗人的直观；"游子久不归，不识陌与阡"是诗人的悬想；而"中野何萧条，千里无人烟"是诗人的嗟叹。这两句与曹操《蒿里行》中的"白骨露于野，千里无鸡鸣"同调合拍，既是夸张，也是当时社会生活的高度艺术概括。

最后两句，用《古诗》"悲与亲友别，气结不能言"之意，归结到送别的题旨上来。"我"，指应氏，是诗人代应氏兄弟设词。面对荒凉残破的洛阳，追忆昔日的繁华景象，眼看着"我友之朔方"，又联想到"嘉会不可常"（注："我友之朔方……嘉会不可常"句，是《送应氏》第二首诗中的句子），诗人自然不胜苦闷，以"气结不能言"作结，其哀愁之意力透纸背。

这首诗通过对一度极其繁华的东都洛阳在建安时代的破败荒芜景象的描绘，抒发了诗人的黍离之叹和伤别之情。全诗情调悲凉中含着慷慨，慷慨中透着悲凉，艺术感染力极强，堪称建安文学的精品。

【思考与练习】

1. 阅读本诗，体味作者在诗中表达的情感，说说你对这首诗主旨的理解。

2. 本诗代表了建安文学的一些风格，读下面的内容并概述几个文学概念："三曹"、"建安文学"、"汉魏风骨"。

建安时代，在中国历史上是一个动乱的年代，而在中国文学史上却又是一个辉煌的时代。这个时代涌现出的一大批灿烂的文学群星中，有一个由父子三星组成的耀眼星座，那就是曹魏集团的最高统治者曹操和他的儿子曹丕、曹植，史称"三曹"。

建安是汉献帝刘协的年号，从公元 196 年起到 219 年止。但文学史上所说的建安时代只是个大致的说法，包括汉末至魏初的一段时间，并非严格限定于这 24 年。在这天灾人祸连年不断的动荡年代，以"三曹"和"建安七子"（孔融、陈琳、王粲、徐干、阮禹、应玚、刘桢)为代表的一批文学家,在自己的作品中比较真实地反映了时代面貌和人民的疾苦,表达了他们渴望建功立业、恢复国家安定统一的雄心壮志。同时他们在思想上能摆脱两汉儒家经学的束缚,在学术上有意识地从汉代乐府民歌中汲取营养,说自己想说的话,写漂亮好看、生动活泼的文章,从而创造出"清峻、通脱、华丽、壮大"(鲁迅语)的一代文风。这就是为历代文学评论家所称颂的"建安风骨"(或曰"汉魏风骨")。这一文学成就的取得,从根本上说固然是历史发展的产物,但与作为上层统治者的曹氏父子的提倡与推动,也是分不开的。

3. 课外广泛阅读"三曹"父子的诗,说说他们各自的风格和代表作。重点比较曹植前后期诗的风格,写出 600～800 字的赏析文章。

咏 荆 轲[1]

陶渊明(365~427年),字元亮,别号五柳先生,晚年更名潜。浔阳柴桑(今属江西九江)人。曾作过一些地方的小官,任彭泽令仅八十余日就弃官归隐。晚年过着躬耕的田园生活,贫困而死。陶渊明是文学史上杰出的田园诗人。其田园诗不仅反映了高远的思想、志趣以及守志不阿的耿介品格,而且表达了对污浊现实生活的不满与对淳朴农村生活的热爱。其诗风格平淡自然,语言简洁朴素、形象生动、韵味深远、富有意境,具有独创的艺术风格,对后世田园诗的创作产生极大的影响。因其无力改变现实,诗中有逃避现实、乐天知命的消极思想。著有《靖节先生集》。

燕丹善养士[2], 志在报强嬴[3]。
招集百夫良[4], 岁暮得荆卿[5]。
君子死知己, 提剑出燕京。
素骥鸣广陌[6], 慷慨送我行。
雄发指危冠[7], 猛气充长缨[8]。
饮饯易水上[9], 四座列群英。
渐离击悲筑[10], 宋意唱高声[11]。
萧萧哀风逝, 淡淡寒波生。
商音更流涕[12], 羽奏壮士惊[13]。
心知去不归, 且有后世名。
登车何时顾, 飞盖入秦庭[14]。
凌厉越万里[15], 逶迤过千城[16]。
图穷事自至[17], 豪主正怔营[18]。
惜哉剑术疏[19], 奇功遂不成!
其人虽已没[20], 千载有余情。

【注释】

[1] 选自余冠英《汉魏六朝诗选》,人民文学出版社1978年版。此诗歌咏荆轲行刺秦王嬴政之事,诗风激荡有力。荆轲,战国时卫国人,游于燕国,受燕太子丹隆遇。后应太子丹恳请,

010

赴秦行刺秦王,未成,被杀。事见《史记·刺客列传》。

[2] 燕丹:战国末年燕王喜太子,名丹。士:春秋战国时诸侯的门客,指知识分子阶层。

[3] 报强嬴:报复强暴的秦王嬴政。燕丹在秦做人质时,秦王待之不恭,故回燕后图谋报复。

[4] 百夫良:百里挑一的杰出者。

[5] 岁暮:年终。荆卿:燕人对荆轲的敬称。

[6] 素骥:白马。骥:千里马。荆轲赴秦前,燕丹率众穿丧服在易水边饯行,作者因而想象马亦白色。广陌:宽广的大路。

[7] 指:撑起。危冠:高帽子。

[8] 长缨:系帽子的长丝带。

[9] 饮饯:饮酒送行。易水:在今河北西部。

[10] 渐离:高渐离,燕人,与荆轲友善。荆轲死后,渐离因善击筑而接近秦王,想用填铅之筑击杀秦王,不中,被杀。筑:乐器名,似筝,十三根弦,颈细而弯曲,以竹鼓之。

[11] 宋意:燕国勇士,也在易水送行。

[12] 商音:悲音,商音主悲。商为古音——五音(宫、商、角、徵、羽)之一,其调凄伤。

[13] 羽奏:用羽音弹奏。羽声慷慨。

[14] 飞盖:形容车行如飞。盖:车盖。

[15] 凌厉:勇猛直前的样子。

[16] 逶迤(wēi yí):形容路途曲折而遥远。

[17] 图穷句:地图打开后,行刺之事自然发生。荆轲见秦王,以献燕国地图(卷成轴状)为名,图内藏匕首。打开图后,他左手抓住秦王袖子,右手持匕首刺之。秦王扯断衣袖,绕柱而走,荆轲没有刺成,被秦王及左右所杀。

[18] 豪主:指秦王嬴政。怔(zhēng)营:惊慌失措的样子。

[19] 疏:粗疏,指剑术不精。

[20] 其人:指荆轲。没(mò):死。

【简析】

　　《咏荆轲》是一首咏史诗,它托古述怀,兴发感慨,并采用叙事与抒情相结合的方法,叙述了荆轲刺秦王的全过程。"燕丹"四句,意谓燕太子丹原在秦国做人质,秦王待他不好,他逃回燕国后,立志报仇。在豢养的门客中百里选一地挑选杰出人物,在岁末时得到了荆轲。"君子"四句,意谓君子为知己者死,带着剑出了燕国的都城。义士们乘着白马驰骋在大道上,意气激昂地为荆轲送行。"雄发"之后十二句,写义士们一个个都怒发冲冠,在易水边为荆轲饯行。荆轲的好友高渐离含悲击筑,宋意高歌送行,风萧萧兮易水寒,筑音和歌声越来越高亢,人们的心情也越来越激动。大家心里都知道,此举有去无回,只能留名后世。"登车"八句,以精练的笔墨叙写荆轲飞盖入秦和秦庭一击,着力表现的仍是他那登车入秦时的刻不容缓、义无反顾、慷慨赴死的气概。他一路勇往直前,逶迤曲折地经过许多都城,借献图为名接近秦王,所献的地图展开到尽头,图穷匕首现,顿使秦王受惊发愣。只可惜荆轲剑术生疏,刺秦王的奇功未能建立。诗末几句,以深沉感叹托意作结。虽说荆轲

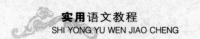

已死,事隔千载,诗人却余情绵绵,感慨颇深。结语看似平淡,但其弦外之意传达出了诗人的豪放之情。朱熹说:"陶渊明诗,人皆说是平淡,据某看他自豪放,但豪放得来不觉耳。其露出本相者,是《咏荆轲》一篇。"这是颇具眼力的。

【思考与练习】

1. 本诗成功地塑造了荆轲的形象,用生动的笔法,描写荆轲刺秦王的英勇行为,特别是他那种士为知己者死的精神和仗义献身的壮举。遣词造句雄健有力,字里行间流露出勃勃英气,让人体会到陶渊明除了飘逸静穆的一面外,尚有"金刚怒目"式的另一面。请结合具体诗句分析。

2. 根据课文完成下列自测题:

(1) 本诗是一首_____诗。

A. 咏史诗　　B. 写景咏物诗　　C. 边塞诗　　D. 送别诗

(2) 诗中的人物有_____、_____、_____、_____、_____。

(3) "易水饯行"的景物描写有何作用?

(4) "心知去不归,且有后世名"一句暗示了什么呢?

3. 对荆轲其人,历来是仁者见仁,智者见智。你认为荆轲是怎样一个人呢?结合本篇,课外参阅《荆轲刺秦王》,谈谈你的看法(提示:可从思想、性格、才能和精神方面分析)。

4. 荆轲刺秦王能真正挽救燕国的危亡吗?荆轲千百年来受到人们敬仰的原因是什么?

春江花月夜[1]

张若虚

张若虚(约660~720年),扬州(今属江苏)人,曾任兖州兵曹。初唐诗人。以文词俊秀驰名京都,与贺知章、张旭、包融齐名,被誉为"吴中四士"。他在诗风上厌恶六朝以来的空洞艳体,追求自由豪放、富有理想的高远意境。其诗仅存二首于《全唐诗》中,其中《春江花月夜》是脍炙人口的名作。

春江潮水连海平,　海上明月共潮生。
滟滟随波千万里[2],何处春江无月明?
江流宛转绕芳甸[3],月照花林皆似霰[4]。
空里流霜不觉飞[5],汀上白沙看不见[6]。
江天一色无纤尘[7],皎皎空中孤月轮。
江畔何人初见月?　江月何年初照人?
人生代代无穷已[8],江月年年只相似。
不知江月待何人[9],但见长江送流水[10]。
白云一片去悠悠[11],青枫浦上不胜愁[12]。
谁家今夜扁舟子[13]?何处相思明月楼[14]?
可怜楼上月徘徊[15],应照离人妆镜台。
玉户帘中卷不去[16],捣衣砧上拂还来[17]。
此时相望不相闻,　愿逐月华流照君[18]。
鸿雁长飞光不度,鱼龙潜跃水成文[19]。
昨夜闲潭梦落花[20],可怜春半不还家[21]。
江水流春去欲尽,　江潭落月复西斜。
斜月沉沉藏海雾,碣石潇湘无限路[22]。
不知乘月几人归?　落月摇情满江树[23]。

【注释】

[1] 选自中华书局校刊本《全唐诗》。诗名属乐府《清商曲辞·吴声歌曲》旧题,始创于陈后主。
[2] 滟滟:波光闪烁的样子。

［3］ 芳甸：花草丛生的原野。

［4］ 霰（音"现"）：细密的雪珠。

［5］ 流霜：比喻空中月色朦胧流荡。

［6］ 汀：水中或水边的平地。这里指水边沙滩。

［7］ 纤尘：细小的尘埃。

［8］ 无穷已：没有止尽。已：止，止息。

［9］ 待：一本作"照"。

［10］ 但：只，只是。

［11］ 白云：此喻指游子。去悠悠：形容白云缓缓飘逝。

［12］ 青枫浦：一名双枫浦，故址在今湖南浏阳境内。浦：原指大江、大河与其支流交汇的地方。
这里指离别场所。不胜：经不起，受不了。

［13］ 扁舟子：指漂泊江湖的人。扁舟：小船。

［14］ 明月楼：指明月照耀下的楼房，即思妇的所在。

［15］ 月徘徊：指月影缓缓移动。

［16］ 玉户：门的美称。此指思妇居室。

［17］ 捣衣砧：古人洗衣的垫石。古人洗衣，置石板上，用棒槌捶击去污。这种石板叫捣衣砧。
捣：反复捶击。

［18］ 月华：月光。

［19］ 鸿雁二句：意思是指游子与思妇之间难通音信。鸿雁：此指信使。《汉书·苏武传》记有
鸿雁传递书信之事。长飞：远飞。度：通"渡"。鱼龙：这里是偏义复词，龙字无义，此指
鲤鱼。《古诗·饮马长城窟行》"客从远方来，遗我双鲤鱼。呼儿烹鲤鱼，中有尺素书"记有
鲤鱼传书之说。文：通"纹"。

［20］ 闲潭：平和、幽静的水潭。

［21］ 可怜：可惜。

［22］ 碣石句：意指游子思妇分处天南地北，无法相见。碣石：山名，在今河北省昌黎县；一说已
沉入海中。潇湘：水名，在今湖南省。碣石潇湘：此处指天南地北。

［23］ 落月句：意指江边树林洒满了落月的余晖，轻轻摇曳，牵系着思妇的离情别绪。

【简析】

春潮汹涌，心潮澎湃；明月长圆，人情难圆；时空无限，人生有限。张若虚这首
"孤篇横绝，竟为大家"的七言诗，以和谐的歌调，描绘了精美的春江花月夜，抒发了
纯美的人间相思情。并生发出对宇宙与人生关系的思索，蕴含着深刻的人生哲理。

全诗以月轮的运行为线索，紧扣题目从月升写到月落。在月光的照耀下，江
水、沙滩、夜空、原野、青枫、飞霜、白云、扁舟、高楼、镜台、砧石、长飞的鸿雁、潜跃的
鱼龙、不眠的思妇以及漂泊的游子，组成了完整的诗歌形象，展现出一幅充满人生
哲理与生活情趣的画卷。无论在思想上还是在艺术上，《春江花月夜》都超越了以
前那些单纯摹山描水的景物诗，"羡宇宙之无穷，哀吾生之须臾"的哲理诗，抒儿女
别情离绪的爱情诗。诗人的诗情画意，美的意蕴和富于哲理的思索赋予传统题材

以新的生命,让人百读不厌,回味无穷。那奇丽的大自然美景,那纯洁的人世间真情,那对游子思妇的深深同情,那对人生哲理的追求,那对宇宙奥秘的探索交织在一起,汇成一种情、景、理水乳交融的幽美而邈远的意境。诗人将深邃美丽的艺术世界特意隐藏在惝恍迷离的艺术氛围之中,整首诗篇仿佛笼罩在一片空灵而迷茫的月色里,从而吸引着读者去探寻其中美的真谛。

这首诗格调婉转优美,情感幽怨缠绵,语言优美自然,声韵和谐流畅,结构浑然一体,在内容和形式上达到了完美统一。闻一多先生誉之为"诗中的诗,顶峰上的顶峰"(《宫体诗的自赎》)。

【思考与练习】

1. 有人认为这首诗歌的主旨是一个"情"字,你赞同吗?为什么?

2. 试分析"玉户帘中卷不去,捣衣砧上拂还来"所表达的思想感情及其表现手法。

3. 本诗以"落月摇情满江树"结尾,意味深长。试谈谈自己的感受。

4. 自古以来,月是个永恒的主题,当我们遥望夜空,看见朗朗明月之时,心中总是引起无限遐想。试搜索与月相关的诗句,认真体会月亮在中国文化中的象征意义。

使至塞上[1]

王 维

王维(? ～761年),字摩诘,原籍祁(今属山西),其父迁居蒲洲(今山西永济西),遂为河东人,开元进士,盛唐著名诗人、画家。晚年居蓝田辋川,无心仕途,专诚奉佛,故后世人称其为"诗佛"。前期写过一些以边塞为题材的诗篇;但其作品中以描绘山水田园和歌咏隐居生活一类成就最大。他的大多数山水田园之作,在描绘自然美景的同时,流露出闲居生活中的闲适情趣,或静谧恬淡,或气象萧索,或幽寂冷清。而他的反映军旅和边塞生活的作品,写景佳句广为历代传诵不衰,如极富代表性的《使至塞上》就是其中之一。人们常用"诗中有画,画中有诗"来评论他的作品。王维现存诗四百余首,著有《王右丞集》。

单车欲问边[2],属国过居延[3]。
征蓬出汉塞[4],归雁入胡天。
大漠孤烟直, 长河落日圆[5]。
萧关逢候骑[6],都护在燕然[7]。

【注释】

[1] 选自《唐诗鉴赏词典》,上海辞书出版社。题目意为奉命出使边塞。
[2] 单车:形容轻骑简从。问边:慰问边士。
[3] 属国:秦汉时官名典属国的简称,诗中指作者本人。当时作者以监察御史的身份出塞慰问得胜将士。居延:城名,属凉州张掖郡,在今内蒙古自治区额济纳旗境内。
[4] 征蓬:被风卷起远飞的蓬草,作者自喻。
[5] 长河:指黄河。
[6] 萧关:古关名,是关中通向塞北的交通要道,在今宁夏回族自治区固原县东南。候骑:担任侦察、通讯的骑兵。
[7] 都护:指边疆的统帅正率兵虎踞燕然,镇守着祖国的西北边陲。燕然:山名,即杭爱山,在今蒙古人民共和国境内。汉将窦宪击破匈奴北单于,追击至燕然山,刻石纪功而回,后世用为克敌制胜的典故。这里代指前线。

【简析】

本诗写于开元二十五年(737年),河西节度副使崔希逸战胜吐蕃,唐玄宗命王维以监察御史的身份出塞宣慰,察访军情。这实际是将王维排挤出朝廷。

这首诗作于赴边途中。它描绘了塞外奇特壮丽的风光,画面开阔,意境雄浑,表现了诗人对不畏艰苦、以身许国的守边战士的爱国精神的赞美。本诗叙事精练,语言简洁朴素,内容明晰易懂。诗的首尾两联叙事,"单车欲问边"意为轻车前往,要向哪里去呢?颔联借景抒情,把自己比作飘飞不定的蓬草。"归雁"是北归的雁,雁往北归,是归家;自己也往北去,与雁同行,却是离家。这里比喻一个负有朝廷使命的大臣。它暗写了诗人内心的激愤和寂寞伤感。颈联写景,一个"大"字,形象地描绘出边疆沙漠的荒凉与浩瀚,那里宽阔无边没有什么奇观异景,烽火台燃起的那一股浓烟就显得格外醒目,因此称作"孤烟",下面一个"直"字则表现出了他的劲拔和坚毅之美。那荒漠上没有任何山峦林木,横贯其间的黄河就非得用"长"来形容才算准确。另外,"落日"给人的本是一种凄楚苍凉的印象,而在此处诗人却把它写"圆"了,便给人以亲切温暖之感。诗人不仅实写了沙漠的景象,而且还把自己的孤寂情绪巧妙地融入广阔的自然环境中去,让我们看到了一幅苍凉壮阔的大漠黄昏图。正如王国维所评价的那样,这真是"千古壮观"的名句。

【思考与练习】

1. 王维的这首《使至塞上》气势充沛、景象宏阔,表达了诗人内心幽微难言的情感,认真揣摩本诗,理解它的主旨。

2. 仔细研读诗句,按要求答题:

(1)"蓬草"在古代诗文中一般比喻什么?诗中的"征蓬"表达了诗人什么感情?

(2)尾联用典故流露出了向往建功立业的心情。这个典故隐含在哪两个字中?

(3)颈联的"直"和"圆"两字历来为人称道,说说这两个字为什么用得好。

(4)颈联是写景名句,依据这首诗,描述一下王维看到的景色以及当时的心情。(60字左右)

(5)对这首诗字句的解说,不恰当的一项是(   )

A. 第一句交代此行的目的,第二句是说附属国直到居延(地名)以外,点明边塞的辽阔、路途的遥远

B. 三、四两句,写眼前景物,并以"蓬"、"雁"自比。从景物特征看,作者是秋天出塞的

C. 五、六两句继续写诗人在沙漠中看到的典型景物。"长河"指黄河

D. 最后两句写诗人在边疆的萧关见到了候骑(侦察兵),得知都护正带兵在燕然前线

(6)对这首诗的分析,不恰当的一项是(   )。

A. "征蓬出汉塞,归雁入胡天"两句即景设喻,说自己像远飞的蓬草一样出临"汉塞",像"归雁"一样进入"胡天",这样既写景,又叙事,一语两指,贴切自然,流露了诗人轻松愉悦和急切见到边关将士的心情

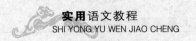

B. 边疆沙漠,浩瀚无边,所以用了"大漠"的"大"字;边塞荒凉,景物单调,偶尔出现的一股烟尘格外醒目,因此称做"孤烟"

C. 沙漠上没有山峦树木遮挡,蜿蜒远去的黄河横贯其间,望不到尽头。一个"长"字,既抓住了景物的特征,又准确表达了诗人的感觉

D. "落日",本来容易给人以感伤的印象,这里用一"圆"字,却给人以亲切温暖的感受,意境雄浑

3. 阅读岑参《走马川行奉送封大夫出师西征》,谈谈此诗与《使至塞上》风格的异同(提示:两首均为边塞诗人所写,他们十分擅长描写边塞征战生活,从大漠、烽烟、黄沙等景物中反映边塞将士的精神风貌。试从多个角度,体味两首诗的整体风格,领会作者熔铸在诗中的感情)。

走马川行奉送封大夫出师西征

岑 参

君不见走马川,雪海边,平沙莽莽黄入天。

轮台九月风夜吼,一川碎石大如斗,随风满地石乱走。

匈奴草黄马正肥,金山西见烟尘飞,汉家大将西出师。

将军金甲夜不脱,半夜军行戈相拨,风头如刀面如割。

马毛带雪汗气蒸,五花连钱旋作冰,幕中草檄砚水凝。

虏骑闻之应胆慑,料知短兵不敢接,车师西门伫献捷。

赋得白鹭鸶送宋少府入三峡[1]

李 白

李白(701～762年),字太白,号青莲居士。祖籍陇西成纪(今甘肃省秦安东),隋朝末年迁徙到中亚碎叶城(今巴尔喀什湖南面的楚河流域),李白即诞生于此。五岁时,其家迁入绵州昌隆(今四川江油县)青莲乡。二十五岁时只身出川,开始了广泛漫游,并学道学剑,好酒任侠,笑傲王侯。天宝初年,由道士吴人筠推荐,唐玄宗召他进京,命他供奉翰林。不久,因权贵的谗毁,于天宝三、四年间(744或745年),被排挤出京。此后,他在江、淮一带盘桓,思想极度烦闷。天宝十四年(755年)冬,安禄山叛乱,他这时正隐居庐山,适逢永王李璘的大军东下,应邀下山入幕府。后来李璘反叛肃宗,被消灭,李白受牵连,被判处流放夜郎(今贵州省境内),中途遇赦放还,往来于浔阳(今江西九江)、宣城(今安徽宣城)等地。代宗宝应元年(762年),病死于安徽当涂县。

李白生活在盛唐时期,是唐代最伟大的天才诗人之一,他具有"济苍生"、"安黎元"的进步理想,毕生为实现这一理想而奋斗。他的大量诗篇,既反映了那个时代的繁荣气象,又揭露和批判了统治集团的荒淫和腐败,表现出蔑视权贵,反抗传统束缚,追求自由和理想的积极精神。在艺术上,他的诗想象新奇、感情强烈,让人"可上九天揽月";气势如"黄河之水天上来",无人能及。语言清新明快,音律和谐多变,形成了雄奇豪放的艺术风格,达到了我国古代浪漫主义诗歌艺术的高峰。存诗九百余首,著有《李太白集》。

白鹭拳一足[2],
月明秋水寒[3]。
人惊远飞去[4],
直向使君滩[5]。

【注释】

[1] 选自扬州诗局本《全唐诗》第177卷024首。所谓"赋得",是"赋"诗得"题"的意思。得到什么题,当然由人限定,没有固定的框框,但最常见的"赋得"诗,主要有两类:一类是取前人成句为题,如梁元帝的《赋得兰泽多芳草》;另一类是咏物,有很多是用来"送别"的,如白居易的《赋得古原草送别》。这首诗也是一首咏物送别诗。诗名中有"入三峡",说明李白

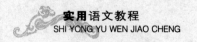

当时所处地离三峡不远。

[2] 拳一足：指白鹭一只脚缩着。通常白鹭睡觉会将一只脚缩着。

[3] 秋水寒：说明夜深江水更冷了。

[4] 去：指白鹭飞走了。

[5] 使君滩："使君滩"到底在何处？据 1980 年 7 月上海古籍出版社《李白集校注》原注,《太平寰宇记》：使君滩在万州东二里大江中,昔杨亮赴任益州,行船至此覆没,故名。《水经注》："江水东经羊肠、虎臂滩。杨亮为益州刺史,至此舟惩其波澜,蜀人至今犹名之为使君滩。"使君滩自古有白鹭。

【简析】

这是一首五言律诗。它以明白如话的语言雕琢出明静醉人的秋夜意境,抒发了远客的思乡之情。那秋水明月下的白鹭,被惊醒后直飞向使君滩。从表面上看,诗人是描写景物,实际上是暗指秋夜饯别和宋少府入三峡一事。显然与别离有关。咏物中含送别,赋中带比兴。诗人以清新朴素的笔触,抒写了丰富深情的内容。诗中好友间的依依惜别之情和对朋友的美好祝愿都蕴涵在其中。景是景,情是情,那么逼真,那么动人,百读不厌,耐人寻味。难怪有人赞誉它是"妙绝古今"。

【思考与练习】

1. 这首诗简笔勾勒,画面清新,自然流畅,动静结合,构成了一幅色彩明晰的画。认真把握诗中意象,体味诗的意境。

2. "人惊远飞去,直向使君滩"从怎样的角度,表达了诗人什么样的情怀？

3. 古人诗中有许多写白鹭的句子,广泛阅读唐诗,收集这样的诗句。

新 安 吏[1]

杜 甫

　　杜甫(712～770 年),字子美,原籍襄阳(今属湖北),后迁居巩县(今属河南),为初唐诗人杜审言之孙。因其诗中常自称少陵野老,故世称杜少陵。他一生坎坷,生活在唐代由盛转衰、祸乱迭起的时代。其诗真实地再现了当时特定的生活,充满了忧国忧民的感情,被誉为"诗史"。他的诗以古体、律诗见长,风格多样,诗风沉郁顿挫,语言精练传神,对后世诗人影响极大,被后世诗家尊为"诗圣"。他是唐代杰出的现实主义诗人,著有《杜工部集》。

　　"安史之乱"后,杜甫漂泊于长安、洛阳之间,把所见所闻写成诗篇,其中还有许多组诗。代表作品有"三吏"(《石壕吏》、《新安吏》、《潼关吏》)、"三别"(《新婚别》、《无家别》、《垂老别》)等。

　　　　客行新安道, 喧呼闻点兵[2]。
　　　　借问新安吏："县小更无丁?"
　　　　"府帖昨夜下, 次选中男行[3]。"
　　　　"中男绝短小, 何以守王城[4]?"
　　　　肥男有母送, 瘦男独伶俜[5]。
　　　　白水暮东流, 青山犹哭声。
　　　　"莫自使眼枯, 收汝泪纵横[6]。
　　　　眼枯即见骨, 天地终无情[7]!
　　　　我军取相州, 日夕望其平[8]。
　　　　岂意贼难料, 归军星散营[9]。
　　　　就粮近故垒, 练卒依旧京[10]。
　　　　掘壕不到水, 牧马役亦轻。
　　　　况乃王师顺, 抚养甚分明。
　　　　送行勿泣血, 仆射如父兄[11]。"

【注释】

[1]　选自《全唐诗》217 卷 031 篇。这是诗人组诗"三吏"的第一首。新安:唐属河南府,今河南

新安县,在洛阳西。

[2] 客:作者自称,为他乡做客的人。喧呼:高声呼叫。

[3] 府帖:兵帖,军籍。

[4] 中男:未成年的男子。唐制十八以上为中男,二十三以上为成丁。

[5] 伶俜:孤苦伶仃。

[6] 莫自:不要。

[7] 眼枯:把眼泪哭干了。

[8] 相州:即邺城,今河南安阳县。平:平定。

[9] 贼:指安庆绪、史思明的叛军。归军:指各节度使的溃军。星散营:形容溃散的状况。

[10] 旧京:指东都洛阳。

[11] 泣血:谓哀伤之极。仆射:这里指郭子仪,他曾任左仆射。

【简析】

　　这首诗写的是唐肃宗乾元元年(758 年)发生的事。邺城(即相州,治所在今河南安阳)之战后,官军散亡,兵员亟待补充,于是朝廷下令征兵。杜甫从洛阳回华州,路过新安,耳闻目睹了遭难百姓的惨状,又看到征兵的情况,就写了这首诗。

　　开头两句诗是全篇的总起。意思是说,诗人走在新安街道上,听到有人在大声地按户籍点兵。以下一切描写,都是从诗人"喧呼闻点兵"五字中生出。

　　接着杜甫惊奇地问道:"借问新安吏:'县小更无丁?'"按照正常的征兵制度,中男不该服役。这样问是很尖锐的,但吏很狡黠,回答说,州府昨夜下的军帖,要依次抽中男出征。"中男又矮又小,怎么能守卫东都洛阳呢?"杜甫又一问,吏却没有答话。

　　诗人此刻放眼望去,看到这样一个场景:"肥男有母送,瘦男独伶俜。白水暮东流,青山犹哭声。""肥男"与"瘦男"对比鲜明,"瘦男"的孤苦伶仃更让人心生怜悯。此刻母亲与孩子的诀别声,亲人的哀号声让青山也为之动容!而杜甫对着这一群哀号的人流,究竟站了多久呢?诗人用一个"犹"字来显示恍惚。人走以后,哭声仍然在耳,仿佛连青山白水也呜咽不止。这四句写出了诗人的主观感受,在行文与感情的发展上起着过渡作用。

　　"莫自"四句是杜甫劝慰征夫的话。他说,把你们的眼泪收起吧,不要哭坏了眼睛,徒然伤了身体。天地终是一个无情的东西啊!这里我们从"莫"和"收"中真切体味到那种压抑的悲愤!"天地终无情",极其深刻地揭露了兵役制度的不合理。

　　接下来十二句应该视为一段。"我军取相州"至"归军星散营"句,这是诗人对征夫(中男)提起相州败军形势。后面八句,是告诉这些应征的中男该怎么去服兵役,从而予以安慰。接着说这是名正言顺的正义战争,参加的是讨伐叛徒的王师。你们送行的家人也不用哭得太伤心,仆射对兵士仁爱得像父兄一样。这里我们看到了杜甫对应征者的关心、劝慰和鼓励。

这首诗真实地反映了社会现实的矛盾,它的主题思想是复杂的。诗的前半部分反映了诗人对于点选中男应征是同情和怜悯的,对不合理的征兵制度有着强烈不满。而后半部分,又以颂扬郭子仪,安慰送行亲人结束,这又让人看到了他维护祖国统一的愿望。实际上,人民的惨痛,国家面临的灾难,都深深刺痛了诗人沉重而痛苦的心灵。他的组诗也正反映了这一时期的社会现实。

【思考与练习】

1. 熟读全诗,理解本文的主旨,背诵全诗。
2. 结合诗中文意思考,如果将"肥男有母送"改为"肥男父母送"行吗?为什么?
3. "白水暮东流,青山犹哭声"这两句诗表达了作者怎样的思想感情?
4. 结合对杜甫现实主义诗篇的理解,将《新安吏》改写成一篇记叙文。
5. 《长恨歌》是白居易诗作中脍炙人口的佳作,对《长恨歌》的主旨,历来有不同认识,有人认为是讽刺荒淫,有人认为是歌颂爱情,有人认为是双重主题。你的意见如何?理由是什么?(皆须结合课文诗句分析)

长 恨 歌

白居易

汉皇重色思倾国,御宇多年求不得。
杨家有女初长成,养在深闺人未识。
回眸一笑百媚生,六宫粉黛无颜色。
春寒赐浴华清池,温泉水滑洗凝脂。
侍儿扶起娇无力,始是新承恩泽时。
云鬓花颜金步摇,芙蓉帐暖度春宵。
春宵苦短日高起,从此君王不早朝。
承欢侍宴无闲暇,春从春游夜专夜。
后宫佳丽三千人,三千宠爱在一身。
金屋妆成娇侍夜,玉楼宴罢醉和春。
姊妹弟兄皆列土,可怜光彩生门户。
遂令天下父母心,不重生男重生女。

骊宫高处入青云,仙乐风飘处处闻。
缓歌慢舞凝丝竹,尽日君王看不足。
渔阳鼙鼓动地来,惊破霓裳羽衣曲。
九重城阙烟尘生,千乘万骑西南行。
翠华摇摇行复止,西出都门百余里。
六军不发无奈何,宛转蛾眉马前死。

花钿委地无人收,翠翘金雀玉搔头。
君王掩面救不得,回看血泪相和流。
黄埃散漫风萧索,云栈萦纡登剑阁。
峨嵋山下少人行,旌旗无光日色薄。
蜀江水碧蜀山青,圣主朝朝暮暮情。
行宫见月伤心色,夜雨闻铃肠断声。
天旋地转回龙驭,到此踌躇不能去。
马嵬坡下泥土中,不见玉颜空死处。

君臣相顾尽沾衣,东望都门信马归。
归来池苑皆依旧,太液芙蓉未央柳。
芙蓉如面柳如眉,对此如何不泪垂。
春风桃李花开日,秋雨梧桐叶落时。
西宫南内多秋草,落叶满阶红不扫。
梨园弟子白发新,椒房阿监青娥老。
夕殿萤飞思悄然,孤灯挑尽未成眠。
迟迟钟鼓初长夜,耿耿星河欲曙天。
鸳鸯瓦冷霜华重,翡翠衾寒谁与共。
悠悠生死别经年,魂魄不曾来入梦。

临邛道士鸿都客,能以精诚致魂魄。
为感君王展转思,遂教方士殷勤觅。
排空驭气奔如电,升天入地求之遍。
上穷碧落下黄泉,两处茫茫皆不见。
忽闻海上有仙山,山在虚无缥缈间。
楼阁玲珑五云起,其中绰约多仙子。
中有一人字太真,雪肤花貌参差是。
金阙西厢叩玉扃,转教小玉报双成。
闻道汉家天子使,九华帐里梦魂惊。
揽衣推枕起徘徊,珠箔银屏迤逦开。
云髻半偏新睡觉,花冠不整下堂来。
风吹仙袂飘飘举,犹似霓裳羽衣舞。

玉容寂寞泪阑干,梨花一枝春带雨。
含情凝睇谢君王,一别音容两渺茫。
昭阳殿里恩爱绝,蓬莱宫中日月长。
回头下望人寰处,不见长安见尘雾。
惟将旧物表深情,钿合金钗寄将去。
钗留一股合一扇,钗擘黄金合分钿。
但教心似金钿坚,天上人间会相见。
临别殷勤重寄词,词中有誓两心知。
七月七日长生殿,夜半无人私语时。
在天愿作比翼鸟,在地愿为连理枝。
天长地久有时尽,此恨绵绵无绝期。

雁门太守行[1]

李 贺

李贺(790~816年),字长吉,福昌(今河南宜阳西)人。中唐著名诗人,也是中唐到晚唐诗风转变的代表者之一。李贺虽然只活了二十七岁,但存诗达两百多首,诗中充分显露他的天才。其诗主要表现他在政治上不得志的苦闷和悲愤,风格幽冷凄婉。他喜欢用"死"、"血"、"鬼"、"泣"这类字眼,驱遣千奇百怪的形象,表现惊人的想象力。著有《昌谷集》。

黑云压城城欲摧[2],甲光向日金鳞开[3]。
角声满天秋色里, 塞上燕脂凝夜紫[4]。
半卷红旗临易水[5],霜重鼓寒声不起[6]。
报君黄金台上意[7],提携玉龙为君死[8]。

【注释】

[1] 选自《唐诗鉴赏辞典》,上海辞书出版社出版。《雁门太守行》是乐府《相和歌·瑟调曲》三十八曲旧题之一。雁门:古雁门郡,大约在今山西省西北部,是唐王朝与北方突厥部族的边境地带。

[2] 黑云:形容战争烟尘铺天盖地,弥漫在边城附近,气氛十分紧张。

[3] 甲光句:形容军中将士的铠甲在日光下闪耀犹如片片金鳞,耀人眼目。

[4] 燕脂:同"胭脂"。塞上句:有两种解说,一说是写战斗激烈而且残酷,从白天到晚上,战场上的血迹在夜色将临之际呈现出一片片的暗紫色;另一说是写暮色渐浓,夜幕降临,晚霞变为暗紫色,天光和山色都暗淡。

[5] 半卷红旗:指红旗不能充分展开,描写急行军的样子。易水:河名,指河北省易县。

[6] 声不起:因天寒霜重,鼓都敲不响了。这句暗示战事惨烈,使得战鼓都音哑了。

[7] 黄金台:《战国策·燕策》记载燕昭王求士,在易水东南修筑高台,曾把大量黄金放在台上,广招天下人才,以报齐毁国杀父之仇。诗人借此典写出将士们报效朝廷的决心。

[8] 玉龙:宝剑名,这里代指剑。

【简析】

"雁门太守行"系乐府旧题。李贺生活的时代藩镇叛乱此起彼伏,发生过重大战争。从有关这首诗的一些传说和材料记载推测,此诗可能是写平定藩镇叛乱的

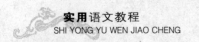

战争。

诗共八句,前四句写日落前的情景,重点写景。首句既是写景,也是写事。句中"黑云"、"欲摧"在此渲染了敌军兵临城下的紧张气氛。衬托了形势的危急与严重性。一个"压"字,更形象地突出了战斗的激烈。第二句写城内的守军,与城外的敌军相对比,忽然,风云变幻,一缕日光从云缝里透射下来,映照在守城将士的甲衣上,只见金光闪闪,耀人眼目。此刻他们正披坚执锐,严阵以待。这里借日光来显示守军的阵营和士气,情景相生,奇妙无比。诗中三、四句分别从听觉和视觉两方面铺写阴寒惨切的战地气氛。时值深秋,万木摇落,在一片死寂之中,那角声呜呜咽咽地鸣响起来。显然,一场惊心动魄的战斗正在进行。"角声满地",勾画出战争的规模。敌军依仗人多势众,鼓噪而前,步步紧逼。守军并不因势孤力弱而怯阵,而是在号角声的鼓舞下,士气高昂,奋力反击。战斗从白昼持续到黄昏。诗人没有直接描写短兵相接的激烈场面,只对双方收兵后战场上的景象作了粗略而极富表现力的点染:"燕脂"、"紫"说明鏖战从白天进行到夜晚,晚霞映照着战场,那大块大块的胭脂般鲜红的血迹,透过夜雾凝结在大地上呈现出一片紫色。这种黯然凝重的氛围,衬托出战地的悲壮场面,暗示攻守双方都有大量伤亡,守城将士依然处于不利的地位,为下面写友军的援救做了必要的铺垫。

后四句写驰援部队的活动。"半卷"句,暗示"临易水"之前有一段进军的过程。"半卷"二字含义极为丰富。黑夜行军,偃旗息鼓,为的是"出其不意,攻其不备";一个"临"字也表现出行军的动态。"临易水"既表明交战的地点,也暗示将士们具有"风萧萧兮易水寒,壮士一去兮不复还"那样一种壮怀激烈的豪情。接着描写苦战的场面:驰援部队一迫近敌军的营垒,便击鼓助威,投入战斗。无奈夜寒霜重,连战鼓也擂不响。面对重重困难,将士们毫不气馁。诗末"报君"句引用"黄金台"的典故,写出了将士们报效朝廷的决心。

一般说来,写悲壮惨烈的战斗场面不宜使用表现浓艳色彩的词语,而李贺写诗喜欢用奇怪的色彩,用浓色、重色、艳色、杂色。陆游说:"贺词如百家锦纳,五色眩耀,光彩夺目。"这首诗就是用黑、黄(金)、红、白、紫等浓艳色调描写紧张悲壮的战斗场面,色彩反差较大,对比鲜明强烈,与诗中激荡着的悲壮情调相得益彰,从而也构成了浑融蕴藉、富有情思的意境。这正是李贺创作诗歌的绝招。李贺的诗开启中晚唐唯美主义的倾向,其诗用字浓丽、沉郁、奇险、凄清、冷艳,擅用比兴、象征、隐刺、反衬等手法。

【思考与练习】

1. 全诗将写景、叙事、抒情和谐自然地融为一体,深沉悲壮惨烈。试赏析这首诗的艺术风格。

2. 简答题

(1) 第一句中"黑云"比喻什么?

（2）诗中用"燕脂"、"紫"这样的颜色表达怎样的情调？

（3）"霜重鼓寒声不起"中的"不起"是什么意思？

（4）这首诗前六句与后两句的情调有所不同，试做分析。

（提示：前六句用各种色彩和形象的描绘，渲染出紧张严峻的战争氛围，情调低沉；后两句描写战士们奋勇作战的精神境界，情调高昂。）

3. 选择题

（1）对这首诗句的解说，不恰当的一项是（   ）。

A. 第一句"黑云"比喻敌人大军压城的气势，第二句"金鳞"比喻铠甲在太阳下反射的闪光

B. 第四句中"燕脂"、"紫"都是形容边塞泥土的颜色怪异，包含着当时战况严峻的象征意义

C. 第六句中，"寒声"指战鼓的声音低沉重浊，"不起"指战士们在这样沉重的鼓声中斗志难振

D. 第七、八句的意思是战士们为了报答君王平日里对自己的重视，决心奋战沙场，为君王献身

（2）对这首诗的分析，不恰当的一项是（   ）。

A. 开头两句分别描写敌我双方，互为反衬，写出敌人兵临城下，守城将士披甲迎战的紧张局势

B. 第五句中"易水"不是指这场战争的真实地点，而是运用典故表现出悲壮慷慨的氛围

C. 诗中前六句运用了各种色彩和形象的描写来象征这场仗我方失利，战士们浴血奋战，情调是压抑的

D. 最后两句用慷慨激昂的议论说明在危急关头，战士应该英勇赴难，为国捐躯，表现了全诗的主题

4. 李商隐的代表作《锦瑟》是一首传颂千古而又为历代注家争论不休的"朦胧"诗。一千多年来，人们对这首诗的理解，各抒己见，臆测纷纭。试查阅资料，品读《锦瑟》，结合诗人的生平经历，谈谈你对这首诗的内容的理解。

锦 瑟

李商隐

锦瑟无端五十弦，一弦一柱思华年。

庄生晓梦迷蝴蝶，望帝春心托杜鹃。

沧海月明珠有泪，蓝田日暖玉生烟。

此情可待成追忆，只是当时已惘然。

望海潮·东南形胜[1]

柳 永

柳永(987?～1057?年),初名三变,后改名永,字耆卿,排行第七,人称"柳七",崇安(今福建省崇安县)人,北宋著名词人。他屡试不第,五十岁才中进士。曾官屯田员外郎,故又称"柳屯田"。因仕途失意,故从追求功名转向流连坊曲,为乐工歌女填词,在"偎红倚翠"、"浅斟低唱"中寻找寄托。柳永精通音律,善于铺叙和使用俚俗语言,大量创作慢词,对词的发展起了推动作用。其词反映中下层市民生活和自己的身世穷愁之感,有一定的社会意义,但作品中时有颓废思想和庸俗情趣。《雨霖铃》、《八声甘州》、《望海潮》等颇有名。著有《乐章集》。

东南形胜,江吴都会,钱塘自古繁华[2]。烟柳画桥,风帘翠幕,参差十万人家[3]。云树绕堤沙,怒涛卷霜雪[4],天堑无涯[5]。市列珠玑[6],户盈罗绮,竞豪奢。

重湖叠巘清嘉[7],有三秋桂子,十里荷花。羌管弄晴[8],菱歌泛夜[9],嬉钓叟莲娃。千骑拥高牙[10],乘醉听箫鼓,吟赏烟霞[11]。异日图将好景[12],归去凤池夸[13]。

【注释】

[1] 选自朱东润主编的《中国历代文学作品选》中编第二册。
[2] 形胜:指形势便利、风景优美的地方。江吴都会:杭州古时属吴国,位置在钱塘江北岸,隋唐时为杭州治所,五代吴越建都于此,故云江吴都会。钱塘:从秦到六朝,杭州称钱塘县,隋始置州。
[3] 参差(cēn cī):形容房屋高低不齐;一说大约、将近。
[4] 怒涛句:形容汹涌的潮水。霜雪:比喻浪花。
[5] 天堑(qiàn):天然的壕沟。堑:坑。古代偏安于南方的国家以长江为阻挡北方敌人的天堑。
[6] 珠玑:这里泛指珠宝等珍贵商品。
[7] 重湖:西湖以白堤为界,分为外湖、里湖,故云。叠巘(yǎn):重叠的山峰。清嘉:秀丽。
[8] 羌管:羌笛,此处泛指乐器。
[9] 菱歌泛夜:此句与上句为互文,写笙歌盈沸,日夜不停。
[10] 千骑(jì):宋朝州郡长官兼知州军事,故以千骑为言。牙:牙旗,将军用的旗帜。这里借指

地方长官。

[11] 烟霞：山水,景色。

[12] 图：描绘。

[13] 凤池：即凤凰池。本是皇帝禁苑中的池沼,中书省地在禁近,掌握政治机要,故以凤凰池为其代称。这里以凤凰池泛指朝廷。

【简析】

本词以清新的笔墨、铺陈的手法,从不同角度把杭州景象描绘得富丽非凡。钱江潮的壮观、西湖的美景、杭州市区的繁华富庶,都一一呈现在词人的笔下。全词结构严谨,层次分明,语言通俗形象,有极强的艺术魅力。

词的开端点明杭州的历史悠久,"自古繁华",位置优越,"东南形胜"。接着从"繁华"和"形胜"两方面一一描绘。房屋鳞次栉比,街巷河桥相连,帘幕摇曳,人口稠密;市场繁荣,百姓富庶,生活豪华。这便是杭州的"繁华"。钱塘江绕杭州城流过,江面宽阔,长江天然屏障,江涛滚滚,蔚为壮观。这便是杭州的"形胜"。当然,杭州最有名的"形胜"之处是西湖。因此,词的下阕专写西湖。

下阕以"重湖叠巘清嘉"领起,铺叙西湖美景。水光山色,清秀美丽,秋有桂花,夏有荷花,白天乐声阵阵,夜晚菱歌不断。不仅有山水之美,而且有游赏之乐。词的结尾是歌颂"千骑拥高牙"的地方长官,赞他"乘醉听箫鼓,吟赏烟霞"的风雅,祝他归去凤池,当朝执政,升官晋爵。

这首词以"形胜"、"繁华"、"清嘉"领起,铺叙景物,层次分明。取用眼前之景,纯用白描,一一展现,自然入妙。

柳永在词的内容和表现手法方面都有新的开拓,标志着宋词的重大变化,对宋词的发展产生了重要影响。其词音律谐婉,平易轻约,更善情景之融。叶梦得《避暑录话》中言称:"凡有井水处,即能歌柳词",足见其靡盛。而纪昀于《四库全书总目提要》中倍加推崇:"诗当学杜诗,词当学柳词。"

【思考与练习】

1. 以"东南形胜,江吴都会,钱塘自古繁华"作为开头,有什么作用?

2. 找出宋词中采用白描手法的句子,和《望海潮》对比,谈谈用"白描"手法有什么好处?

3. 试查阅资料,说说柳永对词的发展有哪些主要的贡献?

水龙吟·似花还似非花

次韵章质夫杨花词[1]

苏 轼

苏轼(1036～1101年),字子瞻,号东坡居士。宋代眉州(今四川省眉山市)人,北宋著名文学家、书画家。父苏洵、弟苏辙都是著名古文学家,世称"三苏"。嘉祐进士,任凤翔府签判,主张改革弊政。神宗时反对变法,但在密州、徐州任上抗洪灭蝗,赈贫救孤、颇多政绩。后以"谤讪朝廷"之罪名被贬黄州。哲宗时任翰林学士,出知杭、颍、扬、定四州。徽宗初遇赦召还。诗、词和散文都代表北宋文学最高成就。所作视野广阔,风格豪迈,个性鲜明,意趣横生。其散文与欧阳修并称"欧苏";其诗与黄庭坚并称"苏黄",开宋一代诗歌的新风气;词与辛弃疾并称"苏辛",一扫当时绮艳柔靡的风尚,为豪放词派的创始人,对后世文学影响极深。著有《苏东坡集》、《东坡乐府》。

似花还似非花[2],也无人惜从教坠[3]。抛家傍路,思量却是,无情有思[4]。萦损柔肠[5],困酣娇眼,欲开还闭[6]。梦随风万里,寻郎去处,又还被、莺呼起[7]。

不恨此花飞尽,恨西园,落红难缀[8]。晓来雨过,遗踪何在? 一池萍碎[9]。春色三分,二分尘土,一分流水[10]。细看来,不是杨花,点点是离人泪[11]。

【注释】

[1] 选自朱东润主编的《中国历代文学作品选》中编第二册,为宋哲宗元祐二年(1087年)苏轼在汴京任翰林学士时所作。次韵:用原韵而且依照其先后次序写诗词。章质夫,浦城(今福建省浦城县)人,曾任考功员外郎、户部侍郎等官。

[2] 似花还似非花:谓像花又不像花。

[3] 也无人惜从教坠:也没有人爱惜,任它飘来坠去。从:任从。教:让。

[4] 抛家傍路三句:谓杨花不是无意地抛家傍路而飞,看似无情,却有它的愁思。

[5] 萦:谓愁思萦回。柔肠:杨柳枝条柔细,故以柔肠为喻。

[6] 困酣二句:形容困倦之极。此以美人的娇眼比喻柳眼。古人诗赋中称初生的柳叶为柳眼。

[7] 梦随三句：唐人金昌绪《春怨》诗："打起黄莺儿，莫教枝上啼。啼时惊妾梦，不得到辽西。"此用其意。

[8] 落红句：意谓春事衰残。缀：连缀。

[9] 萍碎：作者《再和曾仲锡荔支》诗自注"飞絮（即杨花）落水中，经宿即化为萍"。杨花落水化为萍，这种说法是不科学的。

[10] 春色三句是说，杨花有的变成尘土，有的随水流去，春天也随着杨花的零落而过去了。

[11] 细看来三句：按苏词虽为和韵，此三句与章质夫原词读法不同。如照原词句法，应标点为"细看来不是，杨花点点，是离人泪。"语意支离，不足取，后人已予驳正。

【简析】

苏词向以豪放著称，但也有婉约之作，这首《水龙吟》即为其中之一。

上阕首句出手不凡，耐人寻味。它既咏物象，又写人言情，准确地把握住了杨花那"似花非花"的独特"风流标格"。次句承以"也无人惜从教坠"。一个"坠"字，赋杨花之飘落；一个"惜"字，有浓郁的感情色彩。"无人惜"，是说天下惜花者虽多，惜杨花者却少。此处用反衬法暗蕴缕缕怜惜杨花的情意，并为下片雨后觅踪伏笔。"抛家傍路"三句承上"坠"字写杨花离枝坠地、飘落无归情状。不说"离枝"，而言"抛家"，貌似"无情"，实则"有思"。咏物至此，已见拟人端倪，亦为下文花人合一张本。"萦损柔肠"三句由杨花写到柳树，又以柳树喻指思妇、离人，匠心独具，想象奇特。以下"梦随"数句化用唐人金昌绪《春怨》诗意："打起黄莺儿，莫教枝上啼。啼时惊妾梦，不得到辽西"，借杨花之飘舞以写思妇由怀人不至引发的恼人春梦，缘物生情，以情映物，情景交融，轻灵飞动。

下阕开头以"落红"陪衬"杨花"，曲笔传情地抒发了对于杨花的怜惜。继之由"晓来雨过"而问询杨花遗踪，进一步烘托出离人的春恨。"一池萍碎"句，苏轼自注为"杨花落水为浮萍，验之信然。"以下"春色三分，二分尘土，一分流水"，这是一种想象奇妙而兼以极度夸张的手法。这里，数字的妙用传达出作者的一番惜花伤春之情。至此，杨花的最终归宿，和词人的满腔惜春之情水乳交融，将咏物抒情的题旨推向高潮。篇末一句，总收上文，由眼前的流水，联想到思妇的泪水；又由思妇的点点泪珠，映带出空中的纷纷杨花，虚实相间，妙趣横生。这一情景交融的神来之笔，与上阕首句"似花还似非花"相呼应，画龙点睛地概括、烘托出全词的主旨，给人以余音袅袅的回味。

全词构思巧妙，刻画细致，咏物与拟人浑成一体。借咏杨花写思妇，于物象不离不黏，而以言情为主，韵味丰厚，情满全篇，体现了苏词风格婉约缠绵的一面。

【思考与练习】

1. 这首词是如何将"咏物与拟人浑成一体"的？

2. 与章质夫的原词比较，这首词在哪些方面超过了原作？

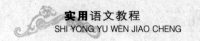

水龙吟·杨花

章质夫

　　燕忙莺懒芳残,正堤上,杨花飘坠。轻飞乱舞,点画青林,全无才思。闲趁游丝,静临深院,日长门闭。傍珠帘散漫,垂垂欲下,依前被,风扶起。

　　兰帐玉人睡觉,怪春衣,雪沾琼缀。绣床渐满,香球无数,才圆欲碎。时见蜂儿,仰粘轻粉,鱼吞池水。望章台路杳,金鞍游荡,有盈盈泪。

　　3. 苏轼词的风格多样,既有雄健豪放的,也有细腻婉转的。比较阅读苏轼的词《念奴娇·赤壁怀古》,谈谈其与课文在风格上的差异。

念奴娇·赤壁怀古

苏　轼

　　大江东去,浪淘尽,千古风流人物。故垒西边,人道是,三国周郎赤壁。乱石穿空,惊涛拍岸,卷起千堆雪。江山如画,一时多少豪杰。

　　遥想公瑾当年,小乔初嫁了,雄姿英发。羽扇纶巾,谈笑间,樯橹灰飞烟灭。故国神游,多情应笑我,早生华发。人间如梦,一樽还酹江月。

永遇乐·落日熔金[1]

李清照

李清照(1084~1151年)，号易安居士，济南(今山东省济南市)人。父亲李格非是当时著名的学者。丈夫赵明诚是宰相赵挺之子，历任州郡行政长官。他们婚后的生活很优裕，搜集了大量的书画金石，共同从事学术研究工作。夫妇二人南渡不久，赵明诚病死，她精神上受到沉重的打击。宋高宗建炎三年(1129年)，金兵南下，她又在浙东亲历变乱，生活颠沛流离。此后即在孤寂中度过晚年。她工诗能文，所作词尤为宋朝一大家。早期的作品，韵调优美，但限于写闺情相思之类。南渡后，深厚的故土之思，凄苦的身世之感，一并抒发在她的作品里，风格突变，社会意义也扩大了。她工于造语，善于创意出奇，还善于用白描手法塑造鲜明动人的形象。其在语言艺术上的独到之处是可以和李煜相提并论的。著有《漱玉词》(后人辑本)。今人辑有《李清照词》(中华书局编校本)。

　　落日熔金[2]，暮云合璧[3]，人在何处[4]？染柳烟浓，吹梅笛怨[5]，春意知几许？元宵佳节，融和天气，次第岂无风雨[6]？来相召，香车宝马，谢他酒朋诗侣。

　　中州盛日[7]，闺门多暇，记得偏重三五[8]。铺翠冠儿[9]，捻金雪柳[10]，簇带争济楚[11]。如今憔悴，风鬟霜鬓[12]，怕见夜间出去[13]。不如向帘儿底下，听人笑语。

【注释】

[1]　选自朱东润主编的《中国历代文学作品选》中编第二册。张端义《贵耳集》谓李清照"南渡以来，常怀京、洛旧事。晚年赋元宵《永遇乐》词"。作品强烈地反映出忧患余生的寂寞心情，也流露出对故国的眷恋不忘。

[2]　熔金：形容落日灿烂的颜色。廖世美《好事近》词："落日水熔金。"

[3]　暮云句：谓暮云弥漫，如璧之合。

[4]　人在何处：承上文言景色虽好，而人事已非。句意是感伤自己的漂泊无依。人：谓亲人，指她死去的丈夫赵明诚。

[5]　染柳二句："烟染柳浓，笛吹梅怨"的倒文。梅：指《梅花落》曲调。《梅花落》是笛中的曲调。

[6] 次第:转眼。

[7] 中州:今河南省为古豫州地,居九之中,故称中州。宋朝东京(开封)、西京(洛阳)、南京(商邱)都在中州。此指东京。

[8] 记得句:宋朝元宵是盛大的节日,故云。三五:旧历正月十五,为元宵节。

[9] 铺翠句:镶翡翠珠子的帽子。

[10] 捻(niǎn)金句:用金饰的丝绸或金纸扎的雪柳。捻金:金饰的一种。雪柳、雪梅都是古代妇女元宵节插戴的装饰品。

[11] 簇带句:谓插戴满头,夸自己打扮得漂亮。簇带:满带。济楚:整齐,漂亮。

[12] 风鬟句:头发散乱,不加修饰。

[13] 怕见句:承"如今憔悴"二句而言。怕见:怕得,懒得。

【简析】

《永遇乐》是李清照晚年避难江南时的作品。她后期的作品渗透了深沉的故国之思。这种感情,在诗文中表达得比较直率,而在词中则表达得比较含蓄委婉,《永遇乐》便是其中颇负盛名的一首。

词的上片写元宵佳节寓居异乡的悲凉心情,着重对比客观现实的欢快和她主观心情的凄凉。词的下片着重用作者南渡前在汴京过元宵佳节的欢乐心情,来同当前的凄凉景象作对比。全词情感真挚,感人至深。女词人忧国伤时的强烈爱国情怀曾让南宋末年爱国词人刘辰翁读后"为之涕下"。语言也显得十分质朴自然。在平淡的词句后面,既有用当年汴京繁华来反衬的今昔盛衰之感,又有用当前游人笑语来对比的人我苦乐之别。而在这种反衬对比之中,渗透着作者深沉的故国之思,赋予了这首词以深刻的社会意义。张端义在《贵耳集》中说:"易安居士,南渡来常怀京洛旧事。晚年赋元宵《永遇乐》词云:'落日熔金,暮云合璧',已自工致。至于'染柳烟浓,吹梅笛怨,春意知几许'?气象更好。后叠云:'于今憔悴,风鬟霜鬓,怕见夜间出去。'皆以寻常语度入音律。炼句精巧则易,平淡入妙者难。山谷谓以故为新,以俗为雅者,易安先得之矣。"从上面的分析看来,这个评语还是比较切合实际的。

【思考与练习】

1. 本词貌似平淡的语言中蕴涵沉痛的心情,试举例加以说明。

2. 结合李清照的生活经历,比较她在南渡前后的词在思想感情、艺术风格上的变化。

3. 读李清照早期的词《如梦令》,写一篇600字左右的赏析文章。

如 梦 令

李清照

常记溪亭日暮,沉醉不知归路。兴尽晚回舟,误入藕花深处。争渡,争渡,惊起一滩鸥鹭。

蝶恋花·又到绿杨曾折处[1]

纳兰性德

纳兰性德(1655～1685年),清代词人。原名成德,避太子保成讳改性德;字容若,号楞伽山人,满洲正黄旗人。大学士明珠长子,生长在北京。善骑射,好读书。经史百家无所不窥,谙悉传统学术文化,尤好填词。康熙十五年(1676年)中进士,授乾清门三等侍卫,后循迁至一等。随扈出巡南北,并曾出使梭龙(今黑龙江流域)考察沙俄侵扰东北情况。康熙二十四年患急病去世,年仅三十一岁。词以小令见长,多感伤情调,间有雄浑之作。也能诗。著有《通志堂集》。词集名《纳兰词》,有单行本。

又到绿杨曾折处[2]。不语垂鞭,踏遍清秋路。衰草连天无意绪,雁声远向萧关去[3]。

不恨天涯行役苦[4]。只恨西风,吹梦成今古。明日客程还几许,沾衣况是新寒雨。

【注释】

[1] 选自《元明清词鉴赏辞典》,上海辞书出版社2002年版。
[2] 绿杨曾折:古人有折杨柳枝赠别的风俗,这里指词人当年与亲友分别是在春夏之时。
[3] 萧关:古关名,故址在今宁夏故原东南,是由关中通向塞北的交通要冲。
[4] 不恨:此处是反语。

【简析】

纳兰性德是清代独具真情而又锐感的词人,身为一等侍卫,但在作品中常常直抒胸臆,并不因为帝王之宠而矫饰自己的情感。此词即写随侍康熙出巡,路过昔日与亲友分别的地方,而引起的惆怅之情。

上片写"衰草连天"的清秋景,景中有词人的离愁别恨。下片抒发"天涯行役"的怨恨情,情中有凄凉的西风寒雨。

全词从折柳开始,以寒雨收束,暗用《诗经·小雅·采薇》"杨柳依依"、"雨雪霏霏"的诗意,结构完整,情景交融。词人善于借景抒情,"衰草"、"雁声"、"西风"、"寒雨"等构成一幅凄凉、苍茫、肃杀的画面,很好地烘托了作者的离情别绪。词的格调

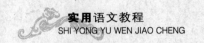

凄清宛转,词人的情绪哀惋曲折。语言自然流畅,情感真切感人。实为上乘之作。

【思考与练习】

1. 结合词中意象,谈谈词人是如何借景抒情的。

2. "不语垂鞭"勾画了词人怎样的形象?

3. 《长相思》意境壮美,情感浓厚,是纳兰性德独具特色的佳作。同课文相比,它所抒发的情感有什么不同?

长 相 思

纳兰性德

山一程,水一程,身向榆关那畔行。夜深千帐灯。

风一更,雪一更,聒碎乡心梦不成。故园无此声。

满江红·肮脏尘寰[1]

秋　瑾

　　秋瑾(1875～1907年),辛亥革命烈士,近代著名的女革命家、诗人。字璿卿,号竞雄,别署鉴湖女侠。山阴(今浙江绍兴)人。1904年赴日本留学,积极参加留日学生的革命活动,次年以光复会员加入同盟会。1906年为反对日本取缔留学生而归国,在上海发刊《中国女报》,提倡女权,宣传革命。1907年回绍兴主持大通学堂,联络金华、兰溪等地会党,组织光复军,与徐锡麟分头准备皖、浙两省起义。同年七月,徐锡麟刺杀恩铭,但起义失败。清政府发觉皖、浙间联系,即派军队包围大通学堂,逮捕秋瑾。她坚贞不屈,于当月15日就义于绍兴轩亭口。善诗歌,作品宣传资产阶级民主革命,体现了爱国精神,笔调雄健,感情奔放。亦能词。遗稿编入《秋瑾集》。

　　　　肮脏尘寰[2],问几个,男儿英哲[3],算只有,蛾眉队里[4],时闻杰出。良玉勋名襟上泪[5],云英事业心头血[6]。醉摩挲[7],长剑作龙吟[8],声悲咽。

　　　　自由香[9],常思爇[10]。家国恨,何时雪?劝吾侪今日[11],各宜努力。振拔须思安种类[12],繁华莫但夸衣袂[13]。算弓鞋,三寸太无为,宜改革[14]。

【注释】

[1]　选自《元明清词鉴赏辞典》,上海辞书出版社2002年版。
[2]　尘寰:尘世。
[3]　英哲:才能高超卓越之人。
[4]　蛾眉:亦作"娥眉",原指女子细长而美丽的眉毛,这里指女子。
[5]　良玉:即明代女将军秦良玉,宗州(今四川忠县)人,石砫宣抚使马千乘妻子。丈夫死后,她代领兵马,所部号白杆兵。1621年曾率兵出关抗击后金。后又曾与明末农民起义军相对抗,直至病死。《明史》有传。
[6]　云英:即明代女将军沈云英,萧山(今浙江萧山)人。道州(治今湖南道县)守备沈至绪之女。父亲沈至绪死后,她曾代父上阵与农民军为敌,授游击将军。她与秦良玉虽为女中豪杰,但都镇压过农民起义,故对她们不应毫无批判地歌颂。由于时代及阶级的局限,极力

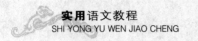

反对重男轻女的秋瑾不可能认识到这一点。

［7］ 摩挲：用手抚摸。黄遵宪《慷慨》诗："龙泉腰下剑，一看一摩挲。"

［8］ 龙吟：古宝剑龙泉在哀鸣。据《太平寰宇记》载，相传欧冶子在龙泉县（今属浙江省）南的龙泉水处铸过剑，待剑铸成时，淬水，剑化龙飞出，故此剑名为"龙泉"；又据《拾遗记》载，古帝颛顼有剑，常于匣中作龙虎之吟。

［9］ 自由香：比喻爱自由的胸怀。

［10］ 爇(ruò)：点燃。

［11］ 吾侪(chái)：我辈。

［12］ 振拔句：意为振兴女界须以民族安危为计。振拔：振兴。种类：此处指汉族。

［13］ 繁华句：意指不要只讲究衣着打扮。玦(jué)：有缺口的环状佩玉，这里泛指装饰品。

［14］ 弓鞋：旧时妇女缠足后穿的鞋子，这里指缠足。三寸：妇女缠足后脚小，有"三寸金莲"之说。

【简析】

这首词表现了作者革命救国的思想。词中以大无畏的叛逆精神，对重男轻女的传统观念进行挑战，抒发了对男权世界的不满和鄙夷，充分表达了诗人要求男女平等的民主思想，以及期望振兴女界，在拯救中华民族危亡的斗争中，贡献智慧和力量的迫切心情。

词的上片以饱蘸激情的笔墨，表明作者对男女两性谁更优秀的看法。开头一问，惊世骇俗：滚滚红尘之中，究竟有几个英雄男儿？其怀疑和否定之意溢于言表。接韵掉转笔锋，表明只有在"蛾眉队里"才不时出现真正的豪杰。在下一韵又以明代女杰秦良玉和沈云英之事佐证。字里行间洋溢着女性的英特卓异之气。然后以"醉"将自己刻画成一个仗剑搏击、建功立业的女杰形象，表现了词人在现实中的深度压抑和提前觉醒的女性意识。

下片则表达振兴女界的期望。词人先以四个短句表明对民族危亡的深切关怀。"何时雪"一问，心情显得沉痛而又迫切。接韵振臂一呼，希望女性群体投身到拯救民族危亡的斗争中去。"振拔"一韵，进一步唤醒女性意识，表现了词人全新的女性观：女性的美好和价值体现在拯救民族危亡的斗争中，而不是在惯常的梳妆打扮中。结韵针对裹脚的陋习，大声疾呼"改革"。其革命胆识和豪迈之情令人敬佩。

本词正面写来，气势奔放，议论纵横，感情激昂，词意十分动人，堪称感染力强的佳作。

【思考与练习】

1. 秦良玉和沈云英都是明代女将军，都曾镇压过农民起义。秋瑾为什么要以这两个人为例来证明她的"英哲"观？

2. 这首词表现了怎样的女性意识？

3. 秋瑾身为女流却喜男装，报国之心胜似男儿。但当时却无人能识。其《满江红·小住京华》就抒发了知音难觅的哀愁。阅读这首词,写一篇 600 字左右的赏析文章。

满江红·小住京华

秋 瑾

小住京华,早又是,中秋佳节。
为篱下,黄花开遍,秋容如拭。
四面歌残终破楚,
八年风味徒思浙。
苦将侬,强派作蛾眉,殊未屑!

身不得,男儿列;
心却比,男儿烈!
算平生肝胆,因人常热,
俗子胸襟谁识我?
英雄末路当磨折。
莽红尘,何处觅知音,青衫湿!

炉 中 煤[1]

郭沫若

郭沫若(1892~1978 年),四川省乐山县沙湾镇人,原名郭开贞,乳名文豹,号尚武,现代诗人、剧作家、历史学家、考古学家。早年受家塾教育,1913 年 10 月考入天津陆军军医学校,后在大哥资助下赴日留学,先学医,后从事文艺创作。1918 年开始新诗创作,是中国新诗的倡导者、奠基人之一,先后创作了《凤凰涅槃》、《地球,我的母亲》、《天狗》、《炉中煤》等作品。1921 年 7 月与郁达夫、成仿吾等人组织了创造社,编辑《创造季刊》,同年 8 月出版第一部诗集《女神》。《女神》的出版,不仅确立了诗人的文学地位,同时也是中国新诗走向成熟的里程碑式的作品。1923 年从日本帝国大学毕业,回国后继续编辑《创造周报》和《创造日》。1924 年到 1927 年间,创作历史剧《王昭君》、《聂莹》、《卓文君》。1928 年流亡日本,1930 年加入中国左翼作家联盟。1938 年任中华全国文艺界抗敌协会理事,这一时期创作了以《屈原》为代表的六个历史剧。

新中国成立后,曾任中央人民政府委员,国务院副总理兼文化教育委员会主任,中国科学院院长,全国文联一、二、三届主席,并任中国共产党第九、十、十一届中央委员,第一至第五届全国人大常务委员会副委员长,全国政协委员、常务委员、副主席等职,在极其繁忙的工作和社会活动之余,写下了不少作品,诗集有《新华颂》、《百花齐放》、《长春集》等,历史剧有《蔡文姬》和《武则天》等。

啊,我年青的女郎!
我不辜负你的殷勤,
你也不要辜负了我的思量。
我为我心爱的人儿,
燃到了这般模样!

啊,我年青的女郎!
你该知道了我的前身?
你该不嫌我黑奴卤莽?
要我这黑奴底胸中,

才有火一样的心肠。

啊，我年青的女郎！
我想我的前身
原本是有用的栋梁，
我活埋在地底多年，
到今朝才得重见天光。

啊，我年青的女郎！
我自从重见天光，
我常常思念我的故乡，
我为我心爱的人儿
燃到了这般模样！

【注释】

[1]　节选自《女神》,《郭沫若选集》第一卷,上海文艺出版社 1998 年版。

【简析】

　　本诗作于 1920 年,最初发表在 1920 年 2 月 3 日《时事新报·学灯》上,后编入《女神》,是《女神》中突出表现诗人爱国主义思想的诗篇。当时诗人身处日本,思念"五四"之后的中国,以"炉中煤"自比,诉说自己思念祖国、热爱祖国的强烈感情和决心为振兴祖国而献身的崇高精神。

　　作品最大的特点就是比拟手法的运用。"炉中煤"是诗人自身的写照,形象地体现了诗人那颗炽热的心;同时,由于煤的"前身"原本是"有用的栋梁",曾经被"活埋在地底多年",如同诗人的爱国热情早就深藏于心,直到"今朝才得重见天光",就好比是"五四"运动使中华民族挣脱了几千年来封建主义的束缚,为古老的中国带来新的希望,也使诗人长期积淀在心中的爱国感情得以爆发。

　　而诗人将自己始终眷恋的祖国比作"年青的女郎",就像他在《创造十年》中写的那样:"'五四'以后的中国,在我心目中,就像一个很葱俊的有进取气象的姑娘,她简直就和我的爱人一样……'眷念祖国情绪'的《炉中煤》便是我对于她的恋歌。"很显然,诗人把"五四"时期我们的祖国比作自己年青的爱人,意象清新,情感激烈,韵味深长。

【思考与练习】

　　1.《炉中煤》表达了诗人怎样的思想感情?

　　2. 我们时常把祖国比作母亲,而诗人在《炉中煤》里把祖国比作"年青的女郎",

结合诗作谈谈这样比的超凡脱俗之处在哪里？

3. 阅读艾青《北方》，分析这首诗捕捉的形象和画面所蕴含的典型意义。

北 方

艾 青

一天，
那个科尔沁草原上的诗人
对我说：
"北方是悲哀的。"

不错，
北方是悲哀的。
从塞外吹来的
沙漠风，
已卷去北方的生命的绿色
与时日的光辉
——一片暗淡的灰黄
蒙上一层揭不开的沙雾；
那天边疾奔而至的呼啸
带来了恐怖
疯狂地
扫荡过大地；
荒漠的原野
冻结在十二月的寒风里，
村庄呀，山坡呀，河岸呀，
颓垣与荒**塚**呀
都披上了土色的忧郁……
孤单的行人，
上身俯前
用手遮住了脸颊，
在风沙里
困苦地呼吸
一步一步地
挣扎着前进……
几只驴子
——那有悲哀的眼
和疲乏的耳朵的畜生，

载负了土地的
痛苦的重压，
它们厌倦的脚步，
徐缓地踏过
北国的
修长而又寂寞的道路……

那些小河早已枯干了
河底已画满了车辙，
北方的土地和人民
在渴求着
那滋润生命的流泉啊！
枯死的林木
与低矮的住房
稀疏地，阴郁地
散布在灰暗的天幕下；
天上，
看不见太阳，
只有那结成大队的雁群
惶乱的雁群
击着黑色的翅膀
叫出它们的不安与悲苦，
从这荒凉的地域逃亡
逃亡到
绿荫蔽天的南方去了……

北方是悲哀的
而万里的黄河
汹涌着浑浊的波涛
给广大的北方
倾泻着灾难与不幸；
而年代的风霜

刻画着
广大的北方的
贫穷与饥饿啊。

而我
——这来自南方的旅客，
却爱这悲哀的北国啊。
扑面的风沙
与入骨的冷气，
决不曾使我咒诅；
我爱这悲哀的国土，
一片无垠的荒漠
也引起了我的崇敬
——我看见
我们的祖先
带领了羊群
攻着笳笛
沉浸在这大漠的黄昏里；
我们踏着的
古老的松软的黄土层里
埋有我们祖先的骸骨啊
——这土地是他们所开垦

几千年了
他们曾在这里
和带给他们以打击的自然相搏斗，
他们为保卫土地
从不曾屈辱过一次，
他们死了
把土地遗留给我们——
我爱这悲哀的国土，
它的广大而瘦瘠的土地
带给我们以淳朴的言语
与宽阔的姿态，
我相信这言语与姿态
坚强地生活在大地上
永远不会灭亡；
我爱这悲哀的国土，
古老的国土
——这国土
养育了我所爱的
世界上最艰苦
与最古老的种族。

一九三八年二月四日，潼关

云 游[1]

徐志摩

徐志摩(1897～1931年),名章垿,笔名南湖、云中鹤等,现代诗人、散文家。浙江海宁人,出身于巨商名门。1918年赴美国学习银行学。1921年赴英国留学,入伦敦剑桥大学当特别生,研究政治经济学。在剑桥大学深受西方教育的熏陶及欧美浪漫主义和唯美派诗人的影响,开始创作新诗。1923年,参与发起成立新月社,加入文学研究会。1924年与胡适等创办《现代评论》周刊,任北京大学教授。1925年赴欧洲,游历苏、德、意、法等国。诗集有《志摩的诗》、《翡冷翠的一夜》、《猛虎集》等;散文集有《落叶》、《巴黎的鳞爪》、《秋》等;译著《曼殊斐尔小说集》等。1931年因飞机失事去世。

徐志摩的诗想象丰富,意境优美,语言清新,比喻新奇而富于变化,具有鲜明的艺术个性和极强的艺术感染力,为新月派的代表诗人。

那天你翩翩的在空际云游,
自在,轻盈,你本不想停留
在天的那方或地的那角,
你的愉快是无拦阻的逍遥,
你更不经意在卑微的地面
有一流涧水,虽则你的明艳
在过路时点染了他的空灵,
使他惊醒,将你的倩影抱紧。

他抱紧的是绵密的忧愁,
因为美不能在风光中静止;
他要,你已飞渡万重的山头,
去更阔大的湖海投射影子!
他在为你消瘦,那一流涧水,
在无能的盼望,盼望你飞回!

【注释】

[1] 写于1931年7月,初以《献词》为题辑入同年8月上海新日书店版《猛虎集》,后改此题载于同年10月5日《诗刊》第3期,署名徐志摩。

【简析】

徐志摩的诗向来以温柔婉转、韵味幽深见长,《云游》便是其中的代表作。

在诗中,诗人以"卑微的地面"上的"一流涧水"比喻自己萎靡卑微的心境,是"愉快""无拦阻的逍遥"的"云游"让自己的心灵闪现些许亮光,并"使他惊醒"。可以想象,诗人的心灵刹那间被点亮,忘乎所以地"将你的倩影抱紧",这是怎样的心醉神迷的一刻啊!但美好的东西往往都是不长久的,这种心醉神迷是那样短暂,因为"美不能在风光中静止","一流涧水"希望云游常驻心头的希望终不能实现,唯有能做的就是"为你消瘦",同时"无能的盼望,盼望你飞回"。

可以看出,"一流涧水"便是诗人自己心境的最形象比喻,而"云游"的形象多少带有些虚幻空灵的美。正如茅盾在《徐志摩论》中评价的:"圆熟的外形,配着淡到几乎没有的内容,而且这淡极了的内容,也不外乎感伤的情绪,——轻烟似的微哀,神秘的、象征的依恋感喟追求:这些都是发展到最后一阶段的、现代布尔乔亚诗人的特色。"在《云游》诗中,"一流涧水"对于"无拦阻的逍遥"的云游的"神秘的、象征的依恋感喟追求",昭示了诗人一直追求着的另外一个更加湛蓝的内心世界:对于"更阔大的湖海"的向往与追求!

【思考与练习】

1. 如何理解诗作中"更阔大的湖海"的深层涵义?
2. 诗作中的比喻新奇,谈谈你的看法。
3. 阅读舒婷《致橡树》,看看除了对于爱情的抒写这条主线外,你还可以从哪些角度生发联想,更好地理解诗歌的深层涵义?

致 橡 树

舒 婷

我如果爱你——
绝不像攀援的凌霄花,
借你的高枝炫耀自己;
我如果爱你——
绝不学痴情的鸟儿,
为绿荫重复单调的歌曲;
也不止像泉源,

常年送来清凉的慰藉;
也不止像险峰,
增加你的高度,衬托你的威仪。
甚至日光。
甚至春雨。
不,这些都还不够!
我必须是你近旁的一株木棉,

做为树的形象和你站在一起。
根，紧握在地下，
叶，相触在云里。
每一阵风过，
我们都互相致意，
但没有人
听懂我们的言语。
你有你的铜枝铁干，
像刀，像剑，
也像戟，
我有我的红硕花朵，

像沉重的叹息，
又像英勇的火炬，
我们分担寒潮、风雷、霹雳；
我们共享雾霭流岚、虹霓，
仿佛永远分离，
却又终身相依，
这才是伟大的爱情，
坚贞就在这里：
不仅爱你伟岸的身躯，
也爱你坚持的位置，脚下的土地。

——1977 年 3 月 27 日

西 风 颂[1]

[英]雪 莱

　　波西·比希·雪莱(1792～1822 年),英国伟大的浪漫主义诗人。出生于英国贵族家庭,曾就学于伊顿公学和牛津大学,深受卢梭思想影响,形成了激进的民主主义和空想社会主义观点,以至于后来宁愿舍弃贵族身份,和有着保守传统的家庭分道扬镳。旅居意大利期间,与拜伦交往甚密,创作了一系列诗剧和抒情诗。著名诗剧《解放了的普罗米修斯》,体现了诗人的空想社会主义思想;抒情诗《西风颂》、《云》等,借自然现象来抒发自己的感情并表达理想。1822 年因覆舟溺死海中。

　　雪莱的诗歌善于托物言志,借景抒情,反映了 19 世纪 20 年代初的欧洲民族运动,预示胜利的远景,并表现诗人豪迈、奔放的革命热情,因而被马克思称为"彻头彻尾的革命家",恩格斯称他是"天才的预言家"。

一

哦,狂野的西风,秋之实体的气息!
由于你无形无影的出现,万木萧疏,
似鬼魅逃避驱魔巫师,蔫黄,黢黑,
苍白,潮红,疫疠摧残的落叶无数,
四散飘舞;哦,你又把有翅的种籽
凌空运送到他们黑暗的越冬床圃;
仿佛是一具具僵卧在坟墓里的尸体,
他们将分别蛰伏,冷落而又凄凉,
直到阳春你蔚蓝的姐妹向梦中的大地
吹响她嘹亮的号角(如同牧放群羊,
驱送香甜的花蕾到空气中觅食就饮)
给高山平原注满生命的色彩和芬芳。
不羁的精灵,你啊,你到处运行;
你破坏,你也保存,听,哦,听!

二

在你的川流上，在骚动的高空，
纷乱的乌云，那雨和电的天使，
正像大地凋零枯败的落叶无穷，
挣脱天空和海洋交错缠接的柯枝，
飘流奔泻；在你清虚的波涛表面，
似酒神女祭司头上扬起的蓬勃青丝，
从那茫茫地平线阴暗的边缘
直到苍穹的绝顶，到处散布着
迫近的暴风雨飘摇翻腾的发卷。
你啊，垂死残年的挽歌，四合的夜幕
在你聚集的全部水汽威力的支撑下，
将构成他那庞大墓穴的拱形顶部。
从你那雄浑磅礴的氛围，将迸发
黑色的雨、火、冰雹；哦，听啊！

三

你，哦，是你把蓝色的地中海
从梦中唤醒，他在一整个夏天
都酣睡在巴雅湾一座浮石岛外，
被澄澈的流水喧哗声催送入眠，
梦见丁古代的楼台、塔堡和宫闱，
在波涛汹涌的波光里不住地抖颤，
全部长满了蔚蓝色苔藓和花卉，
馨香馥郁，如醉的知觉难以描摹。
哦，为了给你让路，大西洋水
豁然开裂，而在浩淼波澜深处，
海底的花藻和枝叶无汁的丛林。
哦，由于把你的呼啸声辨认出，
一时都惨然变色，胆怵心惊，
战栗着自行凋落，听，哦，听！

四

我若是一朵轻捷的浮云能和你同飞，

我若是一片落叶，你所能提携，
我若是一头波浪能喘息于你的神威，
分享你雄强的脉搏，自由不羁，
仅次于，哦，仅次于不可控制的你；
我若能像在少年时，作为伴侣，
随你同游天际，因为你那时节，
似乎超越你天界的神速也不为奇迹；
我也就不至于像现在这样急切，
向你苦苦祈求。哦，快把我飚起，
就像你飚起波浪、浮云、落叶！
我倾覆于人生的荆棘！我在流血！
岁月的重负压制着的这一个太像你，
像你一样，骄傲，不驯，而且敏捷。

五

像你以森林演奏，请也以我为琴，
哪怕我的叶片也像森林的一样凋谢！
你那非凡和谐的慷慨激越之情，
定能从森林和我同奏出深沉的秋乐，
悲怆却又甘冽。但愿你勇猛的精灵
竟是我的魂魄，我能成为剽悍的你！
请把我枯萎的思绪播送宇宙，
就像你驱遣落叶催促新的生命，
请凭借我这韵文写就的符咒，
就像从未灭的余烬飚出炉灰和火星，
把我的话语传遍天地间万户千家，
通过我的嘴唇，向沉睡未醒的人境，
让预言的号角奏鸣！哦，风啊，
如果冬天来了，春天还会远吗？

【注释】

[1]　选自《雪莱诗选》，湖南人民出版社 1980 年版。

【简析】

　　《西风颂》创作于 1819 年。当时，欧洲各国的工人运动和革命运动风起云涌。

1819年8月,英国曼彻斯特八万工人举行了声势浩大的游行示威,反动当局竟出动军队野蛮镇压,制造了历史上著名的彼得卢大屠杀事件。同时,在法国、西班牙、意大利、希腊等国,轰轰烈烈的革命斗争不断爆发。面对欧洲山雨欲来风满楼的革命形势,诗人为之鼓舞,为之振奋,将胸中沸腾着的炽热的革命激情,化作激昂慷慨的歌唱。

《西风颂》采用了大量的象征手法。全诗无论是写景还是抒情,都没有脱离"西风"这个特定的描写对象,很显然,"诗人"笔下的"西风",是当时席卷欧洲的革命武装斗争的写照,作者是在通过描写西风的力量和变化,寄托了自己对光明、自由的追求,赋予了西风以人的灵性。从这个意义上说,《西风颂》是一首政治抒情诗,全诗虽然没有一句直接描写革命,但都是在反映革命,尤其是结尾脍炙人口的诗句"如果冬天来了,春天还会远吗?",深刻地揭示了人类社会的历史规律,指出了革命斗争经过艰难曲折,必将最终走向胜利的光明前景,寓意深远,余味无穷。

【思考与练习】

1. 《西风颂》中,除了"西风"这一意象被诗人赋予了很强的象征意义外,诗中还有哪些意象也具有极强的象征性?试举例说明。

2. "如果冬天来了,春天还会远吗?"一句好在哪里?写一篇心得体会,谈谈你的看法。

3. 认真阅读普希金的《致恰达耶夫》,理解诗歌的思想内容,领会作者热爱祖国、追求民主自由、献身祖国的强烈感情,同雪莱的《西风颂》进行比较,看他们在情感的表达上有什么不同。

致 恰 达 耶 夫

[俄国] 普希金

爱情、希望和平静的光荣
并不能长久地把我们欺诳,
就是青春的快乐,
也已经像梦,像朝雾一样地消亡;
但我们的内心还燃烧着愿望,
在残酷的政权的重压之下,
我们正怀着焦急的心情
在倾听祖国的召唤。
我们忍受着期待的折磨
等候那神圣的自由时光,
正像一个年轻的恋人

在等待那真诚的约会一样。
现在我们的内心还燃烧着自由之火,
现在我们为了荣誉的心还没有死,
我的朋友,我们要把我们心灵的
美好的激情,都献给我们的祖邦!
同志,相信吧,迷人的幸福的星辰
就要上升,射出光芒,
俄罗斯要从睡梦中苏醒,
在专制暴政的废墟上。
将会写上我们姓名的字样!

第二单元　散　文

《老子》三 章

　　老子(约前570～前480年),姓李,名耳,字伯阳,谥曰聃,楚国苦县(今河南鹿邑县)厉乡仁里人。春秋时期思想家,哲学家,道家学派的创始人。曾做过周朝的守藏吏。幼年牧牛耕读,聪颖勤快;晚年在故里陈国居住。

　　其作品仅有《五千文》即《道德经》存世,它是老子用韵文写成的一部哲理诗,是道家的主要经典著作,其内容涉及哲学、文学、兵学、美学、医学、社会学、伦理学、天文学、养生学等多个方面,博大精深。它宣扬自然无为的天道观和无神论,提出了天道无为的思想以及"道常无为,而无不为"的思想。他的哲学思想和由他创立的道家学派,不但对我国古代思想文化的发展,作出了重要贡献,而且对我国2 000多年来思想文化的发展,产生了深远的影响。

天下皆知美之为美[1]

　　天下皆知美之为美,斯恶已[2];皆知善之为善,斯不善矣。有无之相生也,难易之相成也,长短之相形也,高下之相盈也,音声之相和也,先后之相随也,恒也。是以[3],圣人居无为之事[4],行不言之教[5],万物作而弗始也[6],为而弗志也[7],功成而弗居也。夫唯弗居,是以弗去。

【注释】

[1]　选自《老子·二章》。
[2]　斯恶已:那就丑了,不妙了。斯:则;恶:丑;已:同"矣",了。
[3]　是以:"以是"倒装,因此。
[4]　无为:不去刻意做事。这是老子思想的根本所在。
[5]　行不言之教:奉行不言的准则。教:准则。
[6]　作:生长,兴起。始:开创,创始。
[7]　志:期望。

上 善 若 水[1]

上善若水[2]。水善利万物而不争[3]，居众人之所恶[4]，故几于道矣[5]。居善地[6]，心善渊，予善天，言善信，政善治，事善能，动善时。夫唯不争[7]，故无尤。

【注释】

[1] 选自《老子·八章》。

[2] 上善：最好的品行。善：好的行为，品行。

[3] 水善：水以……为善。

[4] 恶：厌恶。

[5] 几：接近。

[6] 善：以……为善。以下六个"善"字，用法同此。

[7] 不争：即"无为"，是本章的主题，也是《老子》的重要指导思想。

知 人 者 智[1]

知人者[2]，智也；自知者，明也。胜人者，有力也；自胜者，强也。知足者，富也；强行者，有志也。不失其所者，久也[3]；死而不亡者，寿也。

【注释】

[1] 选自《老子·三十三章》。

[2] 知：认识，了解。

[3] 所：处所，这里指适当的位置。久：长存，长久。

【简析】

老子的《道德经》，就是一部哲理诗。

三则短文，告诉我们三个最简单的道理："天下皆知美之为美"，即天下人都可能只看到事物美的一面，却往往认识不到美也可能变成丑，美和丑是相对的；"上善若水"告诉我们，要达到美好境界，必须符合自然法则，就像水的正直、无孔不入一样；"知人者智"，老子将"智"与"明"对比着来说，很显然，"明"是"智"的更高境界，因此，推崇"明"。三个简单的道理，集中反映了老子道家思想的精髓："道常无为，而无不为"。

【思考与练习】

1. "知人者，智也；自知者，明也。"有很强的哲理性，试谈谈你的看法。

2. 阅读《左传·展喜犒师》，归纳总结展喜的性格特点。

展 喜 犒 师

《左传》

(鲁僖公二十六年)齐孝公伐我北鄙，公使展喜犒师，使受命于展禽。

齐侯未入竟，展喜从之，曰："寡君闻君亲举玉趾，将辱于敝邑；使下臣犒执事。"

齐侯曰："鲁人恐乎？"

对曰："小人恐矣，君子则否。"

齐侯曰："室如县罄('县'通'悬'，'悬罄'形容空无所有，喻极贫)，野无青草，何恃而不恐？"

对曰："恃先王之命。昔周公、大(同'太')公股肱(gōng，'股肱'大腿和胳膊，喻辅佐君主的大臣)周室，夹辅成王，成王劳之而赐之盟，曰'世世子孙，无相害也。'载在盟府，太师职之。桓公是以纠合诸侯，而谋其不协，弥缝其阙(què，空)而匡救其灾，昭旧职也。及君即位，诸侯之望曰：'其率桓之功！'我敝邑用不敢保聚，曰：'岂其嗣世九年，而弃命废职？其若先君何？君必不然。'恃此以不恐。"

齐侯乃还。

3. 展开小组讨论：展喜是如何抓住有利的因素，凭借一己之力，外柔内刚，不卑不亢，智退齐师的？

《论语》三 则

　　孔子(前551～前479年),名丘,字仲尼,鲁国人,春秋末期伟大的思想家、教育家和政治家,儒家学派的创始人,对中国古代思想文化的发展有着深远的影响。他终生热衷于政治,有一腔报国热血,也有自己的政治见解。他一生游历,但最高统治者对于他始终采取一种若即若离、敬而远之的态度,其政治抱负一直得不到施展。

　　《论语》是记载孔子及其弟子言行的一部书,由孔子的弟子及再传弟子整理编纂而成,比较集中地反映了孔子的思想,是儒家学说的经典之作。

学　而[1]

　　子曰[2]:"学而时习之[3],不亦说乎[4]? 有朋自远方来[5],不亦乐乎[6]? 人不知[7],而不愠[8],不亦君子乎[9]?"

【注释】

[1] 《学而》是《论语》第一篇的篇名。《论语》中各篇一般都是以第一章的前二、三个字作为该篇的篇名。《学而》一篇包括16章,本文节选的为第1章。
[2] 子:中国古代对有地位、有学问的男子的尊称,有时也泛指男子。《论语》书中"子曰"的子,都是指孔子。
[3] 学:学习,这里主要是指学习西周的礼、乐、诗、书等传统文化典籍。时习:时,副词,即时时,经常;习,即温习,实习,练习。
[4] 说(yuè):同"悦",愉快、高兴。
[5] 有朋:亦作"友朋"。旧注:"同门曰朋,同志为友",即同在一位老师门下学习的叫"朋",志同道合的人为"友"。
[6] 乐:与"说"有所区别。旧注:"悦在内心,乐则见于外。"
[7] 知:了解。人不知:别人不了解自己。
[8] 愠(yùn):恼怒,怨恨。
[9] 君子:此处指具有高尚人格的人。

【简析】

　　学习是一件非常快乐的事情;好朋友从很远的地方来看你,是一件非常高兴的事情;即使别人不理解你,你也能很有涵养地对待他,这是能称之为君子的事情。三件事情罗列在一起,反映出孔子学而不厌、诲人不倦、注重自身品格修养的思想。

益者三友[1]

孔子曰:"益者三友,损者三友,友直,友谅[2],友多闻,益矣。友便辟[3],友善柔[4],友便佞[5],损矣。"

【注释】

[1] 出自《论语·季世》。
[2] 谅:诚信。
[3] 便辟:惯于走邪道。
[4] 善柔:善于和颜悦色地骗人。
[5] 便佞(nìng):惯于花言巧语。

【简析】

孔子在这里给我们提出了一个交友的标准和一个择友的原则:与正直、讲诚信、才学渊博的人交朋友,你将终生受益;但对于那些华而不实、表里不一、喜好谄媚的人,千万要慎交。

君子有三戒[1]

孔子曰:"君子有三戒:少之时,血气未定,戒之在色;及其壮也,血气方刚,戒之在斗;及其老也,血气既衰,戒之在得[2]。"

【注释】

[1] 出自《论语·季世》。
[2] 得:贪得。

【简析】

这是孔子对人从少年到老年这一生中需要注意的养生之道作出的忠告,在人生的各个阶段,都要注意摒弃自己的弱点,从而不断健全自己的体魄和人格,这对于今人仍然受用不尽。

【思考与练习】

1. 以"学而时习之,不亦说乎"为主题,在全班开展一次主题讨论。

2. 以上节录的《论语》三则,在我们今天仍然有很好的现实意义。试以"益者三友"所表达的主题思想为主线,写一篇在交友方面的切身感受。

3. 查阅资料,学习荀子《劝学篇》,看看作品的主要表现手法有哪些?作品有什么样的结构特点?

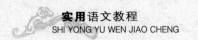

劝 学 篇(节选)

荀 子

　　君子曰:学不可以已。青,取之于蓝,而青于蓝;冰,水为之,而寒于水。木直中绳,
輮以为轮,其曲中规,虽有槁暴,不复挺者,輮使之然也。故木受绳则直,金就砺则利,君
子博学而日参省乎己,则知明而行无过矣。

　　故不登高山,不知天之高也;不临深谿,不知地之厚也;不闻先王之遗言,不知学问
之大也。干越夷貉之子,生而同声,长而异俗,教使之然也。诗曰:"嗟尔君子,无恒安
息。靖共尔位,好是正直。神之听之,介尔景福。"神莫大于化道,福莫长于无祸。

　　吾尝终日而思矣,不如须臾之所学也。吾尝跂而望矣,不如登高之博见也。登高而
招,臂非加长也,而见者远;顺风而呼,声非加疾也,而闻者彰。假舆马者,非利足也,而
致千里;假舟楫者,非能水也,而绝江河。君子生非异也,善假于物也。

魏其武安侯列传[1]（节选）

司马迁

司马迁，生于前145年（一说前135年），卒年不详。字子长，夏阳（今陕西省韩城县）人。其父司马谈，汉武帝时为太史令，司马迁十岁开始学习古文书传，二十岁时，从京师长安南下漫游，足迹遍及江淮流域和中原地区，所到之处考察风俗，采集传说。不久仕为郎中，成为汉武帝的侍卫和扈从，多次随驾西巡，曾出使巴蜀。元封三年（前108年），司马迁继承其父司马谈之职，任太史令，因而得读史官所藏图书，此后，开始撰写《史记》。后因替投降匈奴的李陵辩护，获罪下狱，受腐刑。出狱后任中书令，继续发愤著书，终于完成了《史记》的撰写，人称此书为《太史公书》。

《史记》是中国第一部纪传体通史，对后世史学影响深远，为历代传颂。

魏其侯窦婴者[2]，孝文后从兄子也[3]。父世观津人[4]。喜宾客。孝文时，婴为吴相[5]，病免。孝景初即位，为詹事[6]。

梁孝王者[7]，孝景弟也，其母窦太后爱之。梁孝王朝，因昆弟燕饮[8]。是时上未立太子，酒酣，从容言曰："千秋之后传梁王[9]。"太后欢。窦婴引卮酒进上[10]，曰："天下者高祖天下。父子相传，此汉之约也。上何以得擅传梁王！"太后由此憎窦婴。窦婴亦薄其官[11]，因病免。太后除窦婴门籍[12]，不得入朝请[13]。

孝景三年[14]，吴、楚反[15]，上察宗室诸窦毋如窦婴贤，乃召婴。婴入见，固辞谢病不足任[16]。太后亦惭。于是上曰："天下方有急，王孙宁可以让邪[17]？"乃拜婴为大将军，赐金千斤。窦婴乃言袁盎、栾布诸名将贤士在家者进之[18]。所赐金，陈之廊庑下。军吏过，辄令财取为用[19]，金无入家者。窦婴守荥阳[20]，监齐、赵兵。七国兵已尽破，封婴为魏其侯。诸游士宾客争归魏其侯。孝景时，每朝议大事，条侯、魏其侯诸列侯莫敢与亢礼[21]。

孝景四年，立栗太子[22]，使魏其侯为太子傅[23]。孝景七年，栗太子废，魏其数争不能得[24]。魏其谢病，屏居蓝田南山之下数月[25]，诸宾客辩士说之[26]，莫能来。梁人高遂乃说魏其曰[27]："能富贵将军者,上也;能亲将军者,太后也。今将军傅太子,太子废而不能争;争不能得,又弗能死。自引谢病,拥赵女[28],屏闲处而不朝。相提而论[29],是自明扬主上之过。有如两宫螫将军[30],则妻子毋类矣[31]!"魏其侯然之,乃遂起,朝请如故。

桃侯免相[32],窦太后数言魏其侯。孝景帝曰:"太后岂以为臣有爱不相魏其[33]?魏其者,沾沾自喜耳,多易[34]。难以为相,持重[35]。"遂不用,用建陵侯卫绾为丞相[36]。

武安侯田蚡者,孝景后同母弟也[37],生长陵[38]。魏其已为大将军后,方盛[39],蚡为诸郎[40],未贵,往来侍酒魏其,跪起如子侄。及孝景晚节,蚡益贵幸[41],为太中大夫[42]。蚡辩有口[43],学《盘》诸书[44],王太后贤之。孝景崩,即日太子立,称制[45],所镇抚多有田蚡宾客计策[46]。蚡弟田胜,皆以太后弟,孝景后三年封蚡为武安侯[47],胜为周阳侯[48]。

武安侯新欲用事为相[49],卑下宾客[50],进名士家居者贵之,欲以倾魏其诸将相[51]。建元元年[52],丞相绾病免,上议置丞相、太尉[53]。籍福说武安侯曰[54]:"魏其贵久矣,天下士素归之[55]。今将军初兴[56],未如魏其,即上以将军为丞相,必让魏其。魏其为丞相,将军必为太尉。太尉、丞相尊等耳[57],又有让贤名。"武安侯乃微言太后风上[58],于是乃以魏其侯为丞相,武安侯为太尉。籍福贺魏其侯,因吊曰[59]:"君侯资性喜善疾恶[60],方今善人誉君侯,故至丞相,然君侯且疾恶,恶人众,亦且毁君侯。君侯能兼容,则幸久;不能,今以毁去矣。"魏其不听。

魏其、武安俱好儒术[61],推毂赵绾为御史大夫[62],王臧为郎中令[63]。迎鲁申公[64],欲设明堂[65],令列侯就国[66],除关[67],以礼为服制[68],以兴太平[69]。举适诸窦宗室毋节行者[70],除其属籍[71]。时诸外家为列侯[72],列侯多尚公主[73],皆不欲就国,以故毁日至窦太后[74]。太后好黄老之言[75],而魏其、武安、赵绾、王臧等务隆推儒术[76],贬道家言,是以窦太后滋不说魏其等[77]。及建元二年,御史大夫赵绾请无奏事东宫[78]。窦太后大怒,乃罢逐赵绾、王臧等,而免丞相、太尉,以柏至侯许昌为丞相[79],武侯庄青翟为御史大夫[80]。魏其、武安由此以侯家居。

武安侯虽不任职,以王太后故,亲幸[81],数言事多效,天下吏士趋势利者皆去魏其归武安。武安日益横。建元六年,窦太后崩,丞相昌、御史大夫青翟坐丧事不办,免。以武安侯为丞相,以大司农韩安国为御史大夫[82]。天下士郡国诸侯愈益附武安。

武安者,貌侵[83],生贵甚[84]。又以为诸侯王多长[85],上初即位,富于春秋[86],以肺腑为京师相[87],非痛折节以礼诎之,天下不肃[88]。当是时,丞相入奏事,坐语移日[89],所言皆听,荐人或起家至二千石[90],权移主上[91]。上乃曰:"君除吏已尽未?吾亦欲除吏[92]。"尝请考工地益宅[93],上怒曰:"君何不遂取武库!"是后乃退[94]。尝召客饮,坐其兄盖侯南乡[95],自坐东乡[96],以为汉相尊,不可以兄故私桡[97]。武安由此滋骄[98],治宅甲诸第[99]。田园极膏腴,而市买郡县器物相属于道[100]。前堂罗钟鼓,立曲旃[101],后房妇女以百数[102]。诸侯奉金玉狗马玩好,不可胜数。

......

太史公曰:魏其、武安皆以外戚重[103],灌夫用一时决策而名显[104]。魏其之举以吴楚,武安之贵在日月之际[105]。然魏其诚不知时变,灌夫无术而不逊,两人相翼[106],乃成祸乱。武安负贵而好权,杯酒责望[107],陷彼两贤。呜呼哀哉!迁怒及人,命亦不延。众庶不载[108],竟被恶言。呜呼哀哉!祸所从来矣!

【注释】

[1] 节选自《史记·魏其武安侯列传》,中华书局 1959 年版。

[2] 魏其(jī)侯窦婴:魏其,汉代县名,在现在山东临沂南,窦婴以外戚封此,故名魏其侯。

[3] 孝文后:汉文帝刘恒的皇后,即下文的窦太后,景帝母。从兄子:堂兄之子,即堂侄。

[4] 观津:县名,在现在河北武邑东南。

[5] 吴相:吴王濞(bì)的相,濞是刘邦兄刘仲的儿子,窦婴曾担任吴王刘濞的国相,后来因病免职。

[6] 詹事:官名,掌管皇后、太子宫中事务。

[7] 梁孝王:刘武,景帝同母弟,窦太后次子。

[8] 因昆弟燕饮:以兄弟的身份参加酒宴。昆弟:兄弟。燕,通"宴"。

[9] 千秋之后:即"死了之后",这是讳忌的说法,好像现在说"百年之后"。

[10] 引卮(zhī)酒进上:举起一杯酒献给景帝。卮:古代盛酒的器皿。

[11] 薄:轻视、嫌弃。

[12] 除:取消。门籍:出入宫门的名籍,记名牌。

[13] 朝请:汉朝规定,诸侯朝见皇帝,在春季叫朝,在秋季叫请;外戚按时入宫朝见,也称朝请。

[14] 孝景三年:公元前 154 年。

[15] 吴、楚反:这是汉初诸侯王为反抗"削藩"政策而发动的大规模叛乱。吴楚,指参加叛乱的吴楚等七国,吴为主谋,楚为大国,所以史称"吴楚七国"。

[16] 谢病:推托有病。

[17] 王孙:窦婴的表字(别号)。宁:岂、难道。

[18] 袁盎：楚人,曾为吴相。栾布：楚人,曾为燕相。进之：推荐他们。

[19] 财：通"裁",斟酌、酌量。

[20] 荥(xíng)阳：在今河南荥阳。

[21] 条侯：周亚夫,封于条,今河北景县,他在吴楚七国反时,击破吴楚军,建有大功。亢礼：用平等礼节相待。亢：通"抗",抗衡。

[22] 栗太子：汉景帝长子,名荣,栗姬所生,故名栗太子。

[23] 太子傅：官名,有太傅、少傅之分,负责教导辅佐太子。

[24] 数争：多次劝谏。数：屡次、频繁。争：通"诤",劝谏。

[25] 屏(bǐng)居蓝田南山之下：闲居在蓝田山下。屏居：闲居、隐居。蓝田：县名,今陕西蓝田西。南山：也叫蓝田山,在蓝田东南,当时是贵族官僚退休游乐之地。

[26] 说之：劝说他。下文"说魏其"的"说"同。

[27] 高遂：窦婴的门客。

[28] 赵女：指美女。古人认为赵地女子多貌美,所以常用"赵女"代指美女。

[29] 相提：两相对比。

[30] 两宫：指东宫(长乐宫)和西宫(未央宫),借指窦太后(住在东宫)和汉景帝(住在西宫)。螫(shì)：与"蜇"(zhé)同义,指有毒的虫子叮刺人或牲畜,这里指太后和景帝发怒加害窦婴。

[31] 毋类：没有族类,指全家被诛杀。

[32] 桃侯免相：景帝十四年(前143年),丞相刘舍因日食免相。刘舍封为桃侯,故云"桃侯免相"。桃：在今河北衡水西南。

[33] 有爱：有所吝惜。

[34] 易：轻率。

[35] 持重：担当重任。

[36] 卫绾(wǎn)：文、景时期的官僚,曾以军功封建陵侯。

[37] 孝景后：王娡(zhì),右扶风槐里县(今陕西兴平东南)人,田蚡(fén)、田胜都是她的同母异父的弟弟。

[38] 长陵：县名,在今陕西咸阳东北。

[39] 方盛：正当权势显赫时。

[40] 诸郎：指议郎、中郎、侍郎、郎中等郎官,属于郎中令,其职责是保卫宫门、随侍皇帝等诸事。

[41] 贵幸：尊贵而宠幸。

[42] 太中大夫：官名,属于郎中令,职掌议论。

[43] 口：口才。

[44] 《盂》诸书：相传是黄帝史官孔甲所作的铭文,刻在盂等器物上。这是说田学习古文字,通"盘"。

[45] 称制：代天子执政,这里指武帝即位时16岁,尚未成年,故由太后代替皇帝执掌政权。

[46] 所镇抚多有田宾客计策：王太后用来镇抚全国臣民的办法,多采用田门客的计策。

[47] 孝景后三年：公元前141年。汉景帝在位共十六年,分为前、中、后三元,前元七年,中元六年,后元三年。他于后元三年死去,汉武帝登位,实际由王太后执掌政权。

[48] 周阳：县名,今甘肃正宁。

[49] 新欲用事为相：即"新用事欲为相"，是说武安侯新近掌权，想当丞相。

[50] 卑下宾客：对宾客卑躬有礼。

[51] 倾：超过、压倒。

[52] 建元元年：公元前 140 年。建元，汉武帝的第一个年号，这是我国历史上帝王以年号来记年的开始。

[53] 议置：考虑设立。

[54] 籍福：田的门客。

[55] 素：一向。归：归附。

[56] 初兴：发迹不久。

[57] 尊等：尊贵的地位相等。

[58] 微言：委婉进言，隐约其词。风：通"讽"，以含蓄的话劝谏。

[59] 吊：这里是规劝的意思。

[60] 君侯：对列侯而为丞相者的尊称。资性：天性。

[61] 儒术：儒家学说。

[62] 推毂（gǔ）：本义为推动车轮前进，这里意为推荐。毂：车轮中心的轴。赵绾：和下句的王臧都是当时大儒鲁申公的学生，当时有名的儒者。

[63] 郎中令：掌宫殿门户的官名。

[64] 鲁申公：鲁人申培，当时著名的大儒，以研究《诗经》著称，赵绾、王臧皆其弟子。

[65] 明堂：古代帝王宣明政教的大会堂，凡朝会、祭祀、庆贺、教学、选士、敬老等盛大典礼都在那里举行。赵绾、王臧为附会古制，建议设明堂来举行朝会，当时因争论很多，意见不一致，所以把申培请来。

[66] 就国：当时的诸侯大都住在京都长安，并不住在自己的封地，现在让他们各自回到封地去。国：指封国。

[67] 除关：废除关禁。

[68] 以礼为服制：按照礼法规定服饰的制度。

[69] 以兴太平：用以建立天下太平的景象。兴：建立。

[70] 举适（zhé）：举发谴责。适：通"谪"，谪诘。节行：指品德和行为。

[71] 属籍：宗谱。

[72] 外家：外戚，皇帝的母族、妻族。

[73] 尚公主：娶公主为妻。尚：仰攀婚姻。

[74] 日至：每天传到。

[75] 黄老：黄帝、老子，二人被尊为道家的始祖，于是用"黄老"指道家。

[76] 务：致力。隆推：推崇、抬高。

[77] 滋不说：滋，更加。说：通"悦"，喜欢。

[78] 东宫：汉朝太后所居长乐宫在东面，故称"东宫"。

[79] 柏至侯许昌：许昌，其祖父许温封柏至侯，他继承爵位。柏至，地名，其地点不详。

[80] 武侯庄青翟（dí）：其祖父庄不识封武侯，他继承了爵位。武：在现在河北武强东北。

[81] 亲幸：信任而宠爱。

[82] 大司农：官名，管理财政。韩安国：字长孺，吴楚反叛时，他抗吴有功因而闻名。

[83] 貌侵：其貌不扬。侵：通"寝"，矮小丑陋。

[84] 生贵甚：出生就很显贵。

[85] 诸侯王：统指皇族中的王侯和外戚功臣中的列侯。

[86] 富于春秋：年纪还轻的意思。春秋：指岁月。

[87] 京师相：为了区别于各王国的相，所以这样说。京师：首都，此指朝廷。

[88] 非痛折节以礼诎（qū）之，天下不肃：对待天下诸侯王如不狠狠地用礼法加以压制，他们便不会服从。痛：狠狠地。折节：压制、降低身份。诎：通"屈"。肃：敬畏。

[89] 移日：日影移动了位置，表示时间久。

[90] 二千石：指一年的俸禄之数，当时的高级官员的俸禄。

[91] 权移主上：权力从皇帝那里移到自己手中。

[92] 除吏：任命官吏。除：除去旧职就任新职。

[93] 尝请考工地益宅：曾经请求把考工官署的地皮划给他扩建住宅。考工：指掌管督造器械的官衙。益宅：扩建住宅。

[94] 退：退缩、收敛。

[95] 盖侯：王信，田同母异父兄，封盖侯。盖：县名，在今山东省沂水县西北。

[96] 东乡：当时室内的座次面向东方的是尊位。王信年长倒屈居下座，可见田态度之倨傲。乡：通"向"，方向。

[97] 桡：通"挠"，委曲。

[98] 滋骄：更加骄纵。

[99] 甲：用作动词，居于第一位。

[100] 相属（zhǔ）：接连不断。

[101] 曲旃（zhān）：以整匹素帛制成的曲柄长幡。

[102] 后房：指妻妾居住的地方。

[103] 重：尊贵显要。

[104] 用：因。

[105] 日月之际：太阳月亮同时照耀的时候，这里指武帝登位，王太后执政的时候。

[106] 相翼：互相袒护。

[107] 责：责备、苛求。

[108] 载：通"戴"。不载：不拥戴。

【简析】

　　本文是窦婴、田蚡和灌夫三人的合传。三人都是统治阶级的上层人物，主要活动在景帝和武帝时代，即西汉经济逐步走向繁荣的时代。作者善于把众多人物集中在一个场面，通过变化发展的矛盾冲突，刻画各具个性的人物形象。魏其侯窦婴是个很贤明的将军，但不懂时势的变化；将军灌夫出生大家，勇猛异常，却不懂权术又不知退让，和魏其侯窦婴非常要好；武安侯田蚡是景帝皇后的弟弟，仗恃着自己的地位而喜欢玩弄权术，为了酒宴上的纷争引起的怨恨，陷害了两个贤人。三个人虽然纠葛在一起，但各自的性格特点表现得异常鲜明突出。传记通过对三个人物形象的描写，把封建社会中各种复杂的矛盾关系与贵族的骄横残暴、阴谋陷害暴露得淋漓尽致。

【思考与练习】

1. 细读本文,说说窦婴、田蚡和灌夫三人各自的特点。

2. 翻译文章最后"太史公曰"一段,谈谈你对司马迁观点的看法。

3. "苏武牧羊"的故事千古传诵。查阅相关资料阅读《苏武传》,归纳总结苏武、李陵、卫律等人的性格特点。

进 学 解[1]

韩 愈

韩愈(768～824年),唐代文学家、政治家,字退之,河南河阳(今河南孟县)人。自称郡望昌黎,世称韩昌黎。因官吏部侍郎,又称韩吏部。谥号"文",又称韩文公。在文学成就上,同柳宗元齐名,称为"韩柳"。他是唐代古文运动的倡导者,名列唐宋八大家之首。苏轼称他"文起八代之衰"。著有《昌黎先生集》。

　　国子先生晨入太学[2],招诸生立馆下,诲之曰:"业精于勤,荒于嬉;行成于思,毁于随。方今圣贤相逢,治具毕张[3]。拔去凶邪,登崇畯良[4]。占小善者率以录,名一艺者无不庸[5]。爬罗剔抉,刮垢磨光[6]。盖有幸而获选,孰云多而扬?诸生业患不能精,无患有司之不明;行患不能成,无患有司之不公[7]。"

　　言未既,有笑于列者曰:"先生欺余哉!弟子事先生,于兹有年矣。先生口不绝吟于六艺之文,手不停披于百家之编[8]。纪事者必提其要,纂言者必钩其玄[9]。贪多务得,细大不捐。焚膏油以继晷,恒兀兀以穷年[10]。先生之业,可谓勤矣。抵排异端,攘斥佛老[11]。补苴罅漏,张皇幽眇[12]。寻坠绪之茫茫[13],独旁搜而远绍。障百川而东之,回狂澜于既倒。先生之于儒,可谓有劳矣。沈浸浓郁,含英咀华,作为文章,其书满家[14]。上规姚、姒,浑浑无涯;周诰、殷《盘》,佶屈聱牙;《春秋》谨严,《左氏》浮夸;《易》奇而法,《诗》正而葩;下逮《庄》、《骚》,太史所录;子云,相如,同工异曲[15]。先生之于文,可谓闳其中而肆其外矣。少始知学,勇于敢为;长通于方,左右具宜。先生之于为人,可谓成矣。然而公不见信于人,私不见助于友[16]。跋前踬后,动辄得咎[17]。暂为御史,遂窜南夷[18]。三年博士,冗不见治[19]。命与仇谋,取败几时[20]。冬暖而儿号寒,年丰而妻啼饥。头童齿豁,竟死何裨。不知虑此,而反教人为[21]?"

　　先生曰:"吁,子来前[22]!夫大木为杗,细木为桷,欂栌、侏儒,椳、闑、扂、楔,各得其宜,施以成室者,匠氏之工也[23]。玉札、丹砂、赤箭、青芝,牛溲、马勃,败鼓之皮,俱收并蓄,待用无遗者,医师之良也[24]。登明选公,杂进巧拙,纤馀为妍,卓荦为杰,校短量长,惟器是适者,宰相之方也[25]。昔者孟轲好辩,孔道以明,辙环天下,卒老于行[26]。荀卿守正,大论是弘,逃谗于楚,废死兰陵[27]。是二儒者,吐辞为经,举足为法,绝类离伦,优入圣域,其遇于世何如也[28]?今先生学虽勤而不繇其统,言虽多而不要其中,文虽奇而不济于用,行虽修而不显于众[29]。犹且月费俸钱,岁靡廪粟;子不知耕,妇不知织;乘马从徒,安坐而食[30]。踵常途之促促,窥陈编以盗窃[31]。然而圣主不加诛,宰臣不见斥,兹非其幸欤?动而得谤,名亦随之。投闲置散,乃分之宜。若夫商财贿之有亡[32],计班资之崇庳[33],忘己量之所称,指前人之瑕疵[34],是所谓诘匠氏之不以杙为楹[35],而訾医师以昌阳引年[36],欲进其豨苓也[37]。"

【注释】

[1] 选自东雅堂校刊本《昌黎先生集》。

[2] 国子先生:韩愈自称,当时他任国子博士。唐朝时,国子监是设在京都的最高学府,下面有国子学、太学等七学,各学置博士为教授官。国子学是为高级官员子弟而设的。太学:这里指国子监。唐朝国子监相当于汉朝的太学,古时对官署的称呼常有沿用前代旧称的习惯。

[3] 治具:治理的工具,主要指法令。《史记·酷吏列传》:"法令者,治之具。"毕:全部。张:指建立、确立。

[4] 畯:通"俊"。

[5] 率:都。庸:用。

[6] 爬:爬梳,整理。抉(jué):选择。

[7] 有司:负有专责的部门及其官吏。

[8] 六艺:指儒家六经,即《诗》、《书》、《礼》、《乐》、《易》、《春秋》六部儒家经典。百家之编:指儒家经典以外各学派的著作。《汉书·艺文志》把儒家经典列入《六艺略》中,另外在《诸子略》中著录先秦至汉初各学派的著作:"凡诸子百八十九家,四千三百二十四篇。"春秋战国时期,各种学派兴起,著书立说,故有"百家争鸣"之称。

[9] 纂:编集。纂言者,指言论集、理论著作。

[10] 膏油:油脂,指灯烛。晷(guǐ):日影。恒:经常。兀(wù):辛勤不懈的样子。穷:终、尽。

[11] 异端:指与儒家相对立的学派。佛老:指佛家和道家的学说。

[12] 苴(jū):鞋底中垫的草,这里作动词用,是填补的意思。罅(xià):裂缝。皇:大。幽:深。眇:微小。

[13] 绪:前人留下的事业,这里指儒家的道统。韩愈《原道》认为,儒家之道从尧舜传到孔子、孟轲,以后就失传了,而他以继承这个传统自居。

[14] 英、华:都是花的意思,这里指文章中的精华。

[15] 姚、姒(sì):相传虞舜姓姚,夏禹姓姒。周诰:《尚书·周书》中有《大诰》、《康诰》、《酒诰》、

《召诰》《洛诰》等篇。诰是古代一种训诫勉励的文告。殷《盘》《尚书》的《商诰》中有《盘庚》上、中、下三篇。佶屈：屈曲。聱牙：形容不顺口。《春秋》：鲁国史书，记载鲁隐公元年（前722年）到鲁哀公十四年（前481年）间史事，相传经孔子整理删定，叙述简约而精确，往往一个字中寓有褒贬（表扬和批评）的意思。《左氏》：指《春秋左氏传》，简称《左传》。相传鲁史官左丘明作，是解释《春秋》的著作，其铺叙详赡，富有文采，颇有夸张之处。《易》：《易经》，古代占卜用书，相传周人所撰。通过八卦的变化来推算自然和人事规律。《诗》：《诗经》，我国最早的一部诗歌总集，保存西周及春秋前期诗歌三百零五篇。逮：及、到。《庄》：《庄子》，战国时思想家庄周的著作。《骚》：《离骚》，战国时大诗人屈原的长诗。太史：指汉代司马迁，曾任太史令，也称太史公，著《史记》。子云：汉代文学家杨雄，字子云。相如：汉代辞赋家司马相如。

[16] 见信、见助：被信任、被帮助。"见"在动词前表示被动。

[17] 跋（bá）：踩。疐（zhì）：绊。语出《诗经·豳风·狼跋》："狼跋其胡，载疐其尾。"意思是说，狼向前走就踩着颔下的悬肉（胡），后退就绊倒在尾巴上。形容进退都有困难。辄：常常。

[18] 窜：窜逐，贬谪。南夷：韩愈于贞元十九年（803年）授四门博士，次年转监察御史，冬，上书论宫市之弊，触怒德宗，被贬为连州阳山令。阳山在今广东，故称南夷。

[19] 三年博士：韩愈在宪宗元和元年（806年）六月至四年任国子博士。一说"三年"当作"三为"。韩愈此文为第三次博士时所作（元和七年二月至八年三月）。冗（rǒng）：闲散。见：通"现"，表现，显露。

[20] 几时：不时，不一定什么时候，又即随时。

[21] 为：语助词，表示疑问、反诘。

[22] 吁（xū）：叹词。

[23] 宋（máng）：屋梁。桷（jué）：屋椽。欂栌（bó lú）：斗栱，柱顶上承托栋梁的方木。侏（zhū）儒：梁上短柱。椳（wēi）：门枢臼。闑（niè）：门中央所竖的短木，在两扇门相交处。扂（diàn）：门闩之类。楔（xiè）：门两旁长木柱。

[24] 玉札：地榆。丹砂：朱砂。赤箭：天麻。青兰：龙兰。以上四种都是名贵药材。牛溲：牛尿，一说为车前草。马勃：马屁菌。以上两种及"败鼓之皮"都是贱价药材。

[25] 纡（yū）馀：委婉从容的样子。妍：美。卓荦（luò）：突出，超群出众。校（jiào）：比较。

[26] 孟轲好辩：《孟子·滕文公下》载：孟子有好辩的名声，他说："予岂好辩哉！予不得已也。"意思是说，自己因为捍卫圣道，不得不展开辩论。辙（zhé）：车轮痕迹。

[27] 荀卿：即荀况，战国后期时儒家大师，时人尊称为卿。曾在齐国做祭酒，被人谗毁，逃到楚国。楚国春申君任他做兰陵（今山东枣庄）令。春申君死后，他也被废，死在兰陵，著有《荀子》。

[28] 离、绝：都是超越的意思。伦、类：都是"类"的意思，指一般人。

[29] 繇：通"由"。

[30] 靡：浪费，消耗。廪（lǐn）：粮仓。

[31] 踵（zhǒng）：脚后跟，这里是跟随的意思。促促：拘谨局促的样子。窥：从小孔、缝隙或隐僻处察看。陈编：古旧的书籍。

[32] 财贿：财物，这里指俸禄。亡：通"无"。

[33] 班资：等级、资格。庳（bēi）：通"卑"，低。

[34] 前人：指职位在自己前列的人。瑕（xiá）：玉石上的斑点。疵（cī）：病。瑕疵：比喻人的缺

点。如上文所说"不公"、"不明"。

[35]　杙(yì)：小木桩。楹(yíng)：柱子。

[36]　訾(zǐ)：毁谤非议。昌阳：昌蒲，药材名，相传久服可以长寿。

[37]　豨(xī)苓：又名猪苓，利尿药。

【简析】

　　本文是元和七、八年间韩愈任国子博士时所作，假托向学生训话，勉励他们在学业、德行方面取得进步，学生提出质问，他再进行解释，故名"进学解"。

　　文章分三段。第一段是国子先生勉励生徒的话；第二段是生徒对上述教诲提出质问；第三段是先生回答生徒的话。文章通过学生之口，形象地突出了自己学习、捍卫儒道以及从事文章写作的努力与成就，有力地衬托了遭遇的不平，表现了封建时代正直而有才华、有抱负的知识分子的苦闷，批判了不合理的社会现象，具有典型意义。全文结构虽简单，但其内在的气势、意趣却多变化，耐咀嚼。

　　文章语言形象、新颖，使人感到新鲜。如以"口不绝吟"、"手不停披"状先生之勤学，以"踵常途之促促，窥陈编以盗窃"形容其碌碌无为，以"爬罗剔抉，刮垢磨光"写选拔培育人才等，不但化抽象为具体，而且其形象都自出机杼。至于"贪多务得"、"细大不捐"、"含英咀华"、"佶屈聱牙"、"同工异曲"、"动辄得咎"、"俱收并蓄"、"投闲置散"等词语，既富于独创性，又贴切凝练，今天都已成为常用成语。又如"业精于勤，荒于嬉；行成于思，毁于随"等，将作者治学、修德的经验提炼为短句，发人深思，有如格言。文章篇幅如此之短，具有独创性的语句却如此之多，使人不能不惊叹作者在文学语言方面的创造能力。

　　此外，第二段中谈古文写作一节，可供了解其古文理论和文学好尚，值得注意。其所举取法对象止于西汉，那是因为东汉以后文章骈偶成分渐多，与古文家崇尚散体的主张不合之故。所举除儒家经典外，尚有子书《庄子》、史书《史记》以及《楚辞》和司马相如、扬雄的赋、杂文等。这数家作品往往雄深宏伟，奇崛不凡，韩愈好尚正在于此。他曾称屈原、孟轲、司马迁、司马相如、杨雄为"古之豪杰之士"（《答崔立之书》）。这与古文运动前期某些论者片面地将"道"与文学的审美特性对立起来，以至鄙视屈原、宋玉的做法是很不相同的。

【思考与练习】

1. 本文语言形象、新颖，富于独创性，试举例说明。

2. 作者的辛酸、无奈、愤懑、嘲讽种种情绪在文中是如何体现的？

3. 细读第二段谈古文写作一节，谈谈韩愈的古文理论和文学好尚是什么？

纵　囚　论[1]

欧阳修

欧阳修(1007~1072年),北宋文学家、史学家。字永叔,号醉翁,晚年又号六一居士,吉州吉水(今属江西)人。天圣进士。官馆阁校勘,因直言论事贬之夷陵。为人刚直,敢于诤谏。庆历中任谏官,支持范仲淹,要求在政治上有所改良,被诬贬至滁州。卒后谥号文忠。

欧阳修是宋朝第一个在诗、词、散文各方面都有成就的杰出作家。他主张文章应"明道"、"致用",对宋初以来靡丽、险怪的文风表示不满,并积极培养后进,是北宋古文运动的领袖。散文说理畅达,抒情委婉,为"唐宋八大家"之一;诗风与其散文近似,语言流畅自然。其词婉丽,承袭南唐余风。曾与宋祁合修《新唐书》,并独撰《新五代史》。著有《欧阳文忠公集》。

信义行于君子,而刑戮施于小人。刑入于死者,乃罪大恶极,此又小人之尤甚者也。宁以义死,不苟幸生,而视死如归,此又君子之尤难者也。

方唐太宗之六年[2],录大辟囚三百余人[3],纵使还家,约其自归以就死。是以君子之难能,期小人之尤者以必能也。其囚及期,而卒自归无后者。是君子之所难,而小人之所易也,此岂近于人情哉?

或曰:"罪大恶极,诚小人矣。及施恩德以临之,可使变而为君子;盖恩德入人之深,而移人之速,有如是者矣。"曰:"太宗之为此,所以求此名也。然安知夫纵之去也,不意其必来以冀免[4],所以纵之乎?又安知夫被纵而去也,不意其自归而必获免,所以复来乎?夫意其必来而纵之,是上贼下之情也[5];意其必免而复来,是下贼上之心也。吾见上下交相贼以成此名也,乌有所谓施恩德与夫知信义者哉?不然,太宗施德于天下,于兹六年矣。不能使小人不为极恶大罪,而一日之恩,能使视死如归而存信义,此又不通之论也。"

"然则何为而可?"曰:"纵而来归,杀之无赦;而又纵之而又来,则可知为转德之致尔。然此必无之事也。若夫纵而来归而赦之,可偶一为之尔。若屡为之,则杀人者皆不死,是可为天下之常法乎?不可为常者,其圣人之法乎?是以尧、舜三王之治,必本于人情;不立异以为高,不逆情以干誉[6]。"

【注释】

[1] 选自《欧阳文忠公集》,北京图书馆出版社。
[2] 唐太宗之六年:唐太宗贞观六年(632年)。唐太宗是我国历史上比较有作为的皇帝,他在位期间国势强大,社会比较安定,史称"贞观之治"。
[3] 大辟:死刑。辟:法,刑法。大辟意为最重的刑罚。
[4] 意:估计。
[5] 贼:此处用作动词,意思是"偷窃",引申为"窥测"、"猜测"。
[6] 逆情:违背情理。

【简析】

这是一篇对传统见解进行辩驳的政论文章。

据《旧唐书·太宗纪》记载,唐太宗曾于贞观六年下令把等待执行死刑的三百余囚犯放回家中,与家人团聚,并约定返回狱中的日期。其后三百余人均如期返回,朝廷遂赦免其罪。在欧阳修之前许多人把此举传为"美谈",认为唐太宗"能施恩德",囚犯"知信义",并大大歌功颂德一番。但欧阳修力排众议,对纵囚一事提出了质疑,一针见血地指出这件事情纯粹是唐太宗"沽名钓誉",不足为训。

在文中,作者首先肯定地指出,纵囚一事不近人情。然后作者分析唐太宗与囚犯不同的心理活动,指出:这不过是"上下交相贼"的闹剧。同时作者还从唐太宗登基六年来并没有消除小人犯极恶大罪的事实,证明偶尔纵囚也解决不了问题。最后作者旗帜鲜明地亮出自己的观点:"三王之治,必本于人情,不立异以为高,不逆情以干誉。"我们在理解文章内容之余还要学习作者敢于创新、勇于提出自己独特见解的精神。

【思考与练习】

1. 为什么作者认为纵囚事件是"沽名钓誉"?
2. 翻译全文,理清作者辩驳的思路。
3. 参阅作者的《朋党论》,学习欧阳修在政论文章中敢于直言的品格。

鸭窠围的夜[1]

沈从文

沈从文(1902～1988年),我国现代著名的文学家、历史文物研究家。原名沈岳焕,湖南湘西凤凰人,苗族。出身行伍家庭,十四岁在湘西土著军队当兵,二十岁时只身到北京,以自修获得创作能力。于20世纪20～40年代发表了大量作品。一生创作的结集约有八十多部,是现代作家中成书最多的一个。主要作品有《边城》、《长河》、《湘行散记》、《湘西》、《中国古代服饰研究》。其文学创作以湘西生活题材为主,风格独具,蕴涵深刻,文体多样。

天快黄昏时落了一阵雪子,不久就停了。天气真冷,在寒气中一切都仿佛结了冰。便是空气,也象快要冻结的样子。我包定的那一只小船,在天空大把撒着雪子时已泊了岸,从桃源县沿河而上这已是第五个夜晚。看情形晚上还会有风有雪,故船泊岸边时便从各处挑选好地方。沿岸除了某一处有片沙岨宜于泊船以外,其余地方全是黛色如屋的大岩石。石头既然那么大,船又那么小,我们都希望寻觅得到一个能作小船风雪屏障,同时要上岸又还方便的处所。凡是可以泊船的地方早已被当地渔船占去了。小船上的水手,把船上下各处撑去,钢钻头敲打着沿岸大石头,发出好听的声音,结果这只小船,还是不能不同许多大小船只一样,在正当泊船处插了篙子,把当作锚头用的石碇抛到沙上去,尽那行将来到的风雪,摊派到这只船上。

这地方是个长潭的转折处,两岸是高大壁立千丈的山,山头上长着小小竹子,长年翠色逼人。这时节两山只剩下一抹深黑,赖天空微明未画出一个轮廓。但在黄昏里看来如一种奇迹的,却是两岸高处去水已三十丈上下的吊脚楼。这些房子莫不俨然悬挂在半空中,借着黄昏的余光,还可以把这些希奇的楼房形体,看得出个大略。这些房子同沿河一切房子有个共通相似处,便是从结构上说来,处处显出对于木材的浪费。房屋既在半山上,不用那么多木料,便不能成为房子吗?半山上也用吊脚楼形式,这形式是必须的吗？然而这条河水的大宗出口是木料，木材比石块还不值价。因此，即或是河水永远长不到处，吊脚楼房子依然存在，似乎也不应当有何惹眼惊奇了。但沿河因为有了这些楼房，长年与流水斗争的水手，寄身船中枯闷成疾的旅行者，以及其他过路人，却有了落脚处了。这些人的疲劳与寂寞是从这些房子中可以一律解除的。地方既好看，也好玩。

　　河面大小船只泊定后，莫不点了小小的油灯，拉了篷。各个船上皆在后舱烧了火，用铁鼎罐煮红米饭。饭焖熟后，又换锅子熬油，哗的把菜蔬倒进热锅里去。一切齐全了，各人蹲在舱板上三碗五碗把腹中填满后，天已夜了。水手们怕冷怕冻的，收拾碗盏后，就莫不在舱板上摊开了被盖，把身体钻进那个预先卷成一筒又冷又湿的硬棉被里去休息。至于那些想喝一杯的，发了烟瘾得靠靠灯，船上烟灰又翻尽了的，或一无所为，只是不甘寂寞，好事好玩想到岸上去烤烤火谈谈天的，便莫不提了桅灯，或燃一段废缆子，摇晃着从船头跳上了岸，从一堆石头间的小路径，爬到半山上吊脚楼房子那边去，找寻自己的熟人，找寻自己的熟地。陌生人自然也有来到这条河中来到这种吊脚楼房子里的时节，但一到地，在火堆旁小板凳上一坐，便是陌生人，即刻也就可以称为熟人乡亲了。

　　这河边两岸除了停泊有上下行的大小船只三十左右以外，还有无数在日前趁融雪涨水放下形体大小不一的木筏。较小的木筏，上面供给人住宿过夜的棚子也不见，一到了码头，便各自上岸找住处去了。大一些的木筏呢，则有房屋，有船只，有小小菜园与养猪养鸡栅栏，还有女眷和小孩子。

　　黑夜占领了全个河面时，还可以看到木筏上的火光，吊脚楼窗口的灯光，以及上岸下船在河岸大石间飘忽动人的火炬红光。这时节岸上船上都有人说话，吊脚楼上且有妇人在黯淡灯光下唱小曲的声音，每次唱完一支小曲时，就有人笑嚷。什么人家吊脚楼下有匹小羊叫，固执而且柔和的声音，使人听来觉得忧郁。我心中想着，"这一定是从别一处牵来的，另外一个地方，那小畜生的母亲，一定也那么固执的鸣着吧。"算算日子，再过十一天便过年了。"小畜生明不明白只能在这个世界上活过十天八天？"明白也罢，不明白也罢，这小畜生是为了过年而赶来，应在这个地方死去的。此后固执而又柔和的声音，将在我耳边永远不会消失。我觉得忧郁起来了。我仿佛触着了这世界上一点东西，看明白了这世界上一点东西，心里软和得很。

但我不能这样子打发这个长夜。我把我的想象，追随了一个唱曲时清中夹沙的妇女声音，到她的身边去了。于是仿佛看到了一个床铺，下面是草荐，上面摊了一床用旧帆布或别的旧货做成脏而又硬的棉被，搁在床正中被单上面的是一个长方木托盘，盘中有一把小茶盏，一个小烟盒，一支烟枪，一块小石头，一盏灯。盘边躺着一个人在烧烟。唱曲子的妇人，或是袖了手捏着自己的膀子站在吃烟者的面前，或是靠在男子对面的床头，为客人烧烟。房子分两进，前面临街，地是土地，后面临河，便是所谓吊脚楼了。这些人房子窗口既一面临河，可以凭了窗口呼喊河下船中人，当船上人过了瘾，胡闹已够，下船时，或者尚有些事情嘱托，或有其他原因，一个晃着火炬停顿在大石间，一个便凭立在窗口，"大老你记着，船下行时又来。""好，我来的，我记着的。""你见了顺顺就说：会呢，完了；孩子大牛呢，脚膝骨好了。细粉带三斤，冰糖或片糖带三斤。""记得到，记得到，大娘你放心，我见了顺顺大爷就说：会呢，完了。大牛呢，好了。细粉来三斤，冰糖来三斤。""杨氏，杨氏，一共四吊七，莫错账！""是的，放心呵，你说四吊七就四吊七，年三十夜莫会要你多的！你自己记着就是了！"这样那样的说着，我一一都可听到，而且一面还可以听着在黑暗中某一处咩咩的羊鸣。我明白这些回船的人是上岸吃过"荤烟"了的。

我还估计得出，这些人不吃"荤烟"，上岸时只去烤烤火的，到了那些屋子里时，便多数只在临街那一面铺子里。这时节天气太冷，大门必已上好了，屋里一隅或点了小小油灯，屋中土地上必就地掘了浅凹火炉膛，烧了些树根柴块。火光煜煜，且时时刻刻爆炸着一种难于形容的声音。火旁矮板凳上坐有船上人，木筏上人，有对河住家的熟人。且有虽为天所厌弃还不自弃年过七十的老妇人，闭着眼睛蜷成一团蹲在火边，悄悄的从大袖筒里取出一片薯干或一枚红枣，塞到嘴里去咀嚼。有穿着肮脏身体瘦弱的孩子，手擦着眼睛傍着火旁的母亲打盹。屋主人有位退伍的老军人，有翻船背运的老水手，有单身寡妇。藉着火光灯光，可以看得出这屋中的大略情形，三堵木板壁上，一面必有个供奉祖宗的神龛，神龛下空处或另一面，必贴了一些大小不一的红白名片。这些名片倘若有那些好事者加以注意，用小油灯照着，去仔细检查检查，便可以发现许多动人的名衔，军队上的边副，上士，一等兵，商号中的管事，当地的团总,保正,催租吏,以及照例姓滕的船主,洪江的木簰[2]商人,与其他各行各业人物,无所不有。这是近一二十年来经过此地若干人中一小部分的题名录。这些人各用一种不同的生活,来到这个地方,且同样的来到这些屋子里,坐在火边或靠近床边,逗留过若干时间。这些人离开了此地后,在另一世界里还是继续活下去,但除了同自己的生活圈子中人发生关系以外,与一同在这个世界上其他的人,却仿佛便毫无关系可言了。他们如今也许早已死掉了;水淹死的,枪打死的,被外妻用砒霜谋杀的,然而这些名片却依然将好好的保留下去。也许有些人已成了富人名人,成了当地的小军阀,这些名片却仍然写着催租人,上士等等的衔头。……除了这些名片,那屋子里是不是还有比它更引人注意的东西呢? 锯子,小捞兜,香烟大画片,装干栗子的口袋,……

提起这些问题时使人心中很激动。我到船头上去眺望了一阵。河面静静的,木筏上火光小了,船上的灯光已很少了,远近一切只能借着水面微光看出个大略情形。另外一处的吊脚楼上,又有了妇人唱小曲的声音,灯光摇摇不定,且有猜拳声音。我估计那些灯光同声音所在处,不是木筏上的簰头在取乐,就是水手们小商人在喝酒。妇人手指上说不定还戴了水手特别为从常德府捎带来的镀金戒指,一面唱曲一面把那只手理着鬓角,多动人的一幅画图! 我认识他们的哀乐,这一切我也有份。看他们在那里把每个日子打发下去,也是眼泪也是笑,离我虽那么远,同时又与我那么相近。这正同读一篇描写西伯利亚的农人生活动人作品一样,使人掩卷引起无言的哀戚。我如今只用想象去领味这些人生活的表面姿态,却用过去一分经验,接触着了这种人的灵魂。

羊还固执的鸣着。远处不知什么地方有锣鼓声音,那一定是某个人家攘土酬神还愿巫师的锣鼓。声音所在处必有火燎与九品蜡照耀争辉。眩目火光下必有头包红布的老巫师独立作旋风舞,门上架上有黄钱,平地有装满了谷米的平斗。有新宰的猪羊伏在木架上,头上插着小小五色纸旗。有行将为巫师用口把头咬下的活生公鸡,缚了双脚与翼翅,在土坛边无可奈何的躺卧。主人锅灶边则热了满锅猪血稀粥,灶中正火光熊熊。

邻近一只大船上,水手们已静静的睡下了,只剩余一个人吸着烟,且时时刻刻把烟管敲着船舷。也象听着吊脚楼的声音,为那点声音所激动,引起种种联想,忽然按捺自己不住了,只听到他轻轻的骂着野话,擦了支自来火,点上一段废缆,跳上岸往吊脚楼那里去了。他在岸上大石间走动时,火光便从船篷空处漏进我的船中。也是同样的情形吧,在一只装载棉军服向上行驶的船上,泊到同样的岸边,躺在成束成捆的军服上面,夜既太长,水手们爱玩牌的各蹲坐在舱板上小油灯光下玩天九,睡既不成,便胡乱穿了两套棉军服,空手上岸,借着石块间还未融尽残雪返照的微光,一直向高岸上有灯光处走去。到了街上,除了从人家门罅里露出的灯光成一条长线横卧着,此外一无所有。在计算中以为应可见到的小摊上成堆的花生,用哈德门长烟盒装着干瘪瘪的小橘子,切成小方块的片糖,以及在灯光下看守摊子把眉毛扯得极细的妇人(这些妇人无事可作时还会在灯光下做点针钱的),如今什么也没有。既不敢冒昧闯进一个人家里面去,便只好又回转河边船上了。但上山时向灯光凝聚处走去,方向不会错误。下河时可糟了。糊糊涂涂在大石小石间走了许久,且大声喊着,才走近自己所坐的一只船。上船时,两脚全是泥,刚攀上船舷还不及脱鞋落舱,就有人在棉被中大喊:"伙计哥子们,脱鞋呀!"把鞋脱了还不即睡,便镶到水手身旁去看牌,一直看到半夜,——十五年前自己的事,在这样地方温习起来,使人对于命运感到十分惊异。我懂得那个忽然独自跑上岸去的人,为什么上去的理由!

等了一会,邻船上那人还不回到他自己的船上来,我明白他所得的必比我多了一些。我想听听他回来时,是不是也象别的船上人,有一个妇人在吊脚楼窗口喊叫他。许多人都陆续回到船上了,这人却没有下船。我记起"柏子"[3]。但是,同样是水上人,一个那么快乐的赶到岸上去,一个却是那么寂寞的跟着别人后面走上岸去,到了那些地方,情形不会同柏子一样,也是很显然的事了。

为了我想听听那个人上船时那点推篷声音,我打算着,在一切声音全已安静时,我仍然不能睡觉。我等待那点声音。大约到午夜十二点,水面上却起了另外一种声音。仿佛鼓声,也仿佛汽油船马达转动声,声音慢慢的近了,可是慢慢的又远了。象是一个有魔力的歌唱,单纯到不可比方,也便是那种固执的单调,以及单调的延长,使一个身临其境的人,想用一组文字去捕捉那点声音,以及捕捉在那长潭深夜一个人为那声音所迷惑时节的心情,实近于一种徒劳无功的努力。那点声音使我不得不再从那个业已用被单塞好空罅的舱门,到船头去搜索它的来源。河面一片红光,古怪声音也就从红光一面掠水而来。原来日里隐藏在大岩下的一些小渔船,在半夜前早已静悄悄的下了拦江网。到了半夜,把一个从船头伸在水面的铁兜,盛上燃着熊熊烈火的油柴,一面用木棒槌有节奏的敲着船舷各处漂去。身在水中见了火光而来与受了柝声吃惊四窜的鱼类,便在这种情形中触了网,成为渔人的俘虏。当地人把这种捕鱼方法叫"赶白"。

一切光,一切声音,到这时节已为黑夜所抚慰而安静了,只有水面上那一分红光与那一派声音。那种声音与光明,正为着水中的鱼和水面的渔人生存的搏战,已在这河面上存在了若干年,且将在接连而来的每个夜晚依然继续存在。我弄明白了,回到舱中以后,依然默听着那个单调的声音。我所看到的仿佛是一种原始人与自然战争的情景。那声音,那火光,都近于原始人类的战争,把我带回到四五千年那个"过去"时间里去。

不知在什么时候开始落了很大的雪,听船上人细语着,我心想,第二天我一定可以看到邻船上那个人上船时节,在岸边雪地上留下那一行足迹。那寂寞的足迹,事实上我却不曾见到,因为第二天到我醒来时,小船已离开那个泊船处很远了。

【注释】

[1] 本文写于 1934 年,选自沈从文 1936 年出版的散文集《湘行散记》。本书写沈从文由常德沿沅水溯流而上,沿途所见湘西乡村的景物人事。本文是其中第三篇。鸭窠(kē)围,湖南沅水边的一乡村名。

[2] 簰(pái):同"簿",大的木筏。

[3] "柏子":沈从文著名短篇小说代表作《柏子》中的主人公,也是沈从文在《湘行散记》等作品中多次写到的"无数水手柏子"的"共名"。《柏子》描写了他与吊脚楼妓女炽热、泼辣而真挚的露水恩情和悲惨生活中的"快乐"。

【简析】

1934 年初,沈从文由常德沿沅水溯流而上,返回阔别十余年的湘西故里。途中,他以给妻子写信的形式,依次记载了千里沅水及各支流流经的湘西乡村的景物人事。后经整理结成系列散文《湘行散记》,由十一个单篇组成。本文是其中的第三篇,写作者旅途中夜宿鸭窠围时一夜间的见闻和思绪,向读者展示了湘西地区特有的自然景色和人生形态,寄托了作者对历史、对人生的感慨。

全文十四个自然段,可分四个部分:第一部分(1~5 自然段)写航船夜泊鸭窠围的情景和吊脚楼的景观。第二部分(6~9 自然段)通过想象,描述水手们到岸上吊脚楼烤火歇息和吃"荤烟"的情景。第三部分(10~11自然段)通过回忆,"温习"十五年前自己经历的同样情景。第四部分(12~14自然段)写午夜时分,水面上渔人"赶白"的古怪声音及由此引起的对湘西下层人民历史命运的思考。

沈从文在这篇文章中记录了他所惯常描绘的夜,这样的夜晚曾经让他刻骨铭心,是他的生命中最难挥去的一段记忆。当他再次置身于这样熟悉的夜时,他把自己的所有感觉、听觉、知觉乃至想象全都调动起来,以一种无法比拟的充满魔力的声音牵引着我们穿越了那个充满灵性的、寂寞而忧郁的夜,它把我们的心灵引入一个高远幽静的世界,仿佛和这个俗世远远地隔着一条河;可这夜里又充满了各种俗世的声音,让人倍感亲切动人。沈从文就是这样将两种看似不相融合的东西——神圣和世俗完美地连在一起,弹奏出一曲舒缓而悠长的生命乐章。

文章表现了带有湘西地方色彩和苗族、土家族民族色彩的特异人生:为了生存勇敢地搏战,从不放弃应有的一切努力;面对艰难困苦,面对压抑和摧残,生命力依然是那样的坚韧和强悍;掺和着眼泪与笑,却依然执著地追求真挚缠绵的情与爱。这就是"水上人"、"妇人"自在的生活体验。

然而,作者在记叙这种下层民众特别的人生形态时,绝不做简单的道德评判,也不是单纯地"同情",而是把自己置身于那个本来处于弱势的人群当中,真实而虔诚地记录了他们在这个世上不为人知的挣扎和真切的向往。进而融入自己的生命体验,用哀戚、悲悯的情思做历史与现实的观照与反思,从而赋予作品深刻的哲理内涵。

文章具有独到的艺术表现手段和美学追求。作者描写的是平凡的人生现象,记人叙事状物写景时,以叙述为主,辅以描写、抒情和议论。充分发挥想象进行描写、勾勒、渲染场面和氛围,文字极富感染力,字里行间洋溢着生命的诗意。作者的"心灵之笔"绘成的"原汁"、"原味"、"原生态",能给人一种人情美与风俗美的享受,从而使文章耐读、耐品。

特别值得一提的是,作为叙述者的"我"始终呆在船上,上了岸的只是"我"的想象。但作者丰富的经验、细致入微的刻画,使实景与想象浑不可分。结尾处水面上的渔火,如同"有魔力的歌唱"的不知所自的奇妙声音,更使得意境混茫。"文无定法",这篇散文便是最好的证明。

【思考与练习】

1. 这篇文章语言朴实自然,不假修饰,如同文中溢出的淳朴民风那样。试举例分析。

2. 如何评析本文所描写的湘西水手的生活情状?

3. 试分析"软和"一词在本文中的特殊意蕴。

4. 故乡的夜因为浪漫、因为多彩,在每个人的生命中总要留下难以忘怀的记忆。咀嚼这些记忆,我们更能体会今天的美满和谐,更能保持真善美的崇高。请以"故乡的夜"为题写一篇800字左右的散文。

秋　夜[1]

巴　金

巴金(1904～2005年)，原名李尧棠，字芾甘，四川成都人。1920年入成都外国语专门学校。1923年从封建家庭出走，就读于上海和南京的中学。1927年初赴法国留学，写成了处女作长篇小说《灭亡》，发表时始用巴金的笔名。回国后又出版了《激流三部曲》、《爱情三部曲》、《寒夜》、《憩园》等小说，还出版了《生之忏悔》、《静夜的悲剧》等散文。

巴金以独特的艺术风格和丰硕的创作成果令人瞩目，被鲁迅称为"一个有热情的有进步思想的作家，在屈指可数的好作家之列的作家"。抗战期间任文化生活出版社总编辑，主编了《文艺月刊》等刊物和《文学丛刊》等丛书。

抗战胜利后巴金主要从事翻译、编辑和出版工作。1960年当选中国文联副主席和中国作协副主席。"文革"中，巴金遭到了残酷迫害。1978年起，他在香港《大公报》连载散文《随想录》。由他倡议，1985年建立了中国现代文学馆。九十岁后他校对和创作了二十六卷本《巴金全集》、十卷本《巴金译作集》、《怀念曹禺》、《告别读者》等著作和文章。

窗外"荷荷"地下着雨，天空黑得像一盘墨汁，风从窗缝吹进来，写字桌上的台灯像闪眼睛一样忽明忽暗地闪了几下。我刚翻到《野草》的最后一页。我抬起头，就好像看见先生站在面前。

仍旧是矮小的身材，黑色的长袍，浓浓的眉毛，厚厚的上唇须，深透的眼光和慈祥的微笑，右手两根手指夹着一支香烟。他深深地吸一口烟，向空中喷着烟雾。

他在房间踱着，在椅子上坐下来，他抽烟，他看书，他讲话，他俯在他那张书桌上写字，他躺在他那把藤躺椅上休息，他突然发出来爽朗的笑声……

这一切都是那么自然，那么平易近人。而且每一个动作里仿佛都有先生的特殊的东西。你一眼就可以认出他来。

不管窗外天空漆黑，只要他抬起眼睛，整个房间就马上亮起来，他的眼光仿佛会看透你的心，你在他面前想撒谎也不可能。不管院子里暴雨下个不停，只要他一开口，你就觉得他的每个字都很清楚地进到你的心底。他从不教训人，他鼓励你，安慰你，慢慢地使你的眼睛睁大，牵着你的手徐徐朝前走去，倘使有绊脚石，他会替你踢开。

他一点也没有改变。他还是那么安静，那么恳切，那么热心，那么慈祥。他坐在椅子上，好像从他身上散出来一股一股的热气。我觉得屋子里越来越温暖了。

风在震摇窗户，雨在狂流，屋子里灯光黯淡。可是从先生坐的地方发出来眩目的光。我不转眼地朝那里看。透过黑色长袍我看见一颗燃得通红的心。先生的心一直在燃烧，成了一个鲜红的、透明的、光芒四射的东西。我望着这颗心，我浑身的血都烧起来，我觉得我需要把我身上的热发散出去，我感到一种献身的欲望。这不是第一回了。过去跟先生本人接近，或者翻阅先生著作的时候，我接触到这颗燃烧的心，我常常有这样一种感觉；其实不仅是我，当时许多年轻人都曾从这颗心得到温暖，受到鼓舞，找到勇气，得到启发。

他站起来，走到窗前，发光的心仍然在他的胸膛里燃烧，跟着他到了窗前。我记起了，多少年来这颗心就一直在燃烧，一直在给人们指路。他走到哪里，他的心就在哪里发光，生热。我知道多少年轻人带着创伤向他要求帮助，他细心地治好他们的伤，让他们恢复了精力和勇气，继续走向光明的前途。

"不要离开我们！"我又一次听见了这个要求，这是许多人的声音，尤其是许多年轻人的声音。我听见一声响亮的回答："我决不离开你们！"这是多年来听惯了的声音。我看见他在窗前，向窗外挥一下手，好像他又在向谁吐出这一句说过多少次的话。

雨住了，风也消逝了。天空不知在什么时候露出一点点灰色。夜很静。连他那颗心"必必剥剥"地燃烧的声音也听得见。他拿一只手慢慢地压在胸前，我觉得他的身子似乎微微地在颤动，我听见他激动地、带感情地说：

"忘记我，管自己生活。可是我永远忘不了你们。"

"难道为了你们，我还有什么不可以拿出来的？"

"难道为了你们，我还有过什么顾虑？"

"难道我曾经在真理面前退却？在暴力面前低头？"

"为了追求真理我不是敢说，敢做，敢骂，敢恨，敢爱？"

"我所预言的'将来的光明'不是已经出现在你们的眼前?"

"那么仍然要记住:为了真理,要敢爱,敢恨,敢说,敢做,敢追求!"

"勇敢地继续向着更大的光明前进!"

静寂的夜让他的声音冲破了。仿佛整个空间都骚动起来。从四面八方送过来响应的声音。声音渐渐地凝结在一起,愈凝愈厚,好像成了一大块实在的东西。不知道从哪里送来了火,它一下子就燃烧起来,愈燃愈亮,于是整个房间,整个夜都亮起来了,就像在白天一样。

那一块东西继续在燃烧,愈烧愈小,终于成了一块像人心一样的东西。它愈燃愈往上升,渐渐地升到了空中,就挂在天空,像一轮初升的红日。

我再看窗前鲁迅先生的身形,它不知道在什么时候不见了。

我连忙跑到窗前。我看出来:像红日那样挂在天空里的就是先生的燃烧的心。我第一眼只看到一颗心。可是我仰起头仔细再看,先生的慈祥的脸不是就在那儿?他笑得多么快乐!真是我从未见过的表示衷心愉快的笑脸!

我笑了,我也衷心愉快地笑了。

我知道鲁迅先生并没有死,而且也永不会死!

我回到写字桌前,把《野草》阖上,我吃惊地发现那一颗透明的红心也在书上燃烧。……

原来我俯在摊开的先生的《野草》上做了一个秋夜的梦。

窗外还有雨声,秋夜的雨滴在芭蕉叶上的声音,滴在檐前石阶上的声音。

可是在先生的书上,我的确看到了他那颗发光的燃烧的心。

1956 年 9 月

【注释】

[1] 选自《巴金全集》第十四卷,人民文学出版社出版。

【简析】

《秋夜》本来是鲁迅先生在《野草》中的开篇之作,巴金将自己的散文命名为《秋夜》旨在怀念先生;再看文章结尾时间是 1956 年 9 月,正值先生逝世 20 周年前夕(鲁迅逝世于 1936 年 10 月),又是新中国社会主义三大改造完成之时,作者借怀念

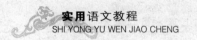

文章告慰先生生前所追求的那个理想光明的社会已经到来。

秋风秋雨总是让人多愁善感,在这样一个秋夜里,巴金想起了鲁迅先生。先生已逝,其形象难以清晰描绘,巴金就巧设一"梦",使先生的形象重新出现在我们的眼前,清晰高大。提笔对风、雨、黑色的天空、"忽明忽暗"闪着的灯火的环境描写都暗示着下文将进入"梦境"。梦里,巴金又见到了先生,看见了他的生活和他燃烧的心;听到了先生饱含感情的坚定的话语;感受到了先生伟大思想的光芒。巴金带着我们"魂游太虚幻境",使我们似乎也亲眼看到了先生火红的心化作初升的红日,在天边辉煌。"梦"由《野草》开始,最后又回到《野草》,"梦"是完整的。文章结尾点明上文是对梦境的描写,但正是这一个"梦",使得抽象化为具体、虚幻化为真实、缥缈化为实际,缠绕在读者心里。最后,由梦到现实,恍惊起,却发现先生的书上真有一颗燃烧的心——这不是"梦"!

鲁迅先生又在巴金《秋夜》的梦中重生于我们脑海里,表达了作者对伟人鲁迅先生的深切怀念。

【思考与练习】

1. 文章 1~5 段描写的梦境中的鲁迅先生的肖像、动作和神态有哪些特点?

2. 描写"天空黑得像一盘墨汁"、"屋子里灯光暗淡"有什么作用?

3. 下面这段话中句子的语气是怎样逐步变化的? 有什么作用?

(1) 忘记我,管自己生活。可是我永远忘不了你们。

(2) 难道为了你们,我还有什么不可以拿出来的?

(3) 难道为了你们,我还有过什么顾虑?

(4) 难道我曾经在真理面前退却? 在暴力面前低头?

(5) 为了追求真理我不是敢说,敢做,敢骂,敢恨,敢爱?

(6) 我所预言的"将来的光明"不是已经出现在你们的眼前?

(7) 那么仍然要记住:为了真理,要敢爱,敢恨,敢说,敢做,敢追求!

(8) 勇敢地继续向着更大的光明前进!

4. 阅读 2003 年"感动中国"节目给巴金先生的颁奖词,查阅资料了解巴金先生的事迹,学习他高贵的人品。

穿越一个世纪,见证沧桑百年,刻画历史巨变,一个生命竟如此厚重。他在字里行间燃烧的激情,点亮多少人灵魂的灯塔;他在人生中真诚地行走,叩响多少人心灵的大门。他贯穿于文字和生命中的热情、忧患、良知,将在文学史册中永远闪耀着璀璨的光辉!

莫 高 窟[1]

余秋雨

余秋雨(1946~　)，浙江余姚人。艺术理论家，散文家，中国文化史学者。现任上海戏剧学院教授，上海写作学会会长。他治学严谨，著述宏富，早年写有《戏剧理论史稿》65万字，后又撰写《中国文化史述》和《艺术创造工程》，从戏剧理论研究转入人类文学的研究。20世纪80年代中期，他开始了散文的写作，出版《文化苦旅》和《山居笔记》。1987年被授予"国家级突出贡献专家"荣誉称号。

一

莫高窟对面，是三危山。《山海经》记："舜逐三苗于三危。"可见它是华夏文明的早期屏障，早得与神话分不清界线。那场战斗怎么个打法，现在已很难想象，但浩浩荡荡的中原大军总该是来过的。当时整个地球还人迹稀少，嗒嗒的马蹄声显得空廓而响亮。让这么一座三危山来做莫高窟的映壁，气概之大，人力莫及，只能是造化的安排。

公元366年，一个和尚来到这里。他叫乐樽，戒行清虚，执心恬静，手持一枝锡杖，云游四野。到此已是傍晚时分，他想找个地方栖宿。正在峰头四顾，突然看到奇景：三危山金光灿烂，烈烈扬扬，像有千佛在跃动。是晚霞吗？不对，晚霞就在西边，与三危山的金光遥遥相对应。

三危金光之迹，后人解释颇多，在此我不想议论。反正当时的乐樽和尚，刹那时激动万分。他怔怔地站着，眼前是腾燃的金光，背后是五彩的晚霞，他浑身被照得通红，手上的锡杖也变得水晶般透明。他怔怔地站着，天地间没有一点声息，只有光的流溢，色的笼罩。他有所憬悟，把锡杖插在地上，庄重地跪下身来，朗声发愿，从今要广为化缘，在这里筑窟造像，使它真正成为圣地。和尚发愿完毕，两方光焰俱黯，苍然暮色压着茫茫沙原。

不久，乐樽和尚的第一个石窟就开工了。他在化缘之时广为播扬自己的奇遇，远近信士也就纷纷来朝拜胜景。年长日久，新的洞窟也一一挖出来了,上自王公,下至平民,或者独筑,或者合资,把自己的信仰和祝祈,全向这座陡坡凿进。从此,这个山峦的历史,就离不开工匠斧凿的丁当声。

工匠中隐潜着许多真正的艺术家。前代艺术家的遗留,又给后代艺术家以默默的滋养。于是,这个沙漠深处的陡坡,浓浓地吸纳了无量度的才情,空灵灵又胀鼓鼓地站着,变得神秘而又安详。

二

从哪一个人口密集的城市到这里,都非常遥远。在可以想象的将来,还只能是这样。它因华美而矜持,它因富有而远藏。它执意要让每一个朝圣者,用长途的艰辛来换取报偿。

我来这里时刚过中秋,但朔风已是铺天盖地。一路上都见鼻子冻得通红的外国人在问路,他们不懂中文,只是一叠连声地喊着:"莫高! 莫高!"声调圆润,如呼亲人。国内游客更是拥挤,傍晚闭馆时分,还有一批刚刚赶到的游客,在苦苦央求门卫,开方便之门。

我在莫高窟一连呆了好几天。第一天入暮,游客都已走完了,我沿着莫高窟的山脚来回徘徊。试着想把白天观看的感受在心头整理一下,很难;只得一次次对着这堵山坡傻想,它究竟是个什么样的存在?

比之于埃及的金字塔,印度的山奇大塔,古罗马的斗兽场遗迹,中国的许多文化遗迹常常带有历史的层累性。别国的遗迹一般修建于一时,兴盛于一时,以后就以纯粹遗迹的方式保存着,让人瞻仰。中国的长城就不是如此,总是代代修建、代代拓抻。长城,作为一种空间蜿蜒,竟与时间的蜿蜒紧紧对应。中国历史太长、战乱太多、苦难太深,没有哪一种纯粹的遗迹能够长久保存,除非躲在地下,躲在坟里,躲在不为常人注意的秘处。阿房宫烧了,滕王阁坍了,黄鹤楼则是新近重修。成都的都江堰所以能长久保留,是因为它始终发挥着水利功能。因此,大凡至今轰传的历史胜迹,总有生生不息、吐纳百代的独特禀赋。

莫高窟可以傲视异邦古迹的地方,就在于它是一千多年的层层累聚。看莫高窟,不是看死了一千年的标本,而是看活了一千年的生命。一千年而始终活着,血脉畅通、呼吸匀停,这是一种何等壮阔的生命! 一代又一代艺术家前呼后拥向我们走来,每个艺术家又牵连着喧闹的背景,在这里举行着横跨千年的游行。纷杂的衣饰使我们眼花瞭乱,呼呼的旌旗使我们满耳轰鸣。在别的地方,你可以蹲下身来细细玩索一块碎石、一条土埂,在这儿完全不行,你也被裹卷着,身不由主,踉踉跄跄,直到被历史的洪流消融。在这儿,一个人的感官很不够用,那干脆就丢弃自己,让无数双艺术巨手把你碎成轻尘。

因此,我不能不在这暮色压顶的时刻,在山脚前来回徘徊,一点点地找回自己,定一定被震撼了的惊魂。晚风起了,夹着细沙,吹得脸颊发疼。沙漠的月亮,也特别清冷。山脚前有一泓泉流,汩汩有声。抬头看看,侧耳听听,总算,我的思路稍见头绪。

白天看了些什么,还是记不大清。只记得开头看到的是青褐浑厚的色流,那应该是北魏的遗存。色泽浓沉着得如同立体,笔触奔放豪迈得如同剑戟。那个年代战事频繁,驰骋沙场的又多北方骠壮之士,强悍与苦难汇合,流泻到了石窟的洞壁。当工匠们正在这洞窟描绘的时候,南方的陶渊明,在破残的家园里喝着闷酒。陶渊明喝的不知是什么酒,这里流荡着的无疑是烈酒,没有什么芬芳的香味,只是一派力、一股劲,能让人疯了一般,拔剑而起。这里有点冷、有点野,甚至有点残忍;

色流开始畅快柔美了,那一定是到了隋文帝统一中国之后。衣服和图案都变得华丽,有了香气,有了暖意,有了笑声。这是自然的,隋炀帝正乐呵呵地坐在御船中南下,新竣的运河碧波荡漾,通向扬州名贵的奇花。隋炀帝太凶狠,工匠们不会去追随他的笑声,但他们已经变得大气、精细,处处预示着,他们手下将会奔泻出一些更惊人的东西;

色流猛地一下涡旋卷涌,当然是到了唐代。人世间能有的色彩都喷射出来,但又喷得一点儿也不野,舒舒展展地纳入细密流利的线条,幻化为壮丽无比的交响乐章。这里不再仅仅是初春的气温,而已是春风浩荡,万物苏醒,人们的每一缕筋肉都想跳腾。这里连禽鸟都在歌舞,连繁花都裹卷成图案,为这个天地欢呼。这里的雕塑都有脉搏和呼吸,挂着千年不枯的吟笑和娇嗔。这里的每一个场面,都非双眼能够看尽,而每一个角落,都够你留连长久。这里没有重复,真正的欢乐从不重复。这里不存在刻板,刻板容不下真正的人性。这里什么也没有,只有人的生命在蒸腾。一到别的洞窟还能思忖片刻,而这里,一进入就让你燥热,让你失态,让你只想双足腾空。不管它画的是什么内容,一看就让你在心底惊呼,这才是人,这才是生命。人世间最有吸引力的,莫过于一群活得很自在的人发出的生命信号。这种信号是磁,是蜜,是涡卷方圆的魔井。没有一个人能够摆脱这种涡卷,没有一个人能够面对着它们而保持平静。唐代就该这样,这样才算唐代。我们的民族,总算拥有这么个朝代,总算有过这么一个时刻,驾驭如此瑰丽的色流,而竟能指挥若定;

色流更趋精细,这应是五代。唐代的雄风余威未息,只是由炽热走向温煦,由狂放渐趋沉着。头顶的蓝天好像小了一点,野外的清风也不再鼓荡胸襟;

终于有点灰黯了,舞蹈者仰首到变化了的天色,舞姿也开始变得拘谨。仍然不乏雅丽,仍然时见妙笔,但欢快的整体气氛,已难于找寻。洞窟外面,辛弃疾、陆游仍在握剑长歌,美妙的音色已显得孤单,苏东坡则以绝世天才,与陶渊明呼应。大宋的国土,被下坡的颓势,被理学的层云,被重重的僵持,遮得有点阴沉;

色流中很难再找到红色了,那该是到了元代;

……

这些朦胧的印象,稍一梳理,已颇觉劳累,像是赶了一次长途的旅人。据说把莫高窟的壁画连起来,整整长达 60 华里。我只不信,60 华里的路途对我轻而易举,哪有这般劳累?

夜已深了,莫高窟已经完全沉睡。就像端详一个壮汉的睡姿一般,看它睡着了,也没有什么奇特,低低的,静静的,荒秃秃的,与别处的小山一样。

三

第三天一早,我又一次投入人流,去探寻莫高窟的底蕴,尽管毫无自信。

游客各种各样。有的排着队,在静听讲解员讲述佛教故事;有的捧着画具,在洞窟里临摹;有的不时拿出笔记写上几句,与身旁的伙伴轻声讨论着学术课题。他们就像焦距不一的镜头,对着同一个拍摄对象,选择着自己所需要的清楚和模糊。

莫高窟确实有着层次丰富的景深(depth of field),让不同的游客摄取。听故事,学艺术,探历史,寻文化,都未尝不可。一切伟大的艺术,都不会只是呈现自己单方面的生命。它们为观看都存在,它们期待着仰望的人群。一堵壁画,加上壁画前的唏嘘和叹息,才是这堵壁画的立体生命。游客们在观看壁画,也在观看自己。于是,我眼前出现了两个长廊:艺术的长廊和观看者的心灵长廊;也出现了两个景深:历史的景深和民族心理的景深。

如果仅仅为了听佛教故事,那么它多姿的神貌和色泽就显得有点浪费。如果仅仅为了学绘画技法,那么它就吸引不了那么多普通的游客。如果仅仅为了历史和文化,那么它至多只能成为厚厚著述中的插图。它似乎还要深得多,复杂得多,也神奇得多。

它是一种聚会,一种感召。它把人性神化,付诸造型,又用造型引发人性,于是,它成了民族心底一种彩色的梦幻、一种圣洁的沉淀、一种永久的向往。

它是一种狂欢,一种释放。在它的怀抱里神人交融,时空飞腾,于是,它让人走进神话、走进寓言,走进宇宙意识的霓虹。在这里,狂欢是天然秩序,释放是天赋人格,艺术的天国是自由的殿堂。

它是一种仪式、一种超越宗教的宗教。佛教理义已被美的火焰蒸馏,剩下了仪式应有的玄秘、洁净和高超。只要知闻它的人,都会以一生来投奔这种仪式,接受它的洗礼和熏陶。

这个仪式如此宏大,如此广。甚至,没有沙漠,也没有莫高窟,没有敦煌。仪式从海港的起点已经开始,在沙窝中一串串深深的脚印间,在一个个夜风中的帐篷里,在一具具洁白的遗骨中,在长毛飘飘的骆驼背上。流过太多眼泪的眼睛,已被风沙磨钝,但是不要紧,迎面走来从那里回来的朝拜者,双眼是如此晶亮。我相信,一切为宗教而来的人,一定能带走超越宗教的感受,在一生的潜意识中蕴藏。蕴藏又变作遗传,下一代的苦旅者又浩浩荡荡。为什么甘肃艺术家只是在这里撷取了一个舞姿,就能引起全国性的狂热?为什么张大千举着油灯从这里带走一些线条,就能风靡世界画坛?只是仪式,只是人性,只是深层的蕴藏。过多地捉摸他们的技法没有多大用处,全心全意的成功只在于全身心地朝拜过敦煌。蔡元培在本世纪初提出过以美育代宗教,我在这里分明看见,最高的美育也有宗教的风貌。或许,人类的将来,就是要在这颗星球上建立一种有关美的宗教?

四

离开敦煌后,我又到别处旅行。

我到过另一个佛教艺术胜地,那里山清水秀,交通便利。思维机敏的讲解员把佛教故事与今天的新闻、行为规范联系起来,讲了一门古怪的道德课程。听讲者会心微笑,时露愧色。我还到过一个山水胜处,奇峰竞秀,美不胜收。一个导游指着几座略似人体的山峰,讲着一个个贞节故事,如画的山水立时成了一座座道德造型。听讲者满怀兴趣,扑于船头,细细指认。

我真怕,怕这块土地到处是善的堆垒,挤走了美的踪影。

为此,我更加思念莫高窟。

什么时候,哪一位大手笔的艺术家,能告诉我莫高窟的真正奥秘?日本井上靖的《敦煌》显然不能令人满意,也许应该有中国的赫尔曼·黑塞,写一部《纳尔齐斯与歌德蒙》(Narziss and Goldmund),把宗教艺术的产生,刻画得如此激动人心,富有现代精神。

不管怎么说,这块土地上应该重新会聚那场人马喧腾、载歌载舞的游行。

我们,是飞天[2]的后人。

【注释】

[1] 选自余秋雨著《文化苦旅》,东方出版中心 2003 年版。莫高窟:又名千佛洞,地处甘肃敦煌市东南 25 公里的鸣沙山东麓岩泉河崖壁上。始凿于 366 年,历经 16 国、北魏、西魏、北周、隋、唐、五代、宋、西夏、元共 10 个朝代,连续营造达千年之久。莫高窟南北长达 1 600 多米,上下五层,虽然经过千百年自然和人为的破坏,至今仍保存 492 窟,壁画 45 000 多平方米,彩塑 2415 尊。

[2] 飞天:传说中的菩萨。佛教中称为香音之神,能奏乐,善飞舞,满身异香而美丽。

【简析】

这是一篇描述敦煌的游记散文。作者以诗一般的语言尽情讴歌了伟大的敦煌艺术,抒发了对民族灿烂文化被毁的悲哀,给人以强烈的感染。

全文分为四个部分:第一部分,交代莫高窟的地理位置和开凿时间,概括介绍乐樽和尚筑窟造像、实施宏愿的过程;第二部分,勾勒莫高窟艺术各个不同历史时期的特点,展现莫高窟艺术傲视异邦、吐纳百代的独特魅力;第三部分,抒发作者的感受;第四部分,总结全文,表达作者意犹未尽、难以忘怀的感情。

这篇散文表现了余秋雨散文独特的文化特质。作者把自己鲜活的文化生命融入了笔端,使莫高窟这一历史遗迹一下子鲜活、灵性起来。品读文章,读者能深深感受到中国古代文明的独特。世界古文明如古埃及的金字塔、古罗马的斗兽场遗迹等,它们只是代表一个时期,兴盛衰退,然后留下的只有遗迹。而中国的古文明,不断变化、不断演进、不断成长,是一个活的生命。它不断地吸收天地之灵性,一代代艺术家非凡的创造才能和真情实感完全融入每一幅图像中,它不断在历史的长河中层层累积,就这样一千多年过去了,如今带给我们的是有形有色、有灵有肉的丰满历史。

作者深知文字与画面的区别,巧妙地处理了以文字描述莫高窟壁画这一难题。面对莫高窟那纵贯千年的艺术瑰宝,作者没有去描述敦煌壁画的瑰丽多姿,他并不企求用文字去穷形尽相地再现前人创造的精美画卷,而是贴着"一千多年的层层累聚"展开描写,将一幅幅静止的画面,转化为在历史演进中流动涌荡的过程,将自己的感悟,化为历代艺术家们苦心孤诣地献身艺术创造的漫漫足迹,把对既成画面的笨拙描摹转换成富有想象力的运动镜头,不但富有流动感,而且还融入了强劲的力量感。如文中富有运动感的三个"色流",就是将三个历史年代以动态的方式展现出来,让读者在色彩和色块的大笔渲染中和浓厚的时代氛围中去体会不同时代人们的精神状态和创作风格,进而体会不同时代的不同美学风格以至社会的共同心理。

【思考与练习】

1. 一般来说,游记写作都是以时间为顺序叙述观光中的见闻,然后抒发感慨和议论。本文是不是采用这样的写法? 试结合文章结构进行分析。

2. 阅读课文第二部分第五、第九自然段,完成选择题。

(1) 第五自然段中"喧闹"一词所强调的意思是(   )。

A. 艺术创作背景的生动　　　　B. 艺术创作背景的复杂

C. 艺术创作背景的丰富　　　　D. 艺术创作背景的多样

(2) 下列理解不符合"看莫高窟,不是看死了一千多年的标本,而是看活了一千多年的生命"原意的一项是(   )。

A. 看莫高窟,仿佛听见了千年历史车轮的隆隆声

B. 看莫高窟,强烈感受着中华民族艺术的恒久魅力

C. 看莫高窟,仿佛置身于旌旗猎猎、烟尘滚滚的古战场

D. 看莫高窟,强烈感受着力与美的奔涌,仿佛消融在艺术的洪流中

(3) 对"这里什么也没有,只有人的生命在蒸腾"一句的理解,正确的一项是(   )。

A. 唐代洞窟艺术的主题是表现民族间的融洽

B. 唐代洞窟艺术的主题是表现人的活力

C. 唐代洞窟艺术的主题是表现艺术的魅力

D. 唐代洞窟艺术的主题是表现欢乐的生活

(4) 对唐代洞窟艺术创作特点的概括,有误的一项是(   )。

    A. 色彩绚丽、线条流畅、形象生动　　B. 线条流畅、场面宏伟、神态逼真

    C. 色彩绚丽、神态逼真、形象生动　　D. 场面宏伟、出神入化、莫测高深

    3. 余秋雨的另一篇散文《三峡》也不是泛泛的文人游记，它向我们展示了博大的中华文化意象。试阅读这篇"三峡文化之旅"，写一篇 800 字左右的赏析文章。

爱的回音壁[1]

毕淑敏

毕淑敏，1952年出生于新疆，1969年入伍，在西藏阿里高原部队当兵11年。1980年她转业回北京。从事医学工作20年后，开始专业写作。现在是国家一级作家、内科主治医师、心理学家。曾获小说月报第四、五、六、七、十届百花奖，当代文学奖等各种文学奖三十余次。代表作有小说《预约死亡》、《不宜重逢》、《翻浆》、《红处方》、《血玲珑》、《拯救乳房》等，散文集有《有爱的日子》、《素面朝天》、《写给女儿们的散文》等。

现今中年以下的夫妻，几乎都是一个孩子，关爱之心，大概达到了中国有史以来的最高值。家的感情像个苹果，姐妹兄弟多了，就会分成好几瓣。若是千亩一苗，孩子在父母的乾坤里，便独步天下了。

在前所未有的爱意中浸泡的孩子，是否物有所值，感到莫大的幸福？我好奇地问过。孩子们撇嘴说，不，没觉着谁爱我们。

我大惊，循循善诱道，你看，妈妈工作那么忙，还要给你洗衣做饭，爸爸在外面挣钱养家，多不容易！他们多么爱你们啊……

孩子很漠然地说，那算什么呀！谁让他们当爸爸妈妈呢？也不能白当啊，他们应该的。我以后做了爸爸妈妈也会这样。这难道就是爱吗？爱也太平常了！

我震住了。一个不懂得爱的孩子，就像不会呼吸的鱼，出了家庭的水箱，在干燥的社会上，他不爱人，也不自爱，必将焦渴而死。

可是，你怎样让由你一手哺育长大的孩子，懂得什么是爱呢？从他的眼睛接受第一缕光线时，已被无微不至的呵护包绕，早已对关照体贴熟视无睹。生物学上有一条规律，当某种物质过于浓烈时，感觉迅速迟钝麻痹。

如果把爱定位于关怀，随着孩子年龄的增长，对他的看顾渐次减少，孩子就会抱怨爱的衰减。"爱就是照料"这个简陋的命题，把许多成人和孩子一同领入误区。

寒霜陡降也能使人感悟幸福,比如父母离异或是早逝。但它是灾变的副产品,带着天力人力难违的僵冷。孩子虽然在追忆中,明白了什么是被爱,那却是一间正常人家不愿走进的课堂。

孩子降生人间,原应一手承接爱的乳汁,一手播撒爱的甘霖,爱是一本收支平衡的账簿。可惜从一开始,成人就间不容发地倾注了所有爱的储备,劈头盖脑砸下,把孩子的一只手塞得太满。全是收入,没有支出,爱沉淀着,淤积着,从神奇化为腐朽,反让孩子成了无法感知爱意的精神残疾。

我又问一群孩子,那你们什么时候感到别人是爱你的呢?

没指望得到像样的回答。一个成人都争执不休的问题,孩子能懂多少?比如你问一位热恋中的女人,何时感受被男友所爱?回答一定光怪陆离。

没想到孩子的答案晴朗坚定。

我帮妈妈买醋来着。她看我没打了瓶子,也没洒了醋,就说,闺女能帮妈干活了……我特高兴,从那会儿,我知道她是爱我的。翘翘辫女孩说。

我爸下班回来,我给他倒了一杯水,因为我刚在幼儿园里学了一首歌,词里说的是给妈妈倒水,可我妈还没回来呢,我就先给我爸倒了。我爸只说了一句,好儿子……就流泪了。从那次起,我知道他是爱我的。光头小男孩说。

我给我奶奶耳朵上夹了一朵花,要是别人,她才不让呢,马上就得揪下来。可我插的,她一直带着,见着人就说,看,这是我孙女打扮我呢……我知道她是爱我了……另一个女孩说。

我大大地惊异了。讶然这些事的碎小和孩子铁的逻辑。更感动他们谈论里的郑重神气和结论的斩钉截铁。爱与被爱高度简化了,统一了。孩子在被他人需要时,感到了一个幼小生命的意义。成人注视并强调了这种价值,他们就感悟到深深的爱意,在尝试给予的现时,他们懂得了什么是接受。爱是一面辽阔光滑的回音壁,微小的爱意反复回响着,折射着,变成巨大的轰鸣。当付出的爱被隆重接受并珍藏时,孩子终于强烈地感觉到了被爱的尊贵与神圣。

所以被太多的爱压得麻木,腾不出左手的孩子,只得用右手,完成给予和领悟爱的双重任务。

天下的父母,如果你爱孩子,一定让他从力所能及的时候,开始爱你和周围的人。这绝非成人的自私,而是为孩子一世着想的远见。不要抱怨孩子天生无爱,爱与被爱是铁杵成针百年树人的本领,就像走路一样,需反复练习,才会举步如飞。

如果把孩子在无边无际的爱里泡得口眼翻白,早早剥夺了他感知爱的能力,育出一个爱的低能儿,即使不算弥天大错,也是成人权力的滥施,或许要遭天谴的。

在爱中领略被爱,会有加倍的丰收。孩子渐渐长大,一个爱自己爱世界爱人类也爱自然的青年,便喷薄欲出了。

【注释】

[1] 选自毕淑敏的《有爱的日子》,中央编译出版社出版。

【简析】

女作家毕淑敏一贯的写作姿态是:以平常人的目光观察生活中的林林总总,给读者展示出当代普通人日常生活的点滴,在普通生活中挖掘出普通人的心理和生活哲理。她将关于爱与人生的感悟,投注到一些现代故事和实际"病历"中,既有说服力,又有现实根据。本文就是针对现在的孩子不懂得爱的现象,明确指出原因,错误不在孩子,而是孩子的父母不会爱,不懂爱。"爱是一面辽阔光滑的回音壁,微小的爱意反复回响着,折射着,变成巨大的轰鸣。""天下的父母,如果你爱孩子,一定让他从力所能及的时候,开始爱你和周围的人。这绝非成人的自私,而是为孩子一世着想的远见。"在诠释"爱"的基础上,最后作者开出"治疗"的处方:爱是一种方法,一种品质,一种能力。父母不仅要会爱,更重要的职责是培养孩子爱的能力。只有懂得了爱与被爱的孩子才能更快地健康成长。教会孩子去爱——爱他人、爱自己、爱生活、爱自然,这是平常人家家庭教育的重要内容。

【思考与练习】

1. 被爱是一种幸福,当作者问及那些在"前所未有的爱意中浸泡的孩子"是否感觉到这种莫大幸福时,孩子竟然"漠然"回答"不,没觉得谁爱我们"。其中,"漠然"是什么意思? 它给了你怎样的触动?

2. 谈谈你对以下两句的理解:

(1) 一个不懂得爱的孩子,就像不会呼吸的鱼。

(2) 被太多的爱压得麻木,腾不出左手的孩子,只得用右手,完成给予和领悟爱的双重任务。

3. 文中有很多对爱进行诠释的比喻句,试从文中找出两句,并以"爱"为主题,仿写一个比喻句。

4. 读完此文,你觉得这其中隐含着作者怎样的担忧?

5. 爱与被爱都是一种幸福,生活中,你对爱有哪些独特的体验?

一个春日的下午[1]

席慕蓉

席慕蓉,蒙古族,全名穆伦·席连勃,1943 年生于四川重庆,祖籍察哈尔盟明安旗。台湾师范大学艺术系及比利时布鲁塞尔皇家艺术学院毕业。她是台湾知名画家,更是著名散文家与诗人,著有诗集《七里香》、《无怨的青春》、《时光九篇》,散文集《有一首歌》、《江山有诗》,美术论著《心灵的探索》、《雷色艺术异论》等。她的作品浸润着东方古老哲学,带有宗教色彩,透露出一种人生无常的苍凉韵味。

——

人生也许就只是一种不断的反复。

在前一刹那,心中还充满了一种混乱与狂热,必须要痛哭一场才能宣泄出的那种悲伤与失望,于是,就在疾驰的车中,在暮色四合的高速公路上,我一个人在方向盘后泪落如雨。

那是怎样炽烈的心,怎样滚烫的泪啊!

然后,那种感觉就开始出现了,在还流着泪的时候,那种感觉就已经细细致致地开始出现了。就好像在汹涌如注的瀑布之前,我们起先并不能听见其他的声音,除了隆隆的瀑声之外,我们起先什么也不能察觉。但是,站定了,听惯了之后,就会发现,有很多细微的声音其实是一直存在着的,只要我们定下心来,就可以听得见。

而我开始听见了,那是我的另一颗心,永远站在旁边,每次都用那种悲悯的微笑注视着我的那一颗心,开始出现,开始轻言慢语地来安慰我了。

是啊,世间有多少无可奈何的安排,有多少令人心碎的遇合啊!哭吧!流泪总是好的。可是,也别忘了,别忘了来细细端详你的悲伤和失望,你会从这里面看到,上苍赏赐给你的,原来是怎样清澈与美丽的一种命运。

于是,在细细地品尝着我的得和我的失的同时,我就开始微笑了,眼里却仍含着刚才的泪水。

车子离开高速公路,弯到那一个在路旁种满了新茶的小镇上,我在花店前停下车,为我自己选了一棵白色的风信子。

不为什么,只为那洁白的小花瓣上停着好多细细的晶莹的水珠,只为纪念那样一个春日的下午,那样一场非常短暂却总是不断反复着的迷与悟。

二

很小的时候,在南京住过两年。有一次,有人给了我一块石头,圆圆润润的一小颗,乳黄色里带有一种透明的光泽,很漂亮。那年大概是五岁的我,非常喜欢它,走出走进都带着,把它叫做是“我的宝石”。

有天傍晚,我一个人站在院子里,天色已经很暗了,我忽然起了一个念头,想把这颗石头抛出去,看看能不能把它找回来。

于是,我就把石头往我身后反抛出去了,石头就落在我身后的草丛里。奇怪的是,在抛出的那一刻我就已经开始后悔了,心里很清楚地知道自己正在做一件很愚笨的事,我一定找不回我的石头了。

我果然再也没能找回那颗小石头。草并不长,草坪地不算太大,可是,正如我所预知的那样,尽管我仔细翻寻了每一丛草根,搜遍了每一个它可能会在的角落,我始终没能再找回我的宝石。

这么多年过去了,我自然能记得院子里那一种昏黄的暮色和那个孤独的小女孩在草丛里搜寻时的慌乱与悔恨的心情。

这么多年过去了,我也走过不少地方,经历了不少事情,看过不少石头,家里也搜集了不少美丽的或者奇怪的矿石,但是,没有一颗可以替代、可以让我忘记我在五岁时丢失的那一颗。

我总会不时地想起它来,在我心里,它的圆润和美丽实在是无法替代的了。尤其是因为过错是由我自己造成的,是我亲手把它抛弃的,所以,那样的憾恨总是无法弥补。也因此,那一颗小小的原本并不足为奇的石头,竟然真的变成了我心里的一颗宝石了。

当然,有的时候,我也知道这一种执迷本身实在是很幼稚和很可笑的。不是吗?想一想,当年的我若是能在那个傍晚找回那颗石头,在小小的五岁孩童的手中又能保留多久呢?还不是也会和那些早已被我毁坏被我丢弃的童年时的玩具一样,彻彻底底地从我的记忆里消失,一丝痕迹也不会留下来吗?事实不是就应该只

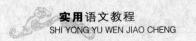

是如此而已吗？

可是，就是因为那天的我始终没能把它找回来，它因此反而始终不会消失，始终停留在我的心里，变成了我心中最深处的一种模糊的憾恨，而它的形象也因为这一种憾恨的衬托反而变得更为清晰与美丽了。

因此，得与失之间，实在是不能只从表面来衡量来判断的了，不是吗？

三

不是吗？世间有很多事都可以从不同的角度来观看的，不是吗？

就拿"离别"这件事来说吧。

离别在人生的种种滋味里，应该永远是褪归到悲愁与苦涩那一类里面去的。可是，如果在离别之后，却能够得到一种在相聚时无法得到的心情，那么，又何妨微笑地来面对这种命运呢？

让我向你道别吧，如果真有离别的时刻，如果万物真有终始，那么，让我来向你道别吧。

要怎样道别呢？尽管依依不舍，手总要有从你掌中抽出的时刻，你的掌心那样温热，可是，总要有下定决心的那一刹那吧。

那么，微笑地与你就再见了，把你留在街角，尽管频频回顾，你的不动的身影仍然会在暮色中逐渐模糊，就算我一直不停地回头，一直不停地挥手，总会在最后有一个转角将你遮住，将我们从此隔绝，从那以后，就是离别了。

然而，真有离别吗？

真有离别吗？如果，如果在离别之后，一切的记忆反而更加清晰，所以在相聚时被忽略了的细节也都一一想起，并且在心里反复地温习。你所说的每一句话在回溯时都有了一层更深的含意，每一段景物的变化在回首之时也都有了层更温柔的光泽，那么，离别又有什么不好呢？

离别又有什么不好呢？如果从此以后，你的笑容在每一个月色清朗的夜里都会重新出现，你的悲哀也会随着逐渐加深的暮色侵蚀进我的心里。所有过去的岁月竟然象是一张蚀刻的铜版，把每一划的划痕都记录下来了，有深有浅，有满盈也有空白，然后，在每次回顾的时候，它都可以给你复印出一张完全一样的画面出来。

那么,果真能够如此的话,离别又有什么不好呢?

四

那么,如果世事都能这样看过去的话,我实在也不必对我所有的那些"挫折"与"失败"耿耿于怀了吧。

我实在也不必那样手忙脚乱地,一定强要把眼前的美景留到我的画布上来了吧。

我原来可以从从容容地度过一个美丽的下午的啊!

可是,当我站在那个高高的长满了芒草的山坡上时,当我俯瞰着近处郁绿的淡水和关渡,远处闪着金光的台湾海峡时,河水与海水在下午的阳光中变得那样亮,观音山变得那样暗。在那个时候,每一根线条,每一种颜色都让我心动,我实在没有办法抗拒那一种诱惑,那一种"一定要把它画下来"的渴望啊!

于是,我就开始手忙脚乱地画起来了。天已近傍晚,山风好大,猎猎地直吹过来,我的画布几乎无法固定。而且,那些就在我眼前的、那样眩人的光与影也每分每秒都在变化,所有的颜色虽然都让我心动,但是,没有一种肯出现到我的笔下来,我的每一笔、每一种努力都好像是一种失败。

是的,在夕阳终于黯淡了以后,在所有的景象都失去了那层诱人的光泽以后,在我的眼前,也只剩下两张都没能来得及画完的画而已,两张都显得很粗糙,和我心里所希望的那种画面完全不一样。

我颓然地坐在芒草丛中,有一种悲伤和无能为力的感觉。我浪费了怎样难得的一个下午! 原来,画了二十多年的我,也不过是一个有限的人而已;原来,这世间有多少无限是我所永远无法得到,也永远无法把握住的啊!

所以,在回去的路途上,才会那样狠狠地哭了一场,在疾驰的车中,在暮色四合的高速公路上,我一个人在方向盘后泪落如雨。

那是怎样炽烈的心,怎样滚烫的泪啊!

五

而今夜,孩子都睡熟了以后,在我的画室里,在灯下,我重新拿出那两张画来观看,忽然之间,我的心里有些什么开始苏醒起来了。

是啊！我怎么一直没有发觉呢？我怎么一直不能看清楚呢？我怎么一直都不知道呢？

我一直没能知道，世间所有的事物在最初时原来都并没有分别，造成它们以后的分别的，只是我们自己不同的命运而已。

是的，有限与无限的分别，应该就只是由我们自己的命运所造成的而已。就是说，一切我所能得到的，我所能拥有的，在我得到和拥有的那一刹那里，都终于只能成为一种有限的幸福与快乐而已。

而那些，那一切我所不能得到的，不能拥有的，却反而因此能永远在我的眼前，展露着一种眩人的、无法企及的美丽。在我整整的一生里，不断地引诱着我，引诱着我去追求，去探索，去走上那一条永远无法到达也无法终止的长长的路。

六

是不是这样呢？生命是不是就只是一种不断反复而已呢？

有谁能告诉我？

有谁？有谁能为我拭去那反复流下的泪水？为我消除那反复出现的悲伤？

为什么我昨天错了，今天又会再错？为什么我一定要一次一次地自己去试、自己去问、自己去碰，然后才能逐渐而缓慢地知道该怎样去面对、去生活？

我多希望，有人能微笑地前来，并且温柔地为我早早解开这有限与无限之间的谜题。

我多希望，有人能陪我走上那长满了芒草的山坡，教我学习一种安静的捕捉，捕捉那些不断地变化着的水光与山色，那些不断地变化着的云彩与生命。

我多希望啊！有人能与我共度那样一个美丽的春日的下午。

可是，我又有一点害怕，害怕那原本是无限的美丽，如果真有一天能让我得到，是不是，也会等于，等于一种永远的失去？

【注释】

[1] 选自《席慕蓉作品集》，百花洲文艺出版社出版。

【简析】

席慕蓉的许多作品都是对生命本相的探讨和领悟。在追求生命意义的过程中,她渐渐形成了圆润通脱的人生态度。本文表现了作者对人生中"得"与"失"、"有限"与"无限"的深深思索。"我"在五岁的时候抛弃了一块漂亮的小石头,因为是自己的过错而抛弃了,原本并不足为奇的石头成了"我"永远的遗憾。"我"进而想到如果没有抛弃这个石头,它早就从我记忆里面彻底消失了。"得"与"失"在这里得到辩证统一:"得"未必不是"失","失"未必不是另一种"得"。作者由此想到人生的"离别"。人们通常把离别归入愁苦之列,其实,离别中包涵着甜蜜的温柔。同样,"有限"与"无限"也是辩证统一的。"我"有限的才华不能把无限美丽的大自然景物涂到画布上面来,"我"伤感但不悲伤,因为"我"要将有限的生命汇入无限的追求之中。该散文的字里行间表现出作者积极乐观的人生态度。

席慕容既是一位才华横溢的女诗人、散文家,又是一位卓越的女画家,因此,她的散文具有极强的画面感。诗情画意、情景交融是她散文的最显著特征,因此清新、淡雅剔透、抒情灵动,饱含着对生命的挚爱真情。精练隽永而富于哲理是席慕容散文的另一个特点,因此耐读。在抒情方式上,作者偏爱"回顾式",即喜欢回首往昔。语言表达方式上,作者擅长运用反复的手法。她常常将一句话或者一个词语反复地说,而每次包涵不同的感情或者表示不同的意义。作者在"是啊"后面一连用了四个"一直",这四个句子意思基本相同,但用词和语气有变化,形成了抑扬顿挫的节奏,具有一咏三叹的艺术效果。

【思考与练习】

1. 分析作者巧妙的构思。
2. 本文折射出作者怎样的人生幸福观?
3. 谈谈你对生活中"得"与"失"的看法。

第三单元 戏 曲(剧)

长亭送别[1]

王实甫

　　王实甫(约 1230~1310 年),名德信,大都(今北京)人。生平事迹不详,其创作
活动大体在元成宗元贞、大德年间(1295~1307 年)。早年曾经为官,但宦途坎坷,
常在演出杂剧及歌舞的游艺场所出入,对其创作有很大的影响。晚年弃官归隐,过
着吟风弄月、纵游园林的生活。王实甫的杂剧如今仅存《西厢记》、《破窑记》和《丽
春园》等十三种,其中《西厢记》是其代表作,在元代和明代就为人推重,称为"杂剧
之冠"。

　　(夫人、长老上云)[2]今日送张生赴京,十里长亭[3],安排下筵
席。我和长老先行,不见张生、小姐来到。(旦、末、红同上)[4](旦
云)今日送张生上朝取应,早是离人伤感,况值那暮秋天气[5],好烦
恼人也呵! 悲欢聚散一杯酒,南北东西万里程。(旦唱)

　　【正宫】【端正好】[6]碧云天,黄花地[7],西风紧。北雁南飞。晓
来谁染霜林醉? 总是离人泪。

　　【滚绣球】恨相见得迟,怨归去得疾。柳丝长玉骢难系,恨不倩
疏林挂住斜晖[8]。马儿迍迍的行,车儿快快的随[9],却告了相思回
避,破题儿又早别离[10]。听得道一声去也,松了金钏[11];遥望见十
里长亭,减了玉肌。此恨谁知?

　　(红云)姐姐今日怎么不打扮? (旦云)你那知我的心里呵?
(旦唱)

　　【叨叨令】见安排着车儿、马儿,不由人熬熬煎煎的气;有甚么
心情花儿、靥儿,打扮得娇娇滴滴的媚;准备着被儿、枕儿,则索昏
昏沉沉的睡;从今后衫儿、袖儿,都揾帮重重叠叠的泪[12]。兀的不
闷杀人也么哥! 兀的不闷杀人也么哥[13]! 久已后书儿、信儿,索与

我凄凄惶惶的寄^[14]。

（做到科^[15]）（见夫人科）（夫人云）张生和长老坐，小姐这壁坐，红娘将酒来。张生，你向前来，是自家亲眷，不要回避。俺今日将莺莺与你，到京师休辱没了俺孩儿，挣揣一个状元回来者^[16]。（云）小生托夫人余荫，凭着胸中之才，觑官如拾芥耳^[17]。（洁^[18]云）夫人主见不差，张生不是落后的人。（把酒了，坐）（旦长吁科）（旦唱）

【脱布衫】下西风黄叶纷飞，染寒烟衰草萋迷。酒席上斜签着坐的，蹙愁眉死临侵地^[19]。

【小梁州】我见他阁泪汪汪不敢垂^[20]，恐怕人知；猛然见了把头低，长吁气，推整素罗衣^[21]。

【幺篇】虽然久后成佳配，奈时间怎不悲啼^[22]！意似痴，心如醉，昨宵今日，清减了小腰围。

（夫人云）小姐把盏者！（红递酒，旦把盏长吁科云）请吃酒！（旦唱）

【上小楼】合欢未已，离愁相继。想着俺前暮私情，昨夜成亲，今日别离。我谂知这几日相思滋味^[23]，却原来此别离情更增十倍。

【幺篇】年少呵轻远别，情薄呵易弃掷。全不想腿儿相挨，脸儿相偎，手儿相携。你与俺崔相国做女婿，妻荣夫贵，但得一个并头莲，煞强如状元及第^[24]。

（夫人云）红娘把盏者！（红把酒科）（旦唱）

【满庭芳】供食太急，须臾对面，顷刻别离。若不是酒席间子母每当回避，有心待与他举案齐眉^[25]。虽然是厮守得一时半刻，也合着俺夫妻每共桌而食^[26]。眼底空留意，寻思起就里，险化做望夫石^[27]。

（红云）姐姐不曾吃早饭，饮一口儿汤水。

（旦云）红娘，甚么汤水咽得下！（旦唱）

【快活三】将来的酒共食^[28]，尝着似土和泥。假若便是土和泥，也有些土气息，泥滋味。

【朝天子】暖溶溶玉醅，白泠泠似水^[29]，多半是相思泪。眼面前茶饭怕不待要吃^[30]，恨塞满愁肠胃。蜗角虚名，蝇头微利^[31]，拆鸳鸯在两下里。一个这壁，一个那壁，一递一声长吁气^[32]。

（夫人云）辆起车儿^[33]，俺先回去，小姐随后和红娘来。（下）（末辞洁科）（洁云）此一行别无话儿，贫僧准备买登科录看，做亲的茶饭少不得贫僧的^[34]。先生在意，鞍马上保重者！从今经忏无心

礼[35]，专听春雷第一声。（下）（旦唱）

【四边静】霎时间杯盘狼籍，车儿投东，马儿向西，两意徘徊，落日山横翠。知他今宵宿在那里？在梦也难寻觅。

（旦云）张生，此一行得官不得官，疾便回来。（末云）小生这一去白夺一个状元，正是：青霄有路终须到，金榜无名誓不归。（旦云）君行别无所谓，口占一绝，为君送行："弃掷今何在，当时且自亲。还将旧来意，怜取眼前人。[36]"（末云）小姐之意差矣，张珙更敢怜谁？谨赓一绝，以剖寸心[37]："人生长远别，孰与最关亲？不遇知音者，谁怜长叹人？[38]"（旦唱）

【耍孩儿】淋漓襟袖啼红泪，比司马青衫更湿[39]。伯劳东去燕西飞[40]，未登程先问归期。虽然眼底人千里，且尽生前酒一杯。未饮心先醉，眼中流血，心内成灰。

【五煞】到京师，服水土，趁程途，节饮食，顺时自保揣身体[41]。荒村雨露宜眠早，野店风霜要起迟！鞍马秋风里，最难调护，最要扶持。

【四煞】这忧愁诉与谁？相思只自知，老天不管人憔悴。泪添九曲黄河溢，恨压三峰华岳低[42]。到晚来闷把西楼倚，见了些夕阳古道，衰柳长堤。

【三煞】笑吟吟一处来，哭啼啼独自归。归家若到罗帏里，昨宵个绣衾香暖留春住，今夜个翠被生寒有梦知。留恋你别无意，见据鞍上马，阁不住泪眼愁眉。

（末云）有甚言语，嘱咐小生咱？（旦唱）

【二煞】你休忧"文齐福不齐[43]"，我只怕你"停妻再娶妻"。休要"一春鱼雁无消息"！我这里青鸾有信频须寄[44]，你却休"金榜无名誓不归"。此一节，君须记：若见了那异乡花草，再休似此处栖迟[45]。

（末云）再谁似小姐？小生又生此念？（旦唱）

【一煞】青山隔送行，疏林不做美，淡烟暮霭相遮蔽。夕阳古道无人语，禾黍秋风听马嘶。我为甚么懒上车儿内，来时甚急，去后何迟？

（红云）夫人去好一会，姐姐，咱家去！（旦唱）

【收尾】四围山色中，一鞭残照里[46]。遍人间烦恼填胸臆，量这些大小车儿如何载得起？

（旦、红下）（末云）仆童赶早行一程儿，早寻个宿处。泪随流水

急,愁逐野云飞。（下）

【注释】

[1] 节选自《中国古代文学作品选·下册》,于菲主编,高等教育出版社 1988 年版。本文节选的是《西厢记》第四本第三折。

[2] 夫人:指崔莺莺的母亲。长老:寺院住持僧的通称,这里指普救寺的法本。上:上场。云:道白,这里是夫人在说话。

[3] 长亭:古代设置在大路上供休息和送别的亭子。大约十里一长亭,五里一短亭。

[4] 旦:杂剧中女角色的通称,有正旦、外旦、老旦、小旦等名目。这里指扮演莺莺的正旦。末:杂剧中男角色的一种名称,其中又分正末、副末、冲末、外末等。这里指扮演张生的正末。红:红娘。

[5] 取应:应试,赶考。早是:原已是。况值:况又遇上。

[6] 正宫:宫调名,类似现在的乐调。正宫相当于 D 调。(端正好):曲牌名。元杂剧规定,每折戏在音乐上只限用一个宫调,下由若干曲牌组成套曲,一韵到底。此处的(端正好),同下面的(滚绣球)、(叨叨令)、(脱布衫)、(小梁州)等,均属同一宫调的曲牌。

[7] 碧云天二句:由范仲淹《苏幕遮》词:"碧云天,黄叶地"脱化而来。黄花:指菊花。

[8] 玉骢(cōng):青白色的马,今名菊花青,也泛指马。倩:请,央求。晖:日光。

[9] 迍迍(tún):行动迟缓的样子。马儿二句:言张生骑马在前,莺莺乘车随后。

[10] 却告了二句:是说相思才了,别离又起。却:才。回避:躲开。破题儿:唐宋以来,考试诗赋、八股,开头解析题意叫做破题,这里比喻事情的开端。

[11] 松了金钏(chuàn):形容因忧愁而瘦损。钏:镯子。

[12] 厣(yè)儿:古代女子在额部或两翼点贴的妆饰。则索:只得,只能。

[13] 兀的不:兀的,发语词,犹言"这",表示惊异或加重语气。同"不"连用,表示反诘语气,犹言"这岂不"、"怎么不"。也么(mó)哥:元曲中常用的句末衬字,有声无义。

[14] 索:须要。凄凄惶惶:即凄惶,匆忙不安的样子。这里作"急忙"、"赶紧"解。

[15] 科:元杂剧里表示动作、表情及舞台效果的术语,与南戏中的"介"相同。

[16] 辱末:即辱没,玷辱埋没。挣揣:争取,夺得。者:句末祈使语气词。

[17] 如拾芥:比喻极容易做到。芥:小草。

[18] 洁:元杂剧称僧人为"洁郎",简称"洁"。这里指上面出场的长老。

[19] 斜签着坐:斜着身子坐。死临侵地:没精打采,呆呆发愣。

[20] 阁:通"搁",停止,忍住。

[21] 推:推说,借口。这里作"装作"解。

[22] 幺(yāo)篇:元杂剧中凡重复前曲的叫"幺篇",与前曲的字数有时有出入。奈:通"耐"。奈时间:长期忍受。

[23] 谂(shěn)知:深知,深切体会到。

[24] 煞强如:远胜似。煞:极,甚。

[25] 子母每当回避:母女间应当避忌。每:们,元人杂剧中多此用法。举案齐眉:典出《后汉书·梁鸿传》东汉梁鸿与妻子孟光的故事。两人相爱相敬,孟光每次送饭菜给梁鸿时,总要把木盘举得高高的递给他,以示相敬如宾。案:古时进食用的矮脚木盘。

[26] 厮守：相守，相聚。也合着：也该做。

[27] 就里：内中情由。指与张生恋爱过程中的波折。望夫石：据《太平御览》卷四四〇引刘义庆《幽明录》载，"武昌阳新县北山上有望夫石，状如人立。相传昔有贞妇，其夫从役，携弱子送至其山，立望其夫而化为石，因名焉。"此种传说，不少地区都有。

[28] 将：拿。

[29] 玉醅：美酒。白泠泠：清澈状。

[30] 怕不待：难道不，岂不。

[31] 蜗角：典出《庄子·则阳》篇，"蜗牛两角有两国，左边的叫触氏，右边的叫蛮氏，两国争地打仗，死了数万。"蜗角和蝇头都比喻极细小的东西，借喻趋微逐末。

[32] 一递句：(红娘)每递一盏酒，(莺莺和张生)就长叹一声。

[33] 辆起车儿：驾起车子。辆：做动词用。

[34] 登科录：科举考试时期的录取名册。做亲的茶饭：指结婚喜酒。

[35] 经忏：经文忏词，这里泛指佛经。礼：念经拜佛。

[36] 怜：爱。眼前人：新的情人。

[37] 赓(gēng)：续。剖：表白。

[38] 长：常。孰与：与谁。知音者：指莺莺。长叹人：张生自指。

[39] 红泪：王嘉《拾遗记》卷七载，"三国魏文帝时，薛灵芸被选入宫，泣别父母，以玉唾壶承泪，壶即红色。"后人遂称女子眼泪为红泪。司马青衫：语出白居易《琵琶行》，"坐中泣下谁最多？江州司马青衫湿。"

[40] 白劳：鸟名。古乐府《京飞伯劳歌》有"东飞伯劳西飞燕"句，"劳燕分飞"，借喻人的离散。

[41] 顺时：顺应时令。揣："囊揣"的省词，虚弱。

[42] 泪添二句：元李珏《题江水云·西湖类稿》诗有"泪添东海水，愁压北邙低"句，这里仿写。九曲黄河：指黄河从积石山到龙门一带的九道弯。三峰华岳：即西岳华山的三峰——莲花峰、落雁峰、朝阳峰。

[43] 文齐福不齐：有文才而无考中的福分。

[44] 青鸾：鸟名，传说为西王母送信的使者。

[45] 花草：借指女子。栖迟：淹留不走。

[46] 一鞭句：形容夕阳余晖之景色。一鞭：指落日下山相距仅有一鞭之长了。

【简析】

《西厢记》的故事，源自唐朝元稹的小说《会真记》，后经说唱艺人不断丰富其内容和情节，到金代董解元改编为诸宫调《西厢记》时，故事情节已渐趋完整。王实甫在前人的基础上进一步加工，突出了人物性格，加强了戏剧冲突，描写细腻多致，曲文典雅清丽。

剧本描写的是书生张生与崔相国之女崔莺莺恋爱的故事。崔张两人在寺庙中相遇，产生爱情，在婢女红娘的帮助下，历经坎坷，终于冲破封建礼教束缚而结合。有强烈的反对封建礼教和封建婚姻制度的进步思想。张生和崔莺莺始终追求真挚的感情，否定了封建社会传统的联姻方式，将爱情置于功名利禄之上，结尾处的"愿普天下有情人都成眷属"，表达了反对封建礼教、封建婚姻制度、封建等级制度的进步主张，鼓舞了青年男女为争取爱情自由、婚姻自主而抗争。

《西厢记》在戏剧冲突、结构安排、人物塑造等方面，都取得了很高的艺术成就。其戏剧冲突有两条线索：维护封建礼教的封建势力和反对封建礼教、追求婚姻自主的叛逆者之间的冲突，以老夫人与崔莺莺、张生、红娘之间展开的冲突为主；崔莺莺、张生、红娘之间的种种矛盾，常常和主要矛盾交织在一起，互相影响，推动戏剧情节一环扣一环地发展，具有强烈的戏剧效果。《西厢记》的角色不多，戏却很多，情节曲折。《西厢记》在结构上，用鸿篇巨制来表现一个曲折动人的完整的爱情故事，能够游刃有余地展开情节、刻画人物。在人物形象的塑造上，王实甫很善于按照人物的地位、身份、教养以及彼此之间的具体关系，准确地把握人物的性格特征，塑造出栩栩如生、性格各异的人物形象。

【思考与练习】

1. 《长亭送别》一折中，在情景的铺设上真正达到了情景交融的境界。试以［脱布衫］一段为例，作具体分析。

2. 作者在刻画人物时，重点刻画人物的内心活动，而人物内心活动的刻画又主要借助于一些细节的描写，借景借物来表情达意。试以莺莺为例做具体的分析。

3. 查阅有关资料，阅读汤显祖的《牡丹亭·惊梦》，谈一谈作者是如何将写景、抒情和人物心理活动的刻画巧妙结合在一起的。

般涉调·哨遍·高祖还乡[1]

睢景臣

睢景臣(约1275~约1320年),元代散曲家。字景贤,江苏扬州人,后移居杭州。心性聪明,酷爱音律。一生只在书会才人之中生活,未能仕进。全部情感,亦倾之于曲作之中。其《高祖还乡》套数,名动当时。钟嗣成在《录鬼簿》说:"维扬诸公,俱作《高祖还乡》套数,惟公《哨遍》制作新奇,诸公皆出其下。"另著有杂剧《屈原投江》等三种,皆佚。

社长排门告示[2],但有的差使无推故[3],这差使不寻俗[4]。一壁厢纳草也根[5],一边又要差夫,索应付[6]。又言是车驾,都说是銮舆[7],今日还乡故。王乡老执定瓦台盘[8],赵忙郎抱着酒胡芦[9]。新刷来的头巾,恰糨来的绸衫[10],畅好是妆么大户[11]。

【耍孩儿】瞎王留引定火乔男妇[12],胡踢蹬吹笛擂鼓[13]。见一彪人马到庄门[14],匹头里几面旗舒[15]。一面旗白胡阑套住个迎霜兔[16],一面旗红曲连打着个毕月乌[17]。一面旗鸡学舞[18],一面旗狗生双翅[19],一面旗蛇缠葫芦[20]。

[五煞]红漆了叉,银铮了斧[21],甜瓜苦瓜黄金镀[22],明晃晃马镫枪尖上挑[23],白雪雪鹅毛扇上铺[24]。这几个乔人物[25],拿着些不曾见的器仗,穿着些大作怪的衣服。

[四煞]辕条上都是马,套顶上不见驴,黄罗伞柄天生曲[26],车前八个天曹判[27],车后若干递送夫。更几个多娇女[28],一般穿着,一样妆梳。

[三煞]那大汉下的车,众人施礼数,那大汉觑得人如无物。众乡老展脚舒腰拜,那大汉挪身着手扶[29]。猛可里抬头觑[30],觑多时认得,险气破我胸脯。

[二煞]你身须姓刘[31],你妻须姓吕,把你两家儿根脚从头数[32]:你本身做亭长耽几杯酒[33],你丈人教村学,读几卷书。曾在俺庄东住,也曾与我喂牛切草,拽坝扶锄[34]。

[一煞]春采了桑,冬借了俺粟,零支了米麦无重数。换田契强

秤了麻三秤^[35]，还酒债偷量了豆几斛，有甚糊突处^[36]。明标着册
历^[37]，见放着文书^[38]。

[尾声]少我的钱差发内旋拨还^[39]，欠我的粟税粮中私准除^[40]。
只道刘三，谁肯把你揪捽住^[41]，白甚么改了姓、更了名，唤做汉
高祖^[42]！

【注释】

[1] 选自《元人散曲选》。《般涉调·哨遍·高祖还乡》：宫调属于般涉调，以哨遍这一曲牌起
头的套曲。套曲又称套数，是由两首以上同一宫调的曲子相联而成的组曲。般涉调：宫
调之一。宫调是音高和调式的合称，起标明调式和音高的作用。哨遍：曲调名，是这套组
曲的第一支曲子。高祖还乡：套曲题目。

[2] 社：古时地方的基层单位。元代以五十家为一社。

[3] 无推故：不要借故推辞。

[4] 不寻俗：不寻常，不一般。

[5] 一壁厢句：一边要供给马饲料。一壁厢：一边。也：衬字，无义。

[6] 索应会：须认真对待。索：须。

[7] 车驾、銮舆：都是帝王乘的车子，故可作为皇帝的代称。

[8] 乡老：乡村中的头面人物。

[9] 忙郎：一般农民的称谓。

[10] 糨（jiàng）来：浆好，刷洗。用米汁给洗净的衣服上浆叫"糨"。

[11] 十畅好句：正好充装有身份的阔佬。畅好是：又作"常好是"、"畅是"、"唱道"，作"真是"、
"正是"讲。妆么（yāo）：装模作样。

[12] 瞎王留句：爱出风头的青年率领一伙装模作样的坏家伙。瞎：犹言坏，胡来。王留：元曲
中常用以指好出风头的农村青年。火：同"伙"、"夥"。乔男女：坏家伙、丑东西。

[13] 胡踢蹬：胡乱，胡闹。踢蹬：语助词，起强调作用。

[14] 一飚（biāo）人马：一大队人马。周密《癸辛杂识》别集下"一飚"条："虏中谓一聚马为飚，或
三百匹，或五百匹。"

[15] 匹头里：犹"劈头"、"打头"、"当头"。

[16] 白胡阑句：指月旗。胡阑："环"的合音，即圆圈。迎霜兔：玉兔，古代神话谓月中有玉兔
捣药。一面旗上画的是白环里套住只白玉兔，即月旗。

[17] 红曲连句：指日旗。曲连："圈"的合音，即红圈，像日的形状。毕月乌：古代传说日中有
三足乌。后来的星历家又以七曜（日、月、火、水、木、金、土）及各种鸟兽配二十八宿，如"昴
日鸡"、"毕月乌"等。

[18] 鸡学舞：这里指舞凤旗。

[19] 狗生双翅：这里指飞虎旗。

[20] 蛇缠葫芦：这里指蟠龙戏珠旗。这些旗帜都是乡下人没有看到过的，只是根据自己的生
活经验，随意加以解释的。

[21] 银铮：镀了银的铮。

[22] 甜瓜句：这里指金瓜锤，帝王的仪仗。

[23] 明晃晃句：这里指朝天镫，帝王的仪仗。

[24] 白雪雪句：这里指鹅毛宫扇。

[25] 乔人物：怪人物，装模作样的人。

[26] 黄罗伞句：此指帝王仪仗中的"曲盖"。曲盖像伞，柄是曲的。

[27] 天曹判：天上的判官。形容威风凛凛、表情呆板的侍从人员。

[28] 多娇女：指美丽的宫娥。

[29] **挪身**：挪动身躯。

[30] 猛可里：猛然间，忽然间。觑(qù)：偷看。上文"觑得人如无物"的"觑"，当"斜视"讲。

[31] 你身句：你个人本姓刘。须：本。

[32] 根脚：根基，犹今言出身。

[33] 亭长：刘邦曾经做过泗上亭长。秦制十里为亭，十亭为乡。耽(dān)：沉溺，迷恋。

[34] 拽坝(zhuài bà)扶锄：泛指平整土地之类的农活，两牛并耕为一坝。坝：通"耙"。

[35] 麻三秆：麻三十斤。乡间以十斤为一秆。

[36] 有甚糊突处：有什么糊涂的地方，意即十分清楚。糊突：糊涂，含混不清。上句中斛(hú)：量器名，古人以十斗为一斛。

[37] 明标着册历：明白地记载在账簿上。标：记载。册历：账簿。

[38] 见(xiàn)放着文书：现在还放着借据在那儿。文书：契约、借条。

[39] 差发内旋拨还：在官差内立即偿还。差发：差拨，官家派的差役和钱粮。旋：立刻，马上。

[40] 私准除：暗地里扣除。准除：抵偿，折算。

[41] 刘三：刘邦，排行当为第三。因为他有一个哥哥排行第二。揪捽：揪住，抓着。

[42] 白甚么：为甚么无故地。

【简析】

睢景臣是元代散曲著名作家，所作散曲仅存套数三篇，本篇是他的代表作。

刘邦"威加海内兮归故乡"，《史记·高祖本纪》曾有精彩的记载。但在这套散曲中，作者没有按照史实描写刘邦还乡情景，而是借用一个乡民的口吻，以嬉笑怒骂的手法，揭露刘邦黄袍背后的无赖行为，使帝王之尊在辛辣的嘲笑声中荡然无存。

全曲由[般涉调]中八支曲子组成，共分四层：第一层（第一支曲）写准备迎驾的忙乱情形；第二层（第二、三、四支曲）写高祖还乡的热闹场面；第三层（第五、六、七支曲）揭露刘邦昔日要赖的老底；第四层（末支曲）讥笑刘邦改姓更名的无赖行为。整套散曲以第一层为铺垫，通过第二、三层的刻意渲染，至第四层达到高潮。全曲层层递进，引人入胜，在高潮中戛然而止，构思颇见功力。

"乡民"骂皇帝，中外文坛罕见，而睢景臣却在《高祖还乡》中淋漓尽致地表现出来了。据元钟嗣成《录鬼簿》介绍，维扬诸公俱作《高祖还乡》套数，唯公（睢景臣）[哨遍]制作新奇，诸公皆出其下。确实，构思新奇是这篇套曲的最大长处，也是该曲传诵不衰的主要原因之一。首先，作者选取了一个新奇的视角。即通过一个生活在社会底层农民的眼睛，来勾勒天子返乡的一幅幅画面：皇帝驾到不过是乱哄哄的一场戏——"瞎王留引定火乔男女，胡踢蹬吹笛擂鼓"；日、月等彩旗不过是"兔子"、"乌鸦"、"鸡学舞"、"狗生双翅"、"蛇缠葫芦"；光闪锃亮的金瓜锤不过是甜瓜苦瓜——一切都显得不伦不类，煞是好笑。但是掩卷深思，又感到合乎情理。作者正是通过这些扭歪了的形象，表现了人民对封建统治者的嘲讽和鞭挞。其次，作者运用了想象、夸张的手法。乡民见皇帝，当众揭其老底，数说种种丑事，并逼皇帝还债，这在现实生活中是不可能出现的。但作者借助童话式的夸张性和荒诞性将这些情景写在曲中，让"刘三"原形毕露，出尽洋相。使读者明白，那高高在上的汉高祖刘邦原来不过是个贪杯、赖债、明抢、暗偷、胡作非为的流氓。

这套散曲把不可一世的汉高祖作为嬉笑怒骂的对象，矛头直指封建社会的最高统治者，表现出对皇权至上的强烈不满和对封建秩序的无比蔑视。当然，作者批判的锋芒不仅仅是指向汉高祖一人，而是指向所有欺压百姓却要装模作样的封建统治者及其爪牙，更是指向残酷地实行阶级压迫和民族压迫的元代统治者。散曲中借乡民之口说刘邦"也曾与我喂牛切草，拽耙扶锄"，流露出轻视劳动的意识，这是不可取的。

【思考与练习】

1. 第六、七两支曲子是写刘邦的出身和经历的，这样写的用意是什么？

2. 这套散曲构思的新奇之处表现在哪些方面？

3. 结尾一曲可以说是全曲的高潮，特别是最后三句"白什么改了姓、更了名，唤做汉高祖"，更是余味无穷。怎样理解这个结尾呢？

4. 从课文中找出五个运用口语的句子，并分析其好处。

长生殿·惊变[1]

洪 昇

洪昇(1645～1704年),字昉思,号稗畦,浙江钱塘人。生于世宦之家,书香门第。青年时代曾在北京国子监肄业。三十岁又到京师,虽有文名,但生活贫困。他的《长生殿》于康熙二十七年(1688年)定稿,一时风靡京师。次年因在佟皇后丧期演唱此戏,得罪削籍回乡,从此失去仕进机会。"可怜一曲长生殿,断送功名到白头"。晚年抑郁无聊,纵情湖山之间。在浙江吴兴夜醉落水而死。

洪昇著名剧作除《长生殿》外,还有《四婵娟》。它由四个单折戏组成,分别写谢道韫咏雪、卫茂漪簪花、李清照斗茗、管仲姬画竹。着力反映四个才女的才华及她们富有情调的美满家庭生活。

(丑上)玉楼天半起笙歌,风送宫嫔笑语和。月殿影开闻夜漏,水晶帘卷近秋河。咱家高力士,奉万岁爷之命,着咱在御花园中安排小宴。要与贵妃娘娘同来游赏,只得在此伺候。(生、旦乘辇,老旦、贴随后,二内侍引,行上)

【北中吕粉蝶儿】天淡云闲,列长空数行新雁。御园中秋色斓斑:柳添黄,萍减绿,红莲脱瓣。一抹雕阑,喷清香桂花初绽。

(到介)(丑)请万岁爷娘娘下辇。(生、旦下辇介)(丑同内侍暗下)(生)妃子,朕与你散步一回者。(旦)陛下请。(生携旦手介)(旦)

【南泣颜回】携手向花间,暂把幽怀同散。凉生亭下,风荷映水翩翩。爱桐阴静悄,碧沉沉并绕回廊看。恋香巢秋燕依人,睡银塘鸳鸯蘸眼[2]。

(生)高力士,将酒过来,朕与娘娘小饮数杯。(丑)宴已排在亭上,请万岁爷娘娘上宴。(旦作把盏,生止住介)妃子坐了。

【北石榴花】不劳你玉纤纤高捧礼仪烦,只待借小饮对眉山[3]。俺与你浅斟低唱互更番,三杯两盏,遣兴消闲。妃子,今日虽是小宴,倒也清雅。回避了御厨中,回避了御厨中烹龙炰凤堆盘案,咿咿哑哑乐声催趱。只几味脆生生,只几味脆生生蔬和果清肴馔[4],

雅称你仙肌玉骨美人餐[5]。

妃子，朕与你清游小饮，那些梨园旧曲，都不耐烦听他。记得那年在沉香亭上赏牡丹，召翰林李白草《清平调》三章，令李龟年度成新谱，其词甚佳。不知妃子还记得么？（旦）妾还记得。（生）妃子可为朕歌之，朕当亲倚玉笛以和。（旦）领旨。（老旦进玉笛，生吹介）（旦按板介）

【南泣颜回】花繁，秾艳想容颜。云想衣裳光璨，新妆谁似，可怜飞燕娇懒。名花国色，笑微微常得君王看。向春风解释春愁，沉香亭同倚阑干。

（生）妙哉，李白锦心，妃子绣口，真双绝矣。宫娥，取巨觥来，朕与妃子对饮。（老旦、贴送酒介）（生）

【北斗鹌鹑】畅好是喜孜孜驻拍停歌[6]，喜孜孜驻拍停歌，笑吟吟传杯送盏。妃子干一杯，（作照干介）不须他絮烦烦射覆藏钩[7]，闹纷纷弹丝弄板。（又作照杯介）妃子，再干一杯。（旦）妾不能饮了。（生）宫娥每，跪劝。（老旦、贴）领旨。（跪旦介）娘娘，请上这一杯。（旦勉饮介）（老旦、贴作连劝介）（生）我这里无语持觞仔细看，早只见花一朵上腮间。（旦作醉介）妾真醉矣。（生）一会价软哈哈柳亸花欹[8]，软哈哈柳亸花欹，困腾腾莺娇燕懒。

妃子醉了，宫娥每，扶娘娘上辇进宫去者。（老旦、贴）领旨。（作扶旦起介）（旦作醉态呼介）万岁！（老旦、贴扶旦行）（旦作醉态介）

【南扑灯蛾】态恹恹轻云软四肢，影蒙蒙空花乱双眼，娇怯怯柳腰扶难起，困沉沉强抬娇腕，软设设金莲倒褪，乱松松香肩亸云鬟，美甘甘思寻凤枕，步迟迟倩宫娥搀入绣帏间。

（老旦、贴扶旦下）（丑同内侍暗上）（内击鼓介）（生惊介）何处鼓声骤发？（副净急上）渔阳鼙鼓动地来，惊破霓裳羽衣曲。（问丑介）万岁爷在那里？（丑）在御花园内。（副净）军情紧急，不免径入。（进见介）陛下，不好了。安禄山起兵造反，杀过潼关，不日就到长安了。（生大惊介）守关将士何在？（副净）哥舒翰兵败，已降贼了。（生）

【北上小楼】呀，你道失机的哥舒翰……称兵的安禄山，赤紧的离了渔阳，陷了东京，破了潼关。唬得人胆战心摇，唬得人胆战心摇，肠慌腹热，魂飞魄散，早惊破月明花粲。

卿有何策，可退贼兵？（副净）当日臣曾再三启奏，禄山必反，陛下不听，今日果应臣言。事起仓卒，怎生抵敌？不若权时幸蜀，以待天下勤王[9]。（生）依卿所奏。快传旨，诸王百官，即时随驾幸蜀便了。（副净）领旨。（急下）（生）高力士，快些整备军马。传旨令右龙武将军陈元礼，统领羽林军士三千扈驾前行[10]。

（丑）领旨。（下）（内侍）请万岁爷回宫。（生转行叹介）唉，正尔欢娱，不想忽有此变，怎生是了也！

【南扑灯蛾】稳稳的宫廷宴安，扰扰的边廷造反。冬冬的鼙鼓喧，腾腾的烽火黫[11]。的溜扑碌臣民儿逃散，黑漫漫乾坤覆翻，磣磕磕社稷摧残[12]，磣磕磕社稷摧残。当不得萧萧飒飒西风送晚，黯黯的一轮落日冷长安。

（向内问介）宫娥每，杨娘娘可曾安寝？（老旦、贴内应介）已睡熟了。（生）不要惊他，且待明早五鼓同行。（泣介）天那，寡人不幸，遭此播迁，累他玉貌花容，驱驰道路。好不痛心也！

【南尾声】在深宫兀自娇慵惯，怎样支吾蜀道难！（哭介）我那妃子啊，愁杀你玉软花柔，要将途路趱。

宫殿参差落照间（卢纶），渔阳烽火照函关（吴融）。

遏云声绝悲风起（胡曾）[13]，何处黄云是陇山（武元衡）[14]。

【注释】

[1] 节选自《长生殿》第二十四回，人民文学出版社出版。

[2] 蘸(zhàn)眼：耀眼，引人注目。

[3] 只待借小饮对眉山：只待，只要；眉山，眉毛，形容眉毛秀美。与前句"玉手高捧"暗合"举案齐眉"的典故。

[4] 脆生生：生生，形容脆的程度。

[5] 雅：甚，很，极。

[6] 畅好是：正好是

[7] 射覆：类似猜字谜的一种酒令。藏钩：猜东西藏在谁那里的一种游戏。

[8] 会价：一会儿。软咍(hāi)哈：软绵绵。軃(duǒ)：垂下。柳、花和下句莺、燕都用来比喻杨玉环。

[9] 勤王：朝廷有难，各地起兵去援救王室。

[10] 扈驾：随从天子车驾。

[11] 黫(yān)：黑色。

[12] 磣(cǎn)："惨"的同音异写。悲惨、惨痛的意思。磕磕(kē)：不表示意义。

[13] 遏云：遏(è)，停住了行云。形容音乐美妙。

[14] 陇山：在陕西、甘肃一带，由长安往成都，经陇山东麓儿南行。

【简析】

《长生殿》是描写李隆基和杨玉环爱情悲剧的古典传奇戏曲名剧，与《西厢记》、《牡丹亭》、《桃花扇》一起被誉为"四大名剧"。作者洪昇历经十年创作，三易其稿，"专写钗盒情缘，以《长生殿》题名。"与《桃花扇》合称清初剧坛双璧。全剧共五十出，以李杨爱情故事作为情节线索，结合天宝年间复杂尖锐的社会矛盾斗争，尤其是"安史之乱"。运用侧笔、暗示、伏线等多种艺术手法，描摹帝妃"逞侈心而穷人欲"，导致朝政败坏、藩镇叛乱，自酿爱情悲剧苦果。

此折是第二十四出，又名小宴。作者用大量笔墨描写李隆基和杨玉环月夜在御花园对酌的情景。浓墨重彩地刻画贵妃的妆容，把贵妃醉酒时的姿态描写得惟妙惟肖。正当对饮尽兴打算回宫安寝时刻，惊传安禄山起兵造反，不日将攻到长安。无奈之下李隆基只好出宫廷避乱。作者成功地写出了李隆基倦于政事，耽于安乐，"弛了朝纲，占了情场"，把国家陷于苦难的深渊。渔阳鼙鼓动地而来，他们终于自食苦果。为了平息御林军的愤怒，皇帝不得不在马嵬坡下牺牲妃子，以挽救他自己的政治生命。

作者处理杨玉环这个人物很有特色。写出了一个帝王宠妃的既骄纵、悍妒又温柔、软弱的典型性格。在争夺君王的爱情时，她对敌手是毫不留情的，而当她得宠时，又不免时时有"日久恩疏"的担忧。作者对她既有批判，又有同情。尽管她在马嵬坡下自尽，承担了一切罪恶，但作者并没有把安史之乱的全部罪责归之于她。本折在李隆基知道自己江山社稷不保的情况下，依然关心贵妃是否安寝，而且不忍心让她知道这个不幸的消息，心疼她花容月貌却要跟自己一起离开宫廷去颠沛流离，可见他们之间真是有帝王家难得的爱情。洪昇借李杨故事，讴歌了理想中生死不渝的爱情。

【思考与练习】

1. 从哪些描写可以看出李杨之间有真正的爱情？

2. 借阅全文，理解《长生殿》复杂的主题思想。

3. 关于李、杨之间的爱情故事，许多文学作品中都有所表现，如《长恨歌》、《梧桐雨》、《惊鸿记》等，课外阅读这些作品，看看作者们对李、杨之间的爱情各持什么态度？

雷 电 颂[1]

郭沫若

郭沫若(1892~1978年),原名郭开贞,又名郭鼎堂。四川乐山人。现代诗人、剧作家、历史学家、考古学家、古文字学家、社会活动家。早年留学日本,先学医,后从文。1918年开始新诗创作。1921年出版第一部诗集《女神》,成为中国新诗走向成熟的纪念碑式的作品。1927年参加南昌起义,同年加入中国共产党。1928年旅居日本,开拓了中国古代史和古文字学的研究。抗战爆发后,回国从事抗日救亡运动,这一时期他创作了《屈原》、《虎符》、《棠棣之花》、《高渐离》、《孔雀胆》、《南冠草》等六部历史剧,深刻揭露了国民党反动派的卖国投降政策、激励革命人民的斗志,这是他继《女神》之后在文学创作道路上的又一个高峰。建国后,他担任多种职务,仍继续进行文艺创作,发表了《蔡文姬》、《武则天》等优秀历史剧作,出版了《李白与杜甫》等学术论著,也写了数量相当可观的诗作。"文化大革命"期间受到迫害。粉碎"四人帮"后,他的"大快人心事,揪出'四人帮'"一词,表达了亿万人民的共同心声。1978年6月12日在北京逝世,终年86岁。他平生著作很多,现有《郭沫若文集》。

屈原手足已戴刑具,颈上并系有长链,仍着其白日所着之玄衣,披发,在殿中徘徊。因有脚镣,行步甚有限制,时而伫立睥睨[2],目中含有怒火。手有举动时,必两手同时举出。如无举动时,则拳曲于胸前。

屈原 (向风及雷电)风!你咆哮吧!咆哮吧!尽力地咆哮吧!在这暗无天日的时候,一切都睡着了,都沉在梦里,都死了的时候,正是应该你咆哮的时候,应该你尽力咆哮的时候!

尽管你是怎样的咆哮,你也不能把他们从梦中叫醒,不能把死了的吹活转来,不能吹掉这比铁还沉重的眼前的黑暗,但你至少可以吹走一些灰尘,吹走一些沙石,至少可以吹动一些花草树木。你可以使那洞庭湖,使那长江,使那东海,为你翻波涌浪,和你一同地大声咆哮啊!

啊,我思念那洞庭湖,我思念那长江,我思念那东海,那浩浩荡荡的无边无际的波澜呀！那浩浩荡荡的无边无际的伟大的力呀！那是自由，是跳舞，是音乐，是诗！

啊，这宇宙中的伟大的诗！你们风，你们雷，你们电，你们在这黑暗中咆哮着的，闪耀着的一切的一切，你们都是诗，都是音乐，都是跳舞。你们宇宙中伟大的艺人们呀，尽量发挥你们的力量吧。发泄出无边无际的怒火，把这黑暗的宇宙，阴惨的宇宙，爆炸了吧！爆炸了吧！

雷！你那轰隆隆的，是你车轮子滚动的声音？你把我载着拖到洞庭湖的边上去，拖到长江的边上去，拖到东海的边上去呀！我要看那滚滚的波涛，我要听那鞺鞺鞳鞳[3]的咆哮，我要飘流到那没有阴谋、没有污秽、没有自私自利的没有人的小岛上去呀！我要和着你，和着你的声音，和着那茫茫的大海，一同跳进那没有边际没有限制的自由里去！

啊，电！这宇宙中最犀利的剑呀！我的长剑是被人拔去了，但是你，你能拔去我有形的长剑，你不能拔去我无形的长剑呀。电，你这宇宙中的剑，也正是，我心中的剑。你劈吧，劈吧，劈吧！把这比铁还坚固的黑暗，劈开，劈开，劈开！虽然你劈它如同劈水一样，你抽掉了，它又合拢了来，但至少你能使那光明得到暂时的一瞬的显现，哦，那多么灿烂的，多么炫目的光明呀！

光明呀，我景仰你，我景仰你，我要向你拜手[4]，我要向你稽首[5]。我知道，你的本身就是火，你，你这宇宙中的最伟大者呀，火！你在天边，你在眼前，你在我的四面，我知道你就是宇宙的生命，你就是我的生命，你就是我呀！我这熊熊地燃烧着的生命，我这快要使我全身炸裂的怒火，难道就不能迸射出光明了吗？

炸裂呀，我的身体！炸裂呀，宇宙！让那赤条条的火滚动起来，像这风一样，像那海一样，滚动起来，把一切的有形，一切的污秽，烧毁了吧，烧毁了吧！把这包含着一切罪恶的黑暗烧毁了吧！

把你这东皇太一[6]烧毁了吧！把你这云中君[7]烧毁了吧！你们这些土偶木梗[8]，你们高坐在神位上有什么德能？你们只是产生黑暗的父亲和母亲！

你，你东君[9]，你是什么个东君？别人说您是太阳神，你，你坐在那马上丝毫也不能驰骋。你，你红着一个面孔，你也害羞吗？啊，你，你完全是一片假！你，你这土偶木梗，你这没心肝的，没灵魂的，我要把你烧毁，烧毁，烧毁你的一切，特别要烧毁你那匹马！

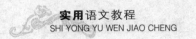

你假如是有本领，就下来走走吧！

什么个大司命[10]，什么个少司命[11]，你们的天大的本领就只有晓得播弄人！什么个湘君[12]，什么个湘夫人[13]，你们的天大的本领也就只晓得痛哭几声！哭，哭有什么用？眼泪，眼泪有什么用？顶多让你们哭出几笼湘妃竹[14]吧！但那湘妃竹不是主人们用来打奴隶的刑具吗？你们滚下船来，你们滚下云头来，我都要把你们烧毁！烧毁！烧毁！

哼，还有你这河伯[15]……哦，你河伯！你，你是我最初的一个安慰者！我是看得很清楚的呀！当我被人们押着，押上了一个高坡，卫士们要息脚，我也就站立在高坡上，回头望着龙门[16]。我是看得很清楚，很清楚的呀！我看见婵娟被人虐待，我看见你挺身而出，指天画地有所争论。结果，你是被人押进了龙门，婵娟她也被人押进了龙门。

但是我，我没有眼泪。宇宙，宇宙也没有眼泪呀！眼泪有什么用呀？我们只有雷霆，只有闪电，只有风暴，我们没有拖泥带水的雨！这是我的意志，宇宙的意志。鼓动吧，风！咆哮吧，雷！闪耀吧，电！把一切沉睡在黑暗怀里的东西，毁灭，毁灭，毁灭呀！

【注释】

[1] 节选自历史剧《屈原》(《郭沫若全集》第六卷，人民文学出版社 1986 年版)第五幕第二场。此时屈原被囚于东皇太一庙。

[2] 睥(pì)睨(nì)：眼睛斜着看，形容高傲的样子。

[3] 鞺(táng)鞺鞳鞳(tà)：原是钟鼓象声词，这里形容波涛声。

[4] 拜手：古代的一种跪拜礼。行礼时，跪下，两手拱合到地，头靠在手上。

[5] 稽(qǐ)首：古代的一种跪拜礼。行礼时，跪下，叩头到地。

[6] 东皇太一：天神。屈原作品《九歌》中的神灵。下文中的云中君、东君、大司命、少司命、湘君、湘夫人等都是《九歌》中的神灵。

[7] 云中君：云神。

[8] 土偶木梗：即土偶木偶，此处指泥塑木雕的神像。

[9] 东君：太阳神。

[10] 大司命：星名，也是神名，主宰人的生死。

[11] 少司命：星名，也是神名，主宰人的祸福。

[12] 湘君：湘水神。

[13] 湘夫人：传说尧的女儿，舜的妃子娥皇、女英投湘江而死，死后成为湘水之神，故称为湘夫人。

[14] 湘妃竹：斑竹，又称泪竹、湘妃竹。舜南巡时死去，妃子娥皇、女英在江湘之间哭泣，眼泪

沾染在竹子上，竹竿上便有了斑点，故称为斑竹、泪竹。

[15] 河伯：河神。

[16] 龙门：楚国都城郢（今湖北江陵西北）的东门。

【简析】

　　《雷电颂》节选自历史剧《屈原》第五幕第二场。它是一首激动人心的抒情散文诗，也是一篇歌颂风雷电、怒斥神祗的内心独白。作为全剧的高潮，它以澎湃的激情和浓厚的抒情意味，以及鲜明的时代特色与思想倾向，曾激起过无数爱国人士的共鸣。在文中，作者借屈原之口呼唤咆哮的风、轰隆隆的雷、刺破长空的剑，呼唤一切象征正义的精神力量。其"生之颤动，灵之喊叫"，气势磅礴，撼动人心。它不仅表现了屈原顽强不屈的斗争精神，而且充分表现了作者痛恨黑暗、向往光明、忠于祖国、热爱人民的高尚情操和崇高理想。

　　这篇独白，内容丰富，情感强烈，结构浑然一体。大致可划分为两大层次。第一层：（从"风，你咆哮吧！"到"难道就不能迸射出光明了吗？"）这是屈原对风、雷、电的呼唤与歌颂，对光明的礼赞和向往。第二层：（从"炸裂呀，我的身体！"到"毁灭，毁灭，毁灭呀！"）这是屈原借痛斥神鬼偶像愤怒地抨击昏庸腐朽的当权者。实际上，这段独白还具有深沉的现实指向和深刻的现实意义。郭沫若曾表示，《雷电颂》是受了屈原《天问》中"薄暮雷电"的启示，想表达"天问"的意境。"雷电颂"呼风唤雷的激情、毁灭诸神的愤怒和磅礴宇宙的气势，直接显露出"五四"之际写出《天狗》的诗人郭沫若鲜明的个性气质、炽热的感情，接近于郭沫若式的自我倾诉。这种倾诉有力地抨击了抗战时期国民党消极抗日、积极反共的投降政策，坚定了全民族抗日的斗争意志，推动了正在进行的民族解放战争。

　　在艺术上，这篇散文诗具有浪漫主义的诗学风格。首先，想象奇特。诗人运用神奇的想象，不仅赋予风、雷、电以人的性格、人的意志和超人的力量，而且把屈原和风雷电融为一体，达到物我同化的境地，显示了追求光明、毁灭一切黑暗的力量。这样，就使屈原这一爱国者的形象显得更加神采飞扬。其次，象征手法的运用，使作者难以言明的思想情感表达得更加含蓄、深沉、凝练。诗人借助屈原讴歌伟大的自然威力，抒发了对摧毁黑暗的渴望和对正义力量的赞美。风雷电象征着变革现实的伟大力量，这是诗人胸中愤怒的化身，代表着现实社会里的"全中国进步的人们"的正义的力量。东皇太一等众神则象征反动统治者及各种黑暗势力，也用来影射无德无能、欺民惑众的国民党反动政权及其帮凶。用"雷电颂"作标题，既指出了"颂"的对象，也包括了"颂"的原因；既表明了它是特定环境中的一段抒情独白，也表达了它所象征的意在言外的主题思想。

　　此外，为了增强语句的气势和感情色彩，作者运用了多种修辞方法。如运用拟人手法，痛快淋漓地表达鲜明的爱憎感情。运用反复、排比等方法，使独白更有气势，更有感染力。这些都值得我们细心品味。

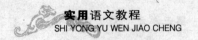

【思考与练习】

1. 屈原对雷电的呼唤与歌颂表现了他的什么追求?

2. 第 7、8 两段突出体现了屈原的什么精神?

3. 以第 13 段为例,分析该段采用了哪些修辞方法,具有什么样的表达效果?

4. 阅读历史剧《屈原》,试分析婵娟和南后这两个女性形象在性格方面的差异。

雷　　雨（节选）[1]

曹 禺

曹禺（1910～1996 年），现、当代剧作家。原名万家宝，生于天津一个封建官僚家庭。1922 年入天津南开中学，参加南开新剧团，演出中外剧作，并开始写作小说和新诗。1928 年考入南开大学政治系，1930 年转入清华大学西洋文学系，广泛接触欧美文学作品，深受古希腊悲剧作家及莎士比亚、契诃夫等人的思想影响。1933年创作处女作四幕剧《雷雨》，标志着中国话剧艺术开始走向成熟。同年大学毕业后，入清华研究院当研究生，专事戏剧研究。1935 年写成剧本《日出》，与《雷雨》前后辉映，奠定了曹禺在中国话剧史上的地位。1936 年任教于南京戏剧专科学校，抗日战争爆发后，随校迁至四川，编辑戏剧刊物，任中华全国文艺界抗敌协会理事和电影厂编剧等职。

新中国成立后，历任北京人民艺术剧院院长、中国作家协会书记处书记、中央戏剧学院名誉院长、中国戏剧家协会主席等职。这时期创作了话剧《明朗的天》、历史剧《王昭君》等。作品有《曹禺选集》、《曹禺论创作》、《曹禺戏剧集》等，一些剧作已被译成日、俄、英等国文字出版。

第 二 幕（节选）

剧中人物介绍：

　　萍（周萍）　　　四（四凤）　　　贵（鲁贵）　　　繁（繁漪）

　　鲁（鲁侍萍）　朴（周朴园）　大（鲁大海）　冲（周冲）

　　午饭后，天气很阴沉，更郁热，潮湿的空气，低压着在屋内的人，使人成为烦躁的了。

　　……

　　繁漪由饭厅上，鲁贵一眼看见她，话说成一半，又吞进去。

　　贵　哦，太太下来了！太太，您病完全好啦？（繁漪点一点头）鲁贵直惦记着。

　　繁　好，你下去吧。

　　鲁贵鞠躬由中门下。

　　繁　（向萍）他上哪去了？

萍 （莫名其妙）谁？

繁 你父亲。

萍 他有事情，见客，一会儿就回来。弟弟呢？

繁 他只会哭，他走了。

萍 （怕和她一同在这间屋里）哦。（停）我要走了，我现在要收拾东西去。（走向饭厅）

繁 回来，（萍停步）我请你略微坐一坐。

萍 什么事？

繁 （阴沉地）有话说。

萍 （看出她的神色）你像是有很重要的话跟我谈似的。

繁 嗯。

萍 说吧。

繁 我希望你明白方才的情景。这不是一天的事情。

萍 （躲避地）父亲一向是那样，他说一句就是一句的。

繁 可是人家说一句，我就要听一句，那是违背我的本性的。

萍 我明白你。（强笑）那么你顶好不听他的话就得了。

繁 萍，我盼望你还是从前那样诚恳的人。顶好不要学着现在一般青年人玩世不恭的态度。你知道我没有你在我面前，这样，我已经很苦了。

萍 所以我就要走了。不要叫我们见着，互相提醒我们最后悔的事情。

繁 我不后悔，我向来做事没有后悔过。

萍 （不得已地）我想，我很明白地对你表示过。这些日子我没有见你，我想你很明白。

繁 很明白。

萍 那么，我是个最糊涂，最不明白的人。我后悔，我认为我生平做错一件大事。我对不起自己，对不起弟弟，更对不起父亲。

繁 （低沉地）但是最对不起的人有一个，你反而轻轻地忘了。

萍 我最对不起的人，自然也有，但是我不必同你说。

繁 （冷笑）那不是她！你最对不起的是我，是你曾经引诱的后母！

萍 （有些怕她）你疯了。

繁 你欠了我一笔债，你对我负着责任；你不能看见了新的世界，就一个人跑。

萍 我认为你用的这些字眼，简直可怕。这种字句不是在父亲这样——这样体面的家庭里说的。

繁 （气极）父亲，父亲，你撇开你的父亲吧！体面？你也说体面？（冷笑）我在这样的体面家庭已经十八年啦。周家家庭里做出的罪恶，我听过，我见过，我做过。我始终不是你们周家的人。我做的事，我自己负责任。不像你们的祖父，叔祖，同你们的好父亲，偷偷做出许多可怕的事情，祸移在别人身上，外面还是一副道德面孔，慈善家，社会上的好人物。

萍 繁漪，大家庭自然免不了不良分子，不过我们这一支，除了我，……

繁 都一样，你父亲是第一个伪君子，他从前就引诱过一个良家的姑娘。

萍 你不要乱说话。

繁 萍，你再听清楚点，你就是你父亲的私生子！

萍 （惊异而无主地）你瞎说，你有什么证据？

繁 请你问你的体面父亲，这是他十五年前喝醉了的时候告诉我的。（指桌上相片）你就是这年青的姑娘生的小孩。她因为你父亲又不要她，就自己投河死了。

萍 你，你，你简直……——好，好，（强笑）我都承认。你预备怎么样？你要跟我说什么？

繁 你父亲对不起我，他用同样手段把我骗到你们家来，我逃不开，生了冲儿。十几年来像刚才一样的凶横，把我渐渐地磨成了石头样的死人。你突然从家乡出来，是你，是你把我引到一条母亲不像母亲，情妇不像情妇的路上去。是你引诱我的！

萍 引诱！我请你不要用这两个字好不好？你知道当时的情形怎么样？

繁 你忘记了在这屋子里，半夜，我哭的时候，你叹息着说的话么？你说你恨你的父亲，你说过，你愿他死，就是犯了灭伦的罪也干。

萍 你忘了。那时我年青，我的热叫我说出来这样糊涂的话。

繁 你忘了，我虽然只比你大几岁，那时，我总还是你的母亲，你知道你不该对我说这种话么？

萍 哦——（叹一口气）总之，你不该嫁到周家来，周家的空气满是罪恶。

繁　对了,罪恶,罪恶。你的祖宗就不曾清白过,你们家里永远是不干净。

萍　年青人一时糊涂,做错了的事,你就不肯原谅么?(苦恼地皱着眉)

繁　这不是原谅不原谅的问题,我已预备好棺材,安安静静地等死,一个人偏把我救活了又不理我,撇得我枯死,慢慢地渴死。让你说,我该怎么办?

萍　那,那我也不知道,你来说吧!

繁　(一字一字地)我希望你不要走。

萍　怎么,你要我陪着你,在这样的家庭,每天想着过去的罪恶,这样活活地闷死么?

繁　你既知道这家庭可以闷死人,你怎么肯一个人走,把我放在家里?

萍　你没有权利说这种话,你是冲弟弟的母亲。

繁　我不是! 我不是! 自从我把我的性命、名誉,交给你,我什么都不顾了。我不是他的母亲。不是,不是,我也不是周朴园的妻子。

萍　(冷冷地)如果你以为你不是父亲的妻子,我自己还承认我是我父亲的儿子。

繁　(不曾想到他会说这一句话,呆了一下)哦,你是你父亲的儿子。——这些月,你特别不来看我,是怕你的父亲?

萍　也可以说是怕他,才这样的吧。

繁　你这一次到矿上去,也是学着你父亲的英雄榜样,把一个真正明白你、爱你的人丢开不管么?

萍　这么解释也未尝不可。

繁　(冷冷地)怎么说,你到底是你父亲的儿子。(笑)父亲的儿子?(狂笑)父亲的儿子?(狂笑,忽然冷静严厉地)哼,都是没有用,胆小怕事,不值得人为他牺牲的东西! 我恨着我早没有知道你!

萍　那么你现在知道了! 我对不起你,我已经同你详细解释过,我厌恶这种不自然的关系。我告诉你,我厌恶。我负起我的责任,我承认我那时的错,然而叫我犯了那样的错,你也不能完全没有责任。你是我认为最聪明、最能了解的女子,所以我想,你最后会原谅我。我的态度,你现在骂我玩世不恭也好,不负责任也好,

我告诉你，我盼望这一次的谈话是我们最末一次谈话了。（走向饭厅门）

繁 （沉重地语气）站着。（萍立住）我希望你明白我刚才说的话，我不是请求你。我盼望你用你的心，想一想，过去我们在这屋子里说的，（停，难过）许多，许多的话。一个女子，你记着，不能受两代的欺侮，你可以想一想。

萍 我已经想得很透彻，我自己这些天的痛苦，我想你不是不知道，好，请你让我走吧。

周萍由饭厅下，繁漪的眼泪一颗颗地流在腮上，她走到镜台前，照着自己苍白的有皱纹的脸，便嘤嘤地扑在镜台上哭起来。

鲁贵偷偷地由中门走进来，看见太太在哭。

贵 （低声）太太！

繁 （突然抬起）你来干什么？

贵 鲁妈来了好半天啦！

繁 谁？谁来了好半天啦？

贵 我家里的，太太不是说过要我叫她来见么？

繁 你为什么不早点来告诉我？

贵 （假笑）我倒是想着，可是我（低声）刚才瞧见太太跟大少爷说话，所以就没有敢惊动您。

繁 啊！你，你刚才在——

贵 我？我在大客厅里伺候老爷见客呢！（故意地不明白）太太有什么事么？

繁 没什么，那么你叫鲁妈进来吧。

贵 （谄笑）我们家里是个下等人，说话粗里粗气，您可别见怪。

繁 都是一样的人。我不过想见一见，跟她谈谈闲话。

贵 是，那是太太的恩典。对了，老爷刚才跟我说，怕明天要下大雨，请太太把老爷的那一件旧雨衣拿出来，说不定老爷就要出去。

繁 四凤跟老爷检的衣裳，四凤不会拿么？

贵 我也是这么说啊，您不是不舒服么？可是老爷吩咐，不要四凤，还是要太太自己拿。

繁 那么，我一会儿拿来。

贵 不，是老爷吩咐，说现在就要拿出来。

繁　哦,好,我就去吧。——你现在叫鲁妈进来,叫她在这房里等一等。

贵　是,太太。

鲁贵下,繁漪的脸更显得苍白,她在极力压制自己的烦郁。

繁　(把窗户打开吸一口气,自语)热极了,闷极了,这里真是再也不能住的。我希望我今天变成火山的口,热烈烈地冒一次,把什么都烧个干净,当时我就再掉在冰川里,冻成死灰,一生只热热烈烈地烧一次,也就算够了。我过去的是完了,希望大概也是死了的。哼,什么我都预备好了,来吧,恨我的人,来吧。叫我失望的人,叫我忌妒的人,都来吧,我在等候着你们。(望着空空的前面,既而垂下头去,鲁贵上。)

贵　刚才小当差进来,说老爷催着要。

繁　(抬头)好,你先去吧。我叫陈妈过去。

繁漪由饭厅下,贵由中门下。移时鲁妈——即鲁侍萍——与四凤上。鲁妈的年纪约有四十七岁的光景,鬓发已经有点斑白,面貌白净,看上去也只有三十八九岁的样子。她的眼有些呆滞,时而呆呆地望着前面,但是在那修长的睫毛,和她圆大的眸子间,还寻得出她少年时静慰的神韵。她的衣服朴素而有身份,旧蓝布裤褂,很洁净地穿在身上。远远地看着,依然像大家户里落魄的妇人。她的高贵的气质和她的丈夫的鄙俗,奸小,恰成一个强烈地对比。

她的头还包着一条白布手巾,怕是坐火车围着的,她说话总爱微微地笑,尤其因为刚刚见着两年未见的亲儿女,神色还是快慰地闪着快乐的光彩。她的声音很低,很沉稳,语音像一个南方人曾经和北方人相处很久,夹杂着许多模糊、轻快的南方音,但是她的字句说得很清楚。她的牙齿非常整齐,笑的时候在嘴角旁露出一对深深的笑涡,叫我们想起来四凤笑时口旁一对浅浅的涡影。

鲁妈拉着女儿的手,四凤就像个小鸟偎在她身边走进来。后面跟着鲁贵,提着一个旧包袱。他骄傲地笑着,比起来,这母女的单纯的欢欣,他更是粗鄙了。

四　太太呢?

贵　就下来。

四　妈,您坐下。(鲁妈坐)您累么?

鲁　不累。

四 （高兴地）妈，您坐一坐。我给您倒一杯冰镇的凉水。

鲁 不，不要走，我不热。

贵 凤儿，你跟你妈拿一瓶汽水来。（向鲁妈）这公馆什么没有？一到夏天，柠檬水，果子露，西瓜汤，桔子，香蕉，鲜荔枝，你要什么，就有什么。

鲁 不，不，你别听你爸爸的话。这是人家的东西。你在我身旁跟我多坐一会，回头跟我同——同这位周太太谈谈，比喝什么都强。

贵 太太就会下来，你看你，那块白包头，总舍不得拿下来。

鲁 （和蔼地笑着）真的，说了那么半天。（笑望着四凤）连我在火车上搭的白手巾都忘了解啦。（要解它）

四 （笑着）妈，您让我替您解开吧。（走过去解。这时，鲁贵走到小茶几旁，又偷偷地把烟放在自己的烟盒里。）

鲁 （解下白手巾）你看我的脸脏么？火车上尽是土，你看我的头发，不要叫人家笑。

四 不，不，一点都不脏。两年没见您，您还是那个样。

鲁 哦，凤儿，你看我的记性。谈了这半天，我忘记把你顶喜欢的东西跟你拿出来啦。

四 什么？妈。

鲁 （由身上拿出一个小包来）你看，你一定喜欢的。

四 不，您先别给我看，让我猜猜。

鲁 好，你猜吧。

四 小石娃娃？

鲁 （摇头）不对，你太大了。

四 小粉扑子。

鲁 （摇头）给你那个有什么用？

四 哦，那一定是小针线盒。

鲁 （笑）差不多。

四 那您叫我打开吧。（忙打开纸包）哦！妈！顶针！银顶针！爸，您看，您看！（给鲁贵看）。

贵 （随声说）好！好！

四 这顶针太好看了，上面还镶着宝石。

贵 什么？（走两步，拿来细看）给我看看。

鲁 这是学校校长的太太送给我的。校长丢了个要紧的钱包,叫我拾着了,还给他。校长的太太就非要送给我东西,拿出一大堆小手饰叫我挑,送给我的女儿。我就捡出这一件,拿来送给你,你看好不好?

四　好,妈,我正要这个呢。

贵　咦,哼,(把顶针交给四凤)得了吧,这宝石是假的,你挑得真好。

四　(见着母亲特别欢喜说话,轻蔑地)哼,您呀,真宝石到了您的手里也是假的。

鲁　凤儿,不许这样跟爸爸说话。

四　(撒娇)妈您不知道,您不在这儿,爸爸就拿我一个人撒气,尽欺负我。

贵　(看不惯他妻女这样"乡气",于是轻蔑地)你看你们这点穷相,走到大家公馆,不来看看人家的阔排场,尽在一边闲扯。四凤,你先把你这两年的衣裳给你妈看看。

四　(白眼)妈不稀罕这个。

贵　你不也有点首饰么?你拿出来给你妈开开眼。看看是我对,还是把女儿关在家里对?

鲁　(向鲁贵)我走的时候嘱咐过你,这两年写信的时候也总不断地提醒你,我说过我不愿意把我的女儿送到一个阔公馆,叫人家使唤。你偏——(忽然觉得这不是谈家事的地方,回头向四凤)你哥哥呢?

四　不是在门房里等着我们么?

贵　不是等着你们,人家等着见老爷呢。(向鲁妈)去年我叫人跟你捎个信,告诉你大海也当了矿上的工头,那都是我在这里嘀咕上的。

四　(厌恶她父亲又表白自己的本领)爸爸,您看哥哥去吧。他的脾气有点不好,怕他等急了,跟张爷刘爷们闹起来。

贵　真他××的。这孩子的狗脾气我倒忘了,(走向中门,回头)你们好好在这屋子里坐一会,别乱动,太太一会儿就下来。

鲁贵下。母女见鲁贵走后,如同犯人望见看守走了一样,舒展地吐出一口气来。母女二人相对默然地笑了一笑,刹那间,她们脸上又浮出欢欣,这次是由衷心升起来愉快的笑。

鲁　(伸出手来,向四凤)哦,孩子,让我看看你。

四凤走到母亲前,跪下。

四　妈，您不怪我吧？您不怪我这次没听您的话，跑到周公馆做事吧？

鲁　不，不，做了就做了。——不过为什么这两年你一个字也不告诉我，我下车走到家里，才听见张大婶告诉我，说我的女儿在这儿。

四　妈，我怕您生气，我怕您难过，我不敢告诉您。——其实，妈，我们也不是什么富贵人家，就是像我这样帮人，我想也没有什么关系。

鲁　不，你以为妈怕穷么？怕人家笑我们穷么？不，孩子，妈最知道认命，妈最看得开，不过，孩子，我怕你太年青，容易一阵子犯糊涂，妈受过苦，妈知道的。你不懂，你不知道这世界太——人的心太——。（叹一口气）好，我们先不提这个。（站起来）这家的太太真怪！她要见我干什么？

四　嗯，嗯，是啊（她的恐惧来了，但是她愿意向好的一面想）不，妈，这边太太没有多少朋友，她听说妈也会写字，念书，也许觉着很相近，所以想请妈来谈谈。

鲁　（不信地）哦？（慢慢看这屋子的摆设，指着有镜台的柜）这屋子倒是很雅致的。就是家具太旧了点。这是——？

四　这是老爷用的红木书桌，现在做摆饰用了。听说这是三十年前的老东西，老爷偏偏喜欢用，到哪儿带到哪儿。

鲁　那个（指着有镜台的柜）是什么？

四　那也是件老东西，从前的第一个太太，就是大少爷的母亲，顶爱的东西。您看，从前的家具多笨哪。

鲁　咦，奇怪。——为什么窗户还关上呢？

四　您也觉得奇怪不是？这是我们老爷的怪脾气，夏天反而要关窗户。

鲁　（回想）凤儿，这屋子我像是在哪儿见过似的。

四　（笑）真的？您大概是想我想的梦里到过这儿。

鲁　对了，梦似的。——奇怪，这地方怪得很，这地方忽然叫我想起了许多许多事情。（低下头坐下）

四　（慌）妈，您怎么脸上发白？您别是受了暑，我给您拿一杯冷水吧。

鲁　不，不是，你别去，——我怕得很，这屋子有鬼怪！

四　妈，您怎么啦？

鲁　我怕得很,忽然我把三十年前的事情一件一件地都想起来了,已经忘了许多年的人又在我心里转。四凤,你摸摸我的手。

四　(摸鲁妈的手)冰凉,妈,您可别吓坏我。我胆子小,妈,妈,——这屋子从前可闹过鬼的!

鲁　孩子,你别怕,妈不怎么样。不过,四凤,我好像我的魂来过这儿似的。

四　妈,您别瞎说啦,您怎么来过? 他们二十年前才搬到这儿北方来,那时候,您不是还在南方么?

鲁　不,不,我来过。这些家具,我想不起来——我在哪见过。

四　妈,您的眼不要直瞪瞪地望着,我怕。

鲁　别怕,孩子,别怕,孩子。(声音愈低,她用力地想,她整个的人,缩,缩到记忆的最下层深处。)

四　妈,您看那个柜干什么? 那就是从前死了的第一个太太的东西。

鲁　(突然低声颤颤地向四凤)凤儿,你去看,你去看,那柜子靠右第三个抽屉里,有没有一只小孩穿的绣花虎头鞋。

四　妈,您怎么拉? 不要这样疑神疑鬼地。

鲁　凤儿,你去,你去看一看。我心里有点怯,我有点走不动,你去!

四　好,我去看。

她又到柜前,拉开抽斗,看。

鲁　(急)有没有?

四　没有,妈。

鲁　你看清楚了?

四　没有,里面空空地,就是些茶碗。

鲁　哦,那大概是我在做梦了。

四　(怜惜她的母亲)别多说话了,妈,静一静吧,妈,您在外受了委屈了,(落泪)从前,您不是这样神魂颠倒的。可怜的妈呀。(抱着她)好一点了么?

鲁　不要紧的。——刚才我在门房听见这家里还有两位少爷?

四　嗯! 妈,都很好,都很和气的。

鲁　(自言自语地)不,我的女儿说什么也不能在这儿多呆。不成。不成。

四 妈，您说什么？这儿上上下下都待我很好。妈，这里老爷太太向来不骂底下人，两位少爷都很和气的。这周家不但是活着的人心好，就是死了的人样子也是挺厚道的。

鲁 周？这家里姓周？

四 妈，您看您，您刚才不是问着周家的门进来的么？怎么会忘了？（笑）妈，我明白了，您还是路上受热了。我先跟你拿周家第一个太太的相片，给您看。我再跟你拿点水来喝。

四凤在镜台上拿了相片过来，站在鲁妈背后，给她看。

鲁 （拿着相片，看）哦！（惊愕地说不出话来，手发颤。）

四 （站在鲁妈背后）您看她多好看，这就是大少爷的母亲，笑得多美，他们并说还有点像我呢。可惜，她死了，要不然，——（觉得鲁妈头向前倒）哦，妈，您怎么啦？您怎么？

鲁 不，不，我头晕，我想喝水。

四 （慌，掐着鲁妈的手指，搓着她的头）妈，您到这边来！（扶鲁妈到一个大的沙发前，鲁妈手里还紧紧地拿着相片）妈，您在这儿躺一躺。我跟您拿水去。

四凤由饭厅门忙跑下。

鲁 哦，天哪。我是死了的人！这是真的么？这张相片？这些家具？怎么会？——哦，天底下地方大得很，怎么？熬过这几十年偏偏又把我这个可怜的孩子，放回到他——他的家里？哦，好不公平的天哪！（哭泣）

四凤拿水上，鲁妈忙擦眼泪。

四 （持水杯，向鲁妈）妈，您喝一口，不，再喝几口。（鲁妈饮）好一点了么？

鲁 嗯，好，好啦。孩子，你现在就跟我回家。

四 （惊讶）妈，您怎么啦？

由饭厅传出繁漪喊"四凤"的声音。

鲁 谁喊你？

四 太太。

繁漪声 四凤！

四 唉。

繁漪声 四凤，你来，老爷的雨衣你给放在哪儿啦？

四 （喊）我就来。（向鲁妈）您等一等，我就回来。

鲁 好，你去吧。

四凤下。鲁妈周围望望,走到柜前,抚摸着她从前的家具,低头沉思。忽然听见屋外花园里走路的声音。她转过身来,等候着。

鲁贵由中门上。

贵　四凤呢?

鲁　这儿的太太叫了去啦。

贵　你回头告诉太太,说找着雨衣,老爷自己到这儿来穿,还要跟太太说几句话。

鲁　老爷要到这屋里来?

贵　嗯,你告诉清楚了,别回头老爷来到这儿,太太不在,老头儿又发脾气了。

鲁　你跟太太说吧。

贵　这上上下下许多底下人都得我支派,我忙不开,我可不能等。

鲁　我要回家去,我不见太太了。

贵　为什么? 这次太太叫你来,我告诉你,就许有点什么很要紧的事跟你谈谈。

鲁　我预备带着凤儿回去,叫她辞了这儿的事。

贵　什么? 你看你这点——

繁漪由饭厅上。

贵　太太。

繁　(向门内)四凤,你先把那两套也拿出来,问问老爷要哪一件。(里面答应)哦,(吐出一口气,向鲁妈)这就是四凤的妈吧? 叫你久等了。

贵　等太太是应当的。太太准她来跟您请安就是老大的面子。(四凤由饭厅出,拿雨衣进。)

繁　请坐! 你来了好半天啦。(鲁妈只在打量着,没有坐下。)

鲁　不多一会,太太。

四　太太。把这三件雨衣都送给老爷那边去啦。

贵　老爷说放在这儿,老爷自己来拿,还请太太等一会,老爷见您有话说呢。

繁　知道了。(向四凤)你先到厨房,把晚饭的菜看看,告诉厨房一下。

四　是,太太。(望着鲁贵,又疑惧地望着繁漪由中门下)

繁　鲁贵,告诉老爷,说我同四凤的母亲谈话,回头再请他到这儿来。

 贵 是，太太。（但不走）

 繁 （见鲁贵不走）你有什么事么？

 贵 太太，今天早上老爷吩咐德国克大夫来。

 繁 二少爷告诉过我了。

 贵 老爷刚才吩咐，说来了就请太太去看。

 繁 我知道了。好，你去吧。

鲁贵由中门下。

 繁 （向鲁妈）坐下谈，不要客气。（自己坐在沙发上）

 鲁 （坐在旁边一张椅子上）我刚下火车，就听见太太这边吩咐，要我来见见您。

 繁 我常听四凤提到你，说你念过书，从前也是很好的门第。

 鲁 （不愿提到从前的事）四凤这孩子很傻，不懂规矩，这两年叫您多生气啦。

 繁 不，她非常聪明，我也很喜欢她。这孩子不应当叫她伺候人，应当替她找一个正当的出路。

 鲁 太太多夸奖她了。我倒是不愿意这孩子帮人。

 繁 这一点我很明白。我知道你是个知书答礼的人，一见面，彼此都觉得性情是直爽的，所以我就不妨把请你来的原因现在跟你说一说。

 鲁 （忍不住）太太，是不是我这小孩平时的举动有点叫人说闲话？

 繁 （笑着，故为很肯定地说）不，不是。

鲁贵由中门上。

 贵 太太。

 繁 什么事？

 贵 克大夫已经来了，刚才汽车夫接来的，现时在小客厅等着呢。

 繁 我有客。

 贵 客？——老爷说请太太就去。

 繁 我知道，你先去吧。

鲁贵下。

 繁 （向鲁妈）我先把我家里的情形说一说。第一我家里的女人很少。

鲁　是,太太。

繁　我一个人是个女人,两个少爷,一位老爷,除了一两个老妈子以外,其余用的都是男下人。

鲁　是,太太,我明白。

繁　四凤的年纪很轻,哦,她才十九岁,是不是?

鲁　不,十八。

繁　那就对了,我记得好像比我的孩子是大一岁的样子。这样年青的孩子,在外边做事,又生得很秀气的。

鲁　太太,如果四凤有不检点的地方,请您千万不要瞒我。

繁　不,不,(又笑了)她很好的。我只是说说这个情形。我自己有一个孩子,他才十七岁,——恐怕刚才你在花园见过——一个不十分懂事的孩子。

鲁贵自书房门上。

贵　老爷催着太太去看病。

繁　没有人陪着克大夫么?

贵　王局长刚走,老爷自己在陪着呢。

鲁　太太,您先看去。我在这儿等着不要紧。

繁　不,我话还没有说完。(向鲁贵)你跟老爷说,说我没病,我自己并没有要请医生来。

贵　是,太太。(但不走)

繁　(看鲁贵)你在干什么?

贵　我等太太还有什么旁的事情要吩咐。

繁　(忽然想起来)有,你跟老爷回完话之后,你出去叫一个电灯匠,刚才我听说花园藤萝架上的旧电线落下来了,走电,叫他赶快收拾一下,不要电了人。

贵　是,太太。

贵由中门下。

繁　(见鲁妈立起)鲁奶奶,你还是坐呀。哦,这屋子又闷起来啦。(走到窗户,把窗户打开,回来,坐)这些天我就看着我这孩子奇怪,谁知这两天,他忽然跟我说他很喜欢四凤。

鲁　什么?

繁　也许预备要帮助她学费,叫她上学。

鲁　太太,这是笑话。

繁　我这孩子还想四凤嫁给他。

鲁　太太，请您不必往下说，我都明白了。

繁　（追一步）四凤比我的孩子大，四凤又是很聪明的女孩子，这种情形——

鲁　（不喜欢繁漪的暧昧的口气）我的女儿，我总相信是个懂事、明白大体的孩子。我向来不愿意她到大公馆帮人，可是我信得过，我的女儿就帮这儿两年，她总不会做出一点糊涂事的。

繁　鲁奶奶，我也知道四凤是个明白的孩子，不过有了这种不幸的情形，我的意思，是非常容易叫人发生误会的。

鲁　（叹气）今天我到这儿来是万没想到的事，回头我就预备把她带走，现在我就请太太准了她的长假。

繁　哦，哦，——如果你以为这样办好，我也觉得很妥当的，不过有一层，我怕，我的孩子有点傻气，他还是会找到你家里见四凤的。

鲁　您放心。我后悔得很，我不该把这个孩子一个人交给她的父亲管的，明天，我准离开此地，我会远远地带她走，不会见着周家的人。太太，我想现在带着我的女儿走。

繁　那么，也好。回头我叫账房把工钱算出来。她自己的东西我可以派人送去，我有一箱子旧衣服，也可以带去，留着她以后在家里穿。

鲁　（自语）凤儿，我的可怜的孩子！（坐在沙发上，落泪）天哪。

繁　（走到鲁妈面前）不要伤心，鲁奶奶。如果钱上有什么问题，尽管到我这儿来，一定有办法。好好地带她回去，有你这样一个母亲教育她，自然比这儿好的。

朴园由书房上。

朴　繁漪！（繁漪抬头。鲁妈站起，忙躲在一旁，神色大变，观察他。）你怎么还不去？

繁　（故意地）上哪儿？

朴　克大夫在等你，你不知道么？

繁　克大夫，谁是克大夫？

朴　跟你从前看病的克大夫。

繁　我的药喝够了，我不预备再喝了。

朴　那么你的病……

繁　我没有病。

朴　（忍耐）克大夫是我在德国的好朋友,对于妇科很有研究。你的神经有点失常,他一定治得好。

繁　谁说我的神经失常? 你们为什么这样咒我? 我没有病,我没有病,我告诉你,我没有病!

朴　（冷酷地）你当着人这样胡喊乱闹,你自己有病,偏偏要讳病忌医,不肯叫医生治,这不就是神经上的病态么?

繁　哼,我假若是有病,也不是医生治得好的。（向饭厅门走）

朴　（大声喊）站住! 你上哪儿去?

繁　（不在意地）到楼上去。

朴　（命令地）你应当听话。

繁　（好像不明白地）哦!（停,不经意地打量他）你看你!（尖声笑两声）你简直叫我想笑。（轻蔑地笑）你忘了你自己是怎么样一个人啦!（又大笑,由饭厅跑下,重重地关上门。）

朴　来人!

仆人上。

仆人　老爷!

朴　太太现在在楼上。你叫大少爷陪着克大夫到楼上去跟太太看病。

仆人　是,老爷。

朴　你告诉大少爷,太太现在神经病很重,叫他小心点,叫楼上老妈子好好地看着太太。

仆人　是,老爷。

朴　还有,叫大少爷告诉克大夫,说我有点累,不陪他了。

仆人　是,老爷。

仆人下。朴园点着一支吕宋烟,看见桌上的雨衣。

朴　（向鲁妈）这是太太找出来的雨衣么?

鲁　（看着他）大概是的。

朴　（拿起看看）不对,不对,这都是新的。我要我的旧雨衣,你回头跟太太说。

鲁　嗯。

朴　（看她不走）你不知道这间房子底下人不准随便进来么?

鲁　（看着他）不知道,老爷。

朴　你是新来的下人?

鲁　不是的,我找我的女儿来的。

朴　你的女儿？

鲁　四凤是我的女儿。

朴　那你走错屋子了。

鲁　哦。——老爷没有事了？

朴　（指窗）窗户谁叫打开的？

鲁　哦。（很自然地走到窗户，关上窗户，慢慢地走向中门。）

朴　（看她关好窗门，忽然觉得她很奇怪）你站一站，（鲁妈停）你——你贵姓？

鲁　我姓鲁。

朴　姓鲁。你的口音不像北方人。

鲁　对了，我不是，我是江苏的。

朴　你好像有点无锡口音。

鲁　我自小就在无锡长大的。

朴　（沉思）无锡？嗯，无锡（忽而）你在无锡是什么时候？

鲁　光绪二十年，离现在有三十多年了。

朴　哦，三十年前你在无锡？

鲁　是的，三十多年前呢，那时候我记得我们还没有用洋火呢。

朴　（沉思）三十多年前，是的，很远啦，我想想，我大概是二十多岁的时候。那时候我还在无锡呢。

鲁　老爷是那个地方的人？

朴　嗯，（沉吟）无锡是个好地方。

鲁　哦，好地方。

朴　你三十年前在无锡么？

鲁　是，老爷。

朴　三十年前，在无锡有一件很出名的事情——

鲁　哦。

朴　你知道么？

鲁　也许记得，不知道老爷说的是哪一件？

朴　哦，很远的，提起来大家都忘了。

鲁　说不定，也许记得的。

朴　我问过许多那个时候到过无锡的人，我想打听打听。可是那个时候在无锡的人，到现在不是老了就是死了，活着的多半是不知道的，或者忘了。

鲁　如若老爷想打听的话，无论什么事，无锡那边我还有认识的人，虽然许久不通音信，托他们打听点事情总还可以的。

朴　我派人到无锡打听过。——不过也许凑巧你会知道。三十年前在无锡有一家姓梅的。

鲁　姓梅的？

朴　梅家的一个年轻小姐，很贤慧，也很规矩，有一天夜里，忽然地投水死了，后来，后来，——你知道么？

鲁　不敢说。

朴　哦。

鲁　我倒认识一个年轻的姑娘姓梅的。

朴　哦？你说说看。

鲁　可是她不是小姐，她也不贤慧，并且听说是不大规矩的。

朴　也许，也许你弄错了，不过你不妨说说看。

鲁　这个梅姑娘倒是有一天晚上跳的河，可是不是一个，她手里抱着一个刚生下三天的男孩。听人说她生前是不规矩的。

朴　（苦痛）哦！

鲁　这是个下等人，不很守本分的。听说她跟那时周公馆的少爷有点不清白，生了两个儿子。生了第二个，才过三天，忽然周少爷不要她了，大孩子就放在周公馆，刚生的孩子抱在怀里，在年三十夜里投河死的。

朴　（汗涔涔地）哦。

鲁　她不是小姐，她是无锡周公馆梅妈的女儿，她叫侍萍。

朴　（抬起头来）你姓什么？

鲁　我姓鲁，老爷。

朴　（喘出一口气，沉思地）侍萍，侍萍，对了。这个女孩子的尸首，说是有一个穷人见着埋了。你可以打听得她的坟在哪儿么？

鲁　老爷问这些闲事干什么？

朴　这个人跟我们有点亲戚。

鲁　亲戚？

朴　嗯，——我们想把她的坟墓修一修。

鲁　哦——那用不着了。

朴　怎么？

鲁　这个人现在还活着。

朴　（惊愕）什么？

鲁　她没有死。

朴　她还在？不会吧？我看见她河边上的衣服，里面有她的绝命书。

鲁　不过她被一个慈善的人救活了。

朴　哦，救活啦？

鲁　以后无锡的人是没见着她，以为她那夜晚死了。

朴　那么，她呢？

鲁　一个人在外乡活着。

朴　那个小孩呢？

鲁　也活着。

朴　（忽然立起）你是谁？

鲁　我是这儿四凤的妈，老爷。

朴　哦。

鲁　她现在老了，嫁给一个下等人，又生了个女孩，境况很不好。

朴　你知道她现在在哪儿？

鲁　我前几天还见着她！

朴　什么？她就在这儿？此地？

鲁　嗯，就在此地。

朴　哦！

鲁　老爷，你想见一见她么？

朴　不，不，谢谢你。

鲁　她的命很苦。离开了周家，周家少爷就娶了一位有钱有门第的小姐。她一个单身人，无亲无故，带着一个孩子在外乡什么事都做，讨饭，缝衣服，当老妈，在学校里伺候人。

朴　她为什么不再找到周家？

鲁　大概她是不愿意吧？为着她自己的孩子，她嫁过两次。

朴　以后她又嫁过两次？

鲁　嗯，都是很下等的人。她遇人都很不如意，老爷想帮一帮她么？

朴　好，你先下去。让我想一想。

鲁　老爷，没有事了？（望着朴园，眼泪要涌出）老爷，您那雨衣，我怎么说？

朴　你去告诉四凤，叫她把我樟木箱子里那件旧雨衣拿出来，顺便把那箱子里的几件旧衬衣也捡出来。

鲁　旧衬衣?

朴　你告诉她在我那顶老的箱子里,纺绸的衬衣,没有领子的。

鲁　老爷那种纺绸衬衣不是一共有五件? 您要哪一件?

朴　要哪一件?

鲁　不是有一件,在右袖襟上有个烧破的窟窿,后来用丝线绣成一朵梅花补上的? 还有一件,——

朴　(惊愕)梅花?

鲁　还有一件绸衬衣,左袖襟也绣着一朵梅花,旁边还绣着一个萍字。还有一件,——

朴　(徐徐立起)哦,你,你,你是——

鲁　我是从前伺候过老爷的下人。

朴　哦,侍萍! (低声)怎么,是你?

鲁　你自然想不到,侍萍的相貌有一天也会老得连你都不认识了。

朴　你——侍萍? (不觉地望望柜上的相片,又望鲁妈。)

鲁　朴园,你找侍萍么? 侍萍在这儿。

朴　(忽然严厉地)你来干什么?

鲁　不是我要来的。

朴　谁指使你来的?

鲁　(悲愤)命! 不公平的命指使我来的。

朴　(冷冷地)三十年的工夫你还是找到这儿来了。

鲁　(怨愤)我没有找你,我没有找你,我以为你早死了。我今天没想到到这儿来,这是天要我在这儿又碰见你。

朴　你可以冷静点。现在你我都是有子女的人,如果你觉得心里有委屈,这么大年纪,我们先可以不必哭哭啼啼的。

鲁　哼,我的眼泪早哭干了,我没有委屈,我有的是恨,是悔,是三十年一天一天我自己受的苦。你大概已经忘了你做的事了! 三十年前,过年三十的晚上我生下你的第二个儿子才三天,你为了要赶紧娶那位有钱有门第的小姐,你们逼着我冒着大雪出去,要我离开你们周家的门。

朴　从前的旧恩怨,过了几十年,又何必再提呢?

鲁　那是因为周大少爷一帆风顺,现在也是社会上的好人物。

可是自从我被你们家赶出来以后，我没有死成，我把我的母亲可给气死了，我亲生的两个孩子你们家里逼着我留在你们家里。

朴 你的第二个孩子你不是已经抱走了么？

鲁 那是你们老太太看着孩子快死了，才叫我抱走的。（自语）哦，天哪，我觉得我像在做梦。

朴 我看过去的事不必再提起来吧。

鲁 我要提，我要提，我闷了三十年了！你结了婚，就搬了家，我以为这一辈子也见不着你了；谁知道我自己的孩子个个命定要跑到周家来，又做我从前在你们家做过的事。

朴 怪不得四凤这样像你。

鲁 我伺候你，我的孩子再伺候你生的少爷们。这是我的报应，我的报应。

朴 你静一静。把脑子放清醒点。你不要以为我的心是死了，你以为一个人做了一件于心不忍的事就会忘了么？你看这些家具都是你从前顶喜欢的东西，多少年我总是留着，为着纪念你。

鲁 （低头）哦。

朴 你的生日——四月十八——每年我总记得。一切都照着你是正式嫁过周家的人看，甚至于你因为生萍儿，受了病，总要关窗户，这些习惯我都保留着，为的是不忘你，弥补我的罪过。

鲁 （叹一口气）现在我们都是上了年纪的人，这些傻话请你不必说了。

朴 那更好了。那么我们可以明明白白地谈一谈。

鲁 不过我觉得没有什么可谈的。

朴 话很多。我看你的性情好像没有大改，——鲁贵像是个很不老实的人。

鲁 你不明白。他永远不会知道的。

朴 那双方面都好。再有，我要问你的，你自己带走的儿子在哪儿？

鲁 他在你的矿上做工。

朴 我问，他现在在哪儿？

鲁 就在门房等着见你呢。

朴 什么？鲁大海？他！我的儿子？

鲁 他的脚趾头因为你的不小心，现在还是少一个的。

朴 （冷笑）这么说，我自己的骨肉在矿上鼓动罢工，反对我！

鲁　他跟你现在完完全全是两样的人。

朴　（沉静）他还是我的儿子。

鲁　你不要以为他还会认你做父亲。

朴　（忽然）好！痛痛快快地！你现在要多少钱吧。

鲁　什么？

朴　留着你养老。

鲁　（苦笑）哼，你还以为我是故意来敲诈你，才来的么？

朴　也好，我们暂且不提这一层。那么，我先说我的意思。你听着，鲁贵我现在要辞退的，四凤也要回家。不过——

鲁　你不要怕，你以为我会用这种关系来敲诈你么？你放心，我不会的。大后天我就会带四凤回到我原来的地方。这是一场梦，这地方我绝对不会再住下去。

朴　好得很，那么一切路费，用费，都归我担负。

鲁　什么？

朴　这于我的心也安一点。

鲁　你？（笑）三十年我一个人都过了，现在我反而要你的钱？

朴　好，好，好，那么你现在要什么？

鲁　（停一停）我，我要点东西。

朴　什么？说吧？

鲁　（泪满眼）我——我只要见见我的萍儿。

朴　你想见他？

鲁　嗯，他在哪儿？

朴　他现在在楼上陪着他的母亲看病。我叫他，他就可以下来见你。不过是——

鲁　不过是什么？

朴　他很大了。

鲁　（追忆）他大概是二十八了吧？我记得他比大海只大一岁。

朴　并且他以为他母亲早就死了的。

鲁　哦，你以为我会哭哭啼啼地叫他认母亲么？我不会那么傻的。我难道不知道这样的母亲只给自己的儿子丢人么？我明白他的地位，他的教育，不容他承认这样的母亲。这些年我也学乖了，我只想看看他，他究竟是我生的孩子。你不要怕，我就是告诉他，白白地增加他的烦恼，他自己也不愿意认我的。

朴　　那么，我们就这样解决了。我叫他下来，你看一看他，以后鲁家的人永远不许再到周家来。

鲁　　好，希望这一生不至于再见你。

朴　　（由衣内取出皮夹的支票签好）很好，这里是一张五千块钱的支票，你可以先拿去用。算是弥补我一点罪过。

鲁　　（接过支票）谢谢你。（慢慢撕碎支票）

朴　　侍萍。

鲁　　我这些年的苦不是你那钱就算得清的。

朴　　可是你——

【注释】

[1]　选自《中国现代文学作品选》（修订本·下），北京十月文艺出版社 2003 年 3 月版。

【简析】

《雷雨》创作于 1933 年，是曹禺的第一个艺术生命，也是中国话剧艺术走向成熟的标志。

"九·一八"事变爆发后，全国上下掀起了抗日的热潮，曹禺也积极投身抗日宣传。但现实的黑暗、政府的无能与人民反抗侵略、反抗剥削和压迫的决心，在曹禺心中汇成汹涌澎湃的情感河流，曹禺说："写到末了，隐隐仿佛有一种情感汹涌的流来推动我，我在发泄着被压抑愤懑，毁谤着中国的家庭和社会"（曹禺《〈雷雨〉序》，《曹禺文集》I 卷，中国戏剧出版社 1988 年版）。这是作家对《雷雨》的寓意的最直观说明。

剧本中的矛盾冲突是异常激烈的。剧本在一天的时间（上午到午夜两点钟）、两个场景（周家客厅和鲁家住房）内集中展开了周鲁两家前后 30 年的复杂的矛盾纠葛，"现在"（繁漪与周朴园之间的冲撞，繁漪、周萍、四凤、周冲之间的感情纠葛，周朴园与侍萍的重逢，周朴园与鲁大海之间的冲突等）与"过去"（周朴园与鲁侍萍的情感纠葛，繁漪与周萍之间的乱伦故事）的故事交织发展，不断产生矛盾冲突，各种矛盾冲突又不断推动戏剧向更深的层次发展，到最终，无辜的年轻一代都死了，只留下了年老的一代，悲剧是由他们一手造成的，可他们的悲剧又是什么造成的呢？这就更加强化了对黑暗社会的控诉力量，给读者留下了深深的思考的悬念。

剧本中人物形象的刻画生动而形象。如繁漪，她是《雷雨》中最有特色、个性最鲜明的人物，是五四运动以来追求妇女解放、敢爱敢恨、争取独立与自由的新女性代表。当然，她也有无法摆脱的弱点，对旧制度的反抗以一种畸形的方式表现出来，在重压下，常常无助、自卑，甚至自虐；周冲富于幻想、生性浪漫，但没有韧性，对封建制度的顽固性认识不足；鲁大海是一个有思想、有行动，敢于坚持斗争的年轻工人的形象……

从对《雷雨》的理解,我们可以看到曹禺创作的一个重要特点:他着笔于现实,但最终的寓意却在笔外,那就是对于隐藏于现实背后深处的人生、人性奥秘的探索。

【**思考与练习**】

1.《雷雨》中的人物形象个个鲜活,试以鲁贵为例作具体分析。

2.《雷雨》从始至终都在一场暴风雨即将来临的压抑氛围中进行,结合作品的时代背景谈谈这样写有什么深刻的含义。

3. 阅读老舍《茶馆》第二幕,结合当时的历史背景,谈谈剧作揭示了怎样的现实状况。

4. 对比《雷雨》中人物形象的刻画,谈谈《茶馆》在人物形象的刻画上有哪些突出的特点。

罗密欧与朱丽叶（节选）

莎士比亚

  威廉·莎士比亚(1564～1616 年)，文艺复兴时期英国杰出的戏剧家、诗人。出生于富商家庭。幼年时就对戏剧产生了兴趣，曾就读于文法学校。21 岁时到伦敦剧院工作，很快就登台演戏，并开始创作剧本和诗歌。其戏剧创作可分为三个时期。早期(1590～1600 年)是他学习、继承并取得初步成就的时期，一般称为历史剧、喜剧时期。主要作品有喜剧《仲夏夜之梦》、《威尼斯商人》，历史剧《亨利四世》、《亨利五世》等，悲剧有《罗密欧与朱丽叶》等。中期(1601～1607 年)是他创作的鼎盛时期，一般称为悲剧时期。这时正值英国社会从表面繁荣进入社会动乱的转折时期，理想和现实的矛盾使作者悲观失望，因此作品的基调悲愤、阴郁。主要作品有"四大悲剧"，即《哈姆雷特》、《奥赛罗》、《李尔王》、《麦克白》。后期(1608～1612 年)可称为传奇剧时期，这一时期莎士比亚蛰居乡间，从事传奇剧的写作。在这些作品里，对现实的黑暗还有所揭露，但不再是抗议、批判的态度，而是和解、宽容的态度。主要作品有《暴风雨》，被称为"诗的遗嘱"。

第三场 同前。凯普莱特家坟茔所在的墓地。
帕里斯及侍童携鲜花火炬上。

  ［帕里斯］ 孩子，把你的火把给我；走开，站在远远的地方；还是灭了吧，我不愿给人看见。你到那边的紫杉树底下直躺下来，把你的耳朵贴着中空的地面，地下挖了许多墓穴，土是松的，要是有踉跄的脚步走到坟地上来，你准听得见；要是听见有什么声息，便吹一个唿哨通知我。把那些花给我。照我的话做去，走吧。

  ［侍童］ （旁白）我简直不敢独自一个人站在这墓地上，可是我要硬着头皮试一下。（退后。）

  ［帕里斯］ 这些鲜花替你铺盖新床；

       惨啊，一朵娇红^[2]永委沙尘！

       我要用沉痛的热泪淋浪，

       和着香水浇溅你的芳坟；

夜夜到你墓前散花哀泣，

这一段相思啊永无消歇！(侍童吹口哨)

这孩子在警告我有人来了。哪一个该死的家伙在这晚上到这儿来打扰我在爱人墓前的凭吊？什么！还拿着火把来吗？——让我躲在一旁看看他的动静。(退后)

(罗密欧及鲍尔萨泽持火炬铁锄等上)

[罗密欧] 把那锄头跟铁钳给我。且慢，拿着这封信；等天一亮，你就把它送给我的父亲。把火把给我。听好我的吩咐，无论你听见什么瞧见什么，都只好远远地站着不许动，免得妨碍我的事情；要是动一动，我就要你的命。我所以要跑下这个坟墓里去，一部分的原因是要探望探望我的爱人，可是主要的理由却是要从她的手指上取下一个宝贵的指环，因为我有一个很重要的用途。所以你赶快给我走开吧；要是你不相信我的话，胆敢回来窥伺我的行动，那么，我可以对天发誓，我要把你的骨骼一节一节扯下来，让这饥饿的墓地上散满了你的肢体。我现在的心境非常狂野，比饿虎或是咆哮的怒海都要凶猛无情，你可不要惹我性起。

[鲍尔萨泽] 少爷，我走就是了，决不来打扰您。

[罗密欧] 这才像个朋友。这些钱你拿去，愿你一生幸福。再会，好朋友。

[鲍尔萨泽] (旁白)虽然这么说，我还是要躲在附近的地方看着他；他的脸色使我害怕，我不知道他究竟打算做出什么事来。(退后)

[罗密欧] 你无情的泥土，吞噬了世上最可爱的人儿，我要擘开你的馋吻，(将墓门掘开)索性让你再吃一个饱！

[帕里斯] 这就是那个已经放逐出去的骄横的蒙太古[3]，他杀死了我爱人的表兄，据说她就是因为伤心他的惨死而夭亡的。现在这家伙又要来盗尸发墓了，待我去抓住他。(上前)万恶的蒙太古！停止你的罪恶的工作，难道你杀了他们还不够，还要在死人身上发泄你的仇恨吗？该死的凶徒，赶快束手就捕，跟我见官去！

[罗密欧] 我果然该死，所以才到这儿来。年轻人，不要激怒一个不顾死活的人，快快离开我走吧；想想这些死了的人，你也该胆寒了。年轻人，请你不要激动我的怒气，使我再犯一次罪；啊，走吧！我可以对天发誓，我爱你远过于爱我自己，因为我来此的目的，就是要跟自己作对。别留在这儿，走吧；好好留着你的活命，以

后也可以对人家说，是一个疯子发了慈悲，叫你逃走的。

　　[帕里斯]　我不听你这种鬼话；你是一个罪犯，我要逮捕你。

　　[罗密欧]　你一定要激怒我吗？那么好，来，朋友！（二人格斗）

　　[侍童]　哎哟，主啊！他们打起来了，我去叫巡逻的人来！（下）

　　[帕里斯]　（倒下）啊，我死了！——你倘有几分仁慈，打开墓门来，把我放在朱丽叶的身旁吧！（死）

　　[罗密欧]　好，我愿意成全你的志愿。让我瞧瞧他的脸；啊，茂丘西奥的亲戚，尊贵的帕里斯伯爵！当我们一路上骑马而来的时候，我的仆人曾经对我说过几句话，那时我因为心绪烦乱，没有听得进去；他说些什么？好像他告诉我说帕里斯本来预备娶朱丽叶为妻；他不是这样说吗？还是我做过这样的梦？或者还是我神经错乱，听见他说起朱丽叶的名字，所以发生了这一种幻想？啊！把你的手给我，你我都是记录在厄运的黑册上的人，我要把你葬在一个胜利的坟墓里；一个坟墓吗？啊，不！被杀害的少年，这是一个灯塔，因为朱丽叶睡在这里，她的美貌使这一个墓窟变成一座充满着光明的欢宴的华堂。死了的人，躺在那儿吧，一个死了的人把你安葬了。（将帕里斯放下墓中）人们临死的时候，往往反会觉得心中愉快，旁观的人便说这是死前的一阵回光返照；啊！这也就是我的回光返照吗？啊，我的爱人！我的妻子！死虽然已经吸去了你呼吸中的芳蜜，却还没有力量摧残你的美貌；你还没有被他征服，你的嘴唇上、面庞上，依然显着红润的美艳，不曾让灰白的死亡进占。提伯尔特，你也裹着你的血淋淋的殓衾躺在那儿吗？啊！你的青春葬送在你仇人的手里，现在我来替你报仇来了，我要亲手杀死那杀害你的人。原谅我吧，兄弟！啊！亲爱的朱丽叶，你为什么仍然这样美丽？难道那虚无的死亡，那枯瘦可憎的妖魔，也是个多情种子，所以把你藏匿在这幽暗的洞府里做他的情妇吗？为了防止这样的事情，我要永远陪伴着你，再不离开这漫漫长夜的幽宫；我要留在这儿，跟你的侍婢，那些蛆虫们在一起；啊！我要在这儿永久安息下来，从我这厌倦人世的凡躯上挣脱厄运的束缚。眼睛，瞧你的最后一眼吧！手臂，作你最后一次的拥抱吧！嘴唇，啊！你呼吸的门户，用一个合法的吻，跟网罗一切的死亡订立一个永久的契约吧！来，苦味的向导，绝望的领港人，现在赶快把你的厌倦

于风涛的船舶向那巉岩[4]上冲撞过去吧！为了我的爱人，我干了这一杯！（饮药）啊！卖药的人果然没有骗我，药性很快地发作了。我就这样在这一吻中死去。（死）

（劳伦斯神父持灯笼、锄、锹自墓地另一端上）

[劳伦斯]　圣芳济保佑我！我这双老脚今天晚上怎么老是在坟堆里绊来跌去的！那边是谁？

[鲍尔萨泽]　是一个朋友，也是一个跟您熟识的人。

[劳伦斯]　祝福你！告诉我，我的好朋友，那边是什么火把，向蛆虫和没有眼睛的骷髅浪费着它的光明？照我辨认起来，那火把亮着的地方，似乎是凯普莱特家里的坟茔。

[鲍尔萨泽]　正是，神父；我的主人，您的好朋友，就在那儿。

[劳伦斯]　他是谁？

[鲍尔萨泽]　罗密欧。

[劳伦斯]　他来多久了？

[鲍尔萨泽]　足足半点钟。

[劳伦斯]　陪我到墓穴里去。

[鲍尔萨泽]　我不敢，神父。我的主人不知道我还没有走；他曾经对我严辞恐吓，说要是我留在这儿窥伺他的动静，就要把我杀死。

[劳伦斯]　那么你留在这儿，让我一个人去吧。恐惧临到我的身上；啊！我怕会有什么不幸的祸事发生。

[鲍尔萨泽]　当我在这株紫杉树底下睡了过去的时候，我梦见我的主人跟另外一个人打架，那个人被我的主人杀了。

[劳伦斯]　（趋前）罗密欧！嗳哟！嗳哟，这坟墓的石门上染着些什么血迹？在这安静的地方，怎么横放着这两柄无主的血污的刀剑？（进墓）罗密欧！啊，他的脸色这么惨白！还有谁？什么！帕里斯也躺在这儿，浑身浸在血泊里？啊！多么残酷的时辰，造成了这场凄惨的意外！那小姐醒了。（朱丽叶醒）

[朱丽叶]　啊，善心的神父！我的夫君呢？我记得很清楚我应当在什么地方，现在我正在这地方。我的罗密欧呢？（内喧声）

[劳伦斯]　我听见有什么声音。小姐，赶快离开这个密布着毒氛腐臭的死亡的巢穴吧；一种我们所不能反抗的力量已经阻挠了我们的计划。来，出去吧。你的丈夫已经在你的怀中死去；帕里斯也死了。来，我可以替你找一处地方出家做尼姑。不要耽误时

间盘问我，巡夜的人就要来了。来，好朱丽叶，去吧。（内喧声又起）我不敢再等下去了。

　　[朱丽叶]　去，你去吧！我不愿意走。（劳伦斯下）这是什么？一只杯子，紧紧地握住在我的忠心的爱人的手里？我知道了，一定是毒药结果了他的生命。唉，冤家！你一起喝干了，不留下一滴给我吗？我要吻着你的嘴唇，也许这上面还留着一些毒液，可以让我当作兴奋剂服下而死去。（吻罗密欧）你的嘴唇还是温暖的！

　　[巡丁甲]　（在内）孩子，带路；在哪一个方向？

　　[朱丽叶]　啊，人声吗？那么我必须快一点了结。啊，好刀子！（攫住罗密欧的匕首）这就是你的鞘子；（以匕首自刺）你插了进去，让我死了吧。（扑在罗密欧身上死去）

　　（巡丁及帕里斯侍童上）

　　[侍童]　就是这儿，那火把亮着的地方。

　　[巡丁甲]　地上都是血；你们几个人去把墓地四周搜查一下，看见什么人就抓起来。（若干巡丁下）好惨！伯爵被人杀了躺在这儿，朱丽叶胸口流着血，身上还是热热的好像死得不久，虽然她已经葬在这里两天了。去，报告亲王，通知凯普莱特家里，再去把蒙太古家里的人也叫醒了，剩下的人到各处搜搜。（若干巡丁续下）我们看见这些惨事发生在这个地方，可是在没有得到人证以前，却无法明了这些惨事的真相。

　　（若干巡丁率鲍尔萨泽上）

　　[巡丁乙]　这是罗密欧的仆人；我们看见他躲在墓地里。

　　[巡丁甲]　把他好生看押起来，等亲王来审问。

　　（若干巡丁率劳伦斯神父上）

　　[巡丁丙]　我们看见这个教士从墓地旁边跑出来，神色慌张，一边叹气一边流泪，他手里还拿着锄头铁锹，都给我们拿下来了。

　　[巡丁甲]　他有很重大的嫌疑；把这教士也看押起来。

　　（亲王及侍从上）

　　[亲王]　什么祸事在这样早的时候发生，打断了我的清晨的安睡？

　　（凯普莱特、凯普莱特夫人及余人等上）

　　[凯普莱特]　外边这样乱叫乱喊，是怎么一回事？

　　[凯普莱特夫人]　街上的人们有的喊着罗密欧，有的喊着朱丽叶，有的喊着帕里斯；大家沸沸扬扬地向我们家里的坟上奔去。

［亲王］ 这么许多人为什么发出这样惊人的叫喊？

［巡丁甲］ 王爷，帕里斯伯爵被人杀死了躺在这儿；罗密欧也死了；已经死了两天的朱丽叶，身上还热着，又被人重新杀死了。

［亲王］ 用心搜寻，把这场万恶的杀人命案的真相调查出来。

［巡丁甲］ 这儿有一个教士，还有一个被杀的罗密欧的仆人，他们都拿着掘墓的器具。

［凯普莱特］ 天啊！——啊，妻子！瞧我们的女儿流着这么多的血！这把刀弄错了地位了！瞧，它的空鞘子还在蒙太古家小子的背上，它却插进了我的女儿的胸前！

［凯普莱特夫人］ 嗳哟！这些死的惨象就像惊心动魄的钟声，警告我这风烛残年，快要不久于人世了。

（蒙太古及余人等上）

［亲王］ 来，蒙太古，你起来虽然很早，可是你的儿子倒下得更早。

［蒙太古］ 唉！殿下，我的妻子因为悲伤小儿的远逐，已经在昨天晚上去世了；还有什么祸事要来跟我这老头子作对呢？

［亲王］ 瞧吧，你就可以看见。

［蒙太古］ 啊，你这不孝的东西！你怎么可以抢在你父亲的前面，自己先钻到坟墓里去呢？

［亲王］ 暂时停止你们的悲恸，让我把这些可疑的事实审问明白，知道了详细的原委以后，再来领导你们放声一哭吧；也许我的悲哀还要远远胜过你们呢！——把嫌疑犯带上来。

［劳伦斯］ 时间和地点都可以作不利于我的证人；在这场悲惨的血案中，我虽然是一个能力最薄弱的人，但却是嫌疑最重的人。我现在站在殿下的面前，一方面要供认我自己的罪过，一方面也要为我自己辩解。

［亲王］ 那么快把你所知道的一切说出来。

［劳伦斯］ 我要把经过的情形尽量简单地叙述出来，因为我的短促的残生还不及一段冗烦的故事那么长。死了的罗密欧是死了的朱丽叶的丈夫，她是罗密欧的忠心的妻子，他们的婚礼是由我主持的。就在他们秘密结婚的那天，提伯尔特死于非命，这位才做新郎的人也从这城里被放逐出去；朱丽叶是为了他，不是为了提伯尔特，才那样伤心憔悴。你们因为要替她解除烦恼，把她许婚给帕里斯伯爵，还要强迫她嫁给他，她就跑来见我，神色慌张地要我替

她想个办法避免这第二次的结婚,否则她要在我的寺院里自杀。所以我就根据我的医药方面的学识,给她一服安眠的药水;它果然发生了我所预期的效力,她一服下去就像死了一样昏沉过去。同时我写信给罗密欧,叫他就在这一个悲惨的晚上到这儿来,帮助把她搬出她寄寓的坟墓,因为药性一到时候便会过去。可是替我带信的约翰神父却因遭到意外,不能脱身,昨天晚上才把我的信依然带了回来。那时我只好按照着预先算定她醒来的时间,一个人前去把她从她家族的墓茔里带出来,预备把她藏匿在我的寺院里,等有方便再去叫罗密欧来;不料我在她醒来以前几分钟到这儿来的时候,尊贵的帕里斯和忠诚的罗密欧已经双双惨死了。她一醒过来,我就请她出去,劝她安心忍受这一种出自天意的变故;可是那时我听见了纷纷的人声,吓得逃出了墓穴,她在万分绝望之中不肯跟我去,看样子她是自杀了。这是我所知道的一切,至于他们两人的结婚,那么她的乳母也是与闻的。要是这一场不幸的惨祸,是由我的疏忽所造成,那么我这条老命愿受最严厉的法律的制裁,请您让它提早几点钟牺牲了吧。

　　［亲王］　我一向知道你是一个道行高尚的人。罗密欧的仆人呢? 他有什么话说?

　　［鲍尔萨泽］　我把朱丽叶的死讯通知了我的主人,因此他从曼多亚[5]急急地赶到这里,到了这座坟堂的前面。这封信他叫我一早送去给我家老爷;当他走进墓穴里的时候,他还恐吓我,说要是我不离开他赶快走开,他就要杀死我。

　　［亲王］　把那封信给我,我要看。叫巡丁来的那个伯爵的侍童呢? 喂,你的主人到这地方来做什么?

　　［侍童］　他带了花来散在他夫人的坟上,他叫我站得远远的,我就听他的话;不一会儿工夫,来了一个拿着火把的人把坟墓打开了。后来我的主人就拔剑跟他打了起来,我就奔去叫巡丁。

　　［亲王］　这封信证实了这个神父的话,讲起他们恋爱的经过和她的去世的消息;他还说他从一个穷苦的卖药人手里买到一种毒药,要把它带到墓穴里来准备和朱丽叶长眠在一起。这两家仇人在哪里? ——凯普莱特! 蒙太古! 瞧你们的仇恨已经受到了多大的惩罚,上天借手于爱情,夺去了你们心爱的人;我为了忽视你们的争执,也已经丧失了一双亲戚[6],大家都受到惩罚了。

　　［凯普莱特］　啊,蒙太古大哥! 把你的手给我;这就是你给我

147

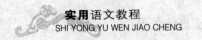

实用语文教程

SHI YONG YU WEN JIAO CHENG

女儿的一份聘礼，我不能再作更大的要求了。

〔蒙太古〕 但是我可以给你更多的；我要用纯金替她铸一座像，只要维洛那一天不改变它的名称，任何塑像都不会比忠贞的朱丽叶那一座更为卓越。

〔凯普莱特〕 罗密欧也要有一座同样富丽的金像卧在他情人的身旁，这两个在我们的仇恨下惨遭牺牲的可怜的人儿！

〔亲王〕 清晨带来了凄凉的和解，

太阳也惨得在云中躲闪。

大家先回去发几声感慨，

该恕的、该罚的再听宣判。

古往今来多少离合悲欢，

谁曾见这样的哀怨辛酸！（同下）

【注释】

[1] 选自《莎士比亚全集》朱生豪译，人民文学出版社1978年版，第八卷。与课文有关的主要情节是：出身于蒙太古家族的贵族青年罗密欧与出身于凯普莱特家族的贵族少女朱丽叶一见钟情，互相爱慕，但因两个家族是封建世仇，不得相爱结合。于是二人在修道院长老劳伦斯的帮助下秘密举行婚礼。后朱丽叶的家族强迫她嫁给帕里斯，她拒不听命，在劳伦斯长老的帮助下，饮下药酒，以假死对抗。罗密欧误以为爱人已死，悲痛欲绝，匆匆赶回维洛那城，来到朱丽叶的墓地。节选的部分就是从这里开始的。

[2] 娇红：借指朱丽叶。

[3] 蒙太古：这是用父姓称呼罗密欧。他因杀死朱丽叶的表兄提伯尔特，曾被遣送出维洛那城。

[4] 巉岩：高而险的山岩。巉：山势高而险的样子。

[5] 曼多亚：罗密欧被放逐后生活的地方。

[6] 一双亲戚：第三幕中被提伯尔特杀死的茂丘西奥和这里死去的帕里斯，都是亲王的亲戚。

【简析】

《罗密欧与朱丽叶》是莎士比亚早期的重要作品之一，创作于1594到1597年。剧本通过描写一对贵族青年双双殉情的悲剧，表现了当时英国社会封建与反封建两种社会力量的矛盾斗争，批判了中世纪衰朽而野蛮的伦理观念，体现了莎翁早期的人文主义世界观和独特的创作风格，具有鲜明的时代色彩。

课文节选的第五幕第三场是全剧行将结束的一场戏。这场戏发生在阴森可怖的墓园，气氛十分紧张，情节一波三折，矛盾冲突达到高潮。其中有多重矛盾：罗密欧与帕里斯的矛盾，罗密欧与凯普莱特家族的矛盾，朱丽叶与自己家族的矛盾，蒙太古与凯普莱特两大家族的矛盾——这么多的矛盾在一场戏里同时发生，具有很好的戏剧性效果。

戏剧要有巧合，巧合都有戏剧性，巧合是矛盾冲突发生的契机。帕里斯、罗密欧和劳伦斯三者不约而同地来到朱丽叶的墓地；罗密欧与朱丽叶差点儿可以活着相逢，可惜生离死别，有情人最终不能成为眷属；帕里斯和罗密欧两方的仆人恰好目睹了两人的格斗，成为"惨案"的见证人；劳伦斯目睹了罗朱二人爱情婚姻的全过程，成为罗朱爱情故事大白于天下的见证人；亲王、蒙太古和凯普莱特同时赶到"惨案"现场——这些都是巧合，也是矛盾冲突得以发生的基础。

矛盾集中爆发之时，也正是它们结束之时。美好的毁灭、血的教训和亲王的调解使两家终于和解。其中蕴含的意义是多重的：封建主义开始进化，良心发现，对人文主义理想精神的妥协和认同；人文主义斗争不彻底，对封建主义抱有幻想；现实政权在维持社会稳定、社会发展，维护"公正合理"的社会秩序方面起着极为重要的作用。这就是矛盾的多重性导致作品意义的多元性。

剧中的人物对话语言简练，音韵和谐。诗一般的语言，表现出人物丰富的内心世界。例如罗密欧对鲍尔萨泽的恐吓，对自己心境的描述，说自己是"一个不顾死活的人"、"一个疯子"等，都形象地反映出他听到朱丽叶死亡后的悲痛和绝望的心情。又如罗密欧与帕里斯冲突时，两人都使用了很多节奏短促的语句，有力地烘托出二人激动的心情和当时那种紧张的局面。而帕里斯和罗密欧哀悼朱丽叶的句子都非常舒缓，恰到好处地表现出他们当时的悲痛心情。

另外，语言还具有鲜明的个性化特征，能恰到好处地表现人物的身份、性格和当时的心情。例如罗密欧与帕里斯，他们的身份、教养基本相似，都爱恋着朱丽叶，但是语言的深情和力度有所不同：作为一个凭吊者，帕里斯的话只是一般性的哀悼和思念；作为一个行将殉葬者，罗密欧的话更为激情澎湃，更为感人。而且罗密欧的话在剧情的进展中可以看出不同的感情层次，以及人格的不同侧面。这些都值得我们仔细品味。

【思考与练习】

1. 罗密欧在朱丽叶墓中的大段独白，表现了他怎样的心理活动？
2. 结合剧本产生的社会背景，讨论这部爱情悲剧所蕴含的人文主义思想。
3. 阅读课文，体会并概括莎士比亚戏剧语言的特点。
4.《罗密欧与朱丽叶》和《孔雀东南飞》同是爱情悲剧题材，试比较鉴赏两篇课文的异同。

第四单元 小 说

霍小玉传[1]

蒋 防

蒋防（约 792～835 年），字子微（一作子征），又字如城，唐代义兴（现在江苏宜兴）人。小说家。宪宗时，曾任翰林学士。著有诗集一卷。《霍小玉传》是以爱情为主题的文言短篇小说，在唐传奇中成就最高，是作者的成名之作。

  大历中[2]，陇西李生名益[3]，年二十，以进士擢第。其明年，拔萃[4]，俟试于天官。夏六月，至长安，舍于新昌里。生门族清华[5]，少有才思，丽词嘉句，时谓无双，先达丈人[6]，翕然推伏[7]。每自矜风调[8]，思得佳偶，博求名妓，久而未谐。长安有媒鲍十一娘者，故薛驸马家青衣也[9]，折券从良[10]，十余年矣。性便僻[11]，巧言语，豪家戚里，无不经过，追风挟策，推为渠帅[12]。常受生诚托厚赂，意颇德之[13]。

  经数月，李方闲居舍之南亭，申未间[14]，忽闻扣门甚急，云是鲍十一娘至。摄衣从之[15]，迎问曰："鲍卿今日何故忽然而来？"鲍笑曰："苏姑子作好梦也未[16]？有一仙人，谪在下界，不邀财货[17]，但慕风流。如此色目[18]，共十郎相当矣。"生闻之惊跃，神飞体轻，引鲍手且拜且谢曰："一生作奴，死亦不悼[19]。"因问其名居，鲍具说曰："故霍王小女[20]，字小玉，王甚爱之。母曰净持，净持即王之宠婢也。王之初薨，诸弟兄以其出自贱庶，不甚收录，因分与资财，遣居于外。易姓为郑氏，人亦不知其王女。资质秾艳，一生未见；高情逸态，事事过人；音乐诗书，无不通解。昨遣某求一好儿郎格调相称者[21]。某具说十郎，他亦知有李十郎名字，非常欢惬。住在胜业坊古寺曲[22]，甫上车门宅是也[23]。已与他作期约，明日午时，但至曲头觅桂子[24]，即得矣。"

　　鲍既去,生便备行计。遂令家僮秋鸿,于从兄京兆参军尚公处假青骊驹[25],黄金勒。其夕,生浣衣沐浴,修饰容仪,喜跃交并,通夕不寐。迟明[26],巾帻[27],引镜自照,惟惧不谐也。徘徊之间,至于亭午[28]。遂命驾疾驱,直抵胜业。至约之所,果见青衣立候,迎问曰:“莫是李十郎否?”即下马,令牵入屋底,急急锁门。见鲍果从内出来,遥笑曰:“何等儿郎造次入此[29]?”生调诮未毕[30],引入中门。庭间有四樱桃树,西北悬一鹦鹉笼,见生入来,即语曰:“有人入来,急下帘者。”生本性雅淡,心犹疑惧,忽见鸟语,愕然不敢进。逡巡[31],鲍引净持下阶相迎,延入对坐[32]。年可四十余,绰约多姿[33],谈笑甚媚。因谓生曰:“素闻十郎才调风流,今又见容仪雅秀,名下固无虚士[34]。某有一女子,虽拙教训[35],颜色不至丑陋,得配君子,颇为相宜。频见鲍十一娘说意旨,今亦便令永奉箕帚[36]。”生谢曰:“鄙拙庸愚,不意顾盼[37],倘垂采录,生死为荣。”遂命酒馔,即令小玉自堂东阁子中而出[38],生即拜迎。但觉一室之中,若琼林玉树,互相照曜,转盼精彩射人。既而遂坐母侧,母谓曰:“汝尝爱念‘开帘风动竹,疑是故人来’[39],即此十郎诗也。尔终日吟想,何如一见?”玉乃低鬟微笑,细语曰:“‘见面不如闻名’[40],才子岂能无貌?”生遂连起拜曰:“小娘子爱才,鄙夫重色,两好相映,才貌相兼。”母女相顾而笑,遂举酒数巡[41]。生起,请玉唱歌,初不肯,母固强之。发声清亮,曲度精奇。酒阑[42],及暝,鲍引生就西院憩息。闲庭邃宇,帘幕甚华。鲍令侍儿桂子、浣沙,与生脱靴解带。须臾玉至,言叙温和,辞气宛媚。解罗衣之际,态有余妍[43],低帏昵枕,极其欢爱。生自以为巫山洛浦不过也[44]。

　　中宵之夜[45],玉忽流涕观生曰:“妾本倡家,自知非匹,今以色爱,托其仁贤[46]。但虑一旦色衰,恩移情替[47],使女萝无托[48],秋扇见捐[49]。极欢之际,不觉悲至。”生闻之,不胜感叹,乃引臂替枕,徐谓玉曰:“平生志愿,今日获从。粉骨碎身,誓不相舍。夫人何发此言?请以素缣,著之盟约。”玉因收泪,命侍儿樱桃,褰帏执烛[50],授生笔研[51]。玉管弦之暇,雅好诗书[52],箧箱笔研,皆王家之旧物。遂取绣囊,出越姬乌丝栏素缣三尺以授生[53]。生素多才思,援笔成章,引谕山河,指诚日月[54],句句恳切,闻之动人。染毕[55],命藏于宝箧之内。自尔婉娈相得,若翡翠之在云路也[56]。如此二岁,日夜相从。

　　其后年春,生以书判拔萃登科,授郑县主簿[57]。至四月,将之官，便拜庆于东洛[58]。长安亲戚，多就筵饯。时春物尚余，夏景初丽，酒阑宾散，离思萦怀。玉谓生曰："以君才地名声，人多景慕，愿结婚媾，固亦众矣。况堂有严亲，室无冢妇[59]，君之此去，必就佳姻，盟约之言，徒虚语耳。然妾有短愿[60]，欲辄指陈，永委君心[61]，复能听否？"生惊怪曰："有何罪过，忽发此辞？试说所言，必当敬奉。"玉曰："妾年始十八，君才二十有二。迨君壮室之秋[62]，犹有八岁。一生欢爱，愿毕此期，然后妙选高门[63]，以谐秦晋[64]，亦未为晚。妾便舍弃人事，剪发披缁[65]，夙昔之愿，于此足矣。"生且愧且感，不觉涕流，因谓玉曰："皎日之誓[66]，死生以之[67]。与卿偕老，犹恐未惬素志[68]，岂敢辄有二三[69]？固请不疑，但端居相待。至八月，必当却到华州[70]，寻使奉迎，相见非远。"更数日，生遂诀别东去。

到任旬日，求假往东都觐亲[71]。未至家日，太夫人已与商量表妹卢氏，言约已定。太夫人素严毅，生逡巡不敢辞让，遂就礼谢，便有近期[72]。卢亦甲族也[73]，嫁女于他门，聘财必以百万为约，不满此数，义在不行。生家素贫，事须求贷，便托假故，远投亲知，涉历江淮，自秋及夏。生自以孤负盟约[74]，大愆回期[75]，寂不知闻，欲断其望。遥托亲故，不遣漏言[76]。

玉自生逾期，数访音信。虚词诡说，日日不同。博求师巫，遍询卜筮[77]。怀忧抱恨，周岁有余，羸卧空闺[78]，遂成沈疾[79]。虽生之书题竟绝[80]，而玉之想望不移。赂遗亲知，使通消息，寻求既切，资用屡空。往往私令侍婢潜卖箧中服玩之物，多托于西市寄附铺侯景先家货卖[81]。曾令侍婢浣沙将紫玉钗一只，诣景先家货之。路逢内作老玉工[82]，见浣沙所执，前来认之曰："此钗吾所作也。昔岁霍王小女，将欲上鬟[83]，令我作此，酬我万钱，我尝不忘。汝是何人？从何而得？"浣沙曰："我小娘子即霍王女也。家事破散，失身于人。夫婿昨向东都，更无消息。悒怏成疾，今欲二年。令我卖此，赂遗于人，使求音信。"玉工凄然下泣曰："贵人男女，失机落节[84]，一至于此[85]。我残年向尽，见此盛衰，不胜伤感。"遂引至延光公主宅[86]，具言前事。公主亦为之悲叹良久，给钱十二万焉。

时生所定卢氏女在长安，生既毕于聘财，还归郑县。其年腊月，又请假入城就亲，潜卜静居[87]，不令人知。有明经崔允明者[88]，生之中表弟也，性甚长厚。昔岁常与生同欢于郑氏之室，杯盘笑语，曾不相间。每得生信，必诚告于玉。玉常以薪刍衣服[89]，资给于崔，崔颇感之。生既至，崔具以诚告玉[90]，玉恨叹曰："天下岂有是事乎?"遍请亲朋，多方召致。生自以愆期负约，又知玉疾候沈绵[91]，惭耻忍割[92]，终不肯往。晨出暮归，欲以回避。玉日夜涕泣，都忘寝食，期一相见，竟无因由[93]。冤愤益深，委顿床枕[94]。自是长安中稍有知者，风流之士，共感玉之多情；豪侠之伦，皆怒生之薄行。

时已三月，人多春游。生与同辈五六人诣崇敬寺玩牡丹花[95]，步于西廊，递吟诗句。有京兆韦夏卿者，生之密友，时亦同行，谓生曰："风光甚丽，草木荣华。伤哉郑卿，衔冤空室！足下终能弃置，实是忍人[96]。丈夫之心，不宜如此，足下宜为思之。"叹让之际[97]，忽有一豪士，衣轻黄纻衫[98]，挟弓弹，丰神隽美，衣服轻华，唯有一剪头胡雏从后[99]，潜行而听之，俄而前揖生曰："公非李十郎者乎?某族本山东，姻连外戚[100]，虽乏文藻，心尝乐贤[101]。仰公声华，常思觏止[102]。今日幸会，得睹清扬[103]。某之敝居，去此不远，亦有声乐，足以娱情。妖姬八九人[104]，骏马十数匹，唯公所欲。但愿一过。"生之侪辈，共聆斯语，更相叹美。因与豪士策马同行，疾转数坊，遂至胜业。生以近郑之所止，意不欲过。便托事故，欲回马首。豪士曰："敝居咫尺，忍相弃乎?"乃辄挟其马[105]，牵引而行。迁延之间[106]，已及郑曲。生神情恍惚，鞭马欲回。豪士遽命奴仆数人，抱持而进，疾走推入车门，便令锁却。报云："李十郎至也!"一家惊喜，声闻于外。

先此一夕，玉梦黄衫丈夫抱生来，至席，使玉脱鞋。惊寤而告母，因自解曰："'鞋'者，谐也，夫妇再合。'脱'者，解也，既合而解，亦当永诀。由此征之[107]，必遂相见，相见之后，当死矣。"凌晨，请母妆梳。母以其久病，心意惑乱，不甚信之。黾勉之间[108]，强为妆梳。妆梳才毕，而生果至。

玉沈绵日久，转侧须人[109]，忽闻生来，欻然自起，更衣而出，恍若有神。遂与生相见，含怒凝视，不复有言。羸质娇姿，如不胜致[110]。时复掩袂，返顾李生。感物伤人，坐皆欷歔[111]。顷之，有酒肴数十盘，自外而来。一座惊视，遽问其故，悉是豪士之所致也。因遂陈设，相就而坐。玉乃侧身转面，斜视生良久，遂举杯酒酬地曰[112]："我为女子，薄命如斯；君是丈夫，负心若此。韶颜稚齿，饮恨而终。慈母在堂，不能供养。绮罗弦管，从此永休。征痛黄泉[113]，皆君所致。李君李君，今当永诀！我死之后，必为厉鬼，使君妻妾，终日不安!"乃引左手握生臂,掷杯于地,长恸号哭数声而绝。母乃举尸,寘于生怀[114],令唤之,遂不复苏矣。生为之缟素,旦夕哭泣甚哀。将葬之夕,生忽见玉缞帷之中[115],容貌妍丽,宛若平生。着石榴裙,紫裆[116],红绿帔子[117],斜身倚帷,手引绣带,顾谓生曰:"愧君相送,尚有余情。幽冥之中,能不感叹?"言毕,遂不复见。明日,葬于长安御宿原[118],生至墓所,尽哀而返。

后月余,就礼于卢氏。伤情感物,郁郁不乐。夏五月,与卢氏偕行,归于郑县。至县旬日,生方与卢氏寝,忽帐外叱叱作声。生惊视之,则见一男子,年可二十余,姿状温美,藏身暎幔[119],连招卢氏。生惶遽走起,绕幔数匝,倏然不见。生自此心怀疑恶,猜忌万端,夫妻之间,无聊生矣[120]。或有亲情,曲相劝喻,生意稍解。后旬日,生复自外归,卢氏方鼓琴于床,忽见自门抛一斑犀钿花合子[121],方圆一寸余,中有轻绢,作同心结,坠于卢氏怀中。生开而视之,见相思子二[122]、叩头虫一、发杀觜一[123]、驴驹媚少许[124]。生当时愤怒叫吼,声如豺虎,引琴撞击其妻,诘令实告。卢氏亦终不自明。尔后往往暴加捶楚[125],备诸毒虐,竟讼于公庭而遣之[126]。

卢氏既出[127],生或侍婢媵妾之属,暂同枕席,便加妒忌,或有因而杀者。生尝游广陵,得名姬曰营十一娘者,容态润媚,生甚悦之。每相对坐,尝谓营曰:"我尝于某处得某姬,犯某事,我以某法杀之。"日日陈说,欲令惧己,以肃清闺门。出则以浴斛覆营于床[128],周回封署[129],归必详视,然后乃开。又畜一短剑,甚利,顾谓侍婢曰:"此信州葛溪铁[130],唯断作罪过头。"大凡生所见妇人,辄加猜忌,至于三娶,率皆如初焉[131]。

【注释】

[1] 选自《唐宋传奇选》,人民文学出版社 1979 年版。

[2] 大历:唐代宗李豫的年号(766~779 年)。

[3] 李生名益:李益(约 749~约 827 年),字君虞,陇西姑臧(今甘肃武威)人。曾中进士,长于诗歌,与李贺齐名。他年轻时多猜忌,对妻妾防范很严,当时传说他有"妒病"。这篇小说据说是根据有关的传闻写成的。

[4] 拔萃:唐代科举及第后,算是取得了做官的资格,但还要经过一定的期限才可以选任为官。如果要马上得官,可以参加另一种考试。这种考试,如果试文三篇,叫做"宏词";如果撰拟判词三条,叫做"拔萃"。这种考试是由吏部主持的,所以下文说"俟试于天官"(天官,吏部的别称)。

[5] 门族清华:出身高贵的意思。

［6］　先达丈人：有地位、有声望的前辈。

［7］　翕然：一致的样子。

［8］　自矜风调：自以为有才貌、风流自赏。

［9］　青衣：婢女。古时青衣是卑贱者的服装，故称婢女为"青衣"。

［10］　折券从良：意思是赎身获得自由，嫁人为妻，不再做人家的奴隶了。券，指卖身契一类的文书。

［11］　便（pián）僻：机灵，能说会道。

［12］　追风挟策，推为渠帅：意思是凡是想追求女人的，她都可以代为设法，因此大家推她做一个头儿。追风：指追求女人的行为。挟策：有主意，有办法。渠帅：盗贼的首领。

［13］　德之：感激他。

［14］　申未：午后一时至五时。

［15］　摄衣从之：撩着衣襟跑出来，形容急速的样子。

［16］　苏姑子："书罐子"的音变，当时对书生的谑称。

［17］　不邀：不贪求。

［18］　如此色目：这等样人。色目：角色、人才的意思。

［19］　一生作奴，死亦不惮：终身服侍她，就是死也心甘情愿。不惮：值得。

［20］　霍王：唐高祖的儿子李轨封为霍王，这里指他的后代。

［21］　格调：这里指才貌。

［22］　曲：唐代指京城坊里的小街巷。

［23］　甫上车门宅：巷头上车门旁的宅院。

［24］　桂子：霍小玉的婢女。

［25］　从兄：堂兄。

［26］　迟明：黎明。

［27］　巾帻：戴上头巾。巾：这里用做动词。

［28］　亭午：正午。

［29］　造次：冒昧，随便。

［30］　调诮：打趣，说俏皮话。

［31］　逡巡：迟疑不决的样子。

［32］　延：引进，迎接。

［33］　绰约：风姿柔美的样子。

［34］　名下固无虚士：名不虚传，名副其实的意思。

［35］　拙教训：教育得不好的意思。

［36］　奉箕帚：做洒扫一类的事情，是做妻子的谦词。

［37］　不意顾盼：没有想到承蒙看得中。

［38］　阁子：小门。阁：同"阁"，也作小楼解。

［39］　开帘风动竹，疑是故人来：这是李益《竹窗闻风早发寄司空曙》诗中的诗句。

［40］　见面不如闻名：此句似应为"闻名不如见面"。

［41］　数巡：几遍。

［42］　酒阑：酒宴将要结束。

［43］　余妍：美艳至极。余：饶足。

[44] 巫山洛浦：巫山是指战国楚襄王的故事，宋玉的《高唐赋》序里说，楚襄王和他游云梦，他告诉襄王，先王（楚怀王）曾遇到巫山神女欢会，朝为行云，暮为行雨，朝朝暮暮，阳台之下。洛浦是指洛神的故事，三国时曹植作《洛神赋》，描写在洛水边上他遇到了美丽的洛神与之叙情。

[45] 中宵：半夜。

[46] 仁贤：对李益的尊称。

[47] 替：衰退。

[48] 女萝：松萝，一种蔓生植物，多攀附在别的树上生长。比喻女子对丈夫的依附。

[49] 秋扇见捐：扇子到了秋天，就没有用了。比喻女子因年老色衰而被弃。

[50] 褰帷：揭起帷帐。

[51] 研：通"砚"。

[52] 雅：素来。

[53] 越姬：越地妇女。乌丝栏：一种织有或画有黑色竖格的绢质卷轴或纸卷。

[54] 引谕山河，指诚日月：引山河来比喻恩情的深厚，指着日月发誓，表明相爱的诚挚。

[55] 染毕：写完。

[56] 自尔婉变相得，若翡翠之在云路也：意思是从此以后，彼此恩爱称心，如同翠鸟高飞云端一样。婉变：亲热、恩爱的意思。云路：云端。

[57] 郑县：现在河南郑州。主簿：管理文书簿册的官员。

[58] 拜庆："拜家庆"的简称。回家探望父母。东洛：指东都洛阳。

[59] 冢妇：主妇，正妻。

[60] 短愿：小小的愿望。

[61] 永委君心：永远放在您心上。

[62] 壮室之秋：娶妻的适当年龄，指三十岁时。古有"三十而娶"的说法。

[63] 妙选高门：很好地选配高贵门第的亲事。妙选：很好地选择。

[64] 谐秦晋：结婚的意思。谐：和合。秦晋：春秋时，秦晋两国交好，彼此世世约为婚姻，后世就称缔结婚约为"秦晋之好"。

[65] 剪发披缁：即出家当尼姑。缁：缁衣，僧尼所穿的黑色僧服。

[66] 皎日之誓：指着太阳发的誓。语出《诗经·王风·大车》："谓予不信，有如皎日。"皎日：白日。

[67] 死生以之：死活都这样，死活都不变心。

[68] 未惬素志：不能满足向来的心愿。

[69] 二三：三心二意。

[70] 却到：再回到。华州：现在陕西华县。

[71] 觐亲：探望父母。

[72] 遂就礼谢，便有近期：于是到卢家去谢婚，并且商定了在短期内举行婚礼。

[73] 甲族：世家大族。

[74] 孤负：违背，背弃。

[75] 愆：错过，延误。

[76] 漏言：泄漏真实情况。

[77] 卜筮(shì)：古人卜卦问吉凶有两种方法，一用龟壳占卜叫做卜，一用蓍草占卜叫做筮。

[78]　羸：瘦弱。

[79]　沈疾：沉重的疾病。沈：同"沉"。

[80]　书题：指书信。

[81]　寄附铺：也称"柜房"，唐时多设在西市，是一种代人保管或出售珍贵物品的商行。
　　　货：卖。

[82]　内作：皇家的工匠。

[83]　上鬟：古时女子十五及笄，要举行一个仪式，把披散的头发梳上去，可以插簪子，表示已
　　　经成人待嫁了，称为"上鬟"。

[84]　失机落节：倒霉，落魄。

[85]　一：乃，竟。

[86]　延光公主：就是郜国公主，唐肃宗的女儿。

[87]　卜：挑选，寻找。

[88]　明经：唐代考选制度，曾经分为秀才、明经、进士等科。由考察经义取中的为"明经"。

[89]　薪刍：柴草，泛指生活用品。

[90]　诚：真实情况。

[91]　疾候沈绵：病得很沉重。

[92]　惭耻忍割：又惭愧又羞耻，只能忍痛割舍。

[93]　因由：机会。

[94]　委顿：无力支撑身体的样子。

[95]　崇敬寺：唐代长安中区靖安坊的一座庙宇。

[96]　忍人：狠心的人。

[97]　让：责备。

[98]　纻(zhù)：苎麻纤维织的布。

[99]　胡雏：卖身为奴的幼年胡人。

[100]　姻连外戚：和外地的人结为亲戚。

[101]　乐贤：喜欢与贤人交往。

[102]　觏止：遇见，相会。止：语助词。

[103]　清扬：本指人眉清目秀的样子，引申作为对人的褒扬之辞，犹如说"尊容"。

[104]　妖姬：美丽的女子。

[105]　輓：同"挽"。

[106]　迁延：拖延。

[107]　征：证明，征验。

[108]　黾(mǐn)勉：勉强。

[109]　转侧须人：转侧身体都需要别人帮助才行。

[110]　如不胜致：就好像禁不住的样子。致：意态、神态。

[111]　欷歔：哽咽，叹气。

[112]　酹地：浇酒在地。

[113]　征痛黄泉：造成死亡的痛苦。征：招致。

[114]　真(zhì)：安置，安放。

[115]　繐(suì)帷：灵帐。

[116] 裆：唐时妇女穿的一种外袍。

[117] 红绿帔(pèi)子：唐时妇女披于肩背的一种纱巾，多为薄质纱罗所制。长的叫披帛，短的叫帔子。

[118] 御宿原：在长安城南，是古时埋葬死者的地方。

[119] 暎：通"映"，遮蔽。

[120] 无聊生：毫无生趣的样子。

[121] 斑犀钿花合子：杂色犀牛角雕刻成的、嵌有金花的盒子。

[122] 相思子：就是红豆。

[123] 发杀䐗(zī)：可能是一种媚药。

[124] 驴驹媚：《物类相感志》云："凡驴驹初生，未堕地，口中有一物，如肉，名'媚'，妇人带之能媚。"这是一种迷信说法。

[125] 捶楚：鞭打。楚就是荆条，这里用做动词。

[126] 遣：把妻子休掉。

[127] 出：被丈夫休掉。

[128] 浴斛：澡盆之类。营：环绕，围绕。

[129] 周回：周围。

[130] 信州葛溪铁：信州，约辖江西贵溪以东、怀玉山以南地区，州治在现在上饶。上饶葛溪铁精而工细。

[131] 率：一律。

【简析】

本文是一篇描写歌女霍小玉与进士李益的爱情悲剧的著名传奇小说。表现了对自由爱情生活的向往和追求，抨击了封建礼教、婚姻制度和门第等级观念。

小说从现实生活出发，着眼于社会环境与人物性格的关系，成功地塑造了一个温婉美丽、倍受压迫凌辱而不肯屈服的悲剧形象，反映了唐代封建社会中妇女被侮辱、被损害的悲惨命运。

霍小玉本是霍王小女，因庶出而流落教坊。她美丽、纯洁、机敏、聪慧、敢爱敢恨、有见识，更有强烈的反抗性格。不幸的经历，使她对封建贵族家庭的冷酷无情具有深刻的认识。即使在李益最迷恋她的时候，也能保持清醒的头脑。"流涕视生曰'极欢之际，不觉悲至'"，便是她内心凄苦的自然流露。在李益辞别之时，小玉已有不祥的预感；李益一去，杳无音信，使她"欢爱八年，永遁空门"的最低要求也化为泡影。小玉忧思成疾，悲愤交集，最终气结而亡，成为封建门阀制度的牺牲品。

小说还塑造了李益这个内心矛盾而又复杂、软弱而无主见的薄幸男子的形象。

李益出身豪门，虽有才华，但庸俗自私，虚浮不实。他最初爱上小玉，曾有"粉身碎骨，誓不相舍"的山盟海誓；但一回到社会现实，便将誓言抛到九霄云外：在议娶卢氏时"逡巡不敢辞让"；对小玉"欲断其望，遥托亲故，不遗漏言"，完全辜负了小玉一片痴情。李益的背盟负义激起众人的愤怒，被黄衫客抱持而入，受小玉痛斥，遭小玉冤魂报复，实在是咎由自取。诚然，李益背信弃义有其社会原因，而揭露封建门阀制度的腐朽和黑暗,正是《霍小玉传》得以千古流传的原因所在。

　　小说故事情节完整,描写细腻。作者善于运用对比、映衬、烘托等艺术手法来刻画人物,使人物形象完美,富有典型意义。其中霍小玉的痴情与李益的负心,对比鲜明,具有强烈的艺术效果。此外,作者还描写了一连串的陪衬人物,如鲍十一娘、黄衫客等。虽只寥寥数语,但其侠义和媒婆形象都显得十分逼真,充分展现了唐传奇的艺术魅力。其中化鬼一说,带有封建迷信色彩,我们不能苛刻古人,应注意鉴别。

【思考与练习】

　　1. 小说中写老玉公的感慨和长安人对小玉、李益的情变的看法各有什么作用?
　　2. 试分析霍小玉这一人物形象。
　　3. 如何看待小说中的"化鬼一说"?
　　4. 有人认为:李益不是"负心"而是"负约"。你倾向于哪种观点呢?试就此展开论辩。

杜十娘怒沉百宝箱[1]

冯梦龙

冯梦龙(1574~1646年),字犹龙,号墨憨斋主人,长洲(今江苏苏州)人。崇祯后期曾任福建寿宁知县,明亡后忧愤而死。他一生热衷于通俗文学的创作、收集和编辑出版,对民歌、戏曲、小说的传播和繁荣作出了很大的贡献,特别是编订的白话短篇小说集《喻世明言》、《警世通言》、《醒世恒言》(合称"三言"),共收入短篇小说120篇,具有鲜明的市民文学特色,广泛流传,代表了我国古代白话短篇小说的最高成就。

话中单表万历二十年间,日本国关白作乱,侵犯朝鲜。朝鲜国王上表告急,天朝发兵泛海往救。有户部官奏准:目今兵兴之际,粮饷未充,暂开纳粟入监之例[2]。原来纳粟入监的,有几般便宜:好读书,好科举,好中,结未来又有个小小前程结果。以此宦家公子,富室子弟,到不愿做秀才,都去援例做太学生[3]。自开了这例,两京太学生[4],各添至千人之外。

内中有一人,姓李,名甲,字干先,浙江绍兴府人氏。父亲李布政所生三儿[5],惟甲居长。自幼读书在庠[6],未得登科[7],援例入于北雍[8]。因在京坐监[9],与同乡柳遇春监生同游教坊司院内[10],与一个名姬相遇。那名姬姓杜,名媺,排行第十,院中都称杜十娘,生得:

浑身雅艳,遍体娇香,两弯眉画远山青,一对眼明秋水润。脸如莲萼[11],分明卓氏文君[12];唇似樱桃,何减白家樊素[13]。可怜一片无瑕玉,误落风尘花柳中。

那杜十娘自十三岁破瓜[14],今一十九岁,七年之内,不知历过了多少公子王孙;一个个情迷意荡,破家荡产而不惜。院中传出四句口号来,道是:

坐中若有杜十娘,斗筲之量饮千觞[15];
院中若识杜老媺,千家粉面都如鬼[16]!

却说李公子风流年少,未逢美色,自遇了杜十娘,喜出望外,把花柳情怀，一担儿挑在他身上。那公子俊俏庞儿，温存性儿，又是撒漫的手儿[17]，帮衬的勤儿[18]，与十娘一双两好，情投意合。十娘因见鸨儿贪财无义[19]，久有从良之志[20]；又见李公子忠厚志诚，甚有心向他。奈李公子惧怕老爷，不敢应承。虽则如此，两下情好愈密，朝欢暮乐，终日相守，如夫妇一般，海誓山盟，各无他志。真个：

恩深似海恩无底，义重如山义更高。

再说杜妈妈，女儿被李公子占住，别的富家巨室，闻名上门，求一见而不可得。初时李公子撒漫用钱，大差大使，妈妈胁肩谄笑[21]，奉承不暇。日往月来，不觉一年有馀，李公子囊箧渐渐空虚，手不应心，妈妈也就怠慢了。老布政在家闻知儿子嫖院，几遍写字来唤他回去。他迷恋十娘颜色，终日延捱。后来闻知老爷在家发怒，越不敢回。

古人云："以利相交者，利尽而疏。"那杜十娘与李公子，真情相好，见他手头愈短，心头愈热。妈妈也几遍教女儿打发李甲出院，见女儿不统口[22]；又几遍将言语触突李公子，要激怒他起身。公子性本温克[23]，词气愈和。妈妈没奈何，日逐只将十娘叱骂道："我们行户人家[24]，吃客穿客，前门送旧，后门迎新，门庭闹如火，钱帛堆成垛。自从那李甲在此，混帐一年有馀，莫说新客，连旧主头都断了。分明接了个钟馗老[25]，连小鬼也没得上门。弄得老娘一家人家，有气无烟，成什么模样！"

杜十娘被骂，耐性不住，便回答道："那李公子不是空手上门的，也曾费过大钱来。"妈妈道："彼一时，此一时。你只教他今日费些小钱儿，把与老娘办些柴米，养你两口也好。别人家养的女儿，便是摇钱树，千生万活；偏我家晦气，养了个退财白虎[26]。开了大门，七件事般般都在老身心上[27]。到替你这小贱人白白养着穷汉，教我衣食从何处来？你对那穷汉说，有本事出几两银子与我，到得你跟了他去，我别讨个丫头过活却不好？"

十娘道："妈妈，这话是真是假？"妈妈晓得李甲囊无一钱，衣衫都典尽了，料他没处设法，便应道："老娘从不说谎，当真哩！"十娘道："娘，你要他许多银子？"妈妈道："若是别人，千把银子也讨了，可怜那穷汉出不起，只要他三百两，我自去讨一个粉头代替[28]。只一件，须是三日内交付与我，左手交银，右手交人。若三日没有银时，老身也不管三七二十一，公子不公子，一顿孤拐打那光棍出去[29]，那时莫怪老身！"十娘道："公子虽在客途乏钞，谅三百金还措办得来。只是三日忒近,限他十日便好。"妈妈想道:"这穷汉一双赤手,便限他一百日,他那里来银子?没有银子,便铁皮包脸,料也无颜上门。那时重整家风,女儿也没得话讲。"答应道:"看你面,便宽到十日。第十日没有银子,不干老娘之事。"十娘道:"若十日内无银,料他也无颜再见了。只怕有了三百两银子,妈妈又翻悔起来。"妈妈道:"老身年五十一岁了,又奉十斋[30],怎敢说谎?不信时与你拍掌为定。若翻悔时,做猪做狗。"

　　　　　　从来海水斗难量,可笑虔婆意不良[31];

　　　　　　料定穷儒囊底竭,故将财礼难娇娘。

　　是夜,十娘与公子在枕边,议及终身之事。公子道:"我非无此心,但教坊落籍[32],其费甚多,非千金不可。我囊空如洗,如之奈何!"十娘道:"妾已与妈妈议定,只要三百金,但须十日内措办。郎君游资虽罄,然都中岂无亲友,可以借贷。倘得如数,妾身遂为君之所有,省受虔婆之气。"公子道:"亲友中为我留恋行院,都不相顾。明日只做束装起身,各家告辞,就开口假贷路费,凑聚将来,或可满得此数。"起身梳洗,别了十娘出门。十娘道:"用心作速,专听佳音。"公子道:"不须分付。"

　　公子出了院门,来到三亲四友处,假说起身告别,众人到也欢喜。后来叙到路费欠缺,意欲借贷。常言道:"说着钱,便无缘。"亲友们就不招架[33]。他们也见得是,道李公子是风流浪子,迷恋烟花[34],年许不归,父亲都为他气坏在家。他今日抖然要回,未知真假。倘或说骗盘缠到手,又去还脂粉钱,父亲知道,将好意翻成恶意,始终只是一怪,不如辞了干净。便回道:"目今正值空乏,不能相济,惭愧!惭愧!"人人如此,个个皆然,并没有个慷慨丈夫,肯统口许他一十二十两。

　　李公子一连奔走了三日,分毫无获,又不敢回决十娘,权且含糊答应。到第四日又没想头,就羞回院中。平日间有了杜家,连下处也没有了,今日就无处投宿,只得往同乡柳监生寓所借歇。柳遇春见公子愁容可掬,问其来历。公子将杜十娘愿嫁之情,备细说了。遇春摇首道:"未必,未必!那杜薇曲中第一名姬[35],要从良时,怕没有十斛明珠,千金聘礼!那鸨儿如何只要三百两?想鸨儿怪你无钱使用,白白占住他的女儿,设计打发你出门;那妇人与你相处已久,又碍却面皮,不好明言,明知你手内空虚;故意将三百两卖个人情,限你十日。若十日没有,你也不好上门。便上门时,他会说你笑你,落得一场亵渎[36],自然安身不牢,此乃烟花逐客之计,足下三思,休被其惑。据弟愚意,不如早早开交为上[37]。"

公子听说,半晌无言,心中疑惑不定。遇春又道:"足下莫要错了主意。你若真个还乡,不多几两盘费,还有人搭救;若是要三百两时,莫说十日,就是十个月也难。如今的世情,那肯顾'缓急'二字的?那烟花也算定你没处告债,故意设法难你。"公子道:"仁兄所见良是。"口里虽如此说,心中割舍不下,依旧又往外边东央西告,只是夜里不进院门了。

公子在柳监生寓中,一连住了三日,共是六日了。杜十娘连日不见公子进院,十分着紧,就教小厮四儿街上去寻。四儿寻到大街,恰好遇见公子。四儿叫道:"李姐夫,娘在家里望你。"公子自觉无颜,回复道:"今日不得工夫,明日来罢。"四儿奉了十娘之命,一把扯住,死也不放。道:"娘叫咱寻你,是必同去走一遭。"李公子心上也牵挂着十娘,没奈何,只得随四儿进院。见了十娘,默默无言。十娘问道:"所谋之事如何?"公子眼中流下泪来。十娘道:"莫非人情淡薄,不能足三百之数么?"公子含泪而言,道出二句:"不信上山擒虎易,果然开口告人难。一连奔走六日,并无铢两[38],一双空手,羞见芳卿。故此这几日不敢进院。今日承命呼唤,忍耻而来,非某不用心,实是世情如此。"十娘道:"此言休使虔婆知道。郎君今夜且住,妾别有商议。"

十娘自备酒肴,与公子欢饮。睡至半夜,十娘对公子道:"郎君果不能办一钱耶?妾终身之事,当如何也?"公子只是流涕,不能答一语。渐渐五更天晓,十娘道:"妾所卧絮褥内,有碎银一百五十两,此妾私蓄,郎君可持去。三百金,妾任其半,郎君亦谋其半,庶易为力。限只四日,万勿迟误!"

十娘起身将褥付公子,公子惊喜过望,唤童儿持褥而去。径到柳遇春寓中,又把夜来之情与遇春说了。将褥拆开看时,絮中都裹着零碎银子;取出兑时,果是一百五十两。遇春大惊道:"此妇真有心人也!既系真情,不可相负。吾当代为足下谋之。"公子道:"倘得玉成,决不有负!"当下柳遇春留李公子在寓,自出头各处去借贷。两日之内,凑足一百五十两,交付公子道:"吾代为足下告债,非为足下,实怜杜十娘之情也。"李甲拿了三百两银子,喜从天降,笑逐颜开,欣欣然来见十娘。刚是第九日,还不足十日。十娘问道:"前日分毫难借,今日如何就有一百五十两?"公子将柳监生事情，又述了一遍。十娘以手加额道："使吾二人得遂其愿者，柳君之力也！"两个欢天喜地，又在院中过了一晚。

次日，十娘早起，对李甲道："此银一交，便当随郎君去矣！舟车之类，合当预备。妾昨日于姊妹中借得白银二十两，郎君可收下为行资也。"公子正愁路费无出，但不敢开口，得银甚喜。说犹未了，鸨儿恰来敲门，叫道："嬷儿，今日是第十日了！"公子闻叫，启户相延道："承妈妈厚意，正欲相请。"便将银三百两放在桌上。鸨儿不料公子有银，默然变色，似有悔意。十娘道："儿在妈妈家中八年，所致金帛不下数千金矣。今日从良美事，又妈妈亲口所订，三百金不欠分毫，又不曾过期。倘若妈妈失信不许，郎君持银去，儿即刻自尽。恐那时人财两失，悔之无及也！"鸨儿无词以对。腹内筹画了半晌。只得取天平兑准了银子，说道："事已如此，料留你不住了。只是你要去时，即今就去。平时穿戴衣饰之类，毫厘休想！"说罢，将公子和十娘推出房门，讨锁来就落了锁。此时九月天气。十娘才下床，尚未梳洗，随身旧衣，就拜了妈妈两拜。李公子也作了一揖。一夫一妇，离了虔婆大门。

鲤鱼脱却金钩去，摆尾摇头再不来。

公子教十娘且住片时："我去唤个小轿抬你，权往柳荣卿寓所去，再作道理。"十娘道："院中诸姊妹平昔相厚，理宜话别。况前日又承他借贷路费，不可不一谢也。"乃同公子到各姊妹处谢别。姊妹中惟谢月朗、徐素素与杜家相近，尤与十娘亲厚。十娘先到谢月朗家。月朗见十娘秃髻旧衫，惊问其故。十娘备述来因，又引李甲相见。十娘指月朗道："前日路资，是此位姐姐所贷，郎君可致谢。"李甲连连作揖。月朗便教十娘梳洗，一面去请徐素素来家相会。十娘梳洗已毕，谢、徐二美人各出所有，翠钿金钏，瑶簪宝珥，锦袖花裙，弯带绣履，把杜十娘装扮得焕然一新，备酒作庆贺筵席。月朗让卧房与李甲、杜嬷二人过宿。次日，又大排筵席，遍请院中姊妹。凡十娘相厚者，无不毕集。都与他夫妇把盏称喜。吹弹歌舞，各逞其长，务要尽欢，直饮至夜分。十娘向众姊妹一一称谢。众姊妹道："十姊为风流领袖，今从郎君去，我等相见无日，何日长行[39]，姊妹们尚当奉送。"月朗道："候有定期，小妹当来相报。但阿姊千里间关[40]，同郎君远去，囊箧萧条，曾无约束[41]，此乃吾等之事。当相与共谋之，勿令姊有穷途之虑也。"众姊妹各唯唯而散。是晚，公子和十娘仍宿谢家。至五鼓，十娘对公子道："吾等此去，何处安身？郎君亦曾计议有定着否？"公子道："老父盛怒之下，若知娶妓而归，必然加以不堪，反致相累。展转寻思，尚未有万全之策。"十娘道："父子天性，岂能终绝。既然仓卒难犯，不若与郎君于苏、杭胜地，权作浮居[42]。郎君先回，求亲友于尊大人面前劝解和顺，然后携妾于归[43]，彼此安妥。"公子道："此言甚当。"

次日，二人起身辞了谢月朗，暂往柳监生寓中，整顿行装。杜十娘见了柳遇春，倒身下拜，谢其周全之德："异日我夫妇必当重报。"遇春慌忙答礼道："十娘钟情所欢，不以贫窭[44]易心，此乃女中豪杰。仆因风吹火，谅区区何足挂齿！"三人又饮了一日酒。

次早，择了出行吉日，雇倩轿马停当。十娘又遣童儿寄信，别谢月朗。临行之际，只见肩舆纷纷而至，乃谢月朗与徐素素拉众姊妹来送行。月朗道："十姊从郎君千里间关，囊中消索，吾等甚不能忘情。今合具薄贶[45]，十姊可检收，或长途空乏，亦可少助。"说罢，命从人挈一描金文具至前[46]，封锁甚固，正不知什么东西在里面。十娘也不开看，也不推辞，但殷勤作谢而已。须臾，舆马齐集，仆夫催促起身。柳监生三杯别酒，和众美人送出崇文门外，各各垂泪而别。正是：

> 他日重逢难预必，此时分手最堪怜。

再说李公子同杜十娘行至潞河[47]，舍陆从舟，却好有瓜洲差使船转回之便[48]，讲定船钱，包了舱口。比及下船时，李公子囊中，并无分文余剩。

你道杜十娘把二十两银子与公子，如何就没了？公子在院中嫖得衣衫蓝缕，银子到手，未免在解库中取赎几件穿着[49]，又制办了铺盖。剩来只勾轿马之费。

公子正当愁闷，十娘道："郎君勿忧，众姊妹合赠，必有所济。"乃取钥开箱。公子在傍，自觉惭愧，也不敢窥觑箱中虚实。只见十娘在箱里取出一个红绢袋来，掷于桌上道："郎君可开看之。"公子提在手中，觉得沉重，启而观之，皆是白银，计数整五十两。十娘仍将箱子下锁，亦不言箱中更有何物。但对公子道："承众姊妹高情，不惟途路不乏，即他日浮寓吴越间，亦可稍佐吾夫妻山水之费矣。"公子且惊且喜道："若不遇恩卿，我李甲流落他乡，死无葬身之地矣！此情此德，白头不敢忘也！"自此每谈及往事，公子必感激流涕，十娘亦曲意抚慰。一路无话。

不一日，行至瓜洲，大船停泊岸口。公子别雇了民船。安放行李,约明日侵晨,剪江而渡。其时仲冬中旬,月明如水,公子和十娘坐于舟首。公子道:"自出都门,困守一舱之中,四顾有人,未得畅语。今日独据一舟,更无避忌。且已离塞北,初近江南,宜开怀畅饮,以舒向来抑郁之气,恩卿以为何如?"十娘道:"妾久疏谈笑,亦有此心。郎君言及,足见同志耳。"

公子乃携酒具于船首,与十娘铺毡并坐,传杯交盏。饮至半酣,公子执卮对十娘道:"恩卿妙音,六院推首[50],某相遇之初,每闻绝调,辄不禁神魂之飞动。心事多违,彼此郁郁,鸾鸣凤奏,久矣不闻。今清江明月,深夜无人,肯为我一歌否?"十娘兴亦勃发,遂开喉顿嗓,取扇按拍,呜呜咽咽,歌出元人施君美《拜月亭》杂剧上"状元执盏与婵娟"一曲[51],名《小桃红》。真个:

　　　　声飞霄汉云皆驻,响入深泉鱼出游。

却说他舟有一少年,姓孙,名富,字善赉,徽州新安人氏。家资巨万,积祖扬州种盐[52]。年方二十,也是南雍中朋友[53]。生性风流,惯向青楼买笑,红粉追欢,若嘲风弄月,到是个轻薄的头儿。事有偶然,其夜亦泊舟瓜洲渡口,独酌无聊。忽听得歌声嘹亮。凤吟鸾吹,不足喻其美。起立船头,伫听半晌,方知声出邻舟。正欲相访,音响倏已寂然。乃遣仆者潜窥足踪,访于舟人,但晓得是李相公雇的船,并不知歌者来历。孙富想道:"此歌者必非良家,怎生得他一见?"展转寻思,通宵不寐。捱至五更,忽闻江风大作,及晓,彤云密布,狂雪飞舞。怎见得,有诗为证:

　　　　千山云树灭,万径人足绝。

　　　　扁舟蓑笠翁,独钓寒江雪[54]。

因这风雪阻渡,舟不得开,孙富命舟公移船,泊于李家舟之傍。孙富貂帽狐裘,推窗假作看雪,值十娘梳洗方毕。纤纤玉手,揭起舟傍短帘,自泼盂中残水,粉容微露,却被孙富窥见了,果是国色天香,魂摇心荡,迎眸注目,等候再见一面,杳不可得。沉思久之,乃倚窗高吟高学士《梅花诗》二句道:

　　　　雪满山中高士卧,月明林下美人来。

李甲听得邻舟吟诗,舒头出舱,看是何人。只因这一看,正中了孙富之计。孙富吟诗,正要引李公子出头,他好乘机攀话。当下慌忙举手,就问:"老兄尊姓何讳?"李公子叙了姓名乡贯,少不得也问那孙富。孙富也叙过了,又叙了些太学中的闲话,渐渐亲热。孙富便道:"风雪阻舟,乃天遣与尊兄相会,实小弟之幸也。舟次无聊，欲同尊兄上岸，就酒肆中一酌，少领清诲，万望不拒。"公子道："萍水相逢，何当厚扰？"孙富道："说那里话！'四海之内皆兄弟也'。"喝教艄公打跳[55]，童儿张伞，迎接公子过船，就于船头作揖，然后让公子先行，自己随后，各各登跳上涯。

行不数步，就有个酒楼。二人上楼，拣一副洁净座头，靠窗而坐。酒保列上酒肴。孙富举杯相劝，二人赏雪饮酒。先说些斯文中套话，渐渐引入花柳之事。二人都是过来之人，志同道合，说得入港[56]，一发成相知了。

孙富屏去左右，低低问道："昨夜尊舟清歌者何人也？"李甲正要卖弄在行，遂实说道："此乃北京名姬杜十娘也。"孙富道："既系曲中姊妹，何以归兄？"公子遂将初遇杜十娘，如何相好，后来如何要嫁，如何借银讨他，始末根由，备细述了一遍。孙富道："兄携丽人而归，固是快事，但不知尊府中能相容否？"公子道："贱室不足虑。所虑者老父性严，尚费踌躇耳！"孙富将机就机，便问道："既是尊大人未必相容，兄所携丽人，何处安顿？亦曾通知丽人，共作计较否？"公子攒眉而答道："他意欲侨居苏杭，流连山水，使小弟先回，求亲友宛转于家君之前，俟家君回嗔作喜，然后图归。高明以为何如？"孙富沉吟半晌，故作愀然之色道："小弟乍会之间，交浅言深，诚恐见怪。"公子道："正赖高明指教，何必谦逊？"孙富道："尊大人位居方面[57]，必严帷薄之嫌[58]，平时既怪兄游非礼之地，今日岂容兄娶不节之人。况且贤亲贵友，谁不迎合尊大人之意者？兄枉去求他，必然相拒。就有个不识时务的进言于尊大人之前，见尊大人意思不允，他就转口了。兄进不能和睦家庭，退无词以回复尊宠，即使流连山水，亦非长久之计。万一资斧困竭[59]，岂不进退两难！"

公子自知手中只有五十金，此时费去大半，说到资斧困竭，进退两难，不觉点头道是。孙富又道："小弟还有句心腹之谈兄肯俯听否？"公子道："承兄过爱，更求尽言。"孙富道："疏不间亲，还是莫说罢。"公子道："但说何妨？"孙富道："自古道，'妇人水性无常'，况烟花之辈，少真多假，他既系六院名妹，相识定满天下；或者南边原有旧约，借兄之力，挈带而来，以为他适之地。"公子道："这个恐未必然。"孙富道："即不然，江南子弟，最工轻薄，兄留丽人独居，难保无腧墙钻穴之事[60]，若挈之同归，愈增尊大人之怒。为兄之计，未有善策。况父子天伦，必不可绝。若为妾而触父，因妓而弃家，海内必以兄为浮浪不经之人。异日妻不以为夫，弟不以为兄，同袍不以为友[61]，兄何以立于天地之间？兄今日不可不熟思也！"

公子闻言，茫然自失，移席问计："据高明之见，何以教我？"孙富道："仆有一计，于兄甚便；只恐兄溺枕席之爱，未必能行，使仆空费词说耳！"公子道："兄诚有良策，使弟再睹家园之乐，乃弟之恩人也，又何惮而不言耶？"孙富道："兄飘零岁余，严亲怀怒，闺阁离心，设身以处兄之地，诚寝食不安之时也。然尊大人所以怒兄者，不过为迷花恋柳，挥金如土，异日必为弃家荡产之人，不堪继承家业耳！兄今日空手而归，正触其怒。兄倘能割衽席之爱[62]，见机而作，仆愿以千金相赠。兄得千金，以报尊大人，只说在京授馆，并不曾浪费分毫，尊大人必然相信。从此家庭和睦，当无间言[63]，须臾之间，转祸为福。兄请三思。仆非贪丽人之色，实为兄效忠于万一也。"

李甲原是没主意的人，本心惧怕老子，被孙富一席话，说透胸中之疑，起身作揖道："闻兄大教，顿开茅塞。但小妾千里相从，义难顿绝，容归与商之。得其心肯，当奉复耳。"孙富道："说话之间，宜放婉曲。彼既忠心为兄，必不忍使兄父子分离，定然玉成兄还乡之事矣。"二人饮了一回酒，风停雪止，天色已晚。孙富教家僮算还了酒钱，与公子携手下船。正是：

逢人且说三分话，未可全抛一片心。

却说杜十娘在舟中，摆设酒果，欲与公子小酌，竟日未回，挑灯以待。公子下船，十娘起迎。见公子颜色匆匆，似有不乐之意，乃满斟热酒劝之。公子摇首不饮，一言不发，竟自上床睡了。

十娘心中不悦，乃收拾杯盘，为公子解衣就枕，问道："今日有何见闻，而怀抱郁郁如此？"公子叹息而已，终不启口。问了三四次，公子已睡去了。十娘委决不下，坐于床头而不能寐。

到夜半，公子醒来，又叹一口气。十娘道："郎君有何难言之事，频频叹息？"公子拥被而起，欲言不语者几次，扑簌簌掉下泪来。

十娘抱持公子于怀间，软言抚慰道："妾与郎君情好已及二载，千辛万苦，历尽艰难，得有今日。然相从数千里，未曾哀戚；今将渡江，方圆百年欢笑，如何反起悲伤？必有其故。夫妇之间，死生相共，有事尽可商量，万勿讳也！"

公子再四被逼不过，只得含泪而言道："仆天涯穷困，蒙恩卿不弃，委曲相从，减乃莫大之德也。但反覆思之，老父位居方面，拘于礼法，况素性方严，恐添嗔怒，必加黜逐，你我流荡，将何底止？夫

168

妇之欢难保，父子之伦又绝。日间蒙新安孙友邀饮，为我筹及此事，内心如割！"

十娘大惊道："郎君意将如何"公子道："仆事内之人，当局而迷。孙友为我画一计颇善，但恐恩卿不从耳！"十娘道："孙友者何人？计如果善，何不可从？"公子道："孙友名富，新安盐商，少年风流之士也。夜间闻子清歌，因而问及。仆告以来历，并谈及难归之故。渠意欲以千金聘汝，我得千金，可借口以见吾父母；而恩卿亦得所天[64]。但情不能舍，是以悲泣。"说罢，泪如雨下。

十娘放开两手，冷笑一声道："为郎君画此计者，此人乃大英雄也！郎君千金之资，既得恢复，而妾归他姓，又不致为行李之累，发乎情，止乎礼，诚两便之策也。那千金在哪里？"公子收泪道："未得恩卿之诺，金尚留彼处，未曾过手。"十娘道："明早快快应承了他，不可错过机会。但千金重事，须得兑足，交付郎君之手，妾始过舟，勿为贾竖子所欺[65]。"

时已四鼓，十娘即起身挑灯梳洗道："今日之妆，乃迎新送旧，非比寻常。"于是脂粉香泽，用意修饰，花钿绣袄，极其华艳，香风拂拂，光彩照人。

装束方完，天色已晓。孙富差家僮到船头候信。十娘微窥公子，欣欣似有喜色，乃催公子快去回话，及早兑足银子。公子亲到孙富船中，回复依允。孙富道："兑银易事，须得丽人妆台为信。"公子又回复了十娘。十娘即指描金文具道："可便抬去。"孙富喜甚，即将白银一千两，送到公子船中。

十娘亲自检看，足色足数，分毫无爽。乃手把船舷，以手招孙富。孙富一见，魂不附体。十娘启朱唇，开皓齿道："方才箱子可暂发来，内有李郎路引一纸[66]，可检还之也。"

孙富视十娘已为"瓮中之鳖"，即命家僮送那描金文具，安放船头之上。十娘取钥开锁，内皆抽屉小箱。十娘叫公子抽第一层来看，只见翠羽明挡，瑶簪宝珥，充牣[67]于中，约值数百金。十娘遽投之江中。李甲与孙富及两船之人，无不惊诧。又命公子再抽一箱，乃玉箫金管；又抽一箱，尽古玉紫金玩器，约值数千金。十娘尽投之于大江中。岸上之人，观者如堵，齐声道："可惜，可惜！"正不知什么缘故。最后又抽一箱，箱中复有一匣。开匣视之，夜明之珠，约有盈把。其他祖母绿、猫儿眼[68]，诸般异宝，目所未睹，莫能定其价之多少。众人齐声喝彩，喧声如雷。十娘又欲投之于江。李甲不觉大悔,抱持十娘痛哭。那孙富也来劝解。

十娘推开公子在一边,向孙富骂道:"我与李郎备尝艰苦,不是容易到此;汝以奸淫之意,巧为谮说,一旦破人姻缘,断人恩爱,乃我之仇人。我死而有知,必当诉之神明,尚妄想枕席之欢乎!"又对李甲道:"妾风尘数年,私有所积,本为终身之计。自遇郎君,山盟海誓,白首不渝。前出都之际,假托众姊妹相赠,箱中韫藏百宝,不下万金。将润色郎君之装,归见父母,或怜妾有心,收佐中馈[69],得终委托,生死无憾。谁知郎君相信不深,惑于浮议[70],中道见弃,负妾一片真心。今日当众目之前,开箱出视,使郎君知区区千金,未为难事。妾椟中有玉,恨郎眼内无珠。命之不辰[71],风尘困瘁,甫得脱离,又遭弃捐,今众人各有耳目,共作证明,妾不负郎君,郎君自负妾耳!"

于是众人聚观者,无不流涕,都唾骂李公子负心薄悻。公子又羞又苦,且悔且泣。方欲向十娘谢罪,十娘抱持宝匣,向江心一跳。众人急呼捞救。但见云暗江心,波涛滚滚,杳无踪影。可惜一个如花似玉的名姬,一旦葬于江鱼之腹!

三魂渺渺归水府,七魄悠悠入冥途。

当时旁观之人,皆咬牙切齿,争欲拳殴李甲和那孙富。慌得李、孙二人,手足无措,急叫开船,分途遁去。李甲在舟中,看了千金,转意十娘,终日愧悔,郁成狂疾,终身不瘥。孙富自那日受惊得病,卧床月馀,终日见杜十娘在傍诟骂,奄奄而逝。人以为江中之报也。

却说柳遇春在京坐监完满,束装回乡,停舟瓜步[72]。偶临江净脸,失坠铜盆于水,觅渔人打捞。及至捞起,乃是个小匣儿。遇春启匣观看,内皆明珠异宝,无价之珍。遇春厚赏渔人,留于床头把玩。是夜梦中见江中一女子,凌波而来,视之,乃杜十娘也。近前万福,诉以李郎薄悻之事。又道:"向承君家慷慨,以一百五十金相助,本意息肩之后[73],徐图报答。不意事无终始;然每怀盛情,恒恒未忘。早间曾以小匣托渔人奉致,聊表寸心,从此不复相见矣。"言讫,猛然惊醒,方知十娘已死,叹息累日。

后人评论此事,以为孙富谋夺美色,轻掷千金,固非良士;李甲不识杜十娘一片苦心,碌碌蠢才,无足道者。独谓十娘千古女侠,岂不能觅一佳侣,共跨秦楼之凤[74],乃错认李公子,明珠美玉,投于盲人,以致恩恋为仇,万种恩情,化为流水,深可惜也!

【注释】

[1]　选自《警世通言》,湖南出版社 1993 年版。略有删节。

[2]　纳粟入监:捐纳粟米(或银子)进入国子监读书。监:国子监,当时最高学府,明代分别在
　　　　北京、南京设立。作了监生,既可以参加科举考试,也有可能直接做官。

[3]　援例:引用成例。明制:生员纳赀入监者,谓之纳贡;民人纳赀入监者,谓之例监。援了例
　　　　监就取得了监生的资格,但不一定正式到国子监肄业。

[4]　两京:指北京和南京。明代两京均设国子监,称"北雍"、"南雍"。

[5]　布政:即布政使,明代省级的地方最高行政长官。

[6]　庠(xiáng):学校。

[7]　登科:这里指中举。

[8]　北雍:设在南京的国子监。

[9]　坐监:在国子监里读书。

[10]　教坊司:原为古代主管音乐歌舞的机关。明代,娼妓也属教坊司管。此处的"院内",即指
　　　　妓院。

[11]　莲萼:莲花瓣。

[12]　卓氏文君:即卓文君,汉代著名才女,与司马相如私奔,传为千古佳话。

[13]　白家樊素:唐白居易的姬妾,能歌善舞。

[14]　破瓜:隐语,指女子初次性交。

[15]　斗筲(shāo):容量很小的器具,喻酒量很小。觞(shāng):古代喝酒用的器皿。

[16]　粉面:原指年轻貌美的女子,这里指妓女。

[17]　撒漫:挥霍。

[18]　帮衬:这里有献殷勤的意思。

[19]　鸨(bǎo):妓院的女老板,即下文的杜妈妈。

[20]　从良:妓女嫁作良家妻妾。

[21]　胁肩诏笑:巴结人的丑态。

[22]　不统口:不答理。

[23]　温克:温和克制。

[24]　行户:与下文行院都是妓院的隐称。

[25]　钟馗(kuí):传说中管鬼的凶神。

[26]　退财白虎:阻挡财路的煞神。

[27]　七件事:指最基本的七种生活开支——柴、米、油、盐、酱、醋、茶。

[28]　粉头:妓女。

[29]　孤拐:指脚踝骨。

[30]　十斋:佛徒的一种斋戒,每月有十日不吃荤腥。

[31]　虔婆:骂人语,指鸨母。

[32]　教坊落籍:从教坊除名后,妓女方得从良。

[33]　招架:应承,接口。

[34]　烟花:妓女的代称。

[35] 曲中：妓女居处。

[36] 亵渎(xiè dú)：轻慢，侮辱。

[37] 开交：放手，丢开。

[38] 铢两：极少的一点（银子）。

[39] 长行：远行。

[40] 间关：行程又遥远又艰难。

[41] 约束：这里是准备之意。

[42] 浮居：寄居，暂住。

[43] 于归：归家。

[44] 贫窭(jù)：贫穷。

[45] 赆：送给行人的礼物。

[46] 文具：这里指首饰箱子。

[47] 潞河：北运河的上游。

[48] 瓜洲：镇名，在今江苏省。差使船：给官府临时当差的船。

[49] 解库：当铺。

[50] 六院：妓院的代称。

[51] 施君美《拜月亭》杂剧：施君美，元代戏曲作家，相传《拜月亭》为其所作。《小桃红》为其曲牌名。

[52] 积祖：祖上世代。种盐：制盐。晒盐处称盐田，故称制为种。

[53] 朋友：这里泛指同在读书，无交谊之意。

[54] 此为唐柳宗元《江雪》诗，但文字有出入。

[55] 打跳：铺上跳板。跳：船上跳板。

[56] 入港：言语投机。

[57] 位居方面：独当一面的封疆大臣称为方面官。李甲的父亲是布政使，所以说位居方面。

[58] 帷薄之嫌：男女之间的封建礼防。帷薄：障隔住宅内外之物。

[59] 资斧：旅费。

[60] 腧墙钻穴：指幽会偷情之类的事情。

[61] 同袍：这里指朋友。

[62] 衽席之爱：夫妻之爱。衽：席，卧具。

[63] 间言：离间之言。

[64] 所天：这里指丈夫。

[65] 贾竖子：犹言市侩。

[66] 路引：出行时的证明。

[67] 充牣(rèn)：充满。

[68] 祖母绿、猫儿眼：两种名贵的宝石。

[69] 中馈(kuì)：旧时称妇女料理家务为主持中馈。佐中馈：就是为妾。

[70] 浮议：没有根据的议论。

[71] 不辰：生不逢时。

[72] 瓜步：瓜步镇，在今江苏省瓜步山下。

[73] 息肩：放下担子，这里指过安定的生活。

[74] 共跨句：传说，春秋时，秦穆公把女儿弄玉嫁给萧史，夫妻感情很好，一日萧史骑龙，弄玉跨凤，一同飞升。

【简析】

这是一段著名的爱情悲剧。小说通过细节描写、对比描写等手法，生动地刻画了人物的性格形象，如李甲的懦弱无能与偏听旁信，是一些富家纨绔子弟的通病；杜十娘的果决与重情重义，在同类小说中是很少见的；柳监生这一人物，在发展情节与凸显主人公性格特点等方面都发挥了明显的作用。

小说反映的思想意义是超前的。杜十娘为了与命运抗争，费尽心机，深谋远虑，结果功亏一篑，仍坠入悲剧命运的深渊，令读者为之扼腕不已。这种结局，从表面来看是主观因素造成的，但深层原因却是她美好的生活愿望与当时社会制度的矛盾，是冷酷的封建礼教对人性的压制乃至扼杀。作者朦胧地意识到了这一点，所以借孙富之口点出了十娘难以逾越的障碍。杜十娘的悲剧，不只是由李甲、孙富的道德品质和行为败坏造成的，更是封建的政治制度、婚姻制度和萌芽状态的资本主义社会因素、金钱势力等多种因素一起造成的，在当时的时代背景下，这是一种必然的结果。

【思考与练习】

1. 柳遇春在整个小说的情节发展中起到了什么作用？

2. 为什么说杜十娘的被抛弃是必然的结果？结合作品的时代背景谈谈你的看法。

3. 查阅相关资料，认真阅读蒲松龄《聊斋志异·青凤》，试就人物的性格特点同课文中的相应人物进行比较。

《红楼梦》(节选)[1]

曹雪芹

曹雪芹(约1715～约1763年)，清代著名小说家。名沾，字梦阮，号雪芹、芹圃、芹溪。满洲正白旗"包衣"人。自曾祖起，三代任江宁织造，其祖曹寅尤为康熙帝所信用。雍正初年，受统治阶级内部政治斗争牵连，家庭受重大打击，其父免职，产业被抄，遂随家迁居北京。早年过着"锦衣纨绔"、"饮甘餍肥"的生活，后因家道衰落，饱尝辛酸。晚居北京西郊，"举家食粥"，贫病而卒，年未及五十。性情高傲，嗜酒健谈，具有浓厚的传统文化修养和卓越的艺术才能。因其生活于封建末世，个人又接触到下层人民，对当时社会阶级斗争和思想斗争有较具体的感受，认识到统治阶级的腐朽凶残及内部的分崩离析。曾以十年时间，从事《石头记》(即《红楼梦》)的创作。其书通过一个贵族官僚大家庭的盛衰历史，塑造了许多典型人物形象，对封建社会进行了深刻的解剖和批判，为我国古典小说中伟大的现实主义作品。书中也反映了作者为封建制度"补天"的幻想，以及找不到出路的悲观情绪。据研究，其书曾先后增删五次，全书未完而卒，今流行一百二十回本，后四十回一般认为是高鹗所续。

《红楼梦》以贾、史、王、薛四大家族为背景，以贾宝玉、林黛玉的爱情悲剧为主要线索，全方位、多侧面地揭露并批判了黑暗腐败的封建社会和封建礼教，讴歌了贵族阶级中贾宝玉、林黛玉这一对叛逆者的反抗精神和民主思想，揭示了封建社会必然灭亡的历史趋势。《红楼梦》无论在思想和艺术上都是中国古代长篇小说的高峰。

却说王夫人唤上金钏儿的母亲来，拿了几件簪环，当面赏了；又吩咐："请几位僧人念经超度他。"金钏儿的母亲磕了头，谢了出去。

原来宝玉会过雨村[2]回来，听见金钏儿含羞自尽，心中早已五内[3]摧伤，进来又被王夫人数说教训了一番，也无可回说。看见宝钗进来，方得便走出，茫然不知何往，背着手，低着头，一面感叹，一面慢慢的信步走至厅上。刚转过屏门，不想对面来了一人，正往里走，可巧撞了个满怀。只听那人喝一声："站住！"宝玉唬了一跳，抬头看时,不是别人,却是他父亲。早不觉倒抽了一口凉气,只得垂手一旁站着。

贾政道:"好端端的,你垂头丧气嗌[4]些什么?方才雨村来了,要见你,那半天才出来!既出来了,全无一点慷慨挥洒的谈吐,仍是委委琐琐的。我看你脸上一团私欲愁闷气色!这会子又咳声叹气,你那些还不足、还不自在?无故这样,是什么原故?"宝玉素日虽然口角伶俐,此时一心却为金钏儿感伤,恨不得也身亡命殒,如今见他父亲说这些话,究竟不曾听明白了,只是怔怔的站着。

贾政见他惶悚[5],应对不似往日,原本无气的,这一来,倒生了三分气。方欲说话,忽有门上人来回:"忠顺亲王府里有人来,要见老爷。"贾政听了,心下疑惑,暗暗思忖道:"素日并不与忠顺府来往,为什么今日打发人来了? ……"一面想,一面命:"快请厅上坐。"急忙进内更衣。出来接见时,却是忠顺府长府官,一面彼此见了礼,归坐献茶。未及叙谈,那长府官就说道:"下官此来,并非擅造潭府[6];皆因奉命而来,有一件事相求。看王爷面上,敢烦老先生做主。不但王爷知情,且连下官辈亦感谢不尽。"

贾政听了这话,摸不着头脑,忙陪笑起身问道:"大人既奉王命而来,不知有何见谕[7]?望大人宣明,学生好遵谕承办。"那长府官冷笑道:"也不必承办,只用老先生一句话就完了。我们府里有一个做小旦的琪官[8],一向好好在府,如今竟三五日不见回去,各处去找,又摸不着他的道路,因此各处察访;这一城内,十停[9]人倒有八停人都说:他近日和衔玉的那位令郎相与甚厚。下官辈听了,尊府不比别家,可以擅来索取,因此启明王爷。王爷亦说:'若是别的戏子呢,一百个也罢了;只是这琪官,随机应答,谨慎老成,甚合我老人家的心境,断断少不得此人。'故此求老先生转致令郎,请将琪官放回:一则可慰王爷谆谆奉恳之意,二则下官辈也可免操劳求觅之苦。"说毕,忙打一躬。

贾政听了这话,又惊又气,即命唤宝玉出来。宝玉也不知是何原故,忙忙赶来,贾政便问:"该死的奴才!你在家不读书也罢了,怎么又做出这些无法无天的事来!那琪官现是忠顺王爷驾前奉承的人,你是何等草芥[10],无故引逗他出来,如今祸及于我!"宝玉听了,唬了一跳,忙问道:"实在不知此事。究竟'琪官'两个字,不知为何物,况更加以'引逗'二字!"说着便哭。

贾政未及开口,只见那长府官冷笑道:"公子也不必隐饰:或藏在家,或知其下落,早说出来,我们也少受些辛苦。岂不念公子之德呢?"宝玉连说:"实在不知。恐是讹传,也未见得。"那长府官冷笑两声道:"现有证据,必定当着老大人说出来,公子岂不吃亏?——既说不知,此人那红汗巾怎得到了公子腰里?"

宝玉听了这话,不觉轰了魂魄,目瞪口呆,心下自思:"这话他如何知道?他既连这样机密的事都知道了,大约别的瞒不过他,不如打发他去了,免得再说出别的事来。"因说道:"大人既知他的底细,如何连他置买房舍这样大事倒不晓得?听得说:他如今在东郊离城二十里有个什么紫檀堡,他在那里置了几亩地,几间房舍。想是在那里,也未可知。"那长府官听了,笑道:"这样说,一定是在那里了!我且去找一回,若有了便罢;若没有,还要来请教。"说着,便忙忙的告辞走了。

贾政此时气得目瞪口歪,一面送那官员,一面回头命宝玉:"不许动!回来有话问你!"一直送那官去了,才回身时,忽见贾环带着几个小厮一阵乱跑,贾政喝命小厮:"给我快打!"贾环见了他父亲,吓得骨软筋酥,赶忙低头站住。贾政便问:"你跑什么?带着你的那些人都不管你,不知往那里去,由你野马一般!"喝叫:"跟上学的人呢?"

贾环见他父亲甚怒,便乘机说道:"方才原不曾跑,只因从那井边一过,那井里淹死了一个丫头,我看脑袋这么大,身子这么粗,泡的实在可怕,所以才赶着跑过来了。"贾政听了,惊疑问道:"好端端,谁去跳井?我家从无这样事情,自祖宗以来,皆是宽柔待下。——大约我近年于家务疏懒,自然执事人操克夺之权[11],致使弄出这暴殄[12]轻生的祸来!若外人知道,祖宗的颜面何在!"喝命:"叫贾琏、赖大来!"

小厮们答应了一声,方欲去叫,贾环忙上前,拉住贾政袍襟,贴膝跪下,道:"老爷不用生气。此事除太太屋里的人,别人一点也不知道,我听见我母亲说——"说到这句,便回头四顾一看;贾政知其意,将眼色一丢,小厮们明白,都往两边后面退去。贾环便悄悄说道:"我母亲告诉我:'宝玉哥哥,前日在太太屋里,拉着太太的丫头金钏儿,强奸不遂,打了一顿,金钏儿便赌气投井死了——'"

话未说完,把个贾政气得面如金纸,大叫:"拿宝玉来!"一面说,一面便往书房去,喝命:"今日有人来劝我,我把这冠带家私[13]一应就交与他和宝玉过去,我免不得做个罪人,把这几根烦恼鬓毛剃去,寻个干净去处自了,也免得上辱先人、下生逆子之罪!"

众门客仆从见贾政这个形景,便知又是为宝玉了,一个个咬指吐舌,连忙退出。贾政喘吁吁直挺挺的坐地椅子上,满面泪痕,一叠连声:"拿宝玉来! 拿大棍拿绳来! 把门都关上! 有人传信到里头去,立刻打死!"众小厮们只得齐齐答应着,有几个来找宝玉。

那宝玉听见贾政吩咐他"不许动",早知凶多吉少;那里知道贾环又添了许多的话? 正在厅上旋转,怎得个人往里头捎信,偏偏的没个人来,连焙茗[14]也不知在那里。正盼望时,只见一个老妈妈出来,宝玉如得了珍宝,便赶上来拉他,说道:"快进去告诉:老爷要打我呢! 快去,快去! 要紧,要紧!"宝玉一则急了,说话不明白;二则老婆子偏偏又耳聋,不曾听见是什么话,把"要紧"二字,只听做"跳井"二字,便笑道:"跳井让他跳去,二爷怕什么?"宝玉见是个聋子,便着急道:"你出去叫我的小厮来罢!"那婆子道:"有什么了不了的事? 老早的完了,太太又赏了银子,怎么不了事呢?"

宝玉急的手脚正没抓寻处,只见贾政的小厮走来,逼着他出去了。贾政一见,眼都红了,也不暇问他在处流荡优伶,表赠私物,在家荒疏学业,逼淫母婢[15];只喝命:"堵起嘴来,着实打死!"小厮们不敢违,只得将宝玉按在凳上,举起大板,打了十来下。宝玉自知不能讨饶,只是呜呜的哭。贾政还嫌打的轻,一脚踢开掌板的,自己夺过板子来,狠命的又打了十几下。

宝玉生来没经过这样苦楚,起先觉得打的疼不过,还乱哭,后来渐渐气弱声嘶,哽咽不出。众门客[16]见打的不祥了,赶着上来,恳求夺劝。贾政那里肯听? 说道:"你们问问他干的勾当,可饶不可饶! 素日皆是你们这些人把他酿坏了,到这步田地,还来劝解! 明日酿到他弑父弑君,你们才不劝不成?"

众人听这话不好,知道气急了,忙乱着觅人进去给信。王夫人听了,不及去回贾母,便忙穿衣出来,也不顾有人没人,忙忙扶了一个丫头,赶往书房中来。慌得众门客小厮等避之不及。贾政正要再打,一见王夫人进来,更加火上浇油,那板子越下去的又狠又快。按宝玉的两个小厮,忙松手走开,宝玉早已动弹不得了。

贾政还欲打时,早被王夫人抱住板子。贾政道:"罢了,罢了! 今日必定要气死我才罢!"王夫人哭道:"宝玉虽然该打,老爷也要保重。且炎暑天气,老太太身上又不大好,打死宝玉事小,倘或老太太一时不自在了,岂不事大?"贾政冷笑道:"倒休提这话! 我养了这不肖的孽障，我已不孝；平昔教训他一番，又有众人护持；不如趁今日结果了他的狗命，以绝将来之患！"说着，便要绳来勒死。王夫人连忙抱住哭道："老爷虽然应当管教儿子，也要看夫妻分上。我如今已五十岁的人，只有这个孽障，必定苦苦的以他为法，我也不敢深劝。今日越发要弄死他，岂不是有意绝我呢？既要勒死他，索性先勒死我，再勒死他！我们娘儿们不如一同死了，在阴司里也得个倚靠。"说毕，抱住宝玉，放声大哭起来。

　　贾政听了此话，不觉长叹一声，向椅子坐了，泪如雨下。王夫人抱着宝玉，只见他面白气弱，底下穿着一条绿纱小衣，一片是血渍。禁不住解下汗巾去，由腿看至臀胫，或青或紫，或整或破，竟无一点好处，不觉失声大哭起"苦命的儿"来。因哭出"苦命儿"来，又想起贾珠来，便叫着贾珠，哭道："若是你活着，便死一百个，我也不管了。"

　　此时里面的人闻得王夫人出来，李纨、凤姐及迎、探姊妹两个，也都出来了。王夫人哭着贾珠的名字，别人还可，惟有李纨禁不住也抽抽搭搭的哭起来了。贾政听了，那泪更似走珠一般滚了下来。正没开交处，忽听丫环来说："老太太来了——"一言未了，只听见窗外颤巍巍的声气说道："先打死我，再打死他，就干净了！"

　　贾政见母亲来了，又急又痛，连忙迎出来。只见贾母扶着丫头，摇头喘气的走来。贾政上前躬身陪笑道："大暑热的天，老太太有什么吩咐，何必自己走来，只叫儿子进去吩咐便了。"贾母听了，便止步喘息，一面厉声道："你原来和我说话！我倒有话吩咐，只是我一生没养个好儿子，却叫我和谁说去！"

　　贾政听这话不像，飞快跪下含泪说道："儿子管他，也为的是光宗耀祖。老太太这话，儿子如何当的起？"贾母听说，便啐了一口，说道："我说了一句话，你就禁不起！你那样下死手的板子，难道宝玉儿就禁的起了？你说教训儿子是光宗耀祖，当日你父亲怎么教训你来着！"说着，也不觉泪往下流。贾政又陪笑道："老太太也不必伤感，都是儿子一时性急，从此以后，再不打他了。"贾母便冷笑两声道："你也不必和我赌气，你的儿子，自然你要打就打。想来你也厌烦我们娘儿们，不如我们早离开了你，大家干净！"说着，便命人："去看轿！——我和你太太、宝玉儿立刻回南京去！"家下人只得答应着。

　　贾母又叫王夫人道："你也不必哭了，如今宝玉儿年纪小，你疼他;他将来长大,为官作宦的,也未必想着你是他母亲了。你如今倒是不疼他,只怕将来还少生一口气呢!"贾政听说,忙叩头说道:"母亲如此说,儿子无立足之地了!"贾母冷笑道:"你分明使我无立足之地,你反说起你来! 只是我们回去了,你心里干净,看有谁来不许你打!"一面说,一面只命:"快打点行李车辆轿马回去!"贾政直挺挺跪着,叩头谢罪。

贾母一面说,一面来看宝玉,只见今日这顿打,不比往日,又是心疼,又是生气,也抱着哭个不了。王夫人与凤姐等解劝了一会,方渐渐的止住。

早有丫环媳妇等,上来要换宝玉,凤姐便骂:"糊涂东西! 也不睁开眼瞧瞧,这个样儿,怎么换着走的? 还不快进去把藤屉子春凳抬出来呢!"众人听了,连忙飞跑进去,果然抬出春凳[17]来,将宝玉放上,随着贾母王夫人等进去,送至贾母屋里。

彼时贾政见贾母怒气未消,不敢自便,也跟着进来。看看宝玉果然打重了,再看看王夫人一声"肉"一声"儿"的哭道:"你替珠儿早死了,留着珠儿,也免你父亲生气,我也不白操这半世的心了! 这会子你倘或有个好歹,撂下我,叫我靠那一个?"数落一场,又哭"不争气的儿"。贾政听了,也就灰心自己不该下毒手打到如此地步。先劝贾母,贾母含泪说道:"儿子不好,原是要管的,不该打到这个分儿! 你不出去,还在这里做什么! 难道于心不足,还要眼看着他死了才算吗?"贾政听说,方诺诺的退出去了。

此时薛姨妈、宝钗、香菱、袭人、湘云等也都在这里。袭人满心委曲,只不好十分使出来。见众人围着,灌水的灌水,打扇的打扇,自己插不下手去,便索性走出门,到二门前,命小厮们找了焙茗来细问:"方才好端端的,为什么打起来? 你也不早来透个信儿!"焙茗急的说:"偏我没在跟前,打到半中间,我才听见了,忙打听原故,却是为琪官儿和金钏儿姐姐的事。"袭人道:"老爷怎么知道了?"焙茗道:"那琪官儿的事,多半是薛大爷素昔吃醋,没法儿出气,不知在外头挑唆了谁来,在老爷跟前下的蛆。那金钏儿姐姐的事,大约是三爷说的。——我也是听见跟老爷的人说。"

袭人听了这两件事都对景[18],心中也就信了八九分,然后回来,只见众人都替宝玉疗治调停完备。贾母命:"好生抬到他屋里去。"众人一声答应,七手八脚,忙把宝玉送入怡红院内自己床上卧好,又乱了半日,众人渐渐的散去了,袭人方才进前来,经心服侍细问。

　　话说袭人见贾母王夫人等去后，便走来宝玉身边坐下，含泪问他："怎么就打到这步田地？"宝玉叹气说道："不过为那些事，问他做什么！只是下半截疼得很，你瞧瞧，打坏了那里？"袭人听说，便轻轻地伸手进去，将中衣脱下，略动一动，宝玉便咬着牙叫"嗳哟"，袭人连忙停住手：如此三四次才褪下来了。袭人看时，只见腿上半段青紫，都有四指阔的僵痕高起来。袭人咬着牙说道："我的娘！怎么下这般的狠手！——你但凡听我一句话，也不到这个分儿。幸而没动筋骨；倘或打出个残疾来，可叫人怎么样呢？"

　　正说着只听丫环们说："宝姑娘来了。"袭人听见，知道穿不及中衣，便拿了一床夹纱被，替宝玉盖了。只见宝钗手里托着一丸药走进来，向袭人说道："晚上把这药用酒研开，替他敷上，把那淤血的热毒散开，就好了。"说毕，递与袭人。又问："这会子可好些？"宝玉一面道谢，说："好些了。"又让座。

　　宝钗见他睁开眼说话，不像先时，心中也宽慰了些，便点头叹道："早听人一句话，也不至有今日！别说老太太、太太心疼，就是我们看着，心里也——"刚说了半句，又忙咽住，不觉眼圈微红，双腮带赤，低头不语了。宝玉听这话如此亲切，大有深意；忽见他又咽住，不往下说，红了脸，低下头，含着泪，只管弄衣带，那一种软怯娇羞、轻怜痛惜之情，竟难以言语形容，越觉心中感动，将疼痛早已丢在九霄云外去了。想道："我不过挨了几下打，他们一个个就有这些怜惜之态，令人可亲可敬。假若我一时竟别有大故[19]，他们还不知何等悲感呢！既是他们这样，我便一时死了，得他们如此，一生事业，纵然尽付东流，也无足叹惜了。"正想着，只听宝钗问袭人道："怎么好好的动了气，就打起来了？"袭人便把焙茗的话悄悄说了。宝玉原来还不知贾环的话，见袭人说出，方才知道；因又拉上薛蟠，惟恐宝钗沉心[20]，忙又止住袭人道："薛大哥从来不是这样，你们别混猜度。"

　　宝钗听说，便知宝玉是怕他多心，用话拦袭人。因心中暗暗想道："打得这个形象，疼还顾不过来，还这样细心，怕得罪了人。你既这样用心，何不在外头大事上做工夫，老爷也欢喜了，也不能吃这样亏。你虽然怕我沉心，所以拦袭人的话难道我就不知我哥哥素是恣心纵欲、毫无防范的那种心性吗？当日为个秦钟，还闹的天翻地覆，自然如今比先又加利害了。"想毕，因笑道："你们也不必怨这个，怨那个，据我想，到底宝兄弟素日肯和那些人来往，老爷才生气。就是我哥哥说话不防头，一时说出宝兄弟来，也不是有心挑唆：一则也是本来实话；二则他原不理论这些防嫌小事。袭姑娘从小儿只见过宝兄弟这样细心的人，何曾见过我哥哥那天不怕、地不怕、心里有什么、口里说什么的人呢？"

袭人因说出薛蟠来，见宝玉拦他的话，早已明白自己说造了，恐宝钗没意思；听宝钗如此说，更觉羞愧无言。宝玉又听宝钗这一番话，半是堂皇正大，半是体贴自己的私心，更觉比先心动神移。方欲说话时，只见宝钗起身道："明日再来看你，好生养着罢。方才我拿了药来，交给袭人，晚上敷上，管就好了。"说着，便走出门去。袭人赶着送出院外，说："姑娘倒费心了。改日宝二爷好了，亲自来谢。"宝钗回头笑道："这有什么的？只劝他好生养着，别胡思乱想，就好了。要想什么吃的玩的，悄悄的往我那里只管取去，不必惊动老太太、太太、众人。倘或吹到老爷耳朵里，虽然彼时不怎么样，将来对景，终是要吃亏的。"说着去了。

袭人抽身回来，心内着实感激宝钗。进来见宝玉沉思默默，似睡非睡的模样，因而退出房外栉沐。宝玉默默地躺在床上，无奈臀上作痛，如针挑刀挖一般，更热如火炙，略展转时，禁不住"嗳哟"之声。那时天色将晚，因见袭人去了，却有两三个丫环伺候，此时并无呼唤之事，因说道："你们且去梳洗，等我叫时再来。"众人听了，也都退出。

这里宝玉昏昏沉沉，只见蒋玉函走进来了，诉说忠顺府拿他之事；一时又见金钏儿进来，哭说为他投井之情。宝玉半梦半醒，刚要诉说前情，忽又觉有人推他，恍恍惚惚，听得悲切之声。宝玉从梦中惊醒，睁眼一看，不是别人，却是黛玉。——犹恐是梦，忙又将身子欠起来，向脸上细细一认，只见他两个眼睛肿得桃儿一般，满面泪光，不是黛玉，却是那个？宝玉还欲看时，怎奈下半截疼痛难禁，支持不住，便"嗳哟"一声，仍旧倒下；叹了口气，说道："你又做什么来了？太阳才落，那地上还是怪热的，倘或又受了暑，怎么好呢？我虽然挨了打，却也不很觉疼痛。这个样儿是装出来哄他们，好在外头布散给老爷听。其实是假的。你别信真了。"

此时黛玉虽不是嚎啕大哭，然越是这等无声之泣，气噎喉堵，更觉利害。听了宝玉这些话，心中提起万句言词，要说时却不能说得半句。半天，方抽抽噎噎的道："你可都改了罢！"宝玉听说，便长叹一声道："你放心。别说这样话。我便为这些人死了,也是情愿的。"

一句话未了,只见院外人说:"二奶奶来了。"黛玉便知是凤姐来了,连忙起身,说道:"我从后院子里罢,回来再来。"宝玉一把拉住,道:"这又奇了。好好的,怎么怕起他来了?"黛玉急得跺脚,悄悄的说道:"你瞧瞧我的眼睛!又该他们拿咱们取笑儿了。"宝玉听说,赶忙的放了手。黛玉三步两步转过床后,刚出了后院,凤姐从前头已进来了。问宝玉:"可好些了?想些什么吃?叫人往我那里取去。"接着薛姨妈又来了。一时贾母又打发了人来。

至掌灯时分,宝玉只喝了两口汤,便昏昏沉沉的睡去。接着周瑞媳妇、吴新登媳妇、郑好媳妇,这几个有年纪长来往的,听见宝玉捱了打,也都进来了。袭人忙出来,悄悄的笑道:"婶娘们略来迟了一步,二爷睡着了。"说着,一面陪他们到那边屋里坐着,倒茶给他们吃。那几个媳妇子都悄悄的坐了一回,向袭人说:"等二爷醒了,你替我们说罢。"

袭人答应了,送他们出去。

【注释】

[1] 节选自《红楼梦》第三十三回《手足耽耽小动唇舌,不肖种种大承笞挞》和第三十四回《情中情因情感妹妹,错里错以错劝哥哥》中"钗黛探伤"部分,岳麓书社1987年版。

[2] 雨村:贾雨村。一个与贾府有着密切关系的封建官僚。本是个潦倒文人,中进士后当了县官,不久因"贪酷"而被革职。后又借助贾府势力得以"起复",升任应天府尹。

[3] 五内:五脏,指内心。

[4] 嗐(hài):叹息,这里表示伤感。

[5] 惶悚(sǒng):慌张害怕。

[6] 并非擅造潭府:并不是擅自到贵府来。造:到。潭府:贵府,深宅大院,旧时对别人府宅的尊称。潭:深。

[7] 谕:告诉,吩咐。旧俗对对方讲话的尊敬说法。

[8] 琪官:指蒋玉函。忠顺王爷府中一位唱小旦的优伶,风雅能诗,与贾宝玉交往甚厚,后娶花袭人为妻。

[9] 停:总数分成几等份,其中一份叫一停。

[10] 草莽:低贱粗俗。

[11] 克夺之权:能制人强取人财物的权力。克:制胜,制人。夺:即生杀予夺之权的夺。

[12] 暴殄:暴死。

[13] 冠带家私:指官爵、财产。

[14] 焙茗:贾宝玉的贴身男仆,原名茗烟。

[15] 婢:婢女。旧社会有钱人家雇用的女孩子。

[16] 门客：封建贵族官僚家里养的帮闲或帮忙的文人清客。

[17] 春凳：长条且宽大的凳子。

[18] 对景：情景相符。

[19] 大故：指死亡。

[20] 沉心：往心里去。

【简析】

本文通过对宝玉挨打这一事件的描写，揭示了宝玉挨打的根本原因及社会背景，集中表现了封建统治阶级的卫道士与叛逆者之间的矛盾冲突，明确展示了男主人公的叛逆性格，同时也展示了相关人员对宝玉挨打所持的态度。情节起伏，人物性格异常鲜明突出。

宝玉挨打这个事件表面上是写父亲教训儿子这样一件普通小事，实际上体现了父子俩尖锐的思想冲突。贾政望子成龙，希望儿子能读书做官，他要的是道德文章，是仕途经济，是光宗耀祖。但宝玉恰恰与之相悖。宝玉厌恶读书，无意仕途，不与权贵结交，反而与大观园里的女孩子们厮混，结交优伶。这就违背了封建社会里"男女授受不亲"、"长幼尊卑有序"的礼法，与贾政的封建正统思想格格不入。宝玉挨打，实质上是两种思想观念、两种人格类型的矛盾冲突，是封建秩序、封建道德与追求自由和个性解放的叛逆人格的矛盾，是僵化了的"理学"与充满生命活力的"情性"的冲突，反映了曹雪芹对中国虚伪道学礼法的批判揭露，以及对中国传统文化的重新评估。宝玉的顽劣，是对封建思想的叛道离经，在当时的社会背景下挨打是必然的。

本文故事情节虽然简单，但人物形象塑造却十分鲜明。宝玉是一个背叛封建礼教的贵族叛逆者的形象。他虽然被打得遍体鳞伤，但是当姐妹们前来看望他时，他仍表示"一生事业纵然尽付东流，也无足叹息"、"我便为这些人死了，也是情愿的"。这说明，他非但没有悔改之意，反而在叛逆的道路上越走越远。贾政是一个封建的卫道士形象，封建的纲常思想在他的脑海里根深蒂固。他在贾府中具有绝对权威，总是板着冷漠的面孔，令人畏惧，在外为官清正，认真走仕途之路。他希望宝玉能按照他的标准做人，"宝玉挨打"一回充分体现了贾政的封建家长制作风。贾政"端正"做人，孝敬贾母，严格教子，好像正人君子，但他自己却是娶妻又纳妾，道貌岸然。贾政几乎把儿子打死，反映出正统思想对叛逆意识的极端仇恨。王夫人也是封建家长制的典型。她吃斋念佛，信奉封建伦理道德，恪守妇道，尊敬贾政。她把宝玉当成保持自己身份地位的法宝，一心想按封建道德的标准来培养宝玉，期望他能成为贾家百年之基的继承人。她处心积虑地安插忠于封建道德的袭人来监护宝玉，而把涉嫌将宝玉引上邪路的金钏、晴雯等人痛加责罚，驱除殆尽。课文中，她面对宝玉挨打，不敢正面制止贾政，只是哭泣，又怕贾政气坏身体，由此也可窥见她的尊夫思想。

　　宝玉挨打的情节集中反映了贾府内部的父子矛盾、嫡庶矛盾、母子矛盾、夫妻矛盾等,同时表现了贾政夫妻、贾母在对待宝玉教育态度上的同中之异。从教育的出发点来看,他们三人是相同的,都严格遵从封建礼制,都希望宝玉能成为家族合格的继承人;但他们的教育方法不同,贾政爱得无情——欲望之爱大于情感之爱,王夫人爱得无理——依从宝玉以巩固自己的正室地位,贾母爱得发昏——一味地纵容溺爱。其结果均以失败而告终,究其原因,是他们离宝玉的内心生活太远了。

　　此外,宝玉挨打,余波荡漾,牵动了贾府上上下下不同身份地位的人物。他们在这一事件中都异常活跃地表现出各自的性格和心态。近距离余波如王夫人哭劝贾政,贾母怒阻贾政;远距离余波如袭人痛心以相告,宝钗动情来探源,黛玉泪眼表真情。

　　《红楼梦》里的人物众多、事件纷杂,曹雪芹正是用了一种“经济”的写法,借“宝玉挨打”这一事件,把众多的人卷进来,在同一场景中“逼现”每个人的性格,通过不同人物的行为言语及相互烘托与对比,使人物形象立体而丰满。

【思考与练习】

　　1. 马克思曾言:“发展的加速和延缓在很大程度上是取决于‘偶然性’的。”宝玉挨打片断中也有偶然性的情节,请找出来并体会它的作用。

　　2. 分析贾政、贾夫人及贾母三个人物的不同性格特点。

　　3. 阅读课文,体会贾政、王夫人、贾母在对待宝玉教育态度上有何相同与不同之处,并结合自己的生活,谈谈父母的教育出发点与方式。

　　4. 读《红楼梦》第三十四回,看看宝钗与黛玉探望宝玉时的心理和行为有哪些不同,为什么? 由此分析二者人物形象。

永远的尹雪艳[1]

白先勇

　　白先勇(1937～)，当代作家，广西桂林人，国民党高级将领白崇禧之子。在读小学和中学时深受中国古典小说和"五四"新文学作品的浸染。童年在重庆生活，后随父母迁居南京、香港、台湾。1958 年发表第一篇小说《金大奶奶》。1960 年与同学陈若曦、欧阳子等人创办《现代文学》杂志，发表了《月梦》、《玉卿嫂》、《毕业》等小说多篇。1963 年赴美国，从事文学创作研究，1965 年获硕士学位后旅居美国，任教于加州大学。出版有短篇小说集《寂寞的十七岁》、《台北人》、《纽约客》，散文集《蓦然回首》，长篇小说《孽子》等。白先勇吸收了西洋现代文学的写作技巧，并将它融入中国传统的表现方式中，描写新旧交替时代人物的故事和生活，富有历史兴衰和人世沧桑感。

一

　　尹雪艳总也不老。十几年前那一班在上海百乐门舞厅替她棒场的五陵年少，有些天平开了顶，有些两鬓添了霜，有些来台湾降成了铁厂、水泥厂、人造纤维厂的闲顾问，但也有少数却升成了银行的董事长、机关里的大主管。不管人事怎么变迁，尹雪艳永远是尹雪艳，在台北仍旧穿着她那一身蝉翼纱的素白旗袍，一径那么浅浅的笑着，连眼角儿也不肯皱一下。

　　尹雪艳着实迷人。但谁也没能道出她真正迷人的地方。尹雪艳从来不爱擦胭抹粉，有时最多在嘴唇上点着些似有似无的蜜丝佛陀；尹雪艳也不爱穿红戴绿，天时炎热，一个夏天，她都浑身银白，净扮的了不得。不错，尹雪艳是有一身雪白的肌肤，细挑的身材，容长的脸蛋儿配着一付俏丽恬静的眉眼子，但是这些都不是尹雪艳出奇的地方。见过尹雪艳的人都这么说，也不知是何道理，无论尹雪艳一举手、一投足，总有一份世人不及的风情。别人伸个腰、蹙一下眉，难看，但是尹雪艳做起来，却又别有一番妩媚了。尹雪艳也不多言、不多语，紧要的场合插上几句苏州腔的上海话，又中听、又熨帖。有些荷包不足的舞客，攀不上叫尹雪艳的台子，但是他们却去百乐门坐坐，观观尹雪艳的风采，听她讲几句吴侬软语，心里也是舒服的。尹雪艳在舞池子里，微仰着头，轻摆着腰，一径是那么不慌不忙的起舞着；即使跳着快狐步，尹雪艳从来也没有失过分寸，仍旧显得那么从容，那么轻盈，像一球随风飘荡的柳絮，脚下没有扎根似的。尹雪艳有她自己的旋律。尹雪艳有她自己的拍子。绝不因外界的迁异，影响到她的均衡。

尹雪艳迷人的地方实在讲不清，数不尽，但是有一点却大大增加了她的神秘。尹雪艳名气大了，难免招忌，她同行的姐妹淘醋心重的就到处吵起说：尹雪艳的八字带着重煞，犯了白虎，沾上的人，轻者家败，重者人亡。谁知道就是为着尹雪艳享了重煞的令誉，上海洋场的男士们都对她增加了十分的兴味。生活悠闲了，家当丰沃了，就不免想冒险，去闯闯这颗红遍了黄浦滩的煞星儿。上海棉纱财阀王家的少老板王贵生就是其中探险者之一。天天开着崭新的开德拉克，在百乐门门口候着尹雪艳转完台子，两人一同上国际饭店二十四楼的屋顶花园去共进华美的夜宵。望着天上的月亮及灿烂的星斗，王贵生说，如果用他家的金条儿能够搭成一道天梯，他愿意爬上天空去把那弯月牙儿掐下来，插在尹雪艳的云鬟上。尹雪艳吟吟地笑着，总也不出声，伸出她那兰花般细巧的手，慢条斯理地将一枚枚涂着俄国乌鱼子的小月牙儿饼拈到嘴里去。

王贵生拼命地投资，不择手段地赚钱，想把原来的财富堆成三倍四倍，将尹雪艳身边那批富有的逐鹿者一一击倒，然后用钻石玛瑙串成一根链子，套在尹雪艳的脖子上，把她牵回家去。当王贵生犯上官商勾结的重罪，下狱枪毙的那一天，尹雪艳在百乐门停了一宵，算是对王贵生致了哀。

最后赢得尹雪艳的却是上海金融界一位热可炙手的洪处长。洪处长休掉了前妻，抛弃了三个儿女，答应了尹雪艳十条条件。于是尹雪艳变成了洪夫人，住在上海法租界一幢从日本人接收过来华贵的花园洋房里。两三个月的工夫，尹雪艳便像一株晚开的玉梨花，在上海上流社会的场合中以压倒群芳的姿态绽放起来。

尹雪艳着实有压场的本领。每当盛宴华筵，无论在场的贵人名媛，穿着紫貂，围着火狸，当尹雪艳披着她那件翻领束腰的银狐大氅，像一阵三月的微风，轻盈盈地闪进来时，全场的人都好像给这阵风熏中了一般，总是情不自禁地向她迎过来。尹雪艳在人堆子里，像个冰雪化成的精灵，冷艳逼人，踏着风一般的步子，看得那些绅士以及仕女们的眼睛都一齐冒出火来。这就是尹雪艳：在兆丰夜总会的舞厅里、在兰心剧院的过道上，以及在霞飞路上一幢幢侯门官府的客堂中，一身银白，歪靠在沙发椅上，嘴角一径挂着那流吟吟浅笑，把场合中许多银行界的经理、协理、纱厂的老板及小开，以及一些新贵和他们的夫人们都拘到跟前来。

可是洪处长的八字到底软了些，没能抵得住尹雪艳的重煞。一年丢官，两年破产，到了台北连个闲职也没捞上。尹雪艳离开洪处长时还算有良心，除了自己的家当外，只带走一个从上海跟来的名厨师及两个苏州娘姨。

二

尹雪艳的新公馆落在仁爱路四段的高级住宅区里，是一幢崭新的西式洋房，有个十分宽敞的客厅，容得下两三桌酒席。尹雪艳对她的新公馆倒是刻意经营过一番。客厅的家具是一色桃花心红木桌椅。几张老式大靠背的沙发，塞满了黑丝面子鸳鸯戏水的湘绣靠枕，人一坐下去就陷进了一半，倚在柔软的丝枕上，十分舒适。到过尹公馆的人，都称赞尹雪艳的客厅布置妥帖，叫人坐着不肯动身。打麻将特别设备的麻将间里，麻将桌、麻将灯都设计得十分精巧。有些客人喜欢挖花，尹雪艳还特别腾出一间有隔音设备的房间，挖花的客人可以关在里面恣意唱和。冬天有暖炉，夏天冷气，坐在尹公馆里，很容易忘记外面台北市的阴寒及溽暑。客厅案头的古玩花瓶，四时都供着鲜花。尹雪艳对于花道十分讲究，中山北路的玫瑰花店常年都送来上选的鲜货。整个夏天，尹雪艳的客厅中都细细地透着一股又甜又腻的晚香玉。

尹雪艳的新公馆很快地便成为她旧遇新知的聚会所。老朋友来到时，谈谈老话，大家都有一腔怀古的幽情，想一会儿当年，在尹雪艳面前发发牢骚，好像尹雪艳便是上海百乐门时代房屋的象征，京沪繁华的佐证一般。

"阿媛，看看干爹的头发都白光喽！侬还像枝万年青一样，愈来愈年青！"

吴经理在上海当过银行的总经理，是百乐门的座上常客，来到台北赋闲，在一家铁工厂挂个顾问的名义。见到尹雪艳，他总爱拉着她半开玩笑而又不免带点自怜的口吻这样说。吴经理的头发确实全白了，而且患着严重的风湿，走起路来，十分蹒跚，眼睛又害沙眼,眼毛倒插,常年淌着眼泪,眼圈已经开始溃烂,露出粉红的肉来。冬天时候,尹雪艳总把客厅里那架电暖炉移到吴经理的脚跟前,亲自奉上一盅铁观音,笑吟吟地说道:"哪里的话,干爹才是老当益壮呢!"

吴经理心中熨帖了,恢复了不少自信,眨着他那烂掉了睫毛的老花眼,在尹公馆里,当众票了一出"坐宫",以苍凉沙哑的嗓子唱出:

"我好比浅水龙,被困在沙滩。"

尹雪艳有迷男人的功夫,也有迷女人的功夫。跟尹雪艳结交的那班太太们,打从上海起,就背地数落她。当尹雪艳平步青云时,这些太太们气不忿,说道:"凭你怎么爬,左不过是个货腰娘。"当尹雪艳的靠山相好遭到厄运的时候,她们就叹气道:"命是逃不过的,煞气重的娘儿们到底沾惹不得。"可是十几年来这起太太们一个也舍不得离开尹雪艳,到台北都一窝蜂似地聚到尹雪艳的公馆里,她们不得不承认尹雪艳实在有她惊动人的地方。尹雪艳在台北的鸿祥绸缎庄打得出七五折,在小花园里挑得出最登样的绣花鞋儿,红楼的绍兴戏码,尹雪艳最在行,吴燕丽唱《孟丽君》的时候,尹雪艳可以拿得到免费的前座戏票,论起西门町的京沪小吃,尹雪艳又是无一不精了。于是这起太太们,由尹雪艳领队,逛西门町,看绍兴戏,坐在三六九里吃桂花汤团,往往把十几年来不如意的事儿一古脑儿抛掉,好像尹雪艳周身都透着上海大千世界荣华的麝香一般,熏得这起往事沧桑的中年妇人都进入半醉的状态,而不由自主都津津乐道起上海五香斋的蟹黄面来。这起太太们常常容易闹情绪。尹雪艳对于她们都一一施以广泛的同情,她总耐心地聆听她们的怨艾及委屈,必要时说几句安抚的话,把她们焦躁的脾气一一熨平。

"输呀,输得精光才好呢!反正家里有老牛马垫背,我不输,也有旁人替我输!"每逢宋太太搓麻将输了钱时就向尹雪艳带着酸意的抱怨道。宋太太在台湾得了妇女更年期的痴肥症,体重暴增到一百八十多磅,形态十分臃肿,走多了路,会犯气喘。宋太太的心酸话较多,因为她先生宋协理有了外遇,对她颇为冷落,而且对方又是一个身段苗条的小酒女。十几年前宋太太在上海的社交场合出过一阵风头,因此她对以往的日子特别向往。尹雪艳自然是宋太太倾诉衷肠的适当人选,因为只有她才能体会宋太太那种今昔之感。有时讲到伤心处,宋太太会禁不住掩面而泣。

"宋家阿姐,'人无千日好,花无百日红',谁又能保得住一辈子享荣华,受富贵呢?"

于是尹雪艳便递过热毛巾给宋太太揩面,怜悯地劝说道。宋太太不肯认命,总要抽抽搭搭地怨怼一番:

"我就不信我的命又要比别人差些! 像侬吧,尹家妹妹,侬一辈子是不必发愁的,自然有人会来帮衬侬。"

三

尹雪艳确实不必发愁,尹公馆门前的车马从来也未曾断过。老朋友固然把尹公馆当做世外桃源,一般新知也在尹公馆找到别处稀有的吸引力。尹雪艳公馆一向维持它的气派。尹雪艳从来不肯把它降低于上海霞飞路的排场。出入的人士,纵然有些是过了时的,但是他们有他们的身份,有他们的派头,因此一进到尹公馆,大家都觉得自己重要,即使是十几年前作废了的头衔,经过尹雪艳娇声亲切的称呼起来,也如同受过诰封一般,心理上恢复了不少的优越感。至于一般新知,尹公馆更是建立社交的好所在了。

当然,最吸引人的,还是尹雪艳本身。尹雪艳是一个最称职的主人。每一位客人,不分尊卑老幼,她都招呼得妥妥帖帖。一进到尹公馆,坐在客厅中那些铺满黑丝面椅垫的沙发上,大家都有一种宾至如归、乐不思蜀的亲切之感。因此,做会总在尹公馆开标,请生日酒总在尹公馆开席,即使没有名堂的日子,大家也立一个名目,凑到尹公馆成一个牌局。一年里,倒有大半的日子,尹公馆里总是高朋满座。

尹雪艳本人极少下场,逢到这些日期,她总预先替客人们安排好牌局;有时两桌,有时三桌。她对每位客人的牌品及癖性都摸得清清楚楚,因此牌搭子总配得十分理想,从来没有伤过和气。尹雪艳本人督导着两个头干脸净的苏州娘姨在旁边招呼着。午点是宁波年糕或者湖州粽子。晚饭是尹公馆上海名厨的京沪小菜:金银腿、贵妃鸡、抢虾、醉蟹——尹雪艳亲自设计了一个转动的菜牌,天天转出一桌桌精致的筵席来。到了下半夜,两个娘姨便捧上雪白喷了明星花露水的冰面巾,让大战方酣的客人们揩面醒脑,然后便是一碗鸡汤银丝面作了夜宵。客人们掷下的桌面十分慷慨,每次总上两三千。赢了钱的客人固然值得兴奋,即使输了钱的客人也是心甘情愿,在尹公馆里吃了玩了,末了还由尹雪艳差人叫好计程车,一一送回家去。

当牌局进展激烈的当儿,尹雪艳便换上轻装,周旋在几个牌桌之间,踏着她那风一般的步子,轻盈盈地来回巡视着,像个通身银白的女祭司,替那些作战的人们祈祷和祭祀。

"阿媛,干爹又快输脱底喽!"

每到败北阶段,吴经理就眨着他那烂掉了睫毛的眼睛,向尹雪艳发出讨救的哀号。

"还早呢,干爹,下四圈就该你摸清一色了。"

尹雪艳把个黑丝椅垫枕到吴经理害了风湿症的背脊上,怜恤地安慰着这个命运乖谬的老人。

"尹小姐,你是看到的。今晚我可没打错一张牌,手气就那么背!"

女客人那边也经常向尹雪艳发出乞怜的呼吁,有时宋太太输急了,也顾不得身份,就抓起两颗骰子啐道:

"呸!呸!呸!勿要面孔的东西,看你霉到甚么辰光!"

尹雪艳也照例过去,用着充满同情的语调,安抚她们一番。这个时候,尹雪艳的话就如同神谕一般令人敬畏。在麻将桌上,一个人的命运往往不受控制,客人们都讨尹雪艳的口彩来恢复信心及加强斗志。尹雪艳站在一旁,叼着金嘴子的三个九,徐徐地喷着烟圈,以悲天悯人的眼光看着她这一群得意的、失意的、老年的、壮年的、曾经叱咤风云的、曾经风华绝代的客人们,狂热的互相厮杀,互相宰割。

四

新来的客人中,有一位叫徐壮图的中年男士,是上海交通大学的毕业生;生得品貌堂堂,高高的个儿,结实的身体,穿着剪裁合度的西装,显得分外英挺。徐壮图是个台北市新兴的实业巨子,随着台北市的工业化,许多大企业应运而生,徐壮图头脑灵活,具有丰富的现代化工商管理的知识,才是四十出头,便出任一家大水泥公司的经理。徐壮图有位贤惠的太太及两个可爱的孩子。家庭美满,事业充满前途,徐壮图成为一个雄心勃勃的企业家。

徐壮图第一次进入尹公馆是在一个庆生酒会上。尹雪艳替吴经理做六十大寿,徐壮图是吴经理的外甥,也就随着吴经理来到尹雪艳的公馆。

那天尹雪艳着实装饰了一番,穿着一袭月白短袖的织锦旗袍,襟上一排香妃色的大盘扣;脚上也是月白缎子的软底绣花鞋,鞋尖却点着两瓣肉色的海棠叶儿。为了讨喜气,尹雪艳破例地在右鬓簪上一朵酒杯大血红的郁金香,而耳朵上却吊着一对寸把长的银坠子。客厅里的寿堂也布置得喜气洋洋。案上全换上才铰下的晚香玉,徐壮图一踏进去,就嗅中一阵沁人脑肺的甜香。

"阿媛,干爹替侬带来顶顶体面的一位客人。"吴经理穿着一身崭新的纺绸长衫,伛着背,笑呵呵地把徐壮图介绍给尹雪艳道,然后指着尹雪艳说:

"我这位干小姐呀,实在孝顺不过。我这个老朽三灾五难的还要赶着替我做生。我忖忖:我现在又不在职,又不问世,这把老骨头天天还要给触霉头的风湿症来折磨。管他折福也罢,今朝我且大模大样地生受了干小姐这场寿酒再讲。我这位外甥,年轻有为,难得放纵一回,今朝也来跟我们这群老朽一道开心开心。阿媛是个最妥当的主人家,我把壮图交给侬,侬好好地招待招待他吧。"

"徐先生是稀客,又是干爹的令戚,自然要跟别人不同一点。"尹雪艳笑吟吟地答道,发上那朵血红的郁金香颤巍巍地抖动着。

徐壮图果然受到尹雪艳特别的款待。在席上,尹雪艳坐在徐壮图旁边一径殷勤地向他敬酒让菜,然后歪向他低声说道:

"徐先生,这道是我们大师傅的拿手,你尝尝,比外面馆子做的如何?"

用完席后,尹雪艳亲自盛上一碗冰冻杏仁豆腐捧给徐壮图,上面却放着两颗鲜红的樱桃。用完席成上牌局的时候,尹雪艳走到徐壮图背后看他打牌。徐壮图的牌张不熟,时常发错张子。才到八圈,徐壮图已经输掉一半筹码。有一轮,徐壮图正当发出一张梅花五筒的时候,突然尹雪艳从后面欠过身伸出她那细巧的手把徐壮图的手背按住说道:

"徐先生,这张牌是打不得的。"

那一盘徐壮图便和了一副"满园花",一下子就把输出去的筹码赢回了大半。客人中有一个开玩笑抗议道:

"尹小姐,你怎么不来替我也点点张子,瞧瞧我也输光啦。"

"人家徐先生头一趟到我们家,当然不好意思让他吃了亏回去的喽。"徐壮图回头看到尹雪艳朝着他满面堆着笑容,一对银耳坠子吊在她乌黑的发脚下来回地浪荡着。

客厅中的晚香玉到了半夜,吐出一蓬蓬的浓香来。席间徐壮图喝了不少热花雕,加上牌桌上和了那盘"满园花"的亢奋,临走时他已经有些微醺的感觉了。

"尹小姐,全得你的指教,要不然今晚的麻将一定全盘败北了。"

尹雪艳送徐壮图出大门时,徐壮图感激地对尹雪艳说道。尹雪艳站在门框里,一身白色的衣衫,双手合抱在胸前,像一尊观世音,朝着徐壮图笑吟吟地答道:

"哪里的话,隔日徐先生来白相,我们再一道研究研究麻将经。"

隔了两日,果然徐壮图又来到了尹公馆,向尹雪艳讨教麻将的诀窍。

五

徐壮图太太坐在家中的藤椅上,呆望着大门,两腮一天天消瘦,眼睛凹成了两个深坑。

当徐太太的干妈吴家阿婆来探望她的时候,她牵着徐太太的手失惊叫道:

"嗳呀,我的干小姐,才是个把月没见着,怎么你就瘦脱了形?"

吴家阿婆是一个六十来岁的妇人,硕壮的身体,没有半根白发,一双放大的小脚,仍旧行走如飞。吴家阿婆曾经上四川青城山去听过道,拜了上面白云观里一位道行高深的法师做师父。这位老法师因为看上吴家阿婆天姿异禀,飞升时便把衣钵传了给她。吴家阿婆在台北家中设了一个法堂,中央供着她老师父的神像。神像下面悬着八尺见方黄绫一幅。据吴家阿婆说,她老师父常在这幅黄绫上显灵,向她授予机宜,因此吴家阿婆可预卜凶吉,消灾除祸。吴家阿婆的信徒颇众,大多是中年妇女,有些颇有社会地位。经济环境不虞匮乏,这些太太们的心灵难免感到空虚。于是每月初一十五,她们便停止一天麻将,或者标会的聚会,成群结队来到吴家阿婆的法堂上,虔诚地念经叩拜,布施散财,救济贫困,以求自身或家人的安宁。有些有疑难大症,有些有家庭纠纷,吴家阿婆一律慷慨施以许诺,答应在老法师灵前替她们祈求神助。

"我的太太,我看你的气色竟是不好呢!"吴家阿婆仔细端详了徐太太一番，摇头叹息。徐太太低首俯面忍不住伤心哭泣，向吴家阿婆道出了许多衷肠话来。

亲妈，你老人家是看到的，徐太太流着眼泪断断续续地诉说着，"我们徐先生和我结婚这么久，别说破脸，连句重话都向来没有过。我们徐先生是个争强好胜的人。他一向都这么说：'男人的心五分倒有三分应该放在事业上。'来台湾熬了这十来年，好不容易盼着他们水泥公司发达起来，他才出了头，我看他每天为公事在外面忙着应酬，我心里只有暗暗着急。事业不事业倒在其次，求祈他身体康宁，我们母子再苦些也是情愿的。谁知道打上月起，我们徐先生竟好像变了一个人似的。经常两晚三晚不回家。我问一声，他就摔碗砸筷，脾气暴得了不得。前天连两个孩子都挨了一顿狠打。有人传话给我听，说是我们徐先生在外面有了人，而且人家还是个有头有脸的人物。亲妈，我这个本本分分的人哪里经过这些事情？人还撑得住不走样？"

"干小姐，"吴家阿婆拍了一下巴掌说道，"你不提呢，我也就不说了。你晓得我是最怕兜揽是非的人。你叫了我声亲妈，我当然也就向着你些。你知道那个胖婆儿宋太太呀，她先生宋协理搞上个甚么'五月花'的小酒女。她跑到我那里一把鼻涕一把眼泪要我替她求求老师父。我拿她先生的八字来一算，果然冲犯了东西。宋太太在老师父灵前许了重愿，我替她念了十二本经。现在她男人不是乖乖地回去了？后来我就劝宋太太：'整天少和那些狐狸精似的女人穷混，念经做善事要紧！'宋太太就一五一十地把你们徐先生的事情原原本本数了给我听。那个尹雪艳呀，你以为她是个甚么好东西？她没有两下，就能拢得住这些人？连你们徐先生那么个正人君子她都有本事抓得牢。这种事情历史上是有的：褒姒、妲己、飞燕、太真——这些祸水！你以为都是真人吗？妖孽！凡是到了乱世，这些妖孽都纷纷下凡，扰乱人间。那个尹雪艳还不知道是个甚么东西变的呢！我看你呀，总得变个法儿替你们徐先生消了这场灾难才好。"

"亲妈，"徐太太忍不住又哭了起来，"你晓得我们徐先生不是那种没有良心的男人。每次他在外面逗留了回来，他嘴里虽然不说，我晓得他心里是过意不去的。有时他一个人闷坐着猛抽烟，头筋叠暴起来，样子真唬人。我又不敢去劝解他，只有干着急。这几天他更是着了魔一般，回来嚷着说公司里人人都寻他晦气。他和那些工人也使脾气,昨天还把人家开除了几个。我劝他说犯不着和那些粗人计较,他连我也喝斥了一顿。他的行径反常得很,看着不像,真不由得不叫人担心哪!"

"就是说啊!"吴家阿婆点头说道,"怕是你们徐先生也犯着了什么吧? 你且把他的八字递给我,回去我替他测一测。"

徐太太把徐壮图的八字抄给了吴家阿婆说道:

"亲妈,全托你老人家的福了。"

"放心,"吴家阿婆临走时说道,"我们老师父最是法力无边,能够替人排难解厄的。"

然而老师父的法力并没有能够拯救徐壮图。有一天,正当徐壮图向一个工人拍起桌子喝骂的时候,那个工人突然发了狂,一把扁钻从徐壮图前胸刺穿到后胸。

六

徐壮图的治丧委员会中,吴经理当了总干事。因为连日奔忙,风湿又弄翻了,他在极乐殡仪馆穿出穿进的时候,一径挂着拐杖,十分蹒跚。开吊的那一天,灵堂就设在殡仪馆里。一时亲戚好友的花圈丧帐白簇簇地一直排到殡仪馆的门口来。水泥公司同仁挽的却是"痛失英才"四个大字。来祭吊的人从早上九点钟起开始络绎不绝。徐太太早已哭成了痴人,一身麻衣丧服带着两个孩子,跪在灵前答谢。吴家阿婆却率领了十二个道士,身着法衣,手执拂尘,在灵堂后面的法坛打解冤洗业醮。此外并有僧尼十数人在念经超度,拜大悲忏。

正午的时候,来祭吊的人早挤满了一堂,正当众人熙攘之际,突然人群里起了一阵骚动,接着全堂静寂下来,一片肃穆。原来尹雪艳不知什么时候却像一阵风一般地闪了进来。尹雪艳仍旧一身素白打扮,脸上未施脂粉,轻盈盈的走到管事台前,不慌不忙的提起毛笔,在签名簿上一挥而就的签上了名,然后款款的步到灵堂中央,客人们都候地分开两边,让尹雪艳走到灵台跟前,尹雪艳凝着神,敛着容,朝着徐壮图的遗像深深地鞠了三鞠躬。这时在场的亲友大家都呆如木鸡。有些显得惊讶,有些却是忿愤,也有些满脸惶惑,可是大家都好似被一股潜力镇住了,未敢轻举妄动。这次徐壮图的惨死,徐太太那一边有些亲戚迁怒于尹雪艳,他们都没有料到尹雪艳居然有这个胆识闯进徐家的灵堂来。场合过分紧张突兀,一时大家都有点手足无措。尹雪艳行完礼后,却走到徐家太太面前,伸出手抚摸了一下两个孩子的头,然后庄重地和徐太太握了一握手。正当众人面面相觑的当儿,尹雪艳却踏着她那风一般的步子走出了极乐殡仪馆。一时灵堂里一阵大乱,徐太太突然跪倒在地,昏厥了过去,吴家阿婆赶紧丢掉拂尘,抢身过去,将徐太太抱到后堂去。

当晚,尹雪艳的公馆里又成上了牌局,有些牌搭子是白天在徐壮图祭悼会后约好的。吴经理又带了两位新客人来。一位是南国纺织厂新上任的余经理;另一位是大华企业公司的周董事长。这晚吴经理的手气却出了奇迹,一连串地在和满贯。吴经理不停地笑着叫着,眼泪从他烂掉了睫毛的血红眼圈一滴滴落下来。到了第二十圈,有一盘吴经理突然双手乱舞大叫起来:

"阿媛,快来! 快来! '四喜临门'! 这真是百年难见的怪牌。东、南、西、北——全齐了,外带自摸双! 人家说和了大四喜,兆头不祥。我倒霉了一辈子,和了这付怪牌,从此否极泰来。阿媛,阿媛,侬看看这副牌可爱不可爱? 有趣不有趣?"

吴经理喊着笑着把麻将撒满了一桌子。尹雪艳站到吴经理身边,轻轻地按着吴经理的肩膀,笑吟吟地说道:

"干爹,快打起精神多和两盘。回头赢了余经理及周董事长他们的钱,我来吃你的红!"

【注释】

[1] 选自《白先勇经典作品》,当代世界出版社出版,是白先勇的短篇小说代表作。

【简析】

这篇小说写于 1965 年。它以退居台湾的国民党上层统治阶层的生活为背景,通过塑造尹雪艳这一人物形象,生动地揭示了台湾上层社会生活的腐化及贵族官僚的衰微命运。

由于作者出身于国民党上层统治阶级,对从大陆到台湾的贵族、官僚、富商等各色人物的生活非常熟悉,因此能在作品中真实地再现出来。作者对这些人物的命运寄寓了深刻的叹惋和同情,同时对他们腐败堕落的生活又进行了一定的批评和揭示,《永远的尹雪艳》就是这方面的代表作。

尹雪艳是上海百乐门的一位红得发紫的舞女。流落台北后,她依然年轻貌美,令人着迷。"一举手、一投足,总有一份世人不及的风情。"尽管时代在变,各种人物的命运在变,但她却能超越时间——"永远不老"。在那群"台北人"的心目中,她似乎成为"上海百乐门时代永恒的象征,京沪繁华的佐证一般"。然而,作者在作品中所表达的"永远",绝不仅仅是作为人的尹雪艳的"永远不老",而是指尹雪艳生存环境的永远不变,以及她周围人物的本性永远不变。作者正是通过这个"不老的寓言"精心营造了一个逝去世界的梦影,让那些被她"拘"在身边的一群"台北人"尽情地享受"梦里不知身是客,一晌贪欢"的欢娱,在"直把杭州做汴州"的错觉中寻求虚拟的心灵慰藉,在疯狂麻将的酣战中表演无比"辉煌"的人生。

尹雪艳穿一身素白旗袍,冷艳逼人。她的八字带着重煞,"犯了白虎"。但那些被欲望驱使着的男性们对她趋之若鹜:王贵生的赚钱不要命、洪处长的休妻别子、徐壮图的死于非命——一连串的悲剧故事演绎了一幕幕恋旧的痴情,反映出上流社会生活的腐朽与堕落,表现出传统文化在台湾的失落。

小说不仅思想内容深刻凝重,而且在艺术创作上独具匠心:作者通过对人物的穿着打扮、神情、动作、语言细致入微的描绘,再加上多处有特征的细节描写和白描手法的运用,塑造出一个个血肉丰满、个性鲜明的人物形象;文章结构严谨、简练、集中,在较短的篇幅里蕴藏了丰富的生活内容;文章语言客观冷静、古朴清新、寓意深刻,表现了作者深厚的语言功底和深刻的情感体验。

【思考与练习】

1. 如何理解作品中"永远"的含义?

2. 小说主人公尹雪艳是一个怎样的人物?这一人物形象的塑造具有什么典型意义?

3. 吴经理、王贵生、洪处长、徐壮图等人物形象的共同特征是什么?它说明了什么?

4. 在中国三十年代的新文学作品中,著名作家茅盾成功地塑造了一位出入于各类豪宅公馆、高级饭店,周旋于各色社会名流之间的交际花——徐曼丽。请课后阅读《子夜》,并分析这一人物形象的典型意义。

米 龙 老 爹[1]

莫泊桑

莫泊桑(1850～1893年),法国19世纪著名小说家,是批判现实主义作家的杰出代表。一生创作了六部长篇小说和三百多篇中短篇小说,其文学成就以短篇小说最为突出,被誉为"短篇小说之王"。他的作品揭露了上层社会道德的堕落和生活的荒淫,表现了法国人民的爱国主义精神,歌颂了下层人民的优秀品质。主要作品有长篇小说《俊友》、《一生》,短篇小说《两个朋友》、《羊脂球》、《项链》、《我的叔叔于勒》等。

一个月以来,烈日在田地上展开了炙人的火焰。喜笑颜开的生活都在这种火雨下面出现了,地面上一望全是绿的,蔚蓝的天色一直和地平线相接。那些在平原上四处散布的诺曼第省的田庄,在远处看来像是一些围在细而长的山毛榉树的圈子里的小树林子。然而走到跟前,等到有人打开了天井边的那扇被虫蛀坏的棚栏门,却自信是看见了一个广阔无边的园子,因为所有那些像农夫身体一般骨干嶙峋的古老苹果树正都开着花。乌黑钩曲的老树干在天井里排列成行,在天空之下展开它们那些雪白而且粉红的光彩照人的圆顶。花的香气和敞开的马房里的浓厚气味以及正在发酵的兽肥的蒸气混在一块儿——兽肥的上面是被成群的鸡盖满了的。

已经是日中了。那一家人正在门前的梨树的阴影下面吃午饭:男女家长,四个孩子,两个女长工和三个男长工。他们几乎没有说话。他们吃着菜羹,随后他们揭开了那盘做荤菜的马铃薯煨咸肉。

一个女长工不时立起身来,走到储藏饮食物品的房里,去斟满那只盛苹果酒的大罐子。

男人,年约四十的强健汉子,端详他房屋边的一枝赤裸裸的没有结实的葡萄藤,它曲折得像一条蛇,在屋檐下面沿着墙发展。

末了他说:"老爹这枝葡萄,今年发芽的时候并不迟。也许可

197

以结果子了了。"

妇人也回过头来端详,却一个字也不说。

那枝葡萄,正种在老爹从前被人枪决的地点。

那是一八七〇年打仗时候的事[2]。普鲁士人占领了整个地方。法国的裴兑尔白将军正领着北军和他们抵抗。

普军的参谋处正驻扎在这个田庄上。庄主是个年老的农人,名叫彼德的米龙老爹,竭力款待他们,安置他们。

一个月以来,普军的先头部队留在这个村落里做侦察工作。法军却在相距十法里内外一带地方静伏不动;然而每天夜晚,普兵总有好些骑兵失踪。

凡是那些分途到附近各处去巡逻的人,若是他们只是两三个成为一组出发的,都从没有转来过。

到早上,有人在一块地里,一个天井旁边,一条壕沟里,寻着了他们的尸首。

至于他们的马也伸着腿倒在大路上,项颈被人一刀割开了。

这类的暗杀举动,仿佛是被一些同样的人干的,然而普兵没有法子破案。

地方上感到恐怖了。许多乡下人,每每因为一个简单的告发就被普兵枪决了,妇女们也被他们拘禁起来了,他们原来想用恐吓手段使儿童们有所透漏,结果却什么也没有发现。

但是某一天早上,他们瞧见了米龙老爹躺在自己马房里,脸上有一道刀伤。

两个刺穿了肚子的普国骑兵在一个和这庄子相距三公里远的地方被人寻着了,其中的一个,手里还握着他那件血迹模糊的马刀,可见这一个是曾经格斗过的,自卫过的。

一场军事审判立刻在这庄子前面的露天里开庭了,那老头子被人带过来了。

他的年龄是六十八岁。身材矮瘦,脊梁是略带弯曲的,两只大手简直像一对蟹螯。一头稀疏得像是乳鸭羽绒样的乱发,使得他头颅上的肌肉随处都可以被人望见。

项颈上的枯黄而起皱的皮显出好些粗的静脉管,这些静脉管延到腮骨边失踪却又在鬈角边出现。在本地,他是一个以难于妥协和吝啬出名的人。

他们教他站在一张由厨房搬到外面的小桌子跟前,前后左右有四个普兵看守。

五个军官和团长坐在他的对面。

团长用法国话发言了：

"米龙老爹，自从到了这里以后，我们对于您，除了夸奖以外真没有一句闲话。在我们看来，您对于我们始终是殷勤的，并且甚至可以说是很肯留心的。但是您今日却有一件很可怕的事被人告发了，自然非问个明白不成。您脸上的那道伤是怎样来的呢？"

那个乡下人一个字也不回答。

团长接着又说：

"您现在不说话，这就定了您的罪，米龙老爹，但是我要您回答我，您听见没有？您知道今天早上在伽尔卫尔附近寻着的那两个骑兵是谁杀的吗？"

那老翁干脆地答道：

"是我。"

团长吃了一惊，缄默了一会，双眼盯着这个被逮捕的人了。米龙老爹用他那种乡下人发呆的神气安闲自在地待着，双眼如同向他那个教区的神父说话似的低着没有抬起来。唯一可以显出他心里慌张的事，就是他如同喉管完全被人扼住了一般，所以用一阵看得明白的劲儿不断地吞咽自己的口水。

这老翁的一家人：儿子约翰，儿媳妇和两个孙子，都惊慌失措地立在他后面十步内外的地方。

团长接着又说：

"您可也知道这一个月以来，每天早上，我们部队里那些被人在田里寻着的侦察兵是被谁杀了的吗？"

老人用同样的乡愚式的安闲自在态度回答：

"是我。"

"全体都是您杀的吗？"

"全体，对呀，是我。"

"您一个人？"

"我一个人。"

"您从前怎样着手干的，告诉我罢。"

这一回，那汉子现出了心焦的样子，因为事情非得多说话不可，这真显明地使他为难。他吃着嘴说：

"我现在哪儿还知道？我从前做的正同发现了的事一样。"

团长接着说：

"我通知您，您非全盘告诉我们不可。您很可以立刻就打定主意。您从前怎样开始的呢？"

那汉子向着他那些立在后面注意的家属不放心地瞧了一眼，又迟疑了一会儿，后来突然打定了主意：

"我记得那是某一天夜晚，你们到这里来的第二天夜晚，也许在十点钟光景，您和您的弟兄们，用过我二百五十多个金法郎的草料和一头牛两只羊。我当时想道：他们就是接连再来拿我一百个，我一样会问他们讨回来。并且那时候我心上还有别样的盘算，等会儿我再对您说。我望见了你们有一个骑兵坐在我的仓库后面的壕沟边抽烟斗。我取下了我的镰刀，蹑着脚从后面掩过去，使他听不见一点声音。蓦地一下，只有一下，我就如同割下一把小麦似的割下了他的脑袋，他当时连说一下'喔'的功夫都没有得到。您只需在水荡里去寻：您就会发现他和一块顶住栅栏门的石头一齐装在一只装煤的口袋里。"

"我那时就有了我的盘算。我剥下了他全身的服装配备，从靴子剥到帽子，后来一齐送到了那个名叫马丁的树林子里的石灰窑的地道后面藏好。"

那老翁不做声了。那些感到惊惶的军官面面相觑了。后来讯问又开始了，下文就是他们所得的口供：

那汉子干了这次谋杀敌兵的勾当，心里就存着这个观念："杀些普鲁士人罢！"原来他用热忱爱国的农人的智勇兼备的心计憎恨他们。正如他说的一样，他是有他的盘算的。他等了几天。

普军听凭他自由来去，随意出入，因为他对于战胜者的退让是用很多的服从和殷勤态度表示的，他并且由于和普兵常有往来学会了几句必要的德国话。现在，他每天傍晚总看见有些传令兵出发，他听明白那些骑兵要去的村落名称以后，就在某一个夜晚出门了。

他由他的天井里走出来，溜到了树林里，进了石灰窑，再钻到了窑里那条长地道的末端，最后在地上寻着了那个死兵的服装和配备，就把自己穿戴停当。

后来他在田里徘徊一阵，为了免得被人发觉，他沿着那些土坎子爬着走，他听见极小的声响，就像一个偷着打猎的人一样放心不下。

　　到他认为钟点已经到了的时候，于是向着大路前进，后来就躲在矮树丛里了。

　　他依然等着。末了，在夜半光景，一阵马蹄的"大走"[3]声音在路面的硬土上响起来了。为了判度前面来的是否只有一个单独的骑兵，这汉子先把耳朵贴在地上，随后他就准备起来。

　　骑兵带着一些紧要文件用"大走"步儿走过来了。那汉子睁眼张耳地走过去。等到相隔不过十来步，米龙老爹就横在大路上像受了伤似地爬着走，一面用德国话喊着"救人呀！救人呀！"骑兵勒住了马，认明白那是一个失了坐骑的德国兵，以为他是受了伤的，于是滚鞍下马，毫不疑虑的走近前来，他刚刚俯着身躯去看这个素不相识的人，肚皮当中却吃了米龙老爹的马刀的弯弯儿的长刃。他倒下来了，立刻死了，只用最后的颤抖动作挣扎了几下。

　　于是这个诺曼第人感到一种老农式的无声快乐因而心花怒放了，自己站起来了，并且为了闹着玩儿又割断了那尸首的头颈。随后他把尸首拖到壕沟边就扔在那里面。

　　那匹安静的马等候他的主人。米龙老爹骑了上去，教它用"大颠"[4]的步儿穿过平原走开了。

　　一小时以后，他又看见两个归营的骑兵并辔而来。他一直对准他们赶过去，又用德国话喊着"救人！救人！"那两个普兵认明了军服，让他走近前来，绝没有一点疑忌。于是他，老翁，像弹丸一般在他们两人之间溜过去，一马刀一手枪，同时干翻了他们两个人。随后他又宰了那两匹马，那都是德国马！然后从容地回到了石灰窑，把自己骑过的那匹马藏在那阴暗的地道中间。他在那里卸了军服，重新披上了他自己那套破衣裳，末了回家爬到床上，一直睡到第二天早晨。

　　他有四天没有出门，等候那场业已开始的侦查的公案的结束，但是，第五天，他又出去了，并且又用相同的计略杀了两个普兵。从此他不再住手了，每天夜晚，他总逛到外面去找机会，骑着马在月光下面驰过荒废无人的田地，时而在这里，时而在那里，如同一个迷路的德国骑兵，一个专以猎取人头的猎人似的，杀过了一些普鲁士人。每次，工作完了以后，这个年老的骑士任凭那些尸首横在大路上，自己却回到了石灰窑，藏起了自己的坐骑和军服。

　　第二天日中光景，他安闲地带些清水和草料去喂那匹藏在地道中间的马，为了要它担负一个重大的工作，他是不惜工本去喂它的。

但是,被审的前一天,那两个被他袭击的人,其中有一个很能够抵抗,并且在乡下老翁的脸上割了一刀。

然而他把那两个一齐杀死了!他依然又转来藏好了那匹马,换好了他的破衣裳,但是回家的时候,他衰弱得精疲力竭了,只能勉强拖着脚步走到马房跟前,再也不能回到房子里。

有人在马房里发现了他浑身是血,躺在那些麦秸上面……等到他口供完了之后,他突然抬起头来自负地瞧着那些普鲁士军官。

那团长抚弄着自己的髭须,向他问:

"您再没有旁的话要说吗?"

"没有。再也没有,账目是公正的:我一共杀了十六个,一个不多,一个不少。"

"您可知道自己快要死吗?"

"我没有向您要求赦免。"

"您当过兵吗?"

"当过,我从前打过仗。并且从前也就是你们杀了我的爹,他老人家是一世皇帝[5]的部下。我还应该算到上一个月,你们又在艾弗勒附近杀了我的小儿子法朗索阿。

从前你们欠了我的账,现在我讨清楚了。我们现在是收付两讫。"

军官们彼此面面相觑了。

老翁接着又说:

"八个算是替我的爹讨还了账,八个算是替我儿子讨还的。我们是收付两讫了。我本不要找你们惹事,我!我不认识你们!我也不知道你们是从哪儿来的。现在你们已经在我家里,并且要这样,要那样,像在你们自己家里一般。我如今在旁的那些人身上复了仇。我一点也不后悔。"

老翁挺起了关节不良的脊梁,并且用一种谦逊的英雄的休息姿势在胸前叉起了两只胳膊。

那几个普鲁士人低声谈了好半天。其中有一个上尉,他也在上一个月有一个儿子阵亡,这时候,他替这个志气高尚的穷汉辩护。

于是团长站起来走到米龙老爹身边,并且低声向他说:

"你听明白,老头儿,也许有一个法子救您性命,就是要……"

但是那老翁绝不细听,向着战胜的军官竖直了两只眼睛,这时候,一阵微风搅动了他头颅上的那些稀少的头发,他那副伤痕显然的瘦脸儿突然大起收缩显出一副怕人的难看样子,他终于鼓起了他的胸膛,向那普鲁士人劈面唾了一些唾沫。

团长发呆了,扬起了一只手,而那汉子又向他的脸上唾了第二次。

所有的军官都站起了,并且同时喊出了好些道命令。

不到一分钟,那个始终安闲自在的老翁被人推到了墙边,那时候他才向着他的长子约翰,他的儿媳妇和他的两个孙子送了一阵微笑,他们都惶惑万分地望着他,他终于立刻被人枪决了。

【注释】

[1] 本篇小说于 1883 年 5 月 22 日在《高卢人日报》发表,是莫泊桑创作的反映普法战争的著名短篇小说。

[2] 一八七〇年的战争:指普法战争。

[3] 大走:马同时用前后各一腿前进叫"速步",又称做"走",根据走的快慢,可分为"大走"和"小走"。

[4] 大颠:马同时举起两条前腿向前纵步,术语叫做"驱步",北方叫做"颠",根据颠的快慢又分为"大颠"和"小颠"。

[5] 一世皇帝:指拿破仑一世。

【简析】

这篇小说是莫泊桑的短篇代表作之一。1870 年 7 月,普法战争爆发,法国大部分领土处在普鲁士军队的铁蹄之下。面对普军的蹂躏,贵族官僚或通敌媚外,或望风而逃,或苟且偷生;但是法国人民却站出来,与侵略者进行了殊死的斗争,表现出可歌可泣的爱国主义精神。莫泊桑有见于此,满怀激情地写下了许多讴歌下层人民英勇杀敌和维护民族尊严的短篇小说,如《羊脂球》、《两个朋友》、《蜚蜚小姐》等。《米龙老爹》就是其中著名的篇章。

小说以第一人称和第三人称交互使用的叙述方式,歌颂了一个普通农民在普法战争中的英勇行为。塑造了一个勤劳朴实、机智勇敢、视死如归的农民英雄形象。表现了法国普通人民高昂的爱国主义热情和对侵略军的仇恨。

在作者笔下,米龙老爹"是一个以难于妥协和吝啬出名的人",是一个脊背弯曲、皮肤枯黄而又起皱、饱经风霜的老人。他具有朴素的爱国主义精神。他的父亲和儿子都死于普军之手,他自己也遭受着普军的劫掠,国仇家恨集于一身。这构成了老人向敌人讨还血债的内在动机。在杀敌过程中,老人都是以智谋取胜,而不是以蛮力杀人。充分表现了老人机智、勇敢的性格特征。另一方面,作品又表现了老人大义凛然、视死如归的性格特征。杀敌的行为被发现后，老人"神气安闲"而又自负，一口承认了自己杀死十六个敌军的事实。特别是当他一息尚存时，绝不向敌人"要求赦免"，而是视死如归，劈面向团长连唾两口，表现了老人对敌人的轻蔑。最后，老人带着微笑，安闲地离开了这个世界。因为他知道，他的行为无愧于自己的良心，无愧于自己的祖国。

肖像和细节描写是小说塑造人物的手法之一。作品中对米龙老爹的肖像描写精彩而又生动："他的年龄是六十八岁。身材矮瘦，脊梁是略带弯曲的，两只大手简直像一对蟹螯。一头稀疏的像是乳鸭羽绒样的乱发，使得他头颅上的肌肉随处可以被人望见。项颈上的枯黄而起皱的皮显出好些粗的静脉管，这些静脉管延到腮骨边失踪却又在鬓角边出现。"这一肖像描写生动传神地表明老人长年累月地经受着风吹日晒，突出了他的勤劳；"身材矮瘦"与后来的杀敌十六人形成对比，为老人以智胜人做了铺垫，这些都增强了人物形象的立体感。在老人讲完自己杀敌的故事以后，作者有一段细节描写："老翁挺起了关节不良的脊梁，并且用一种谦逊的英雄的休息姿势在胸前叉起了两只胳膊。"这一描写将老人精神上对敌人的蔑视和视死如归非常形象地表现出来，同时深化了读者对人物内心世界的理解。

小说采用了倒叙手法。作品的一开始是一派丰收在望的景象和人们喜笑颜开的生活，然后写到后辈对老爹的怀念，接着才叙述老爹机智杀敌的故事。这一方式，一方面非常自然地引出了老人的故事，使作品显得结构紧凑，衔接自然；另一方面也暗示着现在的丰收景象及安定的生活与先前老爹奋勇杀敌、英勇就义的内在联系。

【思考与练习】

1. 小说开头描述田园诗般的"喜笑颜开的生活"具有什么作用？
2. 为什么说这篇小说的叙述方法颇具匠心？
3. 作品中的肖像描写与人物塑造有什么关系？
4. 契诃夫是与莫泊桑齐名的短篇小说巨匠，他创作的短篇小说《苦恼》表现了作家对穷苦劳动者的深切同情。请课后加以阅读，并写一篇800字左右的赏析文章。

下 篇

应用写作

第一单元 事务文书

第一节 调查报告

【文种知识】

一、调查报告的概念

调查报告是人们对某一情况、事件、经验或问题,经过深入细致的调查研究而写成的反映调查结果的应用文。调查报告有两个要点:一是调查,二是报告。调查是报告的基础,报告是调查的反映;调查是报告的依据,报告是调查的综合;调查是报告的灵魂,报告是调查的体现。这两个要点反映了调查报告的写作流程——先调查,后报告,也反映了调查报告的内容构成。

在实际工作中,调查报告是使用得十分广泛的事务文书。它不仅是管理者掌握情况、研究解决工作中问题的有效工具,而且是人们获取社会信息的重要渠道;不仅是人们科学地认识社会、探求其发展途径的基本方法;而且是人们分析社会问题、进行社会预测的基础,同时也是人们进行社会决策、社会管理的依据。

二、调查报告的种类

由于调查目的、性质、问题、对象、要求的不同,所以要进行不同的调查研究,写出不同的调查报告,它涉及的内容广泛,表现的形式多种多样。归纳起来,根据调查的对象,大体可以分为经济调查、社会调查、人物调查、事件调查四大类;根据调查报告的内容,可分为情况调查报告、经验调查报告、问题调查报告、学术调查报告四大类;根据调查报告所反映的基本内容及其写作特点,可分为基本情况的调查报告、新生事物的调查报告、典型经验的调查报告、揭露问题的调查报告、历史事实的调查报告五大类。以下就对最后一种分类方法做具体介绍。

（一）基本情况的调查报告

这类报告是在深入、系统地调查研究社会基本情况后写成的,其内容比较全面、广泛,篇幅也比较长。它反映的是社会的政治、经济、军事、文化、教育、生活等方面的基本情况。如银行部门关于一个地区货币流通情况的调查、居民及职工手持现金及购买能力的情况调查等。作为一个基本的较系统完整的报道,向读者提供必要的信息,使读者了解社会生活诸方面的基本情况,有重要的认识价值和启示作用。又如《当代大学生的"自画像"》根据武汉市三千余名大学生在一份调查表上的不署名答案,向社会提供了当代大学生在思想、理想、情操等多方面的情况,对全面了解当代大学生的形象很有帮助。从报告列举的 11 项统计中可以看出,大学生的头脑十分活跃,对人生价值、社会风气、改革开放、道德伦理等问题的认识差异很大。有许多答案让人欣喜快慰,也有不少答案引人深思。这既反映了近年来随着改革开放的深入,大学生的思想越来越新鲜活泼,也显示出高等教育中应该注意正确引导的某种倾向。这样的调查报告为有关部门今后工作传达了某一方面的基本动态,提出了某种方向性的问题,也能促使全社会对这个生活敏感区的关注,给予足够的重视和探讨。

基本情况的调查报告,多用于领导机关、决策部门、经济部门为研究问题、制定政策提供依据,以便对工作实施政策性的指导。

(二)新事物的调查报告

这类调查报告,主要反映社会主义革命和建设中涌现出来的新人、新事、新发明、新创造、新经验。

在当今的改革年代中,新事物层出不穷,如何扶持新事物健康成长,越来越成为人们所关注的问题,这就决定了这类调查报告越来越广阔的发展前景。尤其是在信息革命中,它作为传递最新信息的载体的作用也就越来越显了。新生事物不一定都能发展成熟,但有可能促使某种变革,给社会生活注入新鲜的活力。这种调查报告不需要写出全面的基本情况,而是通过新的嫩芽来探索某种新途径、新观念和新方法。它不带有规范性,也不表示基本形态,而是以崭新的面貌引人注目。如《黑山县中年农民的六个新观念》报道了社会主义商品经济在中年农民身上所引发的变化。从这些观点变化中可以看出在农村这块广阔的土地上,比较易于倾向保守的中年农民在观念上已经出现了可喜的变化。他们在生产经营、科技、人际关系、生活消费、培养后代和人生价值 6 个方面的观念变化,表现出经济体制改革在很大程度上促使了人们的思想发生变革,而思想变革又将进一步促进经济体制改革。

写作这类调查报告时,要求中心突出,观点鲜明,材料集中,文笔生动,要着重介绍新事物产生的背景、特点及其发生、发展的过程,说明它的作用和意义,热情歌颂新事物的迅速成长。

(三)典型经验的调查报告

典型经验对于贯彻党的方针、政策,具有较强的指导性、政策性,作者必须熟悉和掌握政策法律,把握全面情况,以便以点带面,推动全局。典型经验必须具有代表性,具有普遍意义的认识价值。杜绝弄虚作假,要透过现象显示出某种本质性和规律性的东西。不能随意拔高,不能无原则地吹捧,不能实用主义地随意发挥。好的典型能起到引路作用,在社会上激起广泛的反响。如《深圳市在改革和开放中迅速发展》中的一系列的事实和准确的数字,证明深圳特区兴办几年来,在物质文明和精神文明建设方面都取得了很大成绩。这一成功经验表明了党的开放政策的正确,增强了人们对改革的决心和信心。这类报告,往往可为贯彻执行党的方针、政策提供具体的经验和做法,以便推广。

(四)揭露问题的调查报告

这类调查报告是对现实社会中暴露的问题进行周密的调查、核实,以揭露问题的真相。如揭露人民内部存在的问题或不良倾向、揭露敌人的反动活动等。这类调查报告在查明事实真相后,可以为领导机关提出解决或处理问题的办法,乃至作出定性结论;同时还可以引起社会重视,使人们从中汲取教训,从而提高认识,具有较强的针对性。由于读者对社会问题比较敏感,这类调查报告的内容同被揭露者又有极大的利害关系,因此,作者既要坚持真理,阐明存在问题的实际情况,又要分析问题产生的原因,指出问题的实质。材料要认真核实,不能扩大或缩小,更不能捏造。既要客观报道,又要站在人民利益的立场上表明作者的态度倾向。如《一件草菅人命案的调查报告》就是针对公安人员违法乱纪的行为进行了严肃的揭露。公安人员本应是守法执法的模范,但个别公安干警却违法乱纪,不仅使受害者在身心方面遭到摧残,而且在群众中影响极坏,更主要的是破坏了法制建设。揭露这个现象有利于加强法制观念,提高公安司法人员的政治素质,维护社会安定。

(五)历史事实的调查报告

这类调查报告是对某一历史事件、某一阶段的史实进行周密的调查后,用确凿的事实反映历史真相。其政治性、针对性都很强,观点要鲜明,具有说服力。写作时要求如实反映情况,还历史以本来面目。如《天安门事件真相——把"四人帮"利用〈人民日报〉颠倒的历史再颠倒过来》、《一个反革命的政治骗局》等都属于这类调查报告。它们都是在重新考察历史事实,重新审定历史上遗留下来的某些问题的基础上形成的报告。往往是历史进行到了一个新的阶段,对某个历史现象或历史事件的结论发生质疑时,才去重新调查。

三、调查报告的特点

(一)真实性

调查报告具有新闻的真实性。真实是调查报告的生命。调查报告着重于事实的简要叙述和情况的概括说明,这是由调查研究是为了解决实际问题这一本质属性所决定的。无论做何种调查,写何种调查报告,都必须从客观的真实情况出发,如实地反映调查研究结果,切忌主观、片面,切忌任何虚假浮夸,不能以感情代替政策、法律。同时,在调查中还要排除外界的各种干扰。客观事实是调查报告赖以存在的基础。全面、周密地调查研究,才能达到预期的目的,才能找出规律性的东西,得出符合实际的调查结论,这样写作的调查报告才可能具有新闻的真实性。

(二)针对性

针对性即"有的放矢"。调查是为了解决问题。每次调查总是带着现实中的某个问题去的,因此,反映调查结果的调查报告一定要符合调查研究的目的和要求,要回答人们关心和急需解答的问题。调查报告的针对性越强,它提供给领导决策作参考或指导面上的工作的作用就越大。如20世纪80年代初,农村经济体制一经改革,生产力就得到解放,生产就蓬勃发展,但发展中存在着很大的不平衡,即使同一地区也有快、有慢,拉大了距离。原因何在?河北省廊坊市委办公室组织了近百名干部带着这个问题,对廊坊市郊区两百个村进行了调查比较,概括出经济结构、劳力结构、产业结构、经济发展速度、群众生产水平五大差异。它的原因是领导班子状况、发展乡镇企业的劲头、对智力开发的认识和态度、优势的发挥和流通领域的状况这五个方面不一样所造成的。有力地回答了农村经济为什么发展有快有慢的这一现实问题。这对全国的农村工作都有一定的指导意义,所以《人民日报》特予转载并加了《推荐一篇调查报告》的按语:"这篇调查报告有比较、有分析,能帮助人们启迪思想、开阔眼界,值得一读……"

(三)事理性

事理性包含两层含义:一是调查报告一般着重于叙事,而不是记人;二是调查报告要事和理相统一,由具体事实上升到某种规律性的认识。调查报告要写明事情的来龙去脉、原因、结果、性质和影响等,让读者对事件有一个较完整的印象,依此作出判断,甚至制定政策,从而推动各项事业前进。

调查报告较接近于新闻报道,但又不同于新闻报道。它容量大,事实充分而系统化。新闻报道主要在于报道事实,作者的观点不表露出来,而是包蕴在事实之中,即寓理于事。调查报告则不仅要报道事实,同时还要有分析概括,进行理性升华,进而指明方向,指导工作。它常常以大量事实为依据,夹叙夹议,有事有理,虚实相间。它的事实报道要有作者明确的观点,以及对事情是非得失的态度和主张。因此调查报告不能简单地就事论事,而要就事论理。就这一点讲,调查报告又接近于论说文。但论说文需要严密地层层推理,事实只有作为论据才会具有存在的价值。调查报告却首先在报告事实,然后在综合事实的基础上直接推出结论,而不必多方引证分析。

调查报告中的事和理是完整的统一关系,在写作时,如何恰当安排事和理两者的关系,是充分显示调查报告特性的一个重要问题。如《居民对价格改革的心理承受能力调查》是事与理统一的一个较好的例子。它报道了天津就价格改革问题调查市民心理承受能力的结果。在大量列举几方面的主要事实后,得出群众对价格改革的"心理承受能力是较脆弱的"这样一个结论。并向有关部门提供了广大群众的这种心理状态,以利于价格改革的顺利进行。全文列举调查获得的事实,分析产生的原因,并归纳出五个问题,虚实并举,由事得理,以理带事,问题清晰。

此外,调查报告还具有时效性的特点。调查报告回答的是现实生活中迫切要求解决的问题,它的时间性较强。因此,调查要迅速,指导要及时,否则"时过境迁"就失去了意义。

四、调查报告的结构和写法

(一)标题

1. 单题标示法

即只有一个题目,标题是全文内容的概括。这种标示法有两种情况:① 文章式标题。同一般文章的标题相似,没有"调查"、"调查报告"等字样,写法较灵活,如《搞活企业的一剂良方》。② 公文式标题。同公文标题写作的要求相似,由调查单位、调查内容和文种组成,如《××省关于实践"三个代表"的调查报告》。有的可以省略调查单位,如《关于三峡库区移民工作问题的调查报告》。

2. 正副题结合标示法

即正题标明内容范围或全文的主题,副题再具体化或加以限制,具体表明调查的对象、单位、范围和问题,这种标示法有两种情况:① 在副标题末写上文体作中心词,如《为政公开可以保障清廉——北京市东城区的调查》;② 副标题不标出文体,如《统计数字背后——看工业品下乡的分配情况》。

采用正副标题结合标示法须注意两点:① 正副题文字表达的角度不宜相同,正题务虚,副题务实,交代调查对象,补充调查内容;② 表明文体的字样一般应放在副题的末尾,不能出现在正题中,副题不能写在正题之后,必须下落一行,并以正题第一个字为准,空两格加破折号(占两格)再行书写。

(二)署名

署上作者姓名,可以是个人姓名或调查组的称谓,也可以是报社的记者。写在标题下面正中处。

(三)正文

这是除以上两个格局项目以外的全部内容,调查报告的结构主要指正文部分的布局。由三部分组成：前言、主体、结尾。

1. 前言

前言是全文的开端，类似新闻消息的导语，它主要是起交代领起全文的作用。它的内容可归纳为以下几个方面：① 调查本身的情况，如交代调查的时间、范围、对象及调查方式；② 调查对象的概况，如介绍调查的事物产生的背景、调查的内容等；③ 调查的目的和研究结果，如说明调查的目的、解决的具体问题、结论、反响等。这些内容在一篇调查报告的前言中不一定全写，要根据具体情况而定；但一定要写得简明扼要，吸引读者，抓住要点，使之有兴趣读下去。

2. 主体

这一部分是调查报告的重点，应着力写清调查对象的具体情况，即事情产生的前因后果、发展经过、具体做法等。调查研究的结果，即对所调查事实的分析、认识及从中总结出来的规律性的东西。也就是说，事实的叙述和议论主要写在这部分里，一般把调查分为几个小部分来写，这几个小部分之间，不但要注意问题的内在逻辑联系，安排要先后有序、顺乎条理，而且还要便于读者一层层地了解调查报告的内容。调查报告主体的结构形式，可分为以下几种：

(1) 小标题式。这种格式就是把要写的内容分成几个部分，每一部分都有能概括其中心的小标题，眉目清楚，读起来十分明了。如《农村文化事业的一支生力军》这篇调查报告，其主体部分就采用了这种写法。

(2) 时序式。就是按照时间顺序来安排材料，既可以按事件本身顺序安排，也可以按调查顺序安排。如《离婚案与五百元》这篇调查报告，在揭露"先交五百元，再领离婚证"这一事件时，作者就是按结婚、离婚、判决、判决后果等事件本身顺序来结构文章。

(3) 综合式。就是根据内容的特点和矛盾的不同性质来安排材料，既可以不分段落、章节，一气呵成，又可以分为若干部分用一、二、三等标明。如《为什么这样大量挤占教育经费——河北省邢台等地区的调查》一文，涉及了问题的原因、情况、教训等带有综合性的问题，但行文又一气呵成。

(4) 对比式。就是把不同的情况加以对比，在对比中认识事物。如《同样两家服装店，积累水平大不同——徐汇区新春模范服装店的对比调查》就是一例。

3. 结尾

结尾是调查报告的结束语。结语的内容多种多样，有的总结全文，加深印象；有的展望前景，催人奋发；有的提示问题的普遍意义，令人思考；有的提出处理建议，供领导参考；还有的附带说明一些在主体内未能提及的重要情况，或交代有关的附件资料等。结尾要求写得简短有力，有话则长，无话则短，意尽而言止，不必硬添尾巴。

五、调查报告的写作要求

（一）深入调查，详细占有材料，熟练掌握各种调查方法，提高调查能力

熟练地掌握各种调查方法，是获取材料的重要保证，甚至决定一篇调查报告的成败。调查报告的主要材料来自作者的亲自调查，这是调查报告材料的规定性或限定性。调查报告的主要材料必须是作者为着某一目的在一定的范围和时间内，考虑好调查的方法和步骤，向别人调查而得。因此，必须熟练地掌握各种调查方法。调查方法有个别访问、开调查会、现场调查等。一般地，调查应依循以下几个阶段：

1. 准备阶段

（1）搞清本次调查的意义，学习与之有关的方针政策，以便掌握思想理论。

（2）查阅与本次有关的现实资料、历史资料、有关的文字情况，以便寻找调查的路线。

（3）列出调查的提纲，考虑好本次调查的方法步骤，多估计一下来自各方面的问题，以便自己心中有数。调查前的准备工作常可以决定调查的效果，不可轻视。

2. 调查阶段

（1）个别访问。这是最常用的一种调查方法，是获得第一手材料的主要途径。在进行个别访问时，首先要端正态度，谦虚谨慎，不能居高临下，不能呆板、生硬地从概念出发，要求被访者按题索答。这样的访问常使被访者紧张害怕，或产生反感心理，从而使访问不能继续下去。采访者要注意被访者的心理变化，掌握询问技巧，消除对方的紧张心理，使采访的对象知无不言，言无不尽。其次，是选择好对象，如与调查内容直接有关的当事人、事件的参与者、目击者，以及间接的知情者等。第三，要灵活运用不同的访问方式，如正面访问、侧面访问、迂回访问等。

（2）开调查会。这是很重要的方式。调查会可以专题召开，这样，会议中心突出，收效较大。也可以召集不同类型的有一定代表性的人，召开不同类型的会议，以便使各类人畅所欲言。还可以召开综合性的调查会议。主持调查会必须具备引导能力，态度要亲切自然，使调查会始终保持热烈紧张而又无拘无束的和谐气氛，而态度拒人千里之外、发问抽象、不着边际就会使调查会冷冷淡淡，无人买账。

3. 现场勘查

现场勘查往往可以掌握第一手材料。可以了解事件发生、发展的背景，可以了解被写者的思想变化或状况，可以获得浓厚的现场感受，也可以为写作调查报告的某些细节提供依据。现场勘查是一种不可忽视的调查形式，凡是有条件进行现场勘查的都应当亲自去勘查。

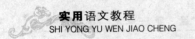

以上几种调查方法都属直接调查,是获取材料的基本手段。其他的如查阅书面资料、听录音、看录像等都属于间接调查。调查者可根据需要综合使用,以得到最佳效果。

(二)认真核实和选择材料

认真地核实和选择材料是确保调查报告的准确性和针对性的重要前提。调查得来的材料常常有真有伪,被调查者由于立场、态度和利害关系,所提供的情况往往并不全部可靠。同时由于角度不同,了解的程度不一,其提供材料的使用价值常常也有相当差别。因此,要用辩证主义的观点进行分析研究、分类归纳、鉴别提炼、逐个核实。要分清现象与本质、成绩与缺点、前进中的问题与衰亡中的回光返照,以确保材料的真实性、准确性和典型性,从中引出规律性的东西。调查报告的取材只能在调查所得的范围以内,不能像文学作品的取材那样广阔自由,这是它的劣势,但又因此而加强了它的针对性和现实性,这又转化成它的优势。由于它的全部材料都是实在的,因而结论也有实用价值。

(三)认真分析,找出事物的规律,要有科学的态度

科学的态度就是实事求是。有成就不要夸大;有缺点和落后的方面,也不必隐瞒,反映真实情况,为正确的决策提供依据,才能达到目的。搞调查还要有一定的专业知识。外行人无法搞调查研究,没有专业知识,不仅发现不了问题,有时甚至还会弄错、闹笑话。

(四)调查材料应及时整理,写成报告

及时整理,容易发现问题,鉴别真伪。需要补充调查也可趁热打铁。不及时整理,时间一长,可能会有遗忘,误记了也难以识别,对写作报告不利。调查报告的内容要列举详细具体的材料,这是最重要的一点。恰当选材,努力做到观点和材料的统一。调查报告的中心问题是具体事实,没有详细具体的材料,光有分析,是不可信的。

写调查报告还应注意克服以下弊病:① 空泛议论;② 先带框子;③ 以偏概全;④ 堆砌材料;⑤ 借题发挥。

【例文选读】

"打工族"子女教育问题调查(教育调查报告范文之一)

随着改革开放的不断深入,农村学校在学生管理上又面临一个新问题:即"打工族"子女的教育问题。如何教育管理好这一特殊的群体?我校作为一所农村初级中学,做了现状摸底。"打工族"子女占在校学生总数的 34.95%。从在校表现来看,这些学生的发展很不平衡,较之其他学生的问题要多些。上学期末,

我们对初三学生进行了一次有关理想、抱负、人生观、经济观等内容的问卷调查。为了便于统计和比较，我们将学生分成"打工族"子女和"非打工族"子女两类，在不同场地作答，且答卷不署名。结果发现，"打工族"子女对学习目的、理想、人生价值等内容的明确度，要低于"非打工族"子女35个百分点，而持单纯追求经济收入或将来走一步看一步观点的"打工族"子女，则高于"非打工族"子女25个百分点。由此可见，农村学校要教育、管理这一特殊群体，确实需要进一步探讨问题根源。为了寻找原因，我们采取听班主任汇报、走出校门采访、走访学生家庭、跟学生本人谈心、召开法定监护人座谈会等方法进行调查，初步找到以下原因：

1. 家长认识有误区

在外打工的父母普遍望子成龙、望女成凤，但他们并不懂教育。他们一方面对子女要求不严、百依百顺；另一方面又很少、甚至从不过问子女的在校表现，还美其名曰：孩子交给了学校，由学校管，我们还有什么不放心的！如此认识，根本谈不上配合学校教育。

2. 隔代亲情溺爱

一般说来，"打工族"子女多由祖父母、外祖父母照看。由于隔代亲情，这些长辈们把孙辈视为"小皇帝"、"小公主"，不仅让他们过衣来伸手、饭来张口、无忧无虑的生活，同时还疏于管教，时常为孩子的不良行为护短，致使这些孩子的不辨是非，不良行为日益滋长。

3. 双休日管理失控

双休日为学生的全面发展提供了一定的空间，但也为"天高皇帝远"、两头无人管的"打工族"子女的成长留下不良空间。由于父母管不着、手上又有钱，他们中的部分人便出入电子游戏室、赌场及录像厅等不良场所，甚至和社会上游手好闲的坏人搅在一起，跟着干坏事。上学期，我校就有几个这样的学生在双休日跟社会上的坏人学偷车、赌博，甚至出现过男女同居的现象。

4. 经济条件优越

相对而言，"打工族"子女大都生活在经济条件优越的家庭，由于经济上宽裕，生活上无忧无虑，他们对自己前途考虑较少，平日不思进取，自由散漫。又由于他们身上持有数量可观的钞票，消费起来常常毫无节制，并由此导致不正确的消费行为。骄娇二气在这部分学生身上反映尤为突出。他们平时花钱大手大脚，生活上习惯懒散，追求舒适，表现得优人一等。而在学习上又往往怕吃苦，心理比较脆弱，遇到挫折时，承受力很差，极易呈现自暴自弃的心理状态。面对这样的现象，我们从严格生活管理、加强法制教育、培养良好作风、激发学习兴趣等方面加强了学生管理。

【简析】 这是一篇揭示问题的调查报告，篇幅较短小。引言部分简要交代了调查课题和背景。"现状摸底"是调查数据的综合统计，"问题根源"是对调查情况的分析。按小标题从四个方面归纳调查结论,在四个小标题下用调查材料来说明问题,最后一段提出解决问题的办法。

第二节 述 职 报 告

【**文种知识**】

一、述职报告的概念和作用

（一）概念

"述职"一词,意指陈述本人履行职责的情况,其出处较早见于《孟子·梁惠王下》:"诸侯朝于天子,曰述职。述职者,述所职也。"由此可见,我国古代的述职,原指诸侯向天子陈述职守,报告自己任职的情况。后来,外官向朝廷汇报履行职守的情况,也称为述职。

现在我们所接触的述职报告,则是一种新兴的日常应用文。按组织人事部门的规定和要求,"述职报告"指的是:各级机关、团体和企事业单位的工作人员向所在工作单位的组织人事部门或主管领导以至上级机关如实陈述本人在一定时期内履行岗位职责的实绩、问题和设想的自我述评性的应用文体。

述职报告,现在已是我国各级领导干部、各类公务员和专业技术人员例行考核登记的一个重要组成部分。如国家人事部统一制发的《专业技术人员考核登记表》中,有一个整页就是"本人述职",其《填表说明》规定:"个人述职应主要概述履行岗位职责,完成工作任务的情况以及成绩、问题、建议、体会等。"

（二）作用

述职报告这种新兴文体的用途广泛,其作用和地位十分重要。如果从述职报告的主体（述职人）和受体（用人单位及组织人事部门）两方面来看,它的重要作用大致如下:

（1）有利于述职人对照本人岗位职责及具体目标任务,定期地进行回顾、反思和总结经验教训,从而在实践中不断提高自己的政治、业务素质,充分发挥应有的作用。

（2）有利于用人单位全面细致地定期了解、分析和预测所用工作人员的任职情况及发展趋势（优劣好差）,使党和国家的干部考察工作走向制度化、规范化和科学化。

（3）为建设人才学、行政管理学和领导科学等新学科提供现实的新材料,铺路奠基。每一篇述职报告都是干部和专业技术人员心血的结晶,众多高质量的述职报告又凝结着建设有中国特色的社会主义的实践经验和教训。这对各级领导及组织人事部门如何改进工作、改革管理体制、充分发挥我国人才资源的巨大优势,具有重大的现实意义和深远的理论意义。

二、述职报告的种类和特点

（一）种类

述职报告可以从不同角度进行分类,大致有如下种类:

（1）从时间上分,有临时述职报告、年度述职报告、任期述职报告。

（2）从内容上分,有综合述职报告、专题或单项述职报告。

（3）从报告者来分,有个人述职报告,也有工作集体或领导班子的述职报告。

（4）从报告制度上分,有定期例行性述职报告、不定期指令性述职报告、个人或集体的应急述职报告。

（二）特点

述职报告,不同于一般的工作总结或思想汇报,它是对执行岗位职责的实践活动所作的一种总回顾、总检查、总鉴定、总评价。述职报告的主要特点是:

1. 论述的确定性

述职有一个标准,那就是岗位职责及一定时期的目标、任务;否则,述职就无从下笔。岗位层次和种类不同,述职的内容和要求也有所区别。显然,岗位职责及目标任务这个述职标准,是既定的、明确的、具体可循的。

2. 实绩的呈现性

述职,主要应写本人在工作岗位上为国家和人民干了哪些工作,做出了哪些贡献,结果怎样。这包括了工作质量和效率、完成任务的情况及程度、水准等,不仅要有定性分析,而且要做出较准确的定量分析。为此,必须通过自己紧密联系在岗工作的实践,结合本人当时所面临的形势与任务,把已有工作实绩及经验教训、看法、建议等实质性内容表述清楚,并给予恰当的自我评价,切忌泛泛空谈,不得要领。这是述职报告的重要特点。

3. 行文的庄重性

庄重性是指写作态度要严肃认真,内容要真实无误,陈述要具体简明,论断要准确恰当,语言要平直质朴。不允许搞所谓"合理想象"、以偏概全、添枝加叶,也不能搞报喜不报忧、含糊其辞、文过饰非。因为述职是对干部(含专业技术人员)考核工作的重要组成部分,述职报告要存入人事档案,所以这种庄重性就显得十分必要,特别迫切。庄重、认真、实事求是,这是撰写述职报告的根本原则,也是述职报告的一个重要特点。

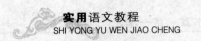

三、述职报告的结构和写法

述职报告,可根据不同类型和主旨,灵活地安排结构。从目前来看,述职报告有两种基本类型,其内容及结构也有所不同。

(一)表格式

如国家劳动人事部统一制发的《专业技术人员考核登记表》,其中"本人述职"大项占一整页(不够填写时可另加附页),即可视之为表格式的述职报告。由于本人的"基本情况"、"完成的主要专业技术工作、创造发明及成果登记"、"著作、论文及重要技术报告登记"、"工作失误、失职情况登记"和"其他考核测验登记"等项内容已另设专栏,所以在填写述职报告时自可省略或精简,其结构即按正文展开,包括开头、主体和结尾三部分,只用着力写好主体部分的实质性内容。

(二)文件式

如例文,这种文件式述职报告的结构,通常分为标题、称谓、正文、落款四个部分。文章的性质和内容,决定其结构形式和写法。述职报告同样如此,尽管其内容多寡有别、篇幅长短不一,但其基本要求还是一致的。

1. 标题

常见的有三种写法:

(1) 用文体名称,题下签署职务和姓名。如:

述职报告

(院长)……(张三)……

(2) 用全称标题,即:任职期限＋所任职务＋文体名称。如:

×年×月厂长述职报告

(3) 用概括全文主旨的标题(可另加副标题)。如:

在扩大对外开放中兴建我省经济开发区

——我们怎样在本厂狠抓劳动人事制度改革

2. 称谓

即述职报告的主送单位、部门或负责人,如:

"党委组织部"、"学院人事处"、"××校长"、"×××经理"。各收文者称谓应顶格写,并加冒号。

3. 正文

正文一般由开头、主体和结尾组成。述职报告中这三小部分没有固定的写法,应由所写内容决定,适当安排处理,但总的要求是都要重点突出、围绕中心、层次清楚、详略得当、以叙为主、叙议结合、观点鲜明、事实充分、表述明确。通常的写法如下：

（1）定述职基调，写明述职的时限、范围及对任职的总体自我评价。

（2）摆出实绩及经验体会（包括存在问题、原因和教训），这是述职报告的主体与核心。

（3）表明今后决心和提出工作建议、意见。

4. 落款

述职报告在写完后要有个落款，主要是署名和成文（或报送）日期。如有附件，应一一写明附件名称；如需抄送，应注明抄送哪些单位、部门或领导人。

述职报告版面格式如图1-1所示。

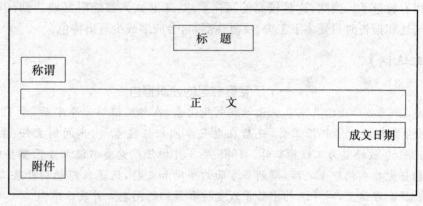

图1-1

四、述职报告的写作要求

（一）态度端正

能否严肃认真地撰写述职报告，这本身就是对述职者的一种最好、最切实的考察检验。因此，述职者在动笔撰写时必须端正态度，明确自己的述职基调和范围，回顾工作全过程，用心思索，总结经验教训，广泛征求群众意见，对照有关方针政策和规定，从纵向和横向的对比联系中高标准地进行述职。

（二）实事求是

毛泽东同志在《改造我们的学习》中，精辟地指出："'实事'就是客观存在着的一切事物，'是'就是客观事物的内部联系，即规律性，'求'就是我们去研究。"可见要做到实事求是，绝非轻易之举，必须有正确的立场、观点和方法，在详细占有材料的基础上，才能引出正确的结论，这是高质量的述职报告的灵魂。述职时，讲成绩要恰如其分，符合实际；讲问题要抓住要害，直截了当；讲经验体会要有血有肉，有理有据。

（三）突出重点

述职，不可能干了什么工作办成了什么事情都一古脑儿地倒出来，而必须根据每次述职的主旨，围绕中心，在撰写报告中努力做到重点突出、主次分明、详略得当、条理清楚，同时注意行文的段落层次划分，而不能写成一本"流水账"。

（四）写出特色

岗位的层次和职能不同，述职内容也随之各异；即使是同岗同职者，也因主客观条件、个体和整体观念、各方面素质而千差万别，所以述职报告不可能千篇一律。上述各种情况，如能在撰写中引起充分注意，尽可能反映出来，那么这个述职报告就写得有特色了。当然，这是较高的写作要求，未必人人都能很好地达到，但我们在撰写述职报告时只要多下工夫、反复琢磨，自会或多或少写出特色。

【例文选读】

一个厂党委书记的述职报告

我1968年毕业于北京农机化学院电气化系，在部队锻炼一年半后，于1970年8月被分配到××化肥厂工作，先后在电气车间担任技术员、车间副主任、主任职务。1981年被评定为工程师职称。1985年3月担任厂党委书记至今已整整四年。在我担任党委书记职务之后，得到多方面的帮助和支持，这是我能顺利开展工作的重要前提。在这里，对于工作中给予我支持和帮助的同志一并表示感谢。

现将我任党委书记以来的工作述职如下：

1. 支持厂长负责制的实施

我任厂党委书记的四年，是实行和深化厂长负责制的四年，是由党委一元化领导向厂长负责过渡的四年。对于实行厂长负责制的态度，一种是顶着不办、揽权不放；另一种是真心实意地积极推行，并以努力探索、尽力搞好工作的实际行动支持厂长负责制的实行。我厂党委采取的是后一种态度。推行厂长负责制，很好地实现这一过渡，我们主要做了以下工作：

（1）积极进行教育宣传。在职代会及多种场合中我们大力宣讲实行厂长负责制的意义和必要性，先后举办国营企业三个条例学习班、企业法学习班，教育干部职工认真领会中央精神，理解厂长、支持厂长。

（2）支持厂长的中心地位、中心作用。对于厂长职权范围内的事党委一方面坚持不干涉、不揽权，另一方面积极主动地提出意见和建议，供厂长参考。如在人事任免上，支持厂长的聘任权，在财务管理和产品销售上，支持厂长和副厂长一支笔签批。党委的重大决议和重大活动，都事先征求厂长意见，以使这些决议和活动同全厂的整体部署相协调。党委坚持把厂长的工作难点作为自己工作的重点，坚持围绕生产经营活动开展工作，注意协助厂长抓好各项重点工作和中心工作，及时完成厂长临时交办的事情。在厂长决策受阻时，我们注意及时排除和疏通，1987年厂部提出双增双节的目标后,政工部门率先行动,起到了带头作用。去年5月份,厂长让我兼管电力管理,在电力紧张情况下,我尽力向上级领导和供电部门反映情况,疏通关系,以保证供电。同时加强了生活区、厂区用电管理,使电力浪费有一定减少,生活区收费有大幅度增加。

由于厂长及党政工三方面共同努力,我厂的厂长负责制实行得较为顺利,并形成了团结和谐的政治局面,大家都心情舒畅地工作。这是十分令人欣慰的。

2. 加强党的建设

前几年,削弱轻视党的领导、放松党的建设的倾向有了一定程度的发展。作为一名党委书记,我坚信,改革开放的方针不会变,四项基本原则也不会变,中国不能没有共产党的领导,不能没有共产党这个核心力量。在党委一元化领导转变为厂长负责制后,"党委管党"是党委工作的重要原则,同时我认为这也是实现保证监督的主要手段。为此,几年来我们下大力气抓党的思想建设、组织建设和作风建设。

(1)抓好整党。1985年,根据市委安排,我厂进行整党工作。这是党的建设方面的一次难得机会。尽管当时有不少单位整党工作不够深入,甚至走了过场,但我厂的整党工作较为认真,收获较大。我们在整党中既通过举办党员学习班,使广大党员受到教育,又抓了×××及服务公司两个大案,打击了经济犯罪。我们还通过公审大会、宣判大会、案例分析会、整党展览等形式,使广大党员和干部职工受到生动的教育。上级领导对我厂整党经验给予很高评价,曾在五县四区巡回报告,并在多家报纸撰文介绍。

(2)支部工作二十条的实行,在整党中暴露出我厂党的建设中存在一定问题。有的党员说:"我除了交党费时想到自己是党员,平时就忘了是党员了。"针对这个情况,1986年我带领全厂支部书记及政工部门领导赴三化机学习,回来后即制定并实施了《支部工作考核评比条例》,简称"二十条"。"二十条"的实行,解决了支部书记"干什么怎么干"的问题,实现了支部工作及思想政治工作的目标化、制度化管理,有效地克服了思想政治工作方面的盲目性和随意性,使之由软任务变成硬任务,由定性管理变为一定程度的定量管理,由无形变为有形。由于"二十条"中包括了"三会一课"的具体要求,包括了党员学习、积极分子培养、预备党员考察、党员升类等多方面内容,使"创先争优"和党的建设落到实处,收到了较好的效果。1987年我厂被评为创先争优先进党委。

(3)建立党员考评制度。支部工作"二十条"调动了党支部工作的积极性。但对于加强党员的管理教育则是间接的。为此从1988年我们又制定了党员考评制度,印制了《党员考评手册》,党员人手一册,每月考评一次。该制度实行以来,增强了党员自我约束能力,促进了党员自觉地发挥先锋模范作用的意识。我们的目标是通过党员考评制度,使全厂党员真正发挥先锋模范作用。

(4)召开了党代会。由于历史原因,我厂一直未能召开党代会。1985年整党结束后,我们立即着手筹备首届党代会,并于1986年3月召开了党代会,还预定今年3月下旬召开第二次党代会,使我厂党的建设日趋完善。

(5)抓端正党风和廉政教育,随着改革开放的进行和商品经济的发展,端正党风和廉政教育工作显得十分重要,我们始终狠抓此项工作。制定了《端正党风若干规定》,运用上党课、放录像、录音、请先进人物报告等多种形式进行党风教育,注意宣扬和报道我厂许多党员的先进事迹,随时批评和查处违纪案件,收到较好效果。

3. 重视思想政治工作

这几年,党的思想政治工作经受了反复考验,轻视和削弱思想政治工作的倾向有诸多表现:"一切向钱看"的拜金主义思潮,"干部用钱管、工人为钱干","以包代管"等做法,给思想政治工作蒙上了一层迷雾,带来了许多困惑。思想政治工作不愿做、不会做、不好做的情况较为普遍。

值得欣慰的是,我厂始终没有放弃思想政治工作。我们一方面继承了传统的思想政治工作中的许多有益的做法,另一方面积极地探索和研究一些新形式、新方法、新特点,以期使思想政治工作更活跃,更有效。

(1)制定年规划、月安排。从1986年起,我们坚持每年有政工规划,每月有政工安排和政治学习计划,及时打印下发。这对于协调政工各部门的工作,协调政工活动与行政工作的关系,克服盲目性、随意性,增强计划性、约束性有较大好处。

(2)从支部工作"二十条"到思想工作"二十条"。1986年制定的支部工作"二十条",适应当时厂长抓物质文明建设、党委抓精神文明建设的格局。随着改革深入发展,我们于去年把支部工作"二十条"修改为《思想政治工作考核条例》,仍简称"二十条",变单纯考核党支部为考核党政工团,同时积极探索建立适应我厂实际的思想政治工作新格局。现在看来,我厂政治体制改革和思想政治工作新格局的建立,步子较平稳,思想工作没出现空档和脱节。

在"二十条"中,除了文明工作的要求外,思想政治工作是主要内容。包括政治学习、宣传工作、谈心家访、后进转化、思想动态分析等多项内容。几年来,我们不断修订和改进,使之愈加完善、愈加便利实行。实行结果,使思想政治工作有章可循、有标可量,提高了思想工作质量,使党的生活趋于正常化、政治教育和思想工作趋于正规化,增强了政工干部的责任感,培养锻炼了干部做思想政治工作的素质和能力。

(3)坚持"三五七"制度,搞好谈心家访。为了解决好职工的思想问题,把党的关怀和温暖送给职工,我们在"二十条"中制定了"三五七谈心家访制度"。"三五七"即三知道、五必谈、七必访。实行以来,许多政工干部和行政干部都积极地参与这项工作,谈心家访制度已蔚然成风。几年来,每年都有数千人次谈心家访,解决了大量思想问题和职工的实际问题,先后有几十名后进职工变为先进,有的入了团,有的当了班长,有的濒临破裂的家庭重归于好,有的"打架大王"变成"技术尖子"。

(4) 思想教育。我们先后组织收听曲啸的报告、"理解万岁"等录音录像。请附近驻军及先进人物做报告,还两次召开精神文明建设先进事迹报告会,让我们自己的战士典型现身说法,讲理想、讲纪律,在群众中激起强烈反响。1987 年以来,我们广泛开展学雷锋活动,举行雷锋事迹和学雷锋活动图片展览。许多党、团支部、干部职工把学雷锋同本职工作结合起来,同双增双节结合起来,开展得有声有色、十分感人。有的组织义务劳动,有的利用业余时间修车、理发,搞便民活动,有的回收废旧物品,增产节约,有的植树种花,绿化美化环境。许多职工感慨地说:"理论不能不讲,优良传统不能不要。"

(5) 开展思想工作研究活动。1986 年以来,我们建立了思想政治工作研究会。先后召开了两次思想政治工作研讨会,有四十多篇论文发表。为开好研讨会,我们还先后派人去南京、焦作、邯郸、安阳、郑州等先进单位学习经验。去年的研讨会之前,我们分别先举办了黑板报、广播工作、"三五七"谈心家访工作、支部工作等几个专项内容研讨会,会上还请市锻压设备厂、焦作轮胎厂等兄弟单位来人介绍经验。在两次研讨会上,都结合我厂思想政治工作实际进行讨论。通过研讨会提高了思想认识水平,交流了经济,大家反映较好。

4. 支持工会、共青团的工作,开展形式多样、健康有益的活动

近年来,我们注意了充分发挥工会共青团作用,支持他们独立自主地开展工作。我厂工会在参政议政、民主管理方面做得越来越好。我们坚持了每年一次的民主评议干部活动,厂工会先后被评为合格职工之家、先进职工之家,最近将举行优秀职工之家验收。

我厂共青团不断开展有益活动,连续几年被评为金星团委,最后又被评为学雷锋活动先进单位。我们十分注意思想政治工作的群众化、多样化,使之生动活泼、丰富多彩,达到寓教于乐的目的。

几年来,我们所做的一些工作,上级领导都十分重视。除了前面提到的一些经验做法外,还有《办案、改革并行不悖》、《搞好党内监督、促进党风建设》、《积极为工会参政议政创造良好的条件》及《做好党委自身工作、保证厂长负责制的实行》等几篇文章在有关会议上介绍。最近召开的省化工会议及省化工思想政治工作会议上,也将有我厂思想工作方面的报告。

应该指出,我个人的工作尚有许多不足之处。由于个人思想水平不高,对于基层同志的指导和帮助很少,方法上一般性布置多、批评多,解决实际问题较少。在协调党政工关系上主要是×厂长做的工作多,我个人做得很不够。对于全厂工作特点是行政工作,想得较少,提出建设性意见少,个人的开拓精神、与外单位打交道的能力也显得很差。在内部,从严治党、从严治厂的严格要求也做得不够。我衷心欢迎同志们多提批评意见。

1989 年 1 月

【简析】 例文作者现身说法,具体地告诉我们,在工厂实行厂长负责制、厂长处于生产经营和企业管理的中心地位之后,工厂的党委书记所发挥的作用。采用段前撮要法展开叙述,实事求是地评价取得的成绩,同时指出存在的不足之处,态度诚恳、语气中肯,全文思路清晰、层次分明、语言简洁得体。

第三节 合 同

【文种知识】

一、合同的概念和特点

(一) 概念

合同是平等主体的自然人、法人、其他组织之间设立、变更、终止民事权利义务关系的协议。

合同,顾名思义,合起来相同。它又叫契约,是单位与单位、单位与个人、个人与个人之间,为了达到各自的目的,按照法律规定,相互确定各方权利与义务的一种协议。合同是广义的协议书的一种,由于它主要用于经济领域,所以又叫“经济合同”。

(二) 特点

(1) 合法性。合同的内容要符合《合同法》的规定。

(2) 平等互利性。签订合同的双方或多方的法律地位是平等的,合同是自愿协商的产物,合同内容也应是等价有偿的。

(3) 协商一致性。合同的签订是一个协商一致的过程。合同的内容只有表达当事人彼此一致的意愿,其条款才能成立。

(4) 规范性。规范性具有两层含义:其一是依法成立的合同对当事人具有法律约束力,其二是指合同的写法和格式需要规范。

二、合同常见的类型

(1) 按内容分,《合同法》列有 15 大类:买卖合同、建设工程合同、承揽合同、运输合同、供用电、水、气热力合同、融资合同、仓储合同、保管合同、租赁合同、借款合同、行纪合同、居间合同、技术合同、赠与合同、委托合同。

(2) 按与国民经济计划的关系划分,可分为以计划为基础的合同和不以计划为基础的合同。前者是双方当事人按国家指令性计划必须签订的合同。比如,一些对国民经济有重要影响的生产、基建、供应合同,它是保证国民经济计划实行的法律形式,任何一方都不能拒绝签订或签订后不履行,否则要承担法律责任,如果国家计划中途变更,合同也必须随之变更或重新签订。后者即非计划合同,是根据社会需要或者对国家计划进行补充而订立的合同。双方当事人订与不订合同或变更合同,都不受国家计划的制约,而是自行协商议定的。当然,它的内容必须符合法定条款的要求。

(3) 按双方的权利、义务关系划分,则可以划分为双务合同和单务合同。前者是双方当事人都享有权利并承担义务,如购销合同。销售者有义务将货物交给购买者,并有权向购买者要求交付约定的价金。相应地,购买者有权要求销售者交付约定货物,并有义务付给销售者约定的价金。单务合同则是只对一方发生权利,对他方发生义务的,如赠与合同。赠与者只尽向对方提供物品或金钱的义务并不要求对方给予什么权利。对方则享受权利,而不承担任何义务。双务合同是当事人双方权利义务互相制约,单务合同则没有制约作用。

(4) 按合同成立的程序来区分,则有承诺合同和实践合同。前者只要订立合同的双方意见一致,即可成立。后者则除表示一致外,还必须交付合同约定的存物或金钱才能成立。如借贷、保管、运送合同,必须在签订合同的同时交付借贷物、保管物、运送物,才能确定合同是否成立、成立时间等。

(5) 按签订合同的利益划分,又可分成订约人利益和为第三者利益的两种合同。比如,人身保险合同,一旦事故发生,受益人是第三者,他有依法请求付给保险金的权利。

此外,按时间分,有长期、中期、短期经济合同。按形式分,有书面合同、口头合同和其他形式合同。按写法分,有条款式合同和表格式合同。

三、合同的写法

合同的种类繁多,内容不同,写法也都有各自的特点。但就合同的全体来讲,又有共性,有其不同于其他文体的格式。其写作要求和顺序是:

(1) 标题。写明合同的性质。如修建合同、产销合同、经济承包合同等。

(2) 立合同人。双方当事人是机关、团体就写机关、团体的名称,是个人就写个人的名字。一般情况下是在立合同人后面并列双方当事人,也可以前后连着写。在双方当事人后面注明一方是甲方,一方是乙方。

(3) 简单写明订立合同的目的。如合资建厂协作合同,写明为什么建厂、建什么厂;经济承包合同,写明为什么承包等。

(4) 具体写明协议的条件。要逐条写清楚甲、乙双方承担的权利和义务,主要有:

1) 合同权利义务所指向的对象,法律语言叫标的物。如购销合同的销售物、基建合同的承包工程等。这是合同的主要条款,必须标明名称、规格、型号等。

2) 标的物的数量和质量要准确可靠,计量单位要明确,质量的技术要求和标准要详细具体。

3) 价款和酬金要明确其计算标准、给付价款和酬金的结算方式和程序。

4) 合同履行的有效期限和地点要有运费承担、运价标准和中途损失的规定。

5) 物品的包装和验收方法,议定包装标准和数量、质量的验收方法。

6) 违约的责任,即当事人违约后要承担的经济和法律责任,应明确规定赔偿损失的数量、方法。若选用"表格式合同",则依据国家工商局或有关部门制订的合同的规范文本要求,填写有关内容。

(5) 合同份数及保存者。一般是立约双方各存一份,或除立约人外,有关方面也存一份。

(6) 落款。这部分是合同特定的内容和格式,即在合同的有效期限和保管条款下方,依次写上当事人的名称、签章、法定通信地址、法人代表、银行账号、签约日期及地点等。立合同人签名盖章。如是单位,就写单位名称,加盖公章,同时,代表签字盖私章。如有公证人,还要写上公证人所在单位,并签字盖章。

(7) 最后写签订合同的日期,如有代书合同人,在日期后写明代书人单位和姓名。

(8) 如有图纸、表格、清单、说明书等,应作为附件,并标明"附件一"、"附件二",在正文的有关条文后面注明。附件附在合同主件后面,作为合同的组成部分。合同附件、附表均为本合同的组成部分,且有同等的法律效力。

合同的书写形式,主要有条款式和表格式两种。条款式是把双方达成的协议列成几条,写入合同,表格式是按印好的表格,把商定内容逐项填入,它一般用于一方同意另一方条件而达成的协议,如有的订货单后注明"(代合同)"。

常见其他条款:

(1) 不可抗力条款。包括不可抗力事故的范围、后果等。

(2) 解决争议的方法。此条款要约定在履行合同发生争议时解决问题的方式和程序,要明确注明是通过仲裁解决、协商解决还是诉讼解决。

(3) 合同的有效期限和文本保存。

(4) 合同履行的期限、地点和方式。履约期限就是合同的有效期限,是合同法律效力的时限和责任界限,过时则属违约。日期用公元纪年,年、月、日书写齐全。地点是指当事人履行合同义务、完成标的任务的地点。履行方式是当事人履约的具体办法,如借贷合同的出资方要以提供一定的货币来履约;劳务合同的某一方要提供某种具体的劳动服务,如照看小孩、打扫卫生等。

条款式合同版面格式如图1-2所示。

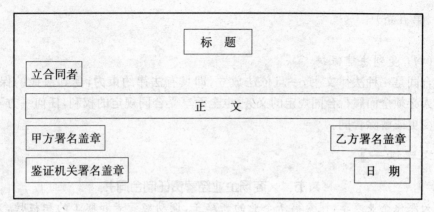

图 1-2

四、签订合同应遵循的基本原则

(一) 遵守国家法律

任何合同的签订,都必须合乎国家有关法律规定。中华人民共和国第五届全国人民代表大会第四次会议于 1987 年 12 月 13 日通过了《中华人民共和国经济合同法》,以法律形式明确规定:"订立经济合同,必须遵守国家的法律,必须符合国家政策和计划要求。"合同的守法性应包括两个方面:一是订立合同的过程要符合法定程序和手续,比如立约者要有法人资格,立约人要签字签章,代订合同须事先取得委托单位的委托证明,合同应一式几份等;二是合同的条文内容,即所订各方关系中的权利、义务及一切活动,都要符合法律规定,比如,订立购销合同,则不得有毒品、黄金、文物、妇女之类的买卖行为等,订立师徒合同,则不得有侵犯人权、污辱人格的协议等。如果订立合同的手续不合法,或者手续合法而内容不合法,那么这样的合同都是非法的。

(二) 做好调查研究

一份合同能否成立、有效,能否全面履行,必须满足基本的有效条件。这些条件包括当事人要有合法资格,订立合同必须遵守国家法律,贯彻平等互利、协商一致、等价有偿的原则,履行法定的手段。而要做到这些,必须在写作前做好充分的调查研究。首先要调查对方属于何种身份。其次要调查对方履行合同的能力。再次要核查本单位履约的能力。此外,签订合同前还要对社会、市场进行调查,多掌握一些情况,尽量使合同订得切合实际,尽量使条款订得周密严谨,以确保其质量。

(三) 双方平等互利

"订立经济合同,必须贯彻平等互利,协商一致,等价有偿的原则。任何一方不得把自己的意志强加给对方,任何单位和个人不得非法干预。"(《经济合

同法》第五条)

（四）受到法律保护

合同是一种法律文书，一旦依法成立，即具有法律约束力，受到法律的保护。当事人必须全面履行合同规定的义务，也全面享受合同规定的权利，任何一方不得擅自变更或解除合同。

【例文选读一】

××市××商场企业经营责任制合同书

为深化企业改革，探索搞活企业的新路子，调动经营者和职工的积极性，××商场实行"百元利润计酬"的企业经营责任制。××商业管理局（以下简称甲方）决定聘任×××同志（以下简称乙方）经营××商场。为明确甲乙双方的责任，特制定本合同。

一、甲方将××商场委托给乙方经营，经营期为 4 年。自 1987 年 1 月 1 日起至 1990 年 12 月 31 日止。

二、自合同生效之日起，乙方为××商场经营者，是企业的法人代表，拥有充分的企业经营、机构设置、人事安排的自主权，自有资金支配权，企业内部收入分配形式和办法决定权。在保证企业资产的完整和增值的前提下，有对闲置资产的出租和处理权，但必须报甲方备案。

三、乙方在经营期间，必须完成本合同的各项目标。（略）

四、乙方在经营期间，在保证实现合同规定的逐年增长上交利润指标的前提下，实行取消工资、奖金，企业按利润、商品按毛利、职工按销售额定计酬率的"百元利润计酬"分配办法。

（1）在经营期间，企业实现基期利润国家按现行税率征所得税 55%，增长利润的所得税减为 35%，其余 65% 部分留给企业，原则上用于发展生产和集体福利。

（2）由于奖金在税前列支，将原核定的调节税率 24% 调整为 31.1%；二步改税核定的利润基数和超基数利润的调节税仍按 3：7 分成的办法不变。

（3）实行工资总额同利润挂钩，基期利润部分按 24.56%，超基期利润部分按 17.19% 定率（即 1：0.7）作为职工计酬额提取。

（4）乙方完成或超过利润目标，按不同档次发给个人收入。（略）

五、经营者在经营期间内完不成合同目标，按下列规定处罚：

（1）当年完不成合同利润目标，扣罚经营者全年个人收入的 50%。

（2）完成当年合同利润目标，其他三项指标每少完成一项，扣罚经营者个人收入的 1/4。

（3）经营者连续两年完不成合同利润目标，扣罚其第二年的全部个人收入，发给基本生活费每月 50 元。甲方有权中止合同，并撤销委托经营证书，另行安排工作。

（4）乙方在经营期间，由于重大决策失误或重大过失，给企业和国家造成重大损失的，要承担经济法律责任。

（5）经营期满，有问题商品占库存的比重超过8％时，每增加1％，扣罚经营者个人全年收入的2％。

（6）企业在1988年底要实现服务质量分类分级管理的一类企业，每延缓一年，扣罚经营者个人全年收入的30％。

六、由于国家政策发生重大变化或发生人力不可抗拒的因素，确需变更合同时，双方可协商修订合同或做出补充规定，经公证后，具有法律效力。

七、乙方由于意外原因，不能继续经营本企业，提出申请后，经甲方会同财政等有关部门检查确认后方可终止合同。

八、经营期满，由甲方对乙方的经营进行评价，审核企业的资产增值，评审结果作为对乙方的考核依据。

九、自合同生效之日起，双方均不得随意变更、中止或解除合同。如甲方随意变更或中止合同，造成乙方不能继续经营，由企业按乙方的基本工资发至合同期满。如乙方随意变更或中止合同，甲方有权扣回乙方经营期间得到的全部个人收入。

十、本合同经甲乙双方签字，经沈阳市财政局会签和履行公证手续后生效。

（原载《经济工作通讯》，1987（13））

【简析】 例文是一份经营责任合同，正文共十条，用条款式写法。正文分两大部分：前言部分写明实行企业经营责任制及订立合同的目的，条款部分分别明确合同期限、乙方权利、经营目标、管理形式、处罚、经营责任、合同变更、终止及生效程序等。条款清晰，权、责明确，行文具体，操作性强，是一份写得比较好的条款式合同。

【例文选读二】

房屋租赁合同

订立合同双方：

出租方：_____（个人或单位），以下简称甲方；

承租方：_____（个人或单位），以下简称乙方。

为调剂房屋使用的余缺，甲方愿意将产权（或管理权）属于自己的房屋出租给乙方，双方根据_____市（县）有关房产管理的规定，经过充分协商，特订立本合同，以便合同遵守。

第一条 出租房屋坐落地址_____。

第二条 房屋名称、规格、等级、间数、面积、单价、金额、地面质量（见附表）。

第三条 租赁期限。

租期为_____年_____月,从_____年_____月_____日起至_____年_____月_____日止。

甲方应按照合同规定的时间和标准,将出租的房屋及时交给乙方使用居住。

第四条　租金和租金交纳期限。

乙方每月向甲方缴纳租金人民币_____元整,甲方应出具收据。租金在当月_____天内交清,交租金地点在_____。

(房屋租金,由租赁双方按照房屋所在地人民政府规定的私有房屋租金标准协商议定;没有规定标准的,由租赁双方根据公平合理的原则,参照房屋所在地租金的实际水平协商议定。出租方不得任意抬高租金。)

第五条　出租方与承租方的变更。

(1)租赁期间,甲方如将房产所有权转移给第三方,不必征得乙方同意,但应通知乙方。房产所有权转移给第三方后,该第三方即成为本合同的当然甲方,享有原甲方的权利,承担原甲方的义务。

(2)租赁期间,乙方如欲将房屋转让给第三方使用,必须征得甲方的同意。取得使用权的第三方即成为本合同的当然乙方,享有原乙方的权利,承担原乙方的义务。

第六条　甲方的责任。

(1)甲方如未按本合同规定的时间向乙方提供租赁房屋,应按延迟期间内乙方应交租金的_____%计算,向乙方偿付违约金。

(2)租赁期间,出租房屋维修由甲方负责,如租赁房发生重大自然损坏或有倾倒危险而甲方又不修缮时,乙方可以退租或代甲方修缮,并可以用修缮费用收据抵消租金。

(3)出租房屋的房产税、土地使用费由甲方负担。

(4)租赁期间,如甲方确需收回房屋自主,必须提前_____个月书面通知乙方,解除合同,甲方应付给乙方违约金,违约金以剩余租期内应交租金总额的_____%计算。

第七条　乙方的责任。

(1)乙方依约交付租金,甲方如无正当理由拒收,乙方不负迟延交租的责任;乙方如果拖欠租金,应按中国人民银行延期付款的规定向甲方偿付违约金。乙方如拖欠租金达_____月以上,甲方可以从乙方履约金(如乙方付有履约金)中扣除租金,并可收回出租之房屋。

(2)租赁期间,房屋管理费、水电费由乙方负担。

(3)租赁期间,如乙方确因特殊情况需要退房,必须提前_____个月书面通知甲方,解除合同,应付给甲方违约金,违约金以剩余租期内应交租金总额的_____%计算。

(4)租赁期间,乙方不得擅自改变房屋的结构及用途,乙方如因故意或过失造成租用房屋和设备的毁损,应负责恢复原状或赔偿经济损失。乙方如需装修墙窗,须事先征得甲方同意,并经房屋修缮管理部门批准方能施工。乙方在租用房屋内装修墙窗的格、花、板壁、电器等物,在迁出时可一次折价给甲方,亦可自行拆除,但应恢复房屋原状。

(5) 租赁期满或合同解除,乙方必须按时搬出全部物件。搬迁后_____日内房屋里如仍有余物,视为乙方放弃所有权,由甲方处理。

(6) 租赁期满或合同解除,如乙方逾期不搬迁,乙方应赔偿甲方因此所受的损失,必要时甲方可以向人民法院起诉和申请执行。

第八条　合同期满,如甲方的租赁房屋需继续出租或出卖,乙方享有优先权。

第九条　房屋如因不可抗力的自然灾害导致毁损,本合同则自然终止,互不承担责任。

第十条　本合同如有未尽事宜,须经双方协商作出补充规定。补充规定与本合同具有同等效力。

本合同执行中如发生纠纷,应通过甲乙双方协商解决。协商不成,可提请当地房管部门调解或人民法院裁决。

本合同一式二份,甲、乙双方各执一份;合同副本一式_____份,交市(县)房管局、街道办事处等单位各留存一份。

出租人(或单位):_____(盖章)

地址:_____

工作单位:_____

承租人(或单位):_____(盖章)

地址:_____

工作单位:_____

_____年_____月_____日订

【简析】　例文是一份房屋租赁合同,写法和格式具有很好的规范性。对当事人具有法律约束力,条款明晰,便于实施。

第四节　演　讲　稿

【文种知识】

一、演讲稿的概念和作用

(一)演讲稿的概念

演讲,就是在群众集会或会议上就某个问题对听众说明事理,发表见解。演讲稿,则是演讲的依据、规范和提示,是演讲者所用的文字底稿,是应用文中一种独立的文体。广义上的演讲稿,包括一切为准备在听众面前发表意见、抒发情感而写成的文稿,如学术专题演讲、会议报告演讲、法庭论辩演讲以及各种礼仪演讲等。

人们通过演讲,可以表达个人的主张与见解,介绍一些学习、工作上的情况、经验,也可以互相交流思想和感情。与其他宣传教育方式相比较,演讲能以直接面对听众的方式来进行,因此,它具有更大的感染力,更能使听众信服。优秀的、动人心魄的演讲,它所具有的感染力、说服力、鼓动性和宣传教育效果,并不是随便说说就能得到的,而是需要我们事先有所准备,打好基础。也就是说,首先要写好演讲稿。

(二)演讲稿的作用

(1)能够使演讲中心更集中、更突出。我们知道,在演讲之前,首先应确定主题,也就是演讲的中心思想,然后再围绕这个中心说开去。演讲稿的主题,都是经过斟酌而得到的,并且,在演讲稿的写作过程中,我们能像写一般文章那样来挑选材料、铺陈主要内容。那么,有这样的准备,演讲时势必会有理、有序、有物、有文、有声、有色,字字有理,声声有情,句句说到点子上。

(2)准备演讲稿时,可以收集到大量的资料。也有充足的时间对这些材料进行仔细筛选,从而得到最准确、最典型、最新颖生动、最具有说服力的材料。有以上这些丰富的资料储备,演讲时才能有备无患,做到信手拈来、运用自如。

(3)在演讲过程中,演讲稿可以起到提示演讲内容的作用。特别是对于初学演讲的人来说,有了演讲稿,心里就有了底,还能消除一定的恐惧心理。

(4)演讲稿能帮助演讲者掌握演讲的时速。演讲,特别是演讲比赛,往往都有时间限制,有了演讲稿,就可以根据字数来计算演讲的时间,调节演讲的速度。

二、演讲稿的种类和特点

(一)演讲稿的种类

演讲稿有多种多样,如我们平时为会议所准备的致词、开幕词、闭幕词,为其他集会所准备的贺词、祝词、欢迎词、欢送词,还有一些论辩词等,都属于演讲稿的范畴。我们以演说体裁为划分依据,把演讲稿分为三个主要类别:

1. 叙述式

叙述式的演讲是向听众陈述自己的思想、经历、事迹,转述自己看到、听到的他人的事迹或事件时使用的。叙述当中,也夹有议论和抒情。如云南纺织女工邓阳昆的演讲稿《我爱特等残废军人安仲文》,就以“我”与安仲文的相识、相爱过程为主线,边叙述、边议论、边抒情,情理交融,感人肺腑。

2. 议论式

议论式的演讲最常见,它就是摆事实、讲道理,既有事实材料,又有逻辑推断,立场坚定,旗帜鲜明。如《做一个有益于人民的人》。

3. 说明式

说明式的演讲主要是对听众说明事理,通过解说某个道理或某一问题来达到树立观点的目的。如列宁的著名演说《什么是苏维埃政权?》,就是通过对苏维埃新政权的解释而树立了社会主义道路是正确的,是不可战胜的这一主要观点。

（二）演讲稿的特点

1. 现实性

现实性是指演讲稿所选的话题应当是从现实生活中发掘出来的,是现实生活当中需要解决的问题。因为这样的话题,才有探讨的价值。

2. 鼓动性

演讲稿中,往往都注入了演讲者强烈的感情,这种强烈的感情以恰当的方式表达出来,必然产生强大的感染力和号召力。也正因为如此,使它成为我国社会主义精神文明建设的一项必不可少的内容。

3. 简洁性

演讲稿的内容主要是通过"讲"来传达给听众的,听众依靠"听"来领会演讲者的思想观点。而"讲"与"听"具有"一次过"的特点,听众不能在"听"的过程中时时停下来仔细回味演讲内容,这就决定了演讲稿必须具有简洁性。这种简洁性要求演讲稿应该做到主题集中、突出,层次少而有条理,语言准确洗练,使听众一听就能够明白。

4. 真实性

演讲是演讲者面对听众来讲自己的主张、见解,讲自己亲身经历或亲眼看到的事,抒发自己的情怀和感受,即使是例证,也是广为传知或实实在在的,所以演讲稿比其他文章更能给人以真实亲切之感。但是,演讲稿的真实性必须以"真"为基础,要讲真话、讲实话,不能哗众取宠,在材料的选用上,最好采用第一手材料。

三、演讲稿的结构与写法

（一）标题

演讲稿的标题非常重要,因为它是听众最先听到的。好的标题如同一双动人、会说话、会表现出人的精神面貌的眼睛一样,它不但能引起听众的注意,吸引听众听讲,而且能传达、反映出整篇演讲稿的主题精神。因此写演讲稿,必须千方百计地拟制一个简洁、贴切、醒目悦耳、鲜明生动、富有吸引力和启发性的演讲标题,使演讲一开始就以新奇取胜,以美妙夺人。

（二）正文

演讲稿的正文一般由开头、主体、结尾三个部分组成:

1. 开头

又叫开场白，是演讲稿的导入部分。"万事开头难"，开场白是否新颖、精彩，引人入胜，是演讲能否取胜的重要一环。同时，开场白还具有"镇场"的作用，要营造一种气氛，控制全场情绪，在演讲者与听众之间架起一座沟通的桥梁，使听众全神贯注，为整个演讲的成功打下基础。因此演讲的第一句也是最难的，因为说得不好，就可能给听众留下一个不好的印象，使他们失去再往下听的兴趣。所以，演讲稿的开头必须有吸引力。

一般地说，演讲稿的开头都要求开门见山、开篇点题，要起到提纲挈领的作用。因为开篇点题，把要点先提出来，之后，听众就会依据这一线索，集中注意力去聆听演讲的内容，也能够更有针对性地对其进行消化和吸收。可以不拘一格，采用多样的方式来吸引听众。或开门见山，点明主题，使听众容易把握演讲的要领；或提出问题，以新颖有趣的设问或反问来激发听众的注意和思索；或引用名人名言、诗词典故，引起听众的兴趣；或讲故事，以生动有趣的情节吸引听众等。但要注意的是，不要故弄玄虚、兜圈子，开头之后要尽快转入正题。例如，鲁迅先生 1926 年在厦门大学纪念周会上的演讲《少读中国书，做好事之徒》，开头便是："我本来是搞国学院研究工作的，是担任中国文学史课的，论理应当劝大家埋首古籍，多读中国的书。但我在北京，就看到有人主张读经，提倡复古。来这里后，又看见有些人老抱着《古文观止》不放。这使我想到：与其多读中国书，不如少读中国书好。"这样，自然而入，而且旗帜鲜明。

2. 主体

这是演讲稿的主要内容，要针对演讲题的具体情况加以展开。这部分内容主要反复阐明演讲的中心问题，用有限的篇幅，把问题谈清楚，谈透彻，以说服、教育听众。在写作上，要求条理清楚，意思明白，合乎情理，既有严密的逻辑性，又变化有序，生动感人。在这一部分，应该从多方面去阐明或证明演讲的主题。如果是叙述式的演讲，就应当把人物的事迹或事件的详细过程叙述清楚；如果是议论式的演讲，就应当对论点进行充分的论证；如果是说明式的演讲，则主要是进行详细的解说。

同一般文章一样，演讲稿主体部分的安排也要从突出主题、详略安排、层次与段落的划分等方面来考虑。首先，主题必须集中，一篇演讲稿只有一个主题，主体部分必须是围绕这一个主题来铺陈展开的，这样，才能使听众得到一个鲜明而深刻的印象。其次，要考虑到演讲口头表达的需要，结构上不要过于死板，要有一定的灵活性，要有张有弛，有起有伏，给听众以生动、新鲜的感觉，不能只是平铺直叙地往下说，如流水账一般。因为这样容易使听众产生单调乏味的感觉，难以取得好的演讲效果。

下面我们来看一看鲁迅先生《少读中国书，做好事之徒》的主体部分：

尊孔、崇儒、读经、复古，可以救中国，这种调子，近来越唱越高了。其实呢，过去凡是主张读经的人，多是别有用心的。他们要人们读经，成为孝子顺民，成为烈妇节妇，而自己倒可以得意恣志，高高骑在人民头上。

他们常常以读经自负，以中国古文化自夸。但是，他们可曾用《论语》感化过制造"五卅"惨案的外国兵，可曾用《易经》咒沉了"三·一八"惨案前夕炮轰大沽口的侵略军的战舰？

你们青年学生，多是爱国，想救国的。但今日要救中国，并不在多读中国书，相反地，我以为暂时还是少读为好。少读中国书，不过是文章做得差些，这倒无关大事。多读中国书，则其流弊，至少有以下三点：一、中国古书越多读，越使人意志不振作；二、中国古书越多读，越想走平稳的路，不肯冒险；三、中国古书越多读，越使人思想模糊，分不清是非。正是因为这个缘故，我所以指窗下为活人之坟墓，而劝人们不必多读中国书。

前一段，一针见血地揭露了主张读经的人的别有用心，而且在一个问句里举出两件事实，充分暴露了读经的无用与骗局。后一段，强调要想救国，还是少读些中国古书为好，总结出了多读中国古书的三点坏处。正因为如此，"而劝人们不必多读中国书"。

短短的两段内容，却是安排得当、论据充分，而且全部内容都紧紧围绕主题而展开，这样必然能把论点生动有力地证明给听众了。

3. 结尾

它也是演讲稿的一个重要和不可缺少的部分。要求写得简短、清晰、干净利落、深刻有力，能够使人回味。不能拖泥带水，画蛇添足。常见的结尾方式有：总结式，即以简明有力的语言概述演讲主要内容或点明演讲主题，使听众得其要而悟其旨；号召式，即以充满激情的语言发出号召或希望，使听众受到鼓舞；警策式，可以写口号，提建议，可以给听众一个诚恳的希望；可以引一段恰当的诗文、成语及古今的格言来加重你结束演讲的力量，以引起听众的思考和回味等。

结尾主要是对全文做一收束。演讲最重要最精彩的，还是在结尾的时候。如果说没有精彩的结论，演讲就等于只开花而不结果。的确，一篇没有精彩结论的演讲稿，不论结构如何奇妙，不论题材如何新颖，到最后仍会令人很失望。因此，写演讲稿，必须安排一个巧妙的结尾。

演讲稿的结尾部分，《少读中国书，做好事之徒》是这样的：

你们青年学生，多是好学的。好读书是好的，但是不要"读死书"，还要灵活运用。不要"死读书"，还要关心社会世事。不要"读书死"，还要注意身体健康。书有好的，也有坏的。有可以相信的，也有不可以相信的。古人说："尽信书，则不如无书。"那是从古史实的可靠性说的。我说的有可以相信，有不可以相信，则是从古书的思想性说的。你们暂时可以少读中国古书，如果要读的话，切不要忘记：明辨，批判，弃其糟粕，取其精华。

这里，鲁迅先生就给学生提出了忠告和希望，而"明辨，批判，弃其糟粕，取其精华",则已成为青年学生读书的原则,这也是在结尾留给听众的永久印象。

四、演讲稿的写作要求

(一)要有的放矢,以唤起听众的共鸣

演讲是直接面对听众交流思想感情,所以必须了解听众对象。一是要了解听众是哪些人,他们的文化层次、职业状况、生活状况、思想状况;二是要了解听众的心理、愿望和要求,特别是他们最关心的问题和他们的迫切要求,了解得越清楚,越能有的放矢地发表演说,解决他们的问题,启开他们的心扉,引起他们的共鸣。

演讲,从表面上看,讲者是主要的,但从实际效用上看,演讲者的一切行为都是围绕听众来进行的,演讲实际上是以听众为主体的。如果不知道听众是些什么人,那么所有的准备都将全部落空。因此,首先要了解听众,注意听众的组成,了解他们的性格、年龄、受教育程度和出生地,分析他们的观点、态度、希望和要求。掌握了这些以后,就可以决定采取什么方式来吸引听众、说服听众,取得好的效果。1926年,鲁迅先生应邀在厦门大学平民学校开学典礼会上向工农学生演讲。因为学生都是平民子弟,鲁迅先生开始便说:"因为你们这个学校都是平民子弟,所以我就不能不来,而且也不能不说几句话,"他恳切地鼓励这些贫苦青年,"你们都是工人和农民的子女,你们因为贫苦,所以失学,所以须到这样的学校来读书。但是,你们穷的是钱,而不是聪明与智慧。你们贫民子弟,一样是聪明,一样有智慧。你们能下决心,能奋斗,一定会成功,有光明的前途。没有人有权利叫你们永远做穷人。"正因为他道出了平民子弟的心底话,所以能深深地打动学生的心灵,鼓舞他们去努力、去奋斗。

(二)要有新意

听众愿意听的是从没听过的新情况、新事物、新思想,因而,演讲稿最忌老生常谈,一定要有新见解、新内容、新事例,给听众以新鲜的感觉。有了新意,还要有一个集中、鲜明的主题。无中心、无主次、杂乱无章的演讲是没人愿意听的。而在一篇演讲稿里,讲的方方面面太多,听众也容易听了后边忘了前边,零零碎碎,模模糊糊,弄不清要讲的到底是什么。所以,一篇演讲稿只能有一个中心,全篇内容都必须紧紧围绕着这个中心去铺陈,这样才能使听众得到深刻的印象。

演讲必须有真切、具体的内容,有鲜明的立意和明确的中心,才会有思想价值和现实意义,才能给听众以启发和教育。同时,一篇好的演讲稿也总是有清晰的思路和严谨的逻辑的,能围绕中心思想展开全部内容,组织观点和材料。

(三)要有强烈的感情色彩

演讲不仅要有冷静的分析,即晓之以理,更需诚挚热烈的感情,即动之以情。情理结合,有情还要有理。一篇好的演讲稿,应该既有热情的鼓动,又有冷静的分

析,要把抒情和说理有机地结合起来,做到动之以情,晓之以理。这样才能做到既有说服力,又富有鼓动性。演讲面对听众,要态度鲜明。提倡什么、反对什么、歌颂什么、鞭笞什么,要十分明朗,绝不能模棱两可。同时,又不能装腔作势,矫揉造作,像演戏一样,而应当是真情实感的自然流露。

"感人心者,莫先乎情"。只有在感染人、打动人的基础上,演讲才能起到教育和鼓舞人民的作用。温斯顿·丘吉尔是位雄辩的演说家,他的许多演讲都深受人们的赞扬,而他演讲的最大特点就是感染力极强,因为他深谙以情动人这一吸引听众的诀窍。当他临危受命,组织新政府,在下议院对新政府举行信任投票的特别会议上,一开始便说:"我没有别的,我只有热血、辛劳、眼泪和汗贡献给大家。"他的演讲总是那样激动人心,所以他赢得了英国人民的信赖和支持。

(四)语言要简洁明快,通俗易懂

演讲稿的语言,一般应简洁明快,通俗晓畅,便于听众理解、记忆。当然,在不同环境、对不同对象也有不同要求。演讲的语言风格要与内容相适应,还要看场合、看对象,注意环境气氛。

一篇演讲稿,演讲词的优劣是作者自身文学素养、文化程度高低的表现。更重要的是,它涉及演讲思想内容表达得是否清楚、深刻。演讲是"讲"给听众"听"的,它需要通过演讲者把无声语言转化为有声语言,直接作用于听众的听觉器官。因此,演讲稿的语言要求做到准确、精练、生动形象、通俗易懂,不能讲假话、大话、空话,也不能讲过于抽象的话。要多用比喻,多用口语化的语言,深入浅出,把抽象的道理具体化,把概念的东西形象化,让听众听得入耳、听得明白。鲁迅先生的许多演讲,不说思想的深刻性,单就语言上讲,就有许多值得我们学习的地方。下面,我们来看一看他在《未有天才之前》中的一段演讲词:

还有一样是恶意的批评。大家的要求批评家的出现,也由来已久了,到目下就出现了许多批评家。可惜他们之中很有不少是不平家,不象批评家,作品才到面前,便恨恨地磨墨,立刻写出很高明的结论道,"唉,幼稚得很。中国要天才!"到后来,连并非批评家也这样叫喊了,他是听来的。其实即使天才,在生下来的时候的第一声啼哭,也和平常的儿童的一样,决不会就是一首好诗。因为幼稚,当加以戕贼,也可以萎死的。我亲见几个作者,都被他们骂得寒噤了。那些作者大约自然不是天才,然而我的希望是便是常人也留着。

恶意的批评家在嫩苗的地上驰马,那当然是十分快意的事;然而遭殃的是嫩苗——天才的苗。

鲁迅先生在这里把"恶意的批评家"称为"不平家",尖刻而幽默,以"高明的结论"讽刺他们批评的不高明,把他们对文学青年的摧残比作"在嫩苗的地上驰马",而又把天才开始的平凡比之为婴儿初生时的第一声啼哭。这样,以通俗、精练、生动、幽默的语言,把抽象、概念化的理论讲得生动活泼,而且非常透彻,非常深刻。

【例文选读】

<h1 style="text-align:center">富有的是精神</h1>

谢　冕

热烈祝贺你们来到北大。你们将在这里度过 20 世纪仅剩的最后几年。在这几年中,你们无疑将接受本世纪全部伟大的精神财富,以及这一世纪无边无际的民族忧患的洗礼。你们将以此为营养,充实并塑造自己,并以你们的聪明才智在这里迎接 21 世纪的第一线曙光。你们是名副其实的跨世纪的一代人。你们要珍惜这百年不遇的机会。

发生在距今 99 年前的戊戌变法是失败了,但京师大学堂却奇迹般地被保留下来,成为那失败变法仅存的成果。你们正是在这个流产的变法失败一百年、也是京师大学堂成立的一百年的前夕来到这里的。当你们来到这到处都在建筑和整修的学校时,百年的沧桑、百年的奋斗、百年的期待,一下子也都拥到了你们的面前,我设想此时此刻的你们,一定是在巨大的欢欣之中感到了某种沉重。

你们是未来世纪中国的建设者。你们将在未来的岁月中作出平凡或是杰出的贡献,你们中有的人可能还会成为未来世纪非常出色的人物。但不论如何,1997 年 9 月的今天,对于你们中的每一个人,都是决定自己一生命运的、不可替代的、非常重要的日子。那就是因为你们的名字和这所伟大的学校产生了联系。中国有 12 亿人,你们的同龄人也应该以千万为单位来计算,但只有极少数的人有幸能把自己的名字与这所学校联系起来。同学们,请以负重感来代替你们高考胜利的欢欣吧!

你们从各地来到北大。从现在开始,你们已结束了中学学习阶段,开始了大学学习阶段。在人的一生中,这是非常重要的时刻。虽然都是学习,中学只是普通教育,大学则是专业教育,这才是真正打基础的阶段,你们将来为社会服务的许多本事,是在这个阶段学到的。

去年也是这个时候,我在欢迎本系博士生和硕士生的迎新会上,也发表过一个讲话。那时我讲北大是做学问的地方,但是就重要性讲,还是做人第一、做学问第二。做人的问题很复杂、但也很简单,就是在人的质量和品德方面有高的标准和要求。只有人做好了,学问才能有好的发挥。

北大这学校出过许多学者,也出过许多革命者。这些学者中的出色的人物,往往是人的品行高洁、而学问也是前瞻和开创的。如李大钊,他最早把马克思主义引到中国来,他呼唤并参与了中国青春的创造;又如鲁迅——北大校徽的设计者,他在这里的身份只是讲师,但却是中国文化的伟人。不论是李大钊,还是鲁迅,他们都是伟大的爱国者。所以,在这里,我想强调的是,做人和做学问的统一,爱国精神和敬业精神的统一。

一个人成就有大小,水平有高低,决定这一切的因素很多,但最根本的,是学习。学习是不能偷巧的,一靠积累,二靠思考,综合起来,才有了创造。但是第一步是积累,积累说白了,就是抓紧时间读书,一边读书,一边让自己的大脑活跃起来。用前人的经验来充实自己,先学习前人,而后发展前人,而后才有自己的发现和创造。

但不论怎么说,首先是学习,抓紧一切的时间学习。我的经验是,不要抱怨、更不要拒绝老师提供的那一串长长的书单,那里边有的道理,你们现在并不理解,但是要接受它,按照那个参考书目或必读书目,一本一本地读,古今中外都读,分门别类地读。有的书要反复读,细读;有的书可以走马观花,快读;但是一定要读,这叫机不可失,时不再来。

我想告诉大家,我现在从事的工作,应付着方方面面的工作,不论是写文章,说话、论证、作判断,靠的就是北大本科几年的读书的积累。那时还有很多的政治运动,用到学习上面时间并不多,但也就是那些有限的时间里读到的那些中国文学、外国文学、历史、哲学、语言学等方面的积累,支撑着我现时的繁重的工作。虽然时感知识不足,所知者少,但使我有能力去应付千头万绪的局面的,还是北大当学生那几年打下的基础。

事实上,人一旦走上了工作岗位,现在这样专注的、系统的、全力以赴的学习机会也就随之失去了。等到工作临头,你发现罗曼·罗兰没有读过,高尔基没有读过,《离骚》没有读过,《故事新编》没有读过,旦丁和普希金也没有读过,那时工作逼着你发言,你只好手忙脚乱地临时乱翻。那是应急,不是学习。匆忙中谁能把《约翰·克利斯朵夫》一口吞了下来? 即使吞了下来,你又能发表什么意见呢? 离开了大学,可以说,你基本上失去了大学学习的条件,那时想起那一串长长的书单,你真是悔之莫及了。

所以,你们到北大来,我第一要劝你们的,是做书呆子,只有先做呆子,然后才能做聪明人。一开始就想做聪明人,什么都没有,而要装天才,做神童,那才是真正的呆子。聪明绝顶,目空一切,这是北大学生容易犯的毛病。我们要杜绝这种小聪明,争取将来的大智慧。

此外,要学好语言,不仅本国语言要学好,外国语也要学好。那种认为中文系学生不必学好外语的观念,是一种短见,是很浅薄的。现在国门开放,不是闭关锁国的时代了,中国要了解世界,世界也要了解中国,要靠语言这座桥梁。除了外国语,还有本国语。现代汉语要掌握好,写文章要用语法,不要写错别字,文字要漂亮。更重要的,是要掌握好古代汉语,中文系学生不会直接阅读古文,是耻辱。不要读白话史记或论语今译之类的书,不是那些书不好,而是中文系学生应当掌握好古汉语,直接和庄子和李白用他们当年的语言对话。还有,也许已超出了教学大纲的范围了,但是我还要讲,那就是中文系学生应当学毛笔字,还要识别繁体字,以上所说,对别人可能是苛求,而对中文系学生而言,则是必要和起码的。

因为文学是你们的专业,所以我还要谈谈文学,在我的心目中,文学是非常神

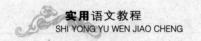

圣的。我们讲敬业，就是要对文学怀有敬畏之心。文学，有人说起源于劳动，有人说起源于游戏。在文学的功能中，是有游戏的成分，有让人愉快让人轻松的作用。但文学从根本上说不能等同于游戏，因此，我们不能游戏文学。

文学中的优秀部分，是有价值的部分，是人类崇高精神的诗化。文学是一种让人变得高雅、变得充实、变得聪明、变得有情趣的精神劳作。我们学习文学，是要把文学当作事业去创造、去发展、去发扬光大，而不是把它当作手中的玩物。我讲这些话不是无的放矢，而是有感于当前文学的某种缺陷和某种失落。

号称全国最高学府的北大，物质条件很差，有的方面如学生宿舍则是超乎寻常的差。物质的贫乏并不等于精神贫乏。在精神方面，北大是富有的，是强者。北大的这种富有，足以抵抗那物质的贫乏而引以自豪。走在我们前面的，有我们一代又一代的老师，他们一介布衣，终生清贫，但却是我们永远敬重的精神的强者。

（选自《演讲词分类评析》，专利文献出版社）

【简析】　谢冕的《富有的是精神》是他于1997年9月在北京大学中文系1997级新生迎新会上的演讲词。开头先是对新同学能到北大学习表示祝贺，接着联系1997级新生在新旧世纪交替的特殊历史时期入学的意义以及北大校园正在建筑和整修过程中的特有环境，巧妙地介绍了学校历史，赋予新生具体的历史使命感，并为后文重笔铺叙北大精神做了伏笔。

正文部分，主要讲述三个问题：第一，作为一个北大人应有荣誉感和使命感；第二，要弘扬北大精神，做人和做学问要统一，爱国和敬业要统一；第三，抓紧时间学习的重要性及学什么、怎样学。

最后，指出北大在物质条件上是贫乏的，但在精神方面是富有的，是强者的主题。号召学生们在一代又一代终身清贫却永远让人敬重的老师们的带领下，去做精神上的强者。全文立意高远，格调高昂，反复论证，逐层深入，既结构严谨、逻辑严密，又有较强的说服力。

单元综合练习一

一、问题简答题

1. 调查报告的作用是什么？写作有何要求？

2. 合同的主要特点是什么？条款式合同主要应写清楚哪些条款？

3. 演讲稿在语言运用方面有哪些要求？即兴演讲具有哪些特点？

二、范文鉴赏题

请从构思和语言两个方面对下面这篇演讲稿进行鉴赏：

在××大学求职模拟招聘大赛上的讲话

同学们：

求职是支歌，一支走向社会的歌，一支报效祖国的歌，一支奉献青春年华的歌；招聘是首诗，一首接纳人才的诗，一首求贤若渴的诗，一首为青年俊杰提供人生舞台的诗。

如果说，求职是支歌，那么，今天的模拟招聘就是在为这支歌填写动人的歌词；如果说，招聘是首诗，那么，今天的模拟求职就是在为这首诗配上优美的曲调。

大学是人才的摇篮，但要让人才走出这个"摇篮"，还需要用人单位为他们插上展翅高飞的翅膀。据统计，在我国12亿人口中，受过高等教育的只占总数的1.42%，每万人中，在校大学生只有23.4人，这说明在我国，大学毕业生还是"紧俏人才"。然而，大学生与用人单位之间面临着双向选择，在大学毕业生中，仍然存在"酒香也怕巷子深"、"皇帝的女儿也愁嫁"的现象。

今天，我们大学协会与××市××公司、××公司联手，在这里举行求职模拟招聘大赛，可以说，为我校莘莘学子，尤其是应届毕业生，做了一件大好事、大实事，把实事做好了，又把好事做大了。我校今年有两千余名大学生"待嫁闺中"，需要找"婆家"，期待着"伯乐"来发现他们，期待着用人单位接纳他们。他们当中确实存在"俏媳妇"不知如何见"公婆"的现象。能否把自己"嫁"出去，心中没底。今天的模拟大赛是一个很好的示范。我作为老师，作为评委，为用人单位和同学们的精彩表现而高兴。在这里，请允许我向用人单位表示感谢，也向求职的同学表示祝贺！

以我的理解，求职的要诀可以概括为16个字：充分准备，充满自信，自荐得体，礼貌周全。今天来求职的同学在这几点上都有不俗的表现。此外，作为一次企业部门走进高校的模拟招聘活动，求职者还注意了临场的艺术性，这便是选手们体现出来的真、新、美。"真"是真诚，即以真情和诚心推销自己；"新"即新颖，在求职的方式上先由个人展示风采，再由团体显示实力，有利于多角度、多侧面地表现求职技巧和个人魅力；"美"即审美的效果，求职者挥洒魅力，尽现风采，充分地展现了自己的形象美、气质美和学识修养美，这使得各个环节都充满了艺术的魅力。

最后，我想说：无边落木萧萧下，不尽长江滚滚来；江山代有才人出，报效祖国是舞台！这是我今天的感受，也是我对青年朋友们的希望！谢谢！

三、病文评改题

1. 阅读《述职工作报告》，分析归纳其中存在的问题。

述职工作报告

虽然当了很多年的校长，可每到述职，总觉得很难展开确切的表达。以下是2003年11月之前完成的工作，罗列如下是为述职：

1. 教务管理：坚决执行上级规定的标准，严格公示制度，学杂费核对结算，做好困难学生学费减免，助学金发放工作。

2. 校产管理：进一步推进财物报修和申购制度，完善了物品采购制度和物品的进出仓手续。

3. 学校基本建设：

(1) 加强了体育馆管理建设，充分发挥了体育馆的功能。

(2) 美化了东边围墙，使之成为××市最美的文化宣传长廊。

(3) 装备了音乐室、改造了电教室、验收了新的电脑室，完善了教学功能。

(4) 改造了校园广播系统，变嘈杂的电铃为悦耳的音乐声。

(5) 给每个办公室配备了电脑，并安装了宽带，改善了办公条件，提高了办公效率。

(6) 对全校电话进行了"汇线通"电话系统改造，方便对内、对外联系。

(7) 修建了教工单车棚,改变了校园车辆乱停乱放的局面。

(8) 清洗了办公楼、实验楼外墙,除去多年污垢。

(9) 硬化了学校泥操场,增添了活动场地,消除了污染源。

(10) 修建了黑板宣传长廊,充分利用了学校的空间。

(11) 搞好史、地、生园增强校园文化气氛。

(12) 对校园内处露线路进行改造,既美化校园又保障师生安全。

2. 阅读《韩复榘在齐鲁大学校庆的演讲》(摘录),分析归纳其中存在的问题。

诸位、各位、在坐的:

今天是什么天气?今天是演讲的天气。开会的来齐了没有?看样子大概有五分之八啦。没来的举手吧!很好,都到齐了。你们来的很茂盛,鄙人实在很感冒……你们都是文化人,都是大学生、中学生和洋学生,你们这些乌合之众是科学化的、化学化的,都懂七八国英文,兄弟我是大老粗,连中国远文也不懂,真是鹤立鸡群了……你们是从笔筒子里面钻出来的,兄弟我是从炮筒子里钻出来的。今天到这里讲话,真是蓬荜生辉,感恩戴德。其实我没资格给你们讲话,讲起来就象……就象……。对了,就象对牛弹琴……

四、写作实践题

1. 从下面的课题中任选一题写一篇调查报告。

(1) 校园文化调查;(2) 大学生旅游调查;(3) 就业前途调查;(4) 志愿者活动调查;(5) 公寓文化调查;(6) 人际关系调查

2. 请你以党团组织或单位里的一个干部(或者学校里的学生干部)身份,写出一份结构完整、格式规范的述职报告。

3. 根据下述内容,写一份购销合同。

A果品商店的代表a先生,于20××年×月×日与B园艺厂的代表b小姐订了一份合同。双方在协商中提到:A果品商店购买B园艺场出产的水蜜桃8 000斤、鸭梨10 000斤和香蕉苹果15 000斤。要求每种水果在八成熟采摘后,一星期内分三批交货,由B园艺场负责以柳条筐包装并及时运到A果品商店;其包装筐费和运输费均由A果品商店负担。各类水果的价格视质量好坏,按国家规定的当地收购牌价折算,货款在每批水果交货当日通过银行托付。如因突发的自然灾害不能如数交货,B园艺场应及时通知A果品商店,并互相协商修订合同。在正常情况下,如果A果品商店拒绝收购,应处以拒收部分价款20%的违约金;B园艺场交货量不足,应处以不足部分价款30%的违约金。这份合同一式四份,双方各执一份,各自送上级单位备案一份。

提示:(1) 购买各类水果的条款,可列表表示。

(2) 本合同各条款项目顺序为:① 产品名称、品种规格、数量;② 交货日期;③ 质量要求;④ 验收办法;⑤ 交货方法、包装运输方式和费用负担;⑥ 结算方式和期限;⑦ 违约规定;⑧ 其他约定事项。

第二单元　公务文书

第一节　公文概述

【文种知识】

一、公文的概念和特点

（一）概念

公文即公务文书的简称，又叫公务文件。它是国家机构与其他社会组织在公务活动中，按照规范的体式，经过一定的处理程序形成和使用的具有法定效用的书面文字材料。

从广义上看，凡是反映公务活动的文书，都可以称为公文。从狭义上看，公文是国家行政机关在行政管理过程中形成的具有法定效力和规范体式的文书。国务院于 2000 年 8 月 24 日发布的《国家行政机关处理办法》（以下简称《办法》）第 2 条规定，行政机关的公文是依法行政和进行公务活动的重要工具。

（二）特点

1. 具有法定的作者

公文作者不是人人都可以充当的，而是法定的。所谓法定作者，是指依法成立并能以自己的名义行使职权和承担义务的国家机构与其他社会组织（以下统称为机关），公文必须以这些机关的名义或其法定代表人的名义制发。发文机关必须依照法定权限和职能制发公文，不能越权行文、违法违章行文。

2. 具有法定的效力

这是公文的权威性和约束力的体现。公文直接形成于内容所针对的现实公务活动中，对受文者及其他有关方面的行为将产生为法律法规所规定的不同程度的强制性影响，如在规定的时间、空间范围和机构、人员范围内，强制执行内容，强制阅读、办理，强制复文等。

3. 具有规范的体式

为了维护公文的权威性、准确性与有效性，方便公文的写作与处理，国家有关机构以法规、标准等形式，对公文的语体、格式进行了统一规范，公文制发者必须认

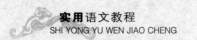

真遵循这些规范。否则,就不能实现公文工作的标准化,就不能提高工作效率。

4. 履行法定程序

为保证公文的有效性,国家有关机构规定了各类公文的生成程序,必须履行这些程序,公文才能产生法定效用。如公文的制发,必须经过起草、核稿、签发的程序。经过机关领导人签发的文稿才能缮印、用印和传递。如果违反这种程序,就不利于机关文书工作的科学化、规范化、制度化,就不能维护公文的严肃性与权威性。

二、公文的种类和格式

(一)种类

常见的公文,主要是从适用范围、行文关系、办理时限和密级等方面来分类的。现分述如下:

1. 按适用范围分类

《办法》规定,我国行政机关现行的公文有 13 种:

(1)命令(令):适用于依照有关法律公布行政法规和规章、宣布施行重大强制性行政措施、嘉奖有关单位及人员。

(2)决定:适用于对重要事项或者重大行动做出安排、奖惩有关单位及人员、变更或者撤销下级机关不适当的决定事项。

(3)公告:适用于向国内外宣布重要事项或者法定事项。

(4)通告:适用于公布社会各有关方面应当遵守或者周知的事项。

(5)通知:适用于批转下级机关的公文、转发上级机关和不相隶属机关的公文、传达要求下级机关办理和需要有关单位周知或者执行的事项、任免人员。

(6)通报:适用于表彰先进、批评错误、传达重要精神或者情况。

(7)议案:适用于各级人民政府按照法律程序向同级人民代表大会或人民代表大会常务委员会提请审议事项。

(8)报告:适用于向上级机关汇报工作、反映情况、答复上级机关的询问。

(9)请示:适用于向上级机关请求指示、批准。

(10)批复:适用于答复下级机关的请示事项。

(11)意见:适用于对重要问题提出见解和处理办法。

(12)函:适用于不相隶属机关之间商洽工作、询问和答复问题、请求批准和答复审批事项。

(13)会议纪要:适用于记载、传达会议情况和议定事项。

2. 按行文方向分类

有上行文、平行文和下行文。

(1)上行文:是指下级机关向它所属的上级机关所发送的文件,也就是自下而上的行文。如"请示"、"报告"。

(2)平行文:是不相隶属机关或平级机关之间的行文。如"函"。其他行政公文如"通知"，有时也有平行性。

（3）下行文：是上级机关对下级机关的行文。如"命令"、"通知"、"决定"等。

3. 按公文的办理时限分类

有特急、急件、一般文件三类。急件应当在接到来文后三天之内办理完毕，特急件应当在一天内办理完毕。

4. 按保密级别分类

有绝密、机密和秘密三个等级，通称"三密"文件。密级越高，传送、阅读和保管的要求也就越严。

（二）格式

公文有规范的格式。1999 年 12 月国家质量技术监督局发布《国家行政机关公文格式》，将构成公文的诸要素划分为眉首、主体和版记三个部分。

1. 眉首部分

又称文头部分，通常由以下要素构成：

（1）份号：即公文印制份数的顺序号，行政公文要求"绝密"、"机密"公文应当标明份号，党的机关公文要求凡秘密公文都要标明份号。编号的位置，凡有文件版头的，放在首页左上角；凡无文件版头的，放在标题的右侧方。

（2）秘密等级和保密期限：秘密等级是公文保密程度的一种标志。保密期限是对密级时效的说明。公文内容涉及国家机密时，均应注明密级和保密期限，其位置通常放在公文首页版心右上角。密级的划分要力求准确，因为宽了会造成失密，严了会妨碍工作开展。

（3）紧急程度：它是公文送达和办理时限的要求。标明紧急程度是为了引起特别注意，保证公文时效和紧急工作的及时处理。其标注一般也在首页右上角，跟秘密等级上下排列，居秘密等级下方。

（4）发文机关：即制发公文的机关。它是文件名称的组成部分，位于版心上边缘 25 mm 处。上报的公文，发文机关位于版心上边缘 80 mm 处。发文机关应写全称或规范化简称；若联合行文，则主办机关应排列在前。

（5）发文字号：它是引用和查找公文时的重要依据，包括机关代字、年份、序号。年份就是发文当年的年度，用阿拉伯数字写全，不得缩写，如不能把 2006 年减缩为"06"。年份加六角括号，如〔2006〕，不得用圆括号或别的括号。序号是机关发文的流水号，当年所发的第一份公文是 1 号，以后依次顺排即可。除命令（令）外，其他公文的序号前不加"第"字，数字前面也不加"0"。若联合行文，则只标明主办机关发文字号。

（6）签发人：指代表机关核准并签发公文的领导人。《办法》规定："上行文应当注明签发人、会签人姓名。"其具体位置标在"红头"下方右侧，也就是发文字号右边。

2. 主体部分

又称行文部分，通常由以下要素组成：

(1) 公文标题：应准确简要地概括公文的主要内容，一般由发文单位（作者）、事由（公文核心内容）和文种（公文种类）三部分组成。它表明了文件的来源、主要内容及其使用种类。有版头的文件或法规性文件，可省略发文单位。

(2) 主送机关：即接收、承办公文的主要机关。准确地确定主送机关是公文发出后能否及时得到处理的关键。主送机关名称应当用全称或者规范化简称或者同类型机关的统称，位于公文标题下方、正文上方，左顶格排印。

(3) 公文正文：它是公文的主体，一般分为开头、主体、结尾三个部分。位于主送机关之后，另起一行空两格书写。正文的写作要做到观点鲜明，内容清楚、简洁、通畅，标点符号使用要准确。

(4) 附件：即附属公文正文的材料。它是公文的补充说明或参考材料，是公文的重要组成部分，但并非每份公文都有附件。公文如有附件，应当在正文之后、成文时间之前注明附件顺序和名称。

(5) 成文时间：一般以领导人签发的日期为准；会议通过文件以会议通过日期为准；联合行文，以最后签发机关领导人的签发日期为准。成文时间位于附件右下方，要用汉字书写，年月日须完整，年份不得略写。

(6) 印章：它是表示发文机关对公文生效负责的凭证。要端正、清晰地盖在成文日期上，做到"齐年盖月"。公文除会议纪要外，应当加盖印章。联合上报的非法规性文件，由主办机关加盖印章。联合下发的公文，联合发文机关都应当加盖印章。

(7) 附注：指与文件有关的简要说明。可根据工作需要和机密程度注明发送和阅读范围，如"（此件发至县、团级）"等，应加括号标注于成文日期下方左边。无需特别说明者，可以省略此项。

3. 版记部分

又称文尾部分，通常由以下项目构成：

(1) 主题词：又称关键词，是反映公文主要内容的规范化名词或名词性词组，其作用是适应办公现代化需要，提高公文检索效率。主题词位于文尾部分第一条间隔线之上，顶格排印"主题词"之后，将词或词组依次排开，间隔处空出一个字的位置，黑体，其间不用标点符号。一篇公文标注的主题词一般为3～5个词或词组，不要求表达一个完整的意思，不考虑语法结构、词语搭配，仅仅是简单的组合。

主题词的标列方法通常有下列几种：

第一，文件标题摘录。这是最简单的一种方法，即从文件标题中的"事由"部分摘录关键性词语，构成主题词。例如，《国务院关于加强预算外资金管理的通知》的主题词为："预算　管理"。

第二，文件正文提取。在文件的标题文字过少难以提取或过多需要概括的条件下，则可从正文内选取确切的单词、词组作主题词。例如，《国务院关于清理和整顿"小钱柜"的通知》主题词为："纪检　财务"。

第三，题文结合撮要。此法为前两种方法的结合，即将文件标题和正文中的关键性词语结合而成主题词。例如,《省委、省政府关于贯彻落实〈中共中央、国务院关于制止机构、编制和干部队伍膨胀的通知〉的通知》主题词则为:"组织机构　人事　法制"。

第四,批发文件择重。凡批转、转发性文件,凡发布法规、条例的文件,重点都在被批转、被发布的文件上,其主题词只能从重点文件内选择。例如,《国务院批转国家语言文字工作委员会关于废止〈第二次汉字简化方案(草案)〉和纠正社会用字混乱现象请示的通知》主题词即为:"语言文字"。

(2) 抄送机关:抄报、抄送机关是指协助承办或需要了解公文内容的有关单位。上行文列为抄报,平行、下行文列为抄送。为了提高工作效率,节省人力、物力,必须避免滥抄滥报,但也要防止漏抄漏报,以免工作脱节,影响协调。

抄报、抄送单位名称列于公文末页下端。为了整齐美观,文尾的报送单位、印刷单位、印发时间,一般均用两条线段隔开,文件份数印在最后。

(3) 印发机关:一般是发文机关的办公机构。位于抄送机关之下,左空 1 字。

(4) 印发时间:是实际印制的日期,与公文的成文日期意义不同。位于抄送机关之下,右空 1 字,用阿拉伯数码表示。如需注明印发份数,可在印发时间之下标注,用横线隔开。

除以上格式外,行政公文和党的公文还都规定了公文的用纸规格:一般采用长 297 mm、宽 210 mm 的国际标准 A4 型。

公文文本样式(一)　(适用于下行文)如图 2-1 所示:

份号		秘密等级　保密期限 紧急程度
	××××文件 ××发〔200×〕×号	
	标　　题	
××××(主送机关): 　　正文 附件: 　　　　　　　　　　　××××(发文机关)　　200×年×月×日 (附注) 主题词:××　××　××		
抄　报:××××　×××× 抄　送:××××　×××× ××××办公厅印制　　　　　　　　　　　　　200×年×月×日印发		
		共印××份

图 2-1

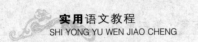

公文文本样式（二）（适用于上行文、平行文）如图2-2所示：

标　题

标　题
××字〔200×〕×号

××××（主送机关）：
　　正文

附件：
　　　　　　　　　　　　　　　　××××（发文机关）　200×年×月×日
（附注）
主题词：××　××　××

抄　报：××××　××××

抄　送：××××　××××
　　××××办公厅印制　　　　　　　　　　　　　　　200×年×月×日印发

　　　　　　　　　　　　　　　　　　　　　　　　　　　　共印××份

图2-2

三、公文写作的基本要求

公文的种类不同，它的特定对象、目的和条件也不一样；但是它们有明显的共性，写作时必须遵循这些共同规律。在多年写作实践中，我们把它归纳为"20字诀"：符合政令，行文周严，格式规范，遵守规则，表述精当。

（一）符合政令

一切公务活动必须贯彻、执行党和国家的路线、方针、政策。因此，公文必然带有鲜明的政治性、政策性。公文要符合一定时期内党和国家的方针、政策、法规，公文撰写者就必须认真阅读与本文件有关的文件，明确政策界限。必须熟悉业务，调查研究，掌握实际情况。这样，制定的具体政策和实际情况很好地结合起来，才能写出政策性强、能解决实际问题的好公文。

（二）行文周严

公文实用性强，要据此办事，行文必须周严：

1. 结构严谨

公文一般有相对固定的格式，写作时要把握特点，行止有序，自然、清晰、严谨。

正文一般分开头、中段、结尾三部分。

开头：开篇明意，简述发文依据和理由或者目的、结论。通常有引据式、目的式、综合式等写法。复文要引述来文日期和文号,长文可先提出要点。

中段:表述主要内容。根据办文的目的、国家有关的政策,把情况、问题、要求阐述清楚。内容较多的,可分段写,或用序数表明项目,以便醒目。常有并列式、递进式、连贯式三种结构。

结尾:表述发文机关对文件办理的要求,或请求批复,或要求执行,或提出希望,首尾呼应,结束全文。

2. 直笔表述

叙述情况,一清二楚;汇报工作,实事求是;表明观点,态度鲜明;提出要求,明确具体。平直、简洁、明了。

3. 行文得体

对于不同的行文关系、行文方向,语气上要有所区别。

4. 坚持一文一事

综合性报告除外。

(三) 格式规范

1. 公文的文体要合乎规范

所谓文体是指公文的语言体例,也就是语体,包括语言、字词、文种。公文的目的在于表达作者的意图,这就要求语言简洁明快、用词通俗易懂、文种准确无误。按照《办法》规定,每一种公文适用一定的范围、表达一定的内容,相互之间不能混用。例如,需要用批复的,不能用通知。

2. 公文的格式要合乎规范

公文一般由标题、发文字号、签发人、秘密等级、紧急程度、主送机关、正文、附件、印章、发文时间、抄送机关、附注等部分组成。每部分的构成都有大致的规范,就是用纸、书写、排版、装订也有统一的规定。在实际工作中,如果格式不合乎要求,就会影响公文效用的发挥。例如,有的文件,文头合乎规范,没有标题,收文一方就很难看出文件的内容,因而就会增加处理文件的困难;有的文件,发文编号不合乎规范,错编或漏编,天长日久,再需用这份文件,就很难查找,或者需要反复考证;有的文件,结尾不合乎要求,没有加盖公章,这个文件所证明的事项就得不到承认;有的文件,用纸不合乎规范,装订起来大小不一,给立卷归档带来很多麻烦。因此,国家规定的统一的公文格式,任何发文单位不得另搞一套,自行其是。

(四) 遵守规则

明确行文关系,严格按照行文规则办文:

1. 下行文规则

(1)向下级机关的重要行文,应当同时抄报直接上级机关。

(2)部门之间对有关问题未经协商一致,不得各自向下行文。如擅自行文,上

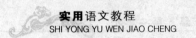

级机关有权责令纠正或撤销。

（3）上级机关向受双重领导的下级机关行文,必要时应当抄送其另一上级机关。

2. 上行文规则

（1）"请示"应一文一事,只主送一个机关。如需同时送其他机关,应当用抄送形式,但不得同时抄送下级机关。

（2）"报告"中不得夹带请示事项。

（3）不得越级行文。因特殊情况必须越级请示时,应当抄报被越过的上级机关。

（4）受双重领导的机关向上级机关行文,应写明主送机关和抄送机关,由主送机关答复。

（5）除领导直接交办的事项外,"请示"不得直接送领导者个人。

3. 联合行文的规则

（1）同级政府之间、同级政府各部门之间、上级政府部门与下一级政府之间可以联合行文。

（2）政府及其部门与同级党委、军队机关及其部门可以联合行文。

（3）政府部门与同级人民团体和行使行政职能的事业单位、公司也可以联合行文。

（五）表述精当

实事求是是公文自身的权威性和行政约束的保证。上级机关对下级机关的下行文,要注意表达准确、措辞严谨、准确无误地传达党和国家的方针政策;下级机关对上级机关的上行文要注意态度明朗、观点明确、事实不夸大、矛盾不掩盖。

用尽量少的文字反映尽量多的内容,是写任何文章的基本要求。为此,就必须在遣词造句方面字斟句酌,使公文的字、词、句准确通顺,主词、动词、宾词完整,单句、复句分清,段落、层次分明,标点符号无误。

公文语言要庄重、准确、简明,为此要注意以下四点:

（1）使用规范的书面语言。公文写作一般不使用口语、方言或俗语,要行文庄重,为此常适当地使用一些文言词语、成语,文白结合,更显简洁凝练、严肃郑重。

（2）广泛使用公文专用语,如开端用语、称谓用语、祈请用语、经办用语、征询用语、表态用语、承启用语、结尾用语,都有沿袭下来的一些文言词语。使用这些专用语,增强了公文文体的庄重色彩。

（3）经常使用介词结构,使表述更为确切。如表目的、原因的,表依据、方式的,表对象、范围的,表时间、处所的一些介词常在公文中使用,而一般文章则较少采用。

（4）常用对偶、排比、对照、反复等修辞手法,形成整散结合、骈散相间的语体风格,以突出主要精神、强调重要事项、增强行文气势、加强表达效果。

第二节　报　告

【文种知识】

一、报告的含义、特点和类型

（一）报告的含义

报告是一种适用于向上级机关汇报工作、反映情况、提出意见或建议、答复上级询问的上行公文。

《国家行政机关公文处理办法》对报告功能的表述是：适用于向上级机关汇报工作、反映情况，答复上级机关的询问。

《中国共产党机关公文处理条例》对报告功能的表述大致相同：用于向上级机关汇报工作、反映情况、提出建议，答复上级机关的询问。

作为党政机关公文的报告和一些专业部门从事业务工作时所使用的、标题中也带有"报告"二字的行业文书，如"审计报告"、"评估报告"、"立案报告"、"调查报告"等，不是相同的概念。这些文书不属于党政公文的范畴，注意不要混淆。

（二）报告的特点

1. 单向性

报告是下级机关向上级机关汇报工作、反映情况、提出建议时使用的单方向上行文，不需要上级机关给予批复。在这方面，报告和请示有较大的不同，请示具有双向性特点，必须有批复与之相对应；报告则是单向性行文，不需要任何相对应的文件。为此，要特别提请注意：类似"以上报告当否，请批示"的说法是不妥当的。

2. 陈述性

报告在汇报工作、反映情况时，所表达的内容和使用的语言都是陈述性的。本单位遵照上级的指示，做了什么工作、怎样做的这些工作、取得了哪些成绩、还存在哪些不足，均要一一向上级陈述。反映情况时，也要把时间、地点、人物、事件、原因、结果叙述清楚，向上级机关提供准确的现实性信息。即便是提出建议的报告，也要在汇报情况的基础上，才能深入一步提出建议来。

3. 事后性

在机关工作中，有"事前请示，事后报告"的说法。多数报告，都是在开展了一段时间的工作之后，或是在某种情况发生之后向上级作出的汇报。但建议报告没有明显的事后性特点，应该尽量超前一些，如果木已成舟，再提建议也是没有意义的了。

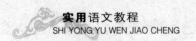

二、报告的类型

（一）工作报告

凡是用来向上级汇报工作的报告，都是工作报告。工作报告又可分为综合工作报告和专题工作报告两种。

综合报告涉及面宽，它涉及主要工作范围之内的方方面面，可以有主次的区分，但不能有大的遗漏。大到国务院提供给人民代表大会的政府工作报告，小到某单位向上级提供的年度、季度、月份工作报告，都属于这种类型。

专题报告的涉及面窄，只针对某一方面的工作或者某一项具体工作进行汇报，如党的机关关于"三讲"工作的报告、行政机关关于技术革新工作的报告等。

（二）情况报告

如果本单位出现了正常工作秩序之外的情况，譬如说发生了事故、出现了意想不到的问题等，对工作产生了一定程度的影响，应该及时将有关情况原原本本地向上级进行汇报。即使对工作没有太大影响，一些有倾向性的新动态、新风气，以及最近出现的新事物等，必要时也要向上级报告。

凡此种种，都属于"情况报告"。作为下级机关，有责任做到"下情上达"，保证上级机关耳聪目明，对下面的情况始终了如指掌，这就是情况报告的意义。如果隐情不报，则是一种失职的表现。

（三）建议报告

对自己职权范围内的某方面工作有了深思熟虑、切实可行的设想之后，将其归纳整理成意见、办法、方案，上报上级，希望上级机关采纳，这就是建议报告。如林业部制发的《关于进一步加强森林防火工作的报告》。

对于建议报告，上级如果采纳，可能会批转给有关部门实施，这是建议报告目的的最终实现。但上级部门也可能不予采纳，这也是很正常的。作为下级机关，有建议的权力，却没有逼迫上级机关一定采纳的权力，对此，也要有清醒的认识。

（四）答复报告

答复上级机关询问的报告，称为答复报告。这种报告内容针对性最强，上级询问什么，就答复什么，不能答非所问。对待上级机关的询问，一定要慎重，如果不了解实情，要经过深入的调查研究后再做答复。

（五）报送报告

这是向上级报送文件、物件时使用的报告，正文通常非常简略，只需写明"现将××××报上，请指正（请查收）"即可。真正有意义的内容都在所报送的文件里。

三、报告的写法

（一）报告的标题和主送机关

1. 报告的标题

报告的标题,有两种写法,一是发文机关＋主要内容＋文种的写法,如《中共中央纪律检查委员会关于清理党政干部违纪违法建私房和用公款超标准装修住房的报告》;二是主要内容＋文种的写法,如《关于进一步加强我市公共场所防火工作的报告》。

2. 报告的主送机关

行政机关的报告,主送机关尽量要少,一般只送一个上级机关即可。但行政机关受双重领导的情况比较多见,只报送其中一个上级机关显然不妥,因此,有时主送机关可以不止一个。报告应报送自己的直接上级机关,一般情况下不要越级行文。

作为党的机关公文的报告,要按《中国共产党机关公文处理条例》第十二条的规定执行:"向上级机关行文,应当主送一个机关;如需其他相关的上级机关阅知,可以抄送。"

（二）报告的正文

1. 报告导语

导语指报告的开头部分,它起着引导全文的作用,所以称为导语。不同类型的报告,其导语的写法也有较大不同。概括起来,报告的导语有以下几种类型:

（1）背景式导语,就是交代报告产生的现实背景。例如:

前不久,中央纪委召开了部分省市清理党员干部违纪建私房座谈会,总结交流了各地清房工作的情况和经验,并就清房中遇到的一些政策性问题,进行了讨论,根据各地的做法和座谈会中提出的问题,中央纪委常委研究提出以下建议。

（2）根据式导语,就是交代报告产生的根据。例如:

根据省委、省政府领导同志的指示,我厅于去冬派人到涪陵市和渠县,与市、县的同志一道,对城镇贫困户的情况作了一些调查。××市委、市政府和渠县县委、县政府对此十分重视,在调查研究的基础上,立即采取措施,着手解决这一问题。现将两地城镇贫困户的情况及采取的措施报告如下。

（3）叙事式导语,在开头简略叙述一个事件的概况,一般用于反映情况的报告。例如:

19××年2月20日上午9时40分,我省××市百货大楼发生重大火灾事故,市消防队出动15辆消防车,经4个小时的扑救,大火才被扑灭。这次火灾除消防队员和群众奋力抢救出部分商品外,百货大楼三层楼房一幢及余下商品全部烧毁。

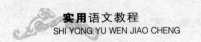
时值开门营业不久,顾客不多,加之疏散及时,幸未造成人员伤亡;但此次火灾已造成直接经济损失 792 万余元。

(4) 目的式导语,将发文目的明确阐述出来作为导语。例如:

为认真贯彻落实《国务院批转林业部关于进一步加强森林防火工作报告的通知》(国发〔19××〕42 号)切实做好我市防火工作,保护和发展森林资源,更好地为改革开放和经济建设服务,结合我市实际情况,就进一步加强森林防火工作提出以下几点意见。

报告导语的写法不止以上四种,运用时可以举一反三,融会贯通,灵活处理。

2. 报告主体

报告的主体也有多种写法,下面择要介绍几种常见形态:

(1) 总结式写法,这种写法主要用于工作报告。主体部分的内容,以成绩、做法、经验、体会、打算、安排为主,在叙述基本情况的同时,有所分析、归纳,找出规律性认识,类似于工作总结。

总结式写法最需要注意的是结构的设计安排。按照总结出来的几条规律性认识来组织材料、安排层次,是最常用的结构方式。例如,2000 年 3 月 5 日在第九届全国人民代表大会第三次会议上朱总理所做的政府工作报告,全文分为十个部分,分别是:一、1999 年国内工作回顾;二、坚持实行扩大内需的方针;三、大力推进经济结构的战略性调整;四、继续推进改革,全面加强管理;五、加快科技、教育发展,加强精神文明建设;六、进一步扩大对外开放;七、搞好社会保障体系建设,维护社会稳定;八、从严治政,加强政府自身建设;九、促进祖国和平统一大业;十、关于外交工作。

(2) "情况—原因—教训—措施"四步写法,这种结构多用于情况报告。先将情况叙述清楚,然后分析情况产生的原因,接着总结经验教训,最后提出下一步的行动措施。例如《××省商业厅关于××市百货大楼重大火灾事故的报告》,采用的就是这样的写法。

(3) 指导式写法,这种结构多用于建议报告。希望上级部门采纳建议,批转给有关部门执行、实施,是建议报告的基本写作目的。为此,建议要针对某项工作提出系统完整的方法、措施和要求,对工作实行全面的指导。形式上采用分条列项的方法逐层表达。例如《××省计划生育委员会关于进一步加强厂矿企事业单位计划生育工作的报告》,针对计划生育问题向省人民政府提出了四条建议:一、加强组织领导;二、明确职责;三、提高干部素质;四、落实经费。

3. 报告结语

报告的结语比较简单,可以重申意义、展望未来,也可以采用模式化的套语收结全文。模式化的写法大致是:"特此报告"、"以上报告,请审阅"、"以上报告如无不妥,请批转执行"等。

【例文选读】

××省石油公司××供应站
关于解决油库长期遗留的山地及树木的归属问题的报告

×石财字〔20××〕×号

省石油公司：

　　我站于20××年×月新建油罐两个,扩建了油库,占用当地东方村部分山坡地及该地树木。扩建后几年来库界未定,东方村多次提出要求,补偿被占用的山地及树木,但几经协商,均未能得到结果,以致发生纠纷,库区围墙被推到十多米。最近,双方本着对国家财产和群众利益负责的精神进行协商,彼此谅解,终于达成协议,由我站给予东方村山坡地及地上树木一次性补偿费×万元,并经双方划定界线,新建围墙为界,界内土地及树木永久归我站所有。我站应付的补偿费×万元拟在"保管费"中列支。现随文上报所订协议及库区界图,请核查备案。

附件：1.《××山地及树木归属协议》
　　　2.《××石油供应站库区界图》

××省石油公司××供应站
二○××年×月×日(公章)

　　【简析】　这是一篇情况报告,用于向上级汇报本地区和本单位发生的重大事件。本篇报告文字简练,主题明确。正文部分将事件发生的经过、原因、责任、处理意见写得清清楚楚。不失为一篇报告的范文。

第三节　请　　示

【文种知识】

一、请示的含义、应用范围

（一）请示的含义

　　请示是下级机关向上级机关请求决断、指示、批示或批准事项所使用的呈批性公文。请示属于上行公文,其应用范围也比较广泛。

　　2001年国务院发布的《国家行政机关公文处理办法》第九条第九款规定：请示适用于向上级机关请求指示、批准。

　　1996年中共中央办公厅正式印发的《中国共产党机关公文处理条例》第七条第

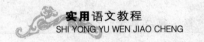
九款,也对请示作了相同的规定:用于向上级机关请求指示、批准。

(二)请示的应用范围

请示作为报请性的上行文,应用范围十分广泛。大致可归纳为以下几个方面:

(1)下级机关遇到新情况、新问题,因无章可循而没有对策或没有把握,需要上级机关给以指示的时候,要用请示。

(2)下级机关在处理较为重要的事件和问题时,因涉及有关方针政策必须慎重对待,需要报请上级机关批准时,要用请示。

(3)下级机关在工作中遇到问题,虽然有解决的办法,但由于职权、条件的限制,没有权力或没有能力实施这些办法,需要上级帮助解决的时候,要用请示。

(4)下级机关对有关方针、政策和上级机关发布的规定、指示有疑问,需要上级机关给予解答时,要用请示。

(5)下级机关之间在较重要的问题上出现意见分歧,需要上级机关裁决时,需要请示。

二、请示的特点

(一)期复性

在公文体系中,请示是为数不多的双向对应文体之一,与它相对应的文体是批复。下级有一份请示报上去,上级就会有一份批复发下来。不管上级是否同意下级的请示事项,都必须给请示单位一个回复。因此可以说,写请示最直接的目的就是得到批复。而且,下级机关都是在遇到比较重要的情况和问题需要解决时,才会及时向上级机关请示,急切地期待回复是请示者的必然心态。我们把这一特点称为"期复性"。

尽管请示者都有急于得到答复的心理,但是,也必须遵循行文规则,一般不得越级请示。特殊情况确实需要越级请示的,如经多次请示上级机关而长期未能解决问题,可以越级请示,但必须同时抄报给被越过的直接上级机关。

(二)单一性

跟其他上行文相比,请示更要强调遵循"一事一报"的原则。在一份请示中,只能就一项工作或一种情况、一个问题作出请示,不得在一份公文中就若干事项请求指示和批准。如果确有若干事项都需要同时向同一上级机关请示,可以同时写出若干份请示,它们各自都是一份独立的文件,有不同的发文字号和标题。而上级机关则会分别对不同的请示作出不同的批复。

(三)针对性

请示的行文,有很强的针对性。必须针对本机关没有对策、没有把握或没有能力解决的重要事件和问题，才能运用请示。不得动辄就向上级请示，那样看起来像是尊重上级，实际上却是把矛盾交给上级，而自己躲避责任的表现。

（四）时效性

请示所涉及的情况和问题，都有一定的迫切性，应该及时写作、及时发出，如有延误，就有可能耽误解决的时机。相应地，上级机关在处理下级的请示时，也会注意到时效性问题，对请示作出及时的批复。

三、请示的分类

按照国务院办公厅《公文处理办法》和中央办公厅《公文处理条例》的规定，请示有两种在内容、性质、行文目的方面不尽相同的类型，一种是请求指示的请示，一种是请求批准的请示。

（一）请求指示的请示

请求指示的请示运用于以下三种情况：

（1）遇到新情况、新问题，在有关的方针、政策、规章以及上级的指示中，都找不到相应的处理依据，无章可循，因而没有对策，需要上级机关给以指示。

（2）对有关方针、政策和上级机关发布的规定、指示有疑问，需要上级机关给予解释和说明。

（3）与友邻机关或协作单位在较重要的问题上出现意见分歧，需要上级机关裁决。

（二）请求批准的请示

请求批准的请示又可分为以下三种：

1. 请求批准有关规定、方案、规划

依据有关规章和管理权限，下级机关制定的某些规定、方案、规划等，需要经过上级部门的批准才能发布实行。如本部门长期实行的法规，在制定出来后须经上级批准；由于本单位的特殊情况，难以执行上级的统一规定，需要进行变通处理，须提出变通方案报上级批准；设立新的机构，也要将设想或方案报上级批准；重要的工作计划、规划，也要报请上级部门批准。

2. 请求审批某些项目、指标

在工作中遇到人、财、物方面的困难，自己无法解决，可提出解决的方案请上级机关审核批准，在人、财、物方面给予相应的调配。如请求审批基建项目，请求审批购进设备物资，请求增加人员编制等。

3. 请求批转有关办法、措施

某职能部门在自己的职权范围内制定了相关的办法和措施，却不能直接要求

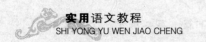

平级机关和不相隶属机关照办,可用请示的方式要求上级机关批转给有关部门执行。如绿化部门制定的保护花草和绿地的办法,由于职权的限制不可能自己直接出面要求有关部门都执行这一办法,就可以将这些办法和措施通过请示提交给上级,要求上级机关批转给所有相关部门施行。

四、请示的写法

(一) 标题

请示的标题可以由发文机关、事由、文种构成,如《××省人民政府关于增拨防汛抢险救灾用油的请示》;也可以由事由和文种构成,如《关于成立老干部办公室的请示》。

(二) 主送机关

请示的主送机关就是负责受理和答复请示的机关。请示在确定主送机关时,要注意以下三点:

1. 主送机关只能有一个

国务院办公厅规定:请示"一般只写一个主送机关,如需同时送其他机关,应当用抄送的形式"。中央办公厅也规定:"向上级机关行文,应当主送一个上级机关","受双重领导的机关向上级机关行文,应当写明主送机关和抄送机关,由主送机关负责答复其请示事项"。请示如果多头行文,很可能得不到任何机关的批复。

2. 只能主送上级机关,不能送领导者个人

请示主送的是上级机关,不能是某领导者个人。对此,国务院办公厅的规定是:"除上级机关负责人直接交办的事项外,不得以机关名义向上级机关负责人报送'请示'。"中央办公厅的规定是:"不应直接送领导者个人。"

3. 不得越级

国务院办公厅规定:"一般不得越级请示和报告。"中央办公厅规定:"党委各部门应当向本级党委请示问题。未经本级党委同意或授权,不得越过本级党委向上级党委主管部门请示重大问题。"

(三) 正文

请示的正文由开头、主体、结语三部分构成。

1. 开头

开头主要表述请示的缘由,是上级机关批复的主要依据。一般而言,这部分要写明所遇到的新情况、新问题,或自身没有能力解决的困难,要写得充分、恰当、具体。如《××市××局关于成立老干部办公室的请示》的开头:

随着干部制度的改革和时间的推移,我局离退休干部日益增多,截至目前已达65人。由于没有专门的管理服务机构和工作人员,致使这些老同志的政治学习和

生活福利得不到应有的组织和照顾,一些实际困难得不到妥善解决。为了使离退休老同志老有所为、老有所养、老有所依,充分发挥余热,根据上级有关部门的规定和离退休老同志的迫切要求,我们拟成立老干部办公室。现将成立老干部办公室的几个问题,请示如下。

如果请示仅仅是为了履行一下规定的程序,开头可以写得简略一些。如《中共××局纪律检查委员会关于给×××同志警告处分的请示》的开头:

为保证党的队伍纯洁,我委于五月份在机关党员中开展了党纪自查与互查活动。在互查活动中,发现行政科×××同志贪污公款903元。现就给×××同志警告处分事宜请示如下。

内容简略、篇段合一的请示,开头也可以是表达行文目的和意义的一两句话,不独立成段。

2. 主体

主体是表明请示事项的部分,也是请示最核心、最重要的部分。请求指示的请示,主体要写明想在哪些具体问题、哪些方面得到指示。请求批准的请示,要把要求批准的事项分条列款一一写明。如果在请求批准的同时还需要人、财、物等方面的支持和帮助,更需要把编制、数量、途径等表达清楚、准确,以便上级及时批准。如上述《××市××局关于成立老干部办公室的请示》一文的主体部分:

一、老干部办公室的主要职责是做好离退休干部的管理服务工作。具体任务是:

(一)组织离退休干部学习党的方针政策,使他们了解党和政府的大事,了解新形势,跟上新形势。

(二)定期召开离退休干部座谈会,交流思想。

(三)开展身体力行、丰富多彩的文体活动,增进离退休干部的身心健康。

二、老干部办公室的编制及干部调配等问题,具体意见如下:

(一)老干部办公室直属我局领导,拟设处级建制。

(二)该办公室拟设行政编制5名,其中主任(正处级)1名,副主任(副处级)1名。编制由局内调配解决。办公室经费由局行政经费中调剂解决。

如果请示内容十分复杂,可以在条款之上分列若干小标题,每一小标题下再分条列款。

3. 结语

请示的结语比较简单,在主体之后,另起一段,按程式化语言写明期复请求即可。期复请求用语常见的有"当否,请批示"、"妥否,请批复"、"以上请示,请予审批"、"以上请示如无不妥,请批转有关部门执行"等。

五、报告与请示的区别

报告与请示虽然都属于上行文,其格式有些类似,但二者是两个不同的文

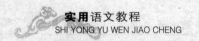

种,在实际应用中要把它们区别开来,不能混同乱用。其区别主要包括以下四个方面:

1. 行文目的不同

报告是下级机关用以向上级机关汇报工作、反映情况或提出建议的文件,为的是下情上达,让上级机关及时掌握情况,更好地指导下级机关正确贯彻执行方针、政策,防止工作失误;请示则是下级机关用以向上级机关请求指示、批准的公文,要求上级机关对所请示的事给予答复、审批或解决。

2. 行文时间不同

报告的写作时间比较灵活,事前、事后或工作进行中间皆可行文;而请示的事项必须得到上级机关明确指示或批准后方可付诸行动,所以,"先斩后奏"是违反组织原则的,请示必须事先写。

3. 内容含量不同

报告有专题的与综合性的。请示没有综合性,而应坚持"一文一事"的原则,因为,一文数事,有时会因其中某一事被卡住而耽误其他事项的批复,从而影响办事效率。

4. 结尾用语不同

报告的结尾用语不具有期复性;请示则要用期复性、期准性的结尾用语。

【例文选读】

关于《会计人员职权条例》中"总会计师"既是行政职务又是技术职称的请示

×财字〔19××〕×号

财政部:

国发〔1987〕××号通知颁发的《会计人员职权条例》规定,会计人员技术职称分为总会计师、会计师、助理会计师、会计人员四种,其中"总会计师"既是行政职务,又作为技术职称。在执行中,工厂总会计师按《条例》规定,负责全厂的财务会计事宜。每个工厂,尤其大工厂,授予总会计师职称的人有四五人,究竟由哪一位负责全厂的财务会计事宜,执行总会计师的职责与权限呢?我们认为宜将行政职务与技术职称分开。总会计师为行政职务,不再作为技术职称,比照最近国务院颁发的《工程技术干部技术职称暂行规定》,将《条例》第五章规定的会计人员职称的"总会计师"改为"高级会计师"。

以上意见是否妥当,请指示。

×××省财政厅(盖章)

一九××年×月×日

【简析】 请示格式规范。开头部分将请示的缘由,即"总会计师"既是行政职务,又是技术职称,在实际工作中其职责与权限不好界定的具体问题明确提出。主体部分将请示的事项以及解决的方法表达得具体、清楚、明确,便于上级批准。内容坚持一文一事,有利于事情的及时解决。

第四节　批　　复

【文种知识】

一、批复的含义和特点

批复是上级机关答复下级机关请示事项的答复性公文,具有权威性、针对性和指示性等特点。

1. 权威性

批复发自上级机关,代表着上级机关的权力和意志,对请示事项的单位有约束力,特别是那些关于重要事项或问题的批复,常常具有明显的法规作用。

2. 针对性

凡是批复,必须是针对下级机关请示事项而发,内容单纯,针对性强。

3. 指示性

批复的目的是指导下级机关的工作,因此批复在表明态度以后,还应当概括地说明方针、政策以及执行中的注意事项。

二、批复的写作

1. 标题

批复的标题有两点需要特别强调:

(1)关于发文单位。批复的发文单位即行文主体,既不能不写,也不能随意略写或简化。

(2)关于事由。批复的事由大致有两种写法,一种是用表示关联范围的介词"关于"加上请示或批复的事项来表述,如《国务院关于1991~2000年全国治沙工程规划要点的批复》;另一种是在"关于"和请示或批复事项中间再插入一个表态动词"同意"来表述,如《国务院关于同意开放×××航空口岸的批复》。

2. 正文

批复的正文一般由三个部分组成:

(1)引语。批复的开头通常要引述来文作为批复的依据,引述的方法有四种:第一种是结合请示的日期引述,如"×年×月×日来文收悉";第二种是结合来文的日期和文号引述,如"×年×月×日×号文收悉";第三种是引来文日期和来文名称,如"×年×月×日《关于……的请示》收悉";第四种是引述来文日期和请示事

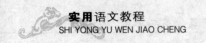
项,如"×年×月×日关于……问题的请示收悉"。

(2)主文。主文是批复的主体,这部分应针对下级机关请示的事项,表示同意与否的态度,有时还要阐述同意或不同意的理由。答复请示事项针对性要强,答复要明确具体,简明扼要,表达要准确无误。

(3)结尾。是批复正文的最后部分,它的写法有三种:第一种是提行写"此复"或"特此批复";第二种是写希望和要求,给执行请求事项的答复指明方向;第三种是秃尾,就是请示事项答复完毕就告结束,此种结尾方法使用的频率越来越高。

要写好批复还应注意以下几点:第一,有核实请示缘由的真实性,研究请示所提意见或建议的可行性,有些情况应先作调查研究;第二,凡请示事项涉及其他部门或地区的问题,批复前都要与其协商,取得一致意见;第三,及时批复,以免贻误工作。对不按行文的正常渠道办理或一文多头的请示,应予以纠正,以免误事。

【例文选读】

××省教育委员会文件

×教发〔19××〕×号

关于××计划生育二部管理学院开设新闻专业的批复

××计划生育二部管理学院:

你院×年×月×日×号请示收悉。关于你院从×年暑假后开设新闻专业的问题,我们已请示省宣传部。限于校舍、经费开支和师资条件有一定困难,可暂缓进行。待×年×月招生条件基本具备后再写一份请示报来,经研究后,再作答复。

××省教育委员会

一九××年×月×日(公章)

【简析】 批复格式规范。引语部分从对方请示的日期引出请示事项,主文部分针对下级机关请示的事项给予明确的答复并阐述其理由。答复明确具体,针对性强。

第五节 通 知

【文种知识】

一、通知的概念

根据《办法》规定,通知是"适用于批转下级机关的公文,转发上级机关和不相隶属机关的公文,发布规章,转达要求下级机关和有关单位需要周知或共同执行的事项,任免人员"时使用的公文。它既是下行文,又是平行文,是运用范围最广,使用频率最高的一种公文文种。通知具有使用范围的广泛性、文种使用的晓谕性和行文方向的不确定性等特点。

二、通知的种类

通知根据其适用范围和内容,可以分为以下几类:

1. 发布指示的通知

用于发布指示、布置工作。写法与指示、意见比较接近。在工作中凡是处理事项、对某一问题作出指示,又不适合用命令、决定、指示的形式行文的时候,均可用通知的形式进行办理。例如《国务院办公厅关于保障教师工资按时发放有关问题的通知》(国办发〔2000〕165 号)。

2. 颁发规章的通知

除重要的法律性文件用命令颁布之外,多数法规和规章性文件,如条例、规定、办法、细则、实施方案等,都适合用通知颁发。如××市人事局《关于印发〈××市博士后工作联席会议制度〉的通知》(×人发〔2006〕10 号)。

3. 批转、转发文件的通知

将某一下级机关报来的文件(主要是建议性报告或工作报告)转发给有关下级机关,叫做"批转"。如《国务院批转国家旅游局关于加强旅游行业管理若干问题请示的通知》(国发〔2005〕25 号)。将上级机关发下来的文件,或同级机关、不相隶属机关发来的文件(主要是指示、意见、通知等)转发给下级机关,叫做"转发"。如《××市环保局关于转发〈××县环保局关于开展环保自检互检工作的总结报告〉的通知》(×环发〔2006〕3 号)。

4. 晓谕性通知

这类通知一般只有告知性,没有指导性。其用途较广泛,机构、人事调整,启用、作废公章,机构名称变更,机关隶属关系变更,迁移办公地址,安排假期等,都可使用这种通知。如《国务院关于更改新华通讯社香港分社、澳门分社名称的通知》(国发〔2000〕6 号)。

5. 会议通知

是上级机关或发起单位事先发给与会单位或个人的书面通知。它要求以极其简短的文字,写明会议名称、目的、内容(日期、时间、地点、出席对象以及对出席者的要求等)。如《国务院关于召开全国劳动模范和先进工作者表彰大会的通知》(国发〔1994〕28 号)。

6. 任免通知

是任免和聘用干部的通知。有的行政机关负责人的任免,除向规定范围发通知外,还要向社会公布。如《××市人民政府关于×××等职务任免的通知》(市政发〔2007〕105 号)。

三、通知的写法

通知的结构通常由标题、主送机关、正文和落款四部分组成。

1. 标题

通常由发文机关＋主要内容＋文种组成。如《中共中央办公厅、国务院办公厅关于严禁用公费变相出国(境)旅游的通知》。也可以省略发文机关,由主要内容＋文种组成标题。如《关于印发〈规范国有土地租赁若干意见〉的通知》(国土资发〔1999〕222号)。发布规章的通知,所发布的规章名称要出现在标题的主要内容部分,并使用书名号。批转和转发文件的公文,所转发的文件内容要出现在标题中,但不一定使用书名号。如《国务院办公厅转发教育部等部门关于进一步加快高等学校后勤社会化改革意见的通知》。

2. 主送机关

由于发文对象比较广泛,通知的主送机关有若干个,要注意主送机关排列的规范性。如人事部《关于解除国家公务员行政处分有关问题的通知》的主送机关:各省、自治区、直辖市人事(人事劳动)厅(局)、监察厅(局);国务院各部委、各直属机构人事(干部)部门、监察局(室)。

由于级别、名称不同,主送机关的称法和排列非常复杂,这个序列显然是经过深思熟虑后确定下来的。

3. 正文

通知的正文包括通知缘由、通知事项、通知要求三部分内容。

(1) 通知缘由,是通知的开头部分。应简要说明通知的原因、目的或根据。

(2) 通知事项,是通知的主体部分。所发布的指示、安排的工作、提出的方法、措施和步骤等,应当明确表述,富有条理。内容复杂的,则需要分条列款。

(3) 执行要求,是通知的结尾部分。或提出执行通知的希望和要求,或用习惯用语,如"以上通知,请认真研究执行"等。

4. 落款

在正文右下方写明发文机关名称。有版头的则可以省略。

5. 成文日期

写在落款之下。

【**例文选读一**】

××市环保局文件

×环发〔2006〕3号

关于转发《××县环保局关于开展自检互检工作的
总结报告》的通知

各县(区)环保局,各直属单位:

  ××县环保局是我省环保工作的先进单位,积累了丰富的工作经验。近年来,他们通过开展环保自检和互检,有效地推动了环保工作的深入开展,并取得了良好效果。他们的经验基本也适于我市。现将《××县环保局关于开展环保自检互检工作的总结报告》转发给你们,望参照执行,以推动我市环保工作的深入开展。

××市环保局

二〇〇六年二月十六日(公章)

　　【简析】　这是一则转发性通知。开头说明通知原因:××县与××市虽无隶属关系,但××县的环保工作做得好,并是全省的先进单位,而且"他们的经验基本也适于我市。"因此,予以"转发"是十分必要的。主体说明通知事项:"现将《××县环保局关于开展环保自检互检工作的总结报告转发给你们。"结尾说明通知要求:"望参照执行。"全文重点突出,理由充分,语言简明,体式规范,实为通知的范文。

【例文选读二】

××市人民政府文件

市政发〔2007〕105 号

关于×××等职务任免的通知

各市(县)人民政府,各直属机构:

　　根据××市第六届人民代表大会第 8 次会议 2007 年 6 月 9 日通过,决定:

　　×××任××市人民政府市长助理;

　　免去×××市人民政府市长助理职务;

　　×××任××市人民政府办公厅主任;

　　免去×××市人民政府办公厅主任职务;

　　免去×××市房产管理局副局长、××市住房制度改革委员会办公室副主任(正局级)职务;

　　免去×××市土地管理局副局长职务;

　　免去×××高新技术产业开发区管委会副主任、××高科(集团)总公司副总经理职务。

二〇〇七年六月九日(公章)

　　【简析】　这是一则任免通知。先写任免根据,然后写任免人员的姓名和职务。语言简明,条理分明。

【例文选读三】

国务院办公厅文件

国办发〔2000〕165 号

关于保障教师工资按时发放有关问题的通知

各省、自治区、直辖市人民政府:

近年来,由于党中央、国务院领导同志的关心和重视,各级人民政府及全社会的共同努力,以"数额大、范围广、时间长"为特征的拖欠教师工资的严峻形势一度得到一定程度遏制。但是,目前许多地区又出现了新的拖欠,并且出现了教师工资"拖欠又克扣"等新问题,已经影响到教师生活、教学秩序和政府的形象。为保障教师工资按时发放,经国务院同意,现将有关问题通知如下:

一、解决拖欠教师工资的责任在政府部门,各级政府主要领导要从"科教兴国"的战略高度出发重视解决拖欠教师工资问题,并将此作为工作考核的责任目标。

二、各地要加快建立按时足额发放教师工资的保障机制。

三、各级人民政府要对教育经费特别是教师工资实行全额预算,足额拨款,不留缺口。

四、各级执法部门要加大解决拖欠教师工资问题的督促检查工作力度,真正做到依法治教。

二○○○年八月十五日(公章)

主题词:×××　×××　××

抄送:×××××××,×××××××,×××××××

2000 年 8 月 15 日印发　共印 300 份

【简析】　这是一则发布指示的通知。首先,格式规范,符合下行文的要求。其次,内容上针对目前许多地区拖欠教师工资的问题作出了明确的指示,从四个方面布置了必须执行的内容。体现了指示性通知的特点。

第六节　通　报

【文种知识】

一、通报的概念

通报是国家机关、社会团体、企事业单位用以表彰先进、批评错误,传达重要精神或通报有关情况的公文。

通报的应用也比较广泛,可以用于表扬好人好事、新风尚;也可以用于批评错误,总结教训,告诫人们警惕类似问题的发生;还可以用来互通情况、传达重要精神、沟通交流信息、指导推动工作。

二、通报的特点

1. 典型性

不是任何人和事都可以作为通报的对象来写,通报的人和事总是具备一定的典型性,能够反映、揭示事物的本质规律,具有广泛的代表性和鲜明的个性。这样的通报发出后,才能使人受到启迪,得到教益。

2. 引导性

无论表扬性通报、批评性通报,还是情况通报,其目的都在于通过典型的人和事引导人们辨别是非、总结经验、吸取教训、弘扬正气、树立新风。

3. 严肃性

通报的内容和形式都是严肃的。由于通报是正式公文,是领导机关为了指导面上的工作,针对真人、真事和真实情况制发的,无论是表扬、批评或通报情况,都代表着一级组织的意见,具有表彰鼓励或惩戒、警示的作用,因而其使用十分慎重、严肃。

4. 时效性

通报针对当前工作中出现的情况和问题而发。它的典型性、引导性都是就特定的社会背景而言的。随着客观情况的变化,一件在当时看来具有典型意义的事实,时过境迁,未必仍具有典型性。因此,通报作用的发挥,与抓住时机进行适时通报是分不开的。

三、通报的分类

根据内容不同,通报可以分为以下三种:

1. 表彰性通报

是用来表彰先进单位和个人,介绍先进经验或事迹,树立典型,号召大家学习的通报。

2. 批评性通报

是用来批评、处分错误,以示警戒,要求被通报者和大家汲取教训的通报。

3. 情况通报

是在一定范围内传达重要情况和动向,以指导面上工作为目的的通报。

四、通报的结构、内容和写法

1. 标题

通常有两种构成形式:一种是由发文机关名称、事由和文种组成,如《国务院办公厅关于对少数地方和单位违反国家规定集资问题的通报》;另外一种是由事由和文种构成,如《关于给不顾个人安危勇于救人的王××同志记功表彰的通报》。此外,有少数通报的标题是在文种前冠以机关单位名称,如《中共××市纪律检查委员会通报》；也有的通报标题只有文种名称。

2. 发文字号

为完全式。

3. 主送机关

除普发性通报外，其他通报应该标明主送机关。通报的主送机关为发文机关的所有下属单位。

4. 正文

通报正文的结构通常由开头、主体和结尾等部分组成。开头说明通报缘由；主体说明通报决定；结尾提出通报的希望和要求。不同类别的通报，其内容和写法有所不同，现分述如下：

（1）表扬性通报。其正文分为四个部分：① 介绍先进事迹。概括叙述先进人物或集体的行动及其效果，要写清时间、地点、人物、基本事件过程。不必展开绘声绘色的描绘。② 分析先进事迹的性质和意义。主要采用议论的写法，但并不要求有严谨的推理，而是在概念清晰的前提下，以判断为主。同时要注意文字的精练。③ 作出表彰决定。简要写明对表彰对象给予的表彰和奖励。④ 希望号召。即提出希望、发出号召。这是发文的目的。

（2）批评性通报。其正文也分为四个部分：① 列举错误事实或现象。如果是对个人的通报批评，这部分要写明犯错误人的基本情况，包括姓名、所在单位、职务等，然后叙述错误事实，要写得简明扼要、完整清晰；如果是对部门、单位的不良现象进行通报，这部分将要占较大的篇幅；如果是针对普遍存在的某一问题进行通报，这部分要从不同地方、不同单位的许多同类事实中，选择出一些有代表性的进行综合叙述。② 分析错误性质或危害性。处理单一错误事实的通报，这部分要对错误的性质、危害进行分析，一般都写得比较简短。对综合性的不良现象或问题进行通报，这部分的分析性文字可能要复杂一些。③ 作出惩罚决定或治理措施。对个人单一错误事实进行处理，要写明根据什么规定，经什么会议讨论决定，给予什么处分等。对普遍存在的错误现象或问题，在这部分中要提出治理、纠正的方法措施。内容复杂时，这部分可以分条列项。④ 提出希望要求。结尾提出希望和要求，让大家从中汲取教训，以防止类似事件的再次发生。

（3）情况通报。正文主要包括三项内容：① 缘由与目的。叙述基本事实，阐明发布通报的根据、目的、原因等。② 情况与信息。叙述有关情况、传达某些信息，通常内容较多、篇幅较长，要注意梳理归类、合理安排结构。③ 希望与要求。在明确情况的基础上，对受文单位提出一些希望和要求。这部分是全文思想的归结之处，写法因文而异，总的原则是抓住要点，切实可行，简练明白。

5. 落款

包括发文机关署名和成文时间两个项目内容。有的在通报标题中已标明发文机关名称，这里就不必再写。

五、通报与通知的区别

1. 行文目的不同

通知主要用于安排下级机关的工作,告知有关需要了解的事项;而通报的目的侧重于通过对某一事件的处理而达到教育下级机关的效果。

2. 行文内容不同

通知的内容主要是对未来工作进行安排或告知;通报的内容主要是对已经发生的事情的处理。

3. 行文对象不同

通知的行文对象一般是确定的下级机关;通报的行文对象则可能是确定的下级机关,也可能是一定范围内确定的单位和公众。

六、撰写通报应注意的问题

1. 通报的内容必须真实

通报的事实,所引材料,都必须真实可靠。动笔前要调查研究,对有关情况和事例要认真进行核对,客观、准确地进行分析、评论。

2. 通报的语言要简洁、庄重

无论哪一种通报,都要做到态度鲜明、分析中肯、评价实事求是、结论公正准确、用语把握分寸、不讲空话与套话、不乱扣帽子。否则,通报不但会缺乏说服力,而且有可能产生副作用。

3. 通报要及时

通报具有较强的时间性,不能拖拖拉拉,贻误时机。否则,事过境迁,就会失去通报的价值。

【例文选读】

××市人民政府关于表彰计划生育先进集体和先进工作者的通报

市政发〔2001〕6号

各县(市、区)人民政府,市属各部门:

"九五"计划期间,我市各级党委、政府和有关部门高度重视计划生育工作,认真贯彻省计划生育条例,切实加强对计划生育工作的领导,全面完成了省下达的"九五"人口计划和各项计划生育指标任务。二〇××年度,全市人口出生率降到5%,平均生育率为0.87,低于全国、全省水平。这是全市各级干部、计划生育工作者和全市人民共同努力的结果。为了进一步推动我市计划生育工作的深入开展,市人民政府决定授予××县等三十五个单位"全市计划生育先进集体"光荣称号,授予×××等四十五位同志"全市计划生育先进工作者"光荣称号。希望受到表彰的单位和个人,要戒骄戒躁,继续努力,为我市计划生育工作向深层次、高质量发展

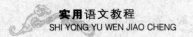

做出新的贡献。

二〇〇一年,是"十五"计划的第一年,各级政府和广大干部要全面贯彻落实好党的十五届四中全会精神,继续把计划生育工作放在更加重要的地位,坚持不懈地抓下去,切实加强领导,坚持按《条例》规定依法管理,大力加强基层基础工作,力争我市"十五"期间人口出生率控制在5%以内,为本世纪末实现我市人口控制在四百万以下的目标而努力奋斗。

附:××市计划生育先进集体、先进工作者名单。(略)

××市人民政府(盖章)

二〇〇一年二月五日

【简析】 这是一份表扬性通报。开头概述全市计划生育的基本情况并说明通报缘由。主体写明通报决定,对计划生育先进单位和个人进行表彰并提出希望。结尾明确提出计划生育的要求。全文事实叙述不但清楚明白,而且详略得当,重点突出。

第七节 会 议 纪 要

【文种知识】

一、会议纪要的含义

会议纪要是记载和传达会议情况和议定事项使用的一种行政公文。会议议定事项是本单位、本地区、本系统开展工作的依据。有的会议纪要的精神也可供别的单位、别的系统参考。

二、会议纪要的特点

(一) 综合性

会议纪要是在对会议中各种材料、与会人员的发言以及会议简报等进行综合分析和概括提炼基础上形成的,它具有整理和提要的基本特点。

(二) 指导性

这一特性包含两层含义:一是会议本身的权威性;二是会议纪要集中反映了会议的主要精神和决定事项。因而纪要一经下发,将对有关单位和人员产生约束力,起着类似于指示、决定或决议等指挥性公文的作用。会议纪要还可以作为与会同志向单位领导汇报、向群众传达的文字依据。

（三）备考性

一些会议纪要主要不是为了贯彻执行,而是向上汇报或向下通报,必要时可作查阅之用。

三、会议纪要的种类

根据会议性质不同,会议纪要可以分为办公会议纪要和专项会议纪要;根据内容特点的不同,会议纪要又分为专题型纪要和综合型纪要。

四、会议纪要的写法

（一）开头

概述会议的基本情况,包括会议召开的时间、地点、会议主持人、与会人员及主要议题。

（二）主体

主体是会议的核心内容部分,要重点突出地写出会议讨论的主要问题及结果、会议形成决议的事项、会议形成的对今后工作的指导思想、工作建议及要求。

根据会议性质、规模、议题等不同,大致可以有以下几种写法:

1. 集中概述法

这种写法是把会议的基本情况、讨论研究的主要问题、与会人员认识和议定的有关事项(包括解决问题的措施、办法和要求等),用概括叙述的方法,进行整体的阐述和说明。这种写法多用于召开小型会议,而且讨论的问题比较集中单一,意见比较统一,容易贯彻操作,写的篇幅相对短小。如果会议的议题较多,可分条列述。

2. 分项叙述法

召开大中型会议或议题较多的会议,一般要采取分项叙述的办法,即把会议的主要内容分成几个大的问题,然后另上标号或小标题,分项来写。这种写法侧重于横向分析阐述,内容相对全面,问题也说得比较细,常常包括对目的、意义、现状的分析,以及对目标、任务、政策措施等的阐述。这种纪要一般用于需要基层全面领会、深入贯彻的会议。

3. 发言提要法

这种写法是把会上具有典型性、代表性的发言加以整理,提炼出内容要点和精神实质,然后按照发言顺序或不同内容,分别加以阐述说明。这种写法能比较如实地反映与会人员的意见。某些根据上级机关布置,需要了解与会人员不同意见的会议纪要,可采用这种写法。

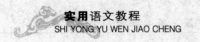
（三）结尾

有的会议纪要在结尾部分提出希望，或要求有关单位认真贯彻会议精神，或号召努力完成会议提出的各项任务。有的则不写结尾，会议的主要内容分述完了，全文也就自然结束。

五、如何区分会议纪要与会议记录

会议纪要有别于会议记录。二者的主要区别是：第一，性质不同。会议记录是讨论发言的实录，属事务文书。会议纪要只记要点，是法定行政公文。第二，功能不同。会议记录一般不公开，无需传达或传阅，只作资料存档。会议纪要通常要在一定范围内传达或传阅，要求贯彻执行。

【例文选读】

县人民政府第六次常务会议纪要

时间：××××年×月×日上午八点半至十二点

地点：县政府常务会议室

主持：县长×××

出席：副县长×××、×××、××、×××，办公室主任×××

请假：×××（出差）

列席：×××、×××、×××

记录：×××

现将会议讨论及决定的主要事项纪要如下：

一、会议听取了副县长×××关于召开经济工作会议准备的情况汇报，讨论了扩大县属企业自主权的十条规定。会议同意县经济工作会议准备情况汇报，并决定于×月×日召开全县经济工作会议。今年各项经济工作指标，要以市经委下达的为准，不再调整县原各公司的主要经济指标。在县经济工作会议上，由县经委与县原各公司签订经济责任书。

二、会议原则同意县政局养蚕民政事业费管理使用办法的修订意见。

三、会议同意将县政府办公室提出的转变机关工作作风的规定意见（讨论方案）印发各部门，广泛征求意见，作进一步修改后，以县政府文件印发。

××县人民政府办公室

××××年×月×日印发

【简析】 这是一篇较为典型的会议纪要。导言部分详尽记录了会议的基本情况，主体部分采用概述的方法，将会议讨论研究的主要问题、议定的主要事项，分条进行阐述和说明。条理清楚，简明扼要。

单元综合练习二

一、问题简答题

1. 什么是公文？怎样理解公文的含义？

2. 公文的特点与作用表现在哪些方面？

3. 我国现行的党政机关公文的常用种类有哪些？

4. 撰写会议纪要应注意哪些环节？

二、判断正误题

1. 主送机关主要是指写作、发出公文的机关。

2. 任免通知均需写明经何组织研究决定、任免谁及任免职务、任期和待遇，这样才便于执行。

3. 发文字号中的年份应以汉字小写完整书写。

4. 级别低的机关可以和级别高的机关联合行文。

5. 表扬性通报既要写明被表彰者的先进事迹，还要简介其一般表现。

6. 报告和总结一样，都是对过去工作的回顾，所以本质上并没有区别。

7. 学院要表彰勤工俭学活动中表现积极的先进班级和个人，用表彰性决定行文。

8. 下级机关向上级机关汇报某一阶段的工作情况，写成的公文是情况报告。

三、病文评改题

1. 阅读下面这则报告，指出问题所在并改写。

关于要求增加培训经费的报告

尊敬的局长大人：

截至本月中旬，技工考前培训已经培训 198 人，待培训 80 人。但是由于目前培训经费都已经用了 3 万元了，突破了我们原来先前的预算，因为没有钞票，培训工作也无法正常进行。因此请上级立即给我们增加 2 万元培训经费，以使培训工作胜利完成，否则，我们也管不了那么多了。

遵照上级精神，我中心技考核前的培训工作已经全面展开。经统计，全中心职工 456 人，其中技工 278 人（已婚的 170 人，另外还有十个是离异未婚的），占总人数的 61%。技术工人中，共有 35 个工种，主体工种 7 个。包括：绿化花卉工 56 人，电工 36 人，营业员 31 人，餐厅客房服务员 27 人，厨师 19 人，司机 8 人，清洁工 7 人。按等级分，全中心高级工 8 人，中级工 247 人，初级工 23 人。他们的学习积极性都很高，比如老技工李师傅，人都 57 岁了，又体弱多病的，他还刮风下雨的从不间断，每天都来参加培训，其精神之高尚，事迹之感人，实在是催人泪下。

等待上级的答复，并致以崇高的敬礼！

××管理中心主任　××

二零零 3 年 6,9

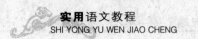

2. 下面是一则××学校请求建印刷厂的请示,在行文上有不妥之处,请指出并重写一份。

《请　　示》

××局长:

在改革开放大潮面前,在以经济为中心的形势面前,我们不甘落后,我们要做时代的弄潮儿,所以我们决定筹建印刷厂。我们有技术力量,不是吗?我们有三名老师家属是印刷厂退休工人,这还不够吗?我们有36个班,将近二千名学生,而且还有周围四五所兄弟学校愿意做我们未来的"上帝",这不是产品的好销路吗?我们学校去年建立了一所教学楼,学生空出平房喜迁高楼,这不是工厂场地吗?如果上级不予答复我们的正当请求的话,那学校的经费这么紧张,教育局就应该多拨给一些,否则,我们的教师子弟没活干,由此造成教师队伍不稳定,我们也负不了这个责任了。

××中学

2005 年 3 月 15 日

3. 阅读下面这则通知,分析并归纳其存在的问题。

××部关于成立摄影小组的通知

我部成立一个摄影小组,目的是为了更好地配合五讲四美活动,丰富我们的业余文化生活,培养我们的情操,有利于我们提高观察生活的能力,从生活中挖掘出美的事物,使我们更加热爱我们的社会主义祖国。

本小组将聘请专业或业余摄影家来讲学,在一、二年内本小组成员除了能掌握摄影基本知识外,还能学会在拍摄过程中常用的知识,如追随法、逆光摄影法、高调摄影等;在冲洗照片过程中常用的知识,如冲洗技术、多次曝光叠加成像、修改底片等。待初步掌握了这些技能以后,我们还将出外采访,从而更好地深入实际,了解社会,还将尽可能地游历祖国名山大川,拍出有浓郁的生活气息和奇丽风光的艺术照片,并举办学员作品展览,评出优秀作品,对作者予以适当奖励,结业时,凡掌握了所学内容者,都发给毕业证书,并赠送纪念品。总之,凡加入本小组的同志,只要认真学习,虚心请教,互相交流,取长补短,切磋技艺,都会在摄影技术上取得很大进步,成为祖国有用的人才。

凡是对摄影有爱好的同志,可以自愿报名参加,要自带照相机,有摄影作品的同志最好交上来,以供录取时参考。活动时间每星期二、四下午,报名处在××部办公厅203室,报名时交一张一寸照片,报名时间5月1日~5月10日,过期不再补报。有关各项要求望及时发给各党支部给予传达,尽快将名单报上来。

摄影是一门艺术,它会使我们的生活更加充实,激发我们对祖国的爱和为祖国献身的勇气,望大家踊跃参加。

××部办公厅

一九××年×月×日

四、写作实践题

1. 根据下面提供的材料,写一份请示。

××学校现有学生1 000人,共22个教学班,而语文教师只有三人,其中年龄在50以上并患有慢性病的两人,青年教师一人,各担任5~6个教学班的语文课,每人每周课时达16节以上,长期超负荷教学。根据以上情况,学校向上级主管部门要求在今年高等师范学院的中文系毕业生中,选聘两名到学校任教。

2. 2006 年 8 月 19 日,××镇遭受特大暴风雨的袭击,造成农民房屋倒塌,农田被淹,果林被毁等重大损失,为此,××镇政府以"×政字〔2006〕15 号"行文向××县政府申请财政救灾款用于灾后重建工作。结果,××县政府同意向××镇拨出 100 万元救灾款。请你代××县政府拟写一份批复。要求:格式规范,主文部分各要素齐备,正文表述简洁准确。

3. 九运会期间,××师范大学教育科学学院和网络教育学院及体育学院等学院都有大量同学参加青年志愿者活动,为九运会提供后勤服务。其中教科院的黎民等 4 人、网络教育学院的肖丽丽等三人及体育学院的刘锐等三人共 10 位同学的表现尤为突出,他们牺牲了大量的课余时间,积极投入到九运会的志愿者活动中,任劳任怨,不计报酬。他们的表现,得到市志愿者协会工作人员的一致肯定和赞扬。××师大团委决定对黎民等 10 位同学和致力于志愿者组织活动的教育科学学院、网络教育学院和体育学院这三个学院的团总支部进行通报表扬。请你代拟一份通报。要求:① 标题自拟;② 结构完整,文从句顺;③ 字数不少于 400。

第三单元　社交文书

第一节　求职信与应聘信

【文种知识】

一、求职信、应聘信的概念

求职信与应聘信都是向用人单位自荐谋求职位的专用书信。

求职信,是根据自己的专长能力和求职目标,通过各种渠道搜集求职信息,主动向用人单位推荐自己,谋求职业的书信。应聘信是求职人根据招聘条件向用人单位申诉自己符合招聘的要求,以谋求职业的书信。两者内容、格式大致相同(见例文一求职信、例文二应聘信)。不同的是,求职信是求职人根据自己的条件和意向,向可能聘用自己的单位所写的书信;应聘信是在已获知用人单位正在招聘人员的情况下所写的书信。

二、求职信、应聘信的特点和写作格式

(一)求职信、应聘信的特点

1. 针对性

要针对用人单位和自己的实际条件,针对读信人的心理,针对自己的求职目标。要研究自荐过程中可能遇到的情况、问题,从用人单位和自身条件入手,认真、客观分析自己的优势和劣势。自荐要分清主次,突出重点,有的放矢地加以表达。

2. 自荐性

要在用人单位不了解自己的情况下,凭一封求职信就了解你、信任你,乃至录用你,难度是很大的。要实事求是地自我推荐,把自己的长处和优势客观地、清晰地、充分地表达出来,既不夸大,也不过分谦让,让用人单位受到你的自信的感染,获得一个良好的印象。

3. 竞争性

求职就是竞争,要在竞争中取胜,必须突出自己的优势。要对用人单位的特点、求职岗位的要求、自身的条件进行具体的分析和归纳,要勇于挑战,竭尽全力去

竞争。

（二）求职信、应聘信的写作格式

求职信、应聘信，一般由称呼、引语、正文、结尾、附件、署名和日期 6 个部分组成。

1. 称呼

这是对读信人的称谓。如果不知道用人单位主管者的姓名，可直接写上与单位、部门相称的主管者的职务称呼，如"人事部部长"、"营销部经理"等，也可在职务前写上"尊敬的"等修饰语，如"××公司经理先生"、"尊敬的厂长先生"。如果是应聘信，而招聘启事中已指明联系人的姓名，则可以写上姓名，如"××先生"、"××女士"。

2. 正文

（1）引语。信的开头，一般不用亲切的问候语，通常用"您好"、"打扰了"等开头（如果针对单位称呼，则不必使用此类问候语）。先写明写信的缘由，表明写信的目的。应聘信则可用招聘词为引文，导入下文。

（2）主体。首先，介绍个人基本情况，如学历、年龄、个人简历、健康状况等。视对方要求做简要介绍，或附上有关业绩材料。其次，要侧重说明你能为招聘单位做些什么事，要写出个人的背景，申述自己的志向、兴趣特长，介绍自己的学历、经验和信心，说明你对应聘单位、职位的了解。这一切表述，特别是对自我优势的介绍，目的不是为了表现自我，而是为了说明你能胜任你所谋求的职务和岗位。在这一部分，突出自己的专长，展示自己的业绩、能力等优势是必要的，但务必要与所求的职务有关。写应聘信则要依据招聘条件，逐条作答，不要泛泛而谈。选择对方单位的理由可以简述，重点介绍自己求职的各种有利条件，以引起对方的注意与兴趣。正文是求职信的重点，要写得紧凑、合理。

（3）结尾。要写得非常简洁，主要以诚恳的态度提出自己的愿望和要求，"请给予面试的机会"、"静候回复"、"期待答复"，一是可以再次强调自荐的目标和希望对方给予答复的期盼；二是告知对方自己的电话、通信地址和联系方式等。然后，以"此致、敬礼"作结束语。

3. 附件

一般先列出附件份数及名称，然后在信后附上有关复印资料，如个人简历、身份证、学历证书、职业技术证书、外语、计算机等级证书、所学专业课程一览表、各科成绩表、各类获奖证书、发表的论文、论著，或是学校有关部门的推荐意见以及教授、专家的推荐信和其他能证明自己优势的有关材料、证件等。附件的作用有时比求职信本身更大，千万不可忽略。

4. 署名和日期

姓名后可用"敬上"、"谨上"等词语表示礼貌。署名写在结尾右下方，署名要端正、清楚,不能写得龙飞凤舞,使人难以辨认。署名下一行写日期,要把年、月、日写全。

求职信、应聘信的版面格式如图3-1所示。

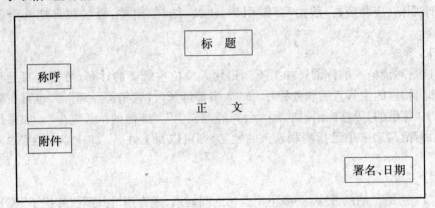

标　题

称呼

正　文

附件

署名、日期

图3-1

三、求职函写作的注意事项

(1) 语言要简洁、集中,文面要整洁。

(2) 提出供职请求,态度要自信、恳切、不卑不亢。

(3) 介绍自己的基本情况,要符合实际,不能弄虚作假。

(4) 函中要留下自己的联系电话、通信地址、邮政编码等通联信息。

【例文选读一】

求　职　函

尊敬的领导:

您好!

我是一名市场营销专业的应届毕业生,非常感谢您在百忙之中审阅我的材料!

作为一名渴求有所作为的年轻人,贵单位良好的公众形象和发展前景深深吸引了我。

大学三年,我系统地学习并掌握了营销管理、营销策划、营销战略、广告学等相关专业知识。并不断地通过自学来拓宽自己的知识面,广泛涉猎金融、会计、法律、计算机等领域的知识。一份耕耘、一份收获,我先后获得三次"系三好"、一次"院三好"和"优秀学生干部"等荣誉称号,英语通过三级,计算机通过二级。

"纸上得来终觉浅,绝知此事须躬行。"我积极参加学生会工作和各种社会实践活动。在担任院学生会编辑部部长期间,我全面负责院刊《学院青年》、《院团学工作反映》的编辑工作。并结合本专业的要求,抓住各种机会,赴各地进行调研,帮助企业、商家进行营销策划或产品推广,使自己的组织协调能力和专业能力有了实质性的提高。

"会当击水三千里,直挂云帆济沧海。"肩负着沉甸甸的责任和期望,我真诚地等待着您的检阅,期盼着能为贵单位贡献自己的绵薄之力!

祝贵单位事业兴旺发达、蒸蒸日上!

热切期盼您的回音!

此致

敬礼!

求职人:×××
二〇〇七年六月八日

附件:1. 个人简历

    2. 毕业证书、荣誉证书等复印件

    3. 通讯地址、邮政编码、联系电话

【简析】 这是一份求职函。正文首先写缘由并表达谢意。接着写求职意愿,结合市场营销专业介绍自己的专长和优势。最后提出要求。全文语言简洁,充满自信。态度上,诚恳有礼而又谦恭有度,显得不卑不亢。是一篇规范的求职短函。

【例文选读二】

应 聘 信

尊敬的董事长先生:

您好!

首先,衷心感谢您在百忙之中阅读我的自荐材料!

我叫××,是××××职业技术学院电脑艺术设计专业06届毕业生。我从1月9日《××晚报》上看到贵公司招聘专业人才的广告,十分高兴。首先佩服贵公司广纳贤才以进一步发展的谋略,其次认为我本人比较符合贵公司的招聘条件。下面简要地向您介绍一下我个人的情况。

我诚实稳重,乐观大方,积极向上且爱好广泛。大学三年,我不仅学好了电脑艺术设计专业的全部课程,而且对计算机软硬件有一定的了解,自修了计算机基础及应用专业,自学了网络方面的一些知识。能熟练操作各类的办公软件、制图软件。短短的三年里,我始终以"天道酬勤"自励,积极进取,立足扎实的基础,对专业求广度求深度。在学好每门功课的同时,更注意专业的理论与实践相结合,以优异的成绩完成了学业。同时,除了认真学习课堂知识,还积极参与文体活动与社会实践。通过不断的学习,我已变得成熟、稳重,具备了良好的分析处理问题的能力,也铸就了坚毅的性格和强烈的责任心。我坚信,也坚定地认为

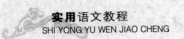

"天生我材必有用"。

一滴滴汗水是面对昨日舒心的微笑,也是走向未来丰沛的信心。站在世纪的曙光中,面对新的考验和抉择,我无法退缩,也无法沉默,我要用我那双冷静的善于观察的眼睛、那颗真诚而热爱事业的心、那双善于操作而有力的手,以及锐意进取、开拓创新的工作作风和对事业执著追求的精神,磨砺前行。为您,为我,为我们的共同事业创造新的辉煌。

诚然,缺乏经验是我的不足,但我拥有饱满的热情以及"干一行爱一行"的敬业精神。在这个竞争日益激烈的时代,人才济济,我不一定是最优秀的,但"天行健,君子以自强不息"一直是我的人生格言。

尊敬的领导,我相信您伯乐的慧眼,也相信我的实力,我真诚地期望能投足您的麾下,牵手事业路,风雨同舟,共同构筑美好的未来。

"给我一个舞台,送您一台好戏",这是我的承诺,也是我的决心。

此致

敬礼!

自荐人:×××敬上

2006 年 1 月 15 日

附件:1. 个人简历

2. 毕业证书、学位证书复印件……

3. 通讯地址、邮政编码、联系电话

【简析】 这篇应聘信格式规范,内容全面,最大的特点,一是在自我介绍中能突出自己的特长和优势,二是热情洋溢,信心十足。作者根据自我推荐工作的需要,详细介绍了自己在语文(特别是写作)方面的优势,并表明了"尽力做好"的决心。全文格式规范,语言简明,是一篇典范的自荐信。

第二节　感谢信与慰问信

【文种知识】

一、感谢信

(一)感谢信的概念

感谢信是对别人或有关方面的关心、支持、帮助、馈赠、慰问等表达感谢的专用书信。与表扬信一样,它具有对象的确指性、事实的具体性和感情的鲜明性等特点。

（二）感谢信的种类

根据感谢信内容,可将其分为两类:一类是普发性感谢信,即对与本单位有过交往的众多单位表示谢意,这种感谢信不直接发给感谢的对象,而是通过报刊、电台等新闻媒体向感谢的对象表达谢意。内容要求有概括性,以便适合所有的感谢对象。另一类是专用感谢信,是专为某事向某单位或个人表示感谢。这种感谢信的对象单一,或者是一个机关,或者是一个人。内容应写得具体些,以便适合个别感谢对象。

（三）感谢信的写作格式

1. 标题

感谢信的第一行居中写"感谢信"或"致某某的感谢信",如"致广东省科技干部学院的感谢信";还可由发文单位、受文单位及文种组成,如"中共中央致各民主党派中央、全国工商联的感谢信"。

2. 称呼

可写单位名称或被感谢对象的个人姓名和称呼。在标题下隔行顶格写所感谢的单位名称或个人姓名。个人姓名后可写"同志"、"先生"、"小姐"等相应的尊称。

3. 正文

交代清楚人物、事件、时间、地点、原因、结果,重点叙述对方关心、支持、帮助的事实以及所产生的效果,赞颂对方的高尚风格、思想境界和可贵精神,并表示向对方学习的态度和决心。全文的主体,应简述事迹,说明效果。如果感谢信是写给所感谢者的单位或新闻单位的,还可以写上建议对方单位给予表扬的建议。

4. 结语

写表示敬意、感激的话,如"致以最诚挚的敬礼"等。

5. 署名、日期

在结尾的右下方署上写信的单位名称或个人姓名,署名下一行写发信的具体的年、月、日。

（四）感谢信的写作要求

感谢信写作语言要精炼,篇幅不要太长。具体要求表现在以下三个方面:

1. 叙述准确,表达清楚

要把被感谢的人物、事件,准确、精当地叙述清楚,以使别人具体了解。

2. 热情中肯,评论得当

要特别注意感情饱满、热情洋溢地写出感激之情,并实事求是地加以评论、评价,以突出其意义。感谢的事项必须真实。字里行间所流露出的感激之情应是由衷的、真挚的。反对虚伪、应付、客套。

3. 真诚朴实,自然得体

表示感谢的话要合乎双方的身份,如年龄、性别、职业、境遇等;表达谢意的行动要符合实际,说到做到,切实可行。

(五)表扬信与感谢信的异同

表扬信同感谢信的主要内容是一致的,都是叙述对方的先进事迹,予以赞颂。写作格式也相同。两者的区别在于,感谢信是受益者发出的,以感谢为主,附带表扬;表扬信是以表彰为主,在结尾处常特别提出要求对方单位领导予以公开表扬。表扬信的作者可以是受益人,也可以是有关人。

二、慰问信

(一)慰问信的概念

慰问信是表示向对方关怀、慰问的信函。它是有关机关或个人,以组织或个人名义在他人处于特殊的情况下(如战争、自然灾害、事故),或在节假日,向对方表示问候、关心的一种专用书信。好的慰问信可以起到增强信心、鼓舞斗志的巨大作用。

(二)慰问信的种类

(1)对遇到意外损失或遭到暂时困难的集体或个人表示同情、安慰。

(2)对取得重大成绩的集体或个人表示慰勉。

(3)在节日之际对有贡献的集体或个人表示慰问。

(三)慰问信的特点

1. 亲切性

慰问对方感情真挚、语言亲切,字里行间洋溢着亲切关怀的深情厚谊,使对方看后能够深受感染。

2. 鼓舞性

慰问对方感情热烈,语言深刻,字里行间洋溢着催人奋进的精神力量,使对方看后能够深受鼓舞。

(四)慰问信的写作格式

1. 标题

在第一行居中的位置写“慰问信”三个字,或者写“×××致×××慰问信”。

2. 称呼

在标题下另起一行顶格写被慰问者的单位名称或个人姓名。如果是写给个人的,要在姓名之后,加"同志"、"先生"、"女士"等称呼。

3. 正文

在称呼的下一行空两格写慰问的内容。主要包括以下几方面:

(1) 开头先交代慰问的背景、缘由,接着写表示深切慰劳和问候的话。

(2) 主体部分根据事情和慰问对象的不同而有所区别。如给灾区人民写慰问信,要写出灾害发生后写信者一方的同情与采取的支援行动,如有捐赠的物品、资金也要在这里写清楚,并赞扬对方与灾害做斗争的精神,鼓励对方再接再厉,战胜困难;如给做出贡献的集体或个人写慰问信,要赞扬对方做出的杰出贡献,慰问对方在工作中的辛劳;如是节日写的慰问信,要根据对方工作的性质,简要地讲述这种工作的意义,赞扬他们的辛勤劳动、忠于职守或无私的奉献精神。

(3) 结尾可表示共同的愿望和决心。

4. 结语

写祝愿的话,如"祝你们取得更大的成绩"、"祝节日愉快,合家欢乐"等。

5. 署名、日期

在结尾右下方署上单位名称或个人姓名。署名的下一行写上具体的年、月、日。

(五) 写慰问信应注意的事项

(1) 要根据不同对象、不同情况,向对方充分表达出关怀、慰问、敬意之情。

(2) 要概括地叙述和热情地赞扬对方的崇高思想、感人事迹,并表示难忘之情。

(3) 简述有利条件,提出希望,鼓励对方奋勇前进。

(4) 要写得真诚,注意措辞,使收信人得到安慰和鼓舞。如果是给病人的慰问信,就要写得像你亲自去看望病人一样,给他以温暖,使病人乐观、轻松,增强战胜疾病的勇气和信心。

三、慰问信与感谢信的异同

慰问信和感谢信都有表扬的成分,都是书信体文书。但两者的区别非常明显:一是内容侧重点不同,感谢信重在表示谢意,多讲对方对自己的帮助和支持,而慰问信则重在表示慰问,多讲对对方的勉励和激励;二是写作对象略有不同,感谢信可以是感谢单位的,也可以是感谢个人的,而慰问信则多是对某些单位、集体或群众表示慰问。

感谢信、慰问信的版面格式如图 3-2 所示。

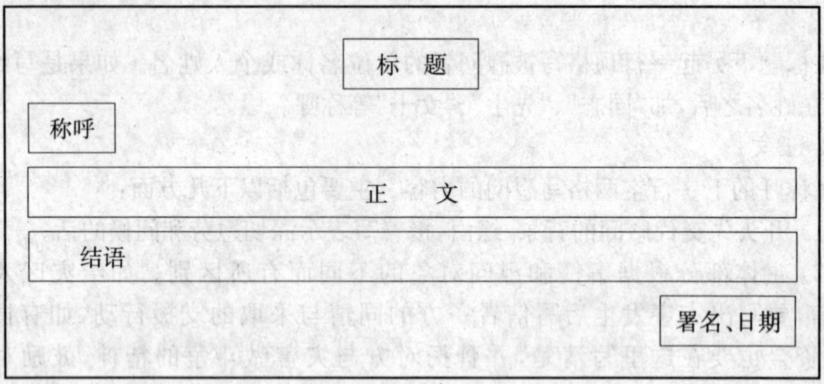

图 3-2

【例文选读一】

感 谢 信

亲爱的姑娘们：

　　你们的纪念品使我深受感动。这还是有生以来第一次有人对我这么好,因此你们完全可以相信:你们给这个孤苦伶仃的人心上留下的印象,要比哲学这门课程的全部内容在你们头脑上留下的印象深刻得多。现在我认识到我的《心理学》这本书中遗漏了一项重要的内容——即,人生最深刻的原则是渴望得到赏识,而我在书中却把这一项完全漏掉了,原因是我的这种欲望直到如今才得于满足。恐怕是你们把我的这辈子身上的魔鬼放出来了,从今以后,我的一切行动恐怕都是为了博取这种奖赏了。然而,我还是忠于这棵独特而美丽的杜鹃树,那是我一生的骄傲和生活的乐趣。我将不分冬夏地照顾它,为它浇水——哪怕是用我的眼泪呢。我决不允许詹姆斯太太走近它一步,或是碰它一下。如果树死了,我也会死去;我死了,她将栽在我的墓上。

　　别以为这些都是戏谑之言,请相信你们给我带来了莫大的快乐以及我对你们的深切感谢。我现在是,将来也是你们永远忠诚的朋友。

威廉·詹姆斯

1896 年 4 月 6 日于剑桥

　　(注:威廉·詹姆斯(1842～1910),美国心理学家、哲学家。他在哈佛大学任教时,班上的女学生在一次大学礼仪上赠与他一棵杜鹃树。詹姆斯以此信答谢。)

　　【简析】 这封感谢信细致传神地表达了对姑娘们赠树的感激之情,他写出了他的理解、感动与感谢。感情和文采,使这封感谢信动人心弦。

【例文选读二】

国务院致云南、贵州省人民政府和成都军区的慰问电

　　云南、贵州省人民政府和成都军区:1 月 24 日,滇黔线昆沪 80 次列车颠覆事故

发生后,你们迅速组织有关人员和指战员抢救人民的生命财产;在妥善处理善后工作中,积极地组织有关部门,抢救伤员,保护遗体,热情周到接待遇难者的家属、亲友,做了大量工作。你们顾全大局,密切配合,组织严密,指挥得当,措施得力,使这次事故的抢救和善后处理工作圆满完成。

在这次事故抢救和善后处理工作中,无论党政机关、医院、工厂、商店,无论领导干部、职工、医生、农民,都积极主动,不畏困难,任劳任怨,有效地完成了抢救、运输物资和保证通讯等任务,发扬了救死扶伤的革命人道主义精神。

人民解放军、武警部队、公安干警广大指战员,在抢救工作中发挥了主力军和突击队的作用,哪里有困难,哪里最艰苦,哪里就有他们,不愧为人民的子弟兵。

国务院谨向你们,并通过你们向所有参加抢救和善后处理工作的机关、部队、单位和个人,表示衷心的感谢和慰问!

在救援工作中,涌现了许多先进单位和个人,有许多感人的事迹,这充分地体现了我国社会主义制度的优越性,充分体现了一方有难,八方支援的良好风尚。望你们认真总结经验,发扬优良传统,在社会主义物质文明和精神文明建设中取得更大的成绩。

中华人民共和国国务院

一九八八年三月三日

【简析】 例文是国务院就 80 次列车颠覆事故的抢救工作圆满结束向云、贵两省及成都军区发出的慰问电。电文第一段是慰问的背景、原因;第二、三、四段概括抢救和善后工作的情况,同时表达了感谢、赞扬、慰问之情;最后一段肯定了抢救、善后工作的意义,并提出希望和祝愿。全文热情洋溢,充分体现了人民政府对人民的关切之情。

第三节 欢迎词、欢送词、答谢词

【文种知识】

一、欢迎词的概念和写作方法

(一)欢迎词的概念

欢迎词是在欢迎仪式或宴会开始时对来宾的光临表示欢迎的致词。

(二)欢迎词的写作方法

欢迎词的结构包括标题、称谓、正文和结尾四部分。

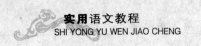

1. 标题

标题有两种写法。一种是直接以《欢迎词》为标题;另一种由"致词人、致词场合、文种"组成,如《×××在欢迎×××宴会上的演说》。

2. 称谓

写对欢迎对象的称呼。要把所有来宾都包括进去,称呼要用全称,并使用尊称,如"尊敬的"、"敬爱的"等修饰语,以显示庄重和尊敬。

3. 正文

正文的开头要写致词人在什么时候、以什么身份、代表谁向来宾表示欢迎和问候或者向出席者表示欢迎、感谢和问候。接着写来访或召开此次会议的意义、作用,或者阐述两国或两个单位之间的友谊、交往,表达进一步发展友好合作关系的意愿和打算。

4. 结尾

祝愿宾客来访或会议取得圆满成功,祝愿宾客与会议代表在访问期间、会议期间过得愉快。

二、欢送词的概念和写作方法

(一) 欢送词的概念

欢送词是送别来宾的仪式或宴会上向来宾发表的欢送讲话。

(二) 欢送词的写作方法

欢送词一般包括标题、称谓、正文和结尾四个部分。

1. 标题

欢送词的标题与欢迎词大体相同,只需将《欢迎词》改成《欢送词》即可。

2. 称谓

与欢迎词写法相同。

3. 正文

欢送词正文的开头先写致词人代表谁向来宾表示欢送,同时表达依依惜别之情。接着叙述在来宾访问期间双方的友谊及友好关系的新进展,并满怀信心地预见今后的发展,表示真诚合作的态度。

4. 结尾

要对来宾表示惜别之情,发出再次来访的邀请,并祝愿来宾一路平安。欢送词是在接待迎送宾客结束时,对其离去表示友情欢送的致词。格式基本同欢迎词,中间部分要简练一些。

三、答谢词的概念和写作方法

(一)答谢词的概念

对对方的邀请、款待、帮助或奖励,在相应会议上表示感谢的讲话,叫答谢词。

(二)答谢词的写作方法

1. 标题

答谢词的标题有两种写法。一种是直接写《答谢演说》或《答谢词》;另一种是由"致词人、致词场合、文种"构成,如《柯灵在创作生涯 60 年研讨会上的答谢词》。

2. 称谓

写明致谢对方的姓名、称呼。

3. 正文

答谢词的正文写致词的中心内容。先要表示对对方的感谢,倾吐自己的心声。接着叙述双方的交往和情谊,着重强调对方所给予的支持和帮助,并表明自己对巩固和发展友谊的打算和愿望。

4. 结尾

再次表示感谢,并表示良好的祝愿。

【例文选读一】

党代会欢迎词

尊敬的代表,您辛苦了!

腊梅暗沉香,盛会迎狗年,新世纪 516 名××××通信中心党员第一次盛会如期而至。您来了,您从基层、从生产一线走来,您满怀对××××通信中心新一轮的憧憬,带着喜悦,带着辛劳,带着全中心 516 名党员的美好祝愿和重托,欢聚星城,共商大计。欢迎您,尊敬的代表,鲜花簇拥,向您表达热情的问候;党旗招展,向您致以崇高的敬意。

自××中心成立以来的两年多时间里,你们顽强拼搏、无私奉献,你们激情燃烧、斗志昂扬,你们无悔于××专网,你们无愧于××中心。围绕铁路、保障安全是我们神圣的使命;紧贴中心,服务大局,是我们义不容辞的责任。我们坚信,在十六届五中全会和××××分公司第一次党代会精神的指导下,我们的步伐将更加稳健豪迈;有"安全第一、效益优先"的思路武装头脑,热情高涨的××中心党员,一定会在各条生产战线上捷报频传,再铸辉煌,为××××通信中心的健康、快速、和谐发展再建新的功勋!

【简析】 致词人首先讲在什么时候、什么形势下向来宾表示欢迎和问候。接着写召开此次会议的意义、作用,概括已往取得的成就以及变化和发展。然后放眼

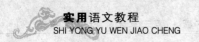

全局,展望未来。表达对未来的美好祝愿,文辞优美,感情真挚,值得学习、借鉴。

【例文选读二】

在白宫国宴上的讲话

中华人民共和国主席　江泽民

总统先生,克林顿夫人,女士们、先生们:

在今晚这个隆重的宴会上,首先请允许我代表我的夫人和同事,并以我个人的名义,对克林顿总统和夫人表示衷心感谢。我还要借此机会向美国政府和人民给予我们的热情接待,深表谢意。

25年前,中美两国领导人以卓越的政治智慧和胆识,重新打开两国交往的大门。从那时以来,两国许多政治家和各界人士,为建立、改善和发展中美关系,作出了积极的贡献。在这里,我谨向他们表示崇高的敬意。

25年来,中美两国关系虽然有过波折,但总的来说是在向前发展。双方合作领域不断拓宽,合作方式日趋多样,合作潜力巨大,合作前景良好。中美保持友好关系,不仅造福于两国人民,而且对促进亚太地区和世界的和平、稳定与繁荣具有重要的意义。

今天上午,我同克林顿总统就中美关系未来的发展目标达成了共识。这就是,为了促进世界和平与发展的崇高事业,中美应该加强合作,努力建立面向21世纪的建设性的战略伙伴关系。这标志着中美关系向前迈进了重要一步,达到了一个新的起点。

中国和美国作为两个伟大的国家,对世界前途负有重大责任。中美两国的国情不同,存在一些分歧是自然的。我们认为,国情的不同,正是相互加强了解、交往和借鉴的动力。至于分歧,完全可以通过相互尊重的平等对话,逐步求得解决。一时解决不了的,可以求同存异。我们两国之间的共同点大于分歧。在维护世界的和平与安全,促进全球经济发展与繁荣,保护人类生存环境等方面,中美具有广泛的共同利益。这是发展两国友好关系的重要基础。

美国诗人朗费罗写过这样的诗句:"只要行动起来,我们每个明天都会比今天进步。……行动起来吧! 让我们马上就开始。"我们要顺乎潮流,合乎民意,为建立和发展中美两国的建设性的战略伙伴关系而不断向前迈进。

现在,我提议:

为克林顿总统和夫人的健康,

为在座朋友的健康,

为中美两国人民的友谊和幸福,

为世界的和平与繁荣,

干杯!

(载《人民日报》1997年10月29日)

【简析】　这是江泽民主席在白宫国宴上发表的感谢克林顿总统盛情款待的讲话。开头,对主人的热情接待表示衷心感谢。主体从建设和发展中美两国关系的战略高度出发,一方面回顾了25年前两国的政治家和各界人士为中美建交所作出的积极贡献;另一方面不回避25年来两国关系在发展道路上遭遇的波折。明确指出"中美两国的国情不同,存在一些分歧是自然的。"最后,展望未来,求同存异,表达进一步发展友好合作关系的美好愿望。结尾再次表达诚挚的祝愿。讲话情感真挚,短小精悍。有理有情,情理相生,为中美关系的健康发展奠定了良好的基础。

第四节　主持词、解说词、导游词

【文种知识】

一、主持词

（一）主持词的概念及类别

主持词是会议或各种仪式的主持人主持会议时使用的文件,是人们工作和生活中经常接触和使用的文书,它具有说明活动主旨、组织活动环节、控制活动进程、总结和概括活动情况、确保会议程序的严肃性和准确性、营造现场气氛的作用。

主持词涉及的范围十分广泛,如果按场合分有以下几大类:

（1）社会活动类:包括比赛、演讲、论辩、会议、典礼主持词等。

（2）文艺活动类:包括文艺性演出、各种舞会、晚会、联欢会、产品促销活动主持词等。

（3）广播电视类:包括各种综合性、专题性、专业性的板块节目主持词等。

（4）婚礼主持词:婚礼主持词比较特殊,婚庆典礼活动是以家庭为组织形式的活动,规模大小、风格也不尽相同。

（二）主持词的内容和特点

主持词的内容丰富多彩,形式灵活多样。以会议主持词为例,其主要内容一般包括:宣布会议开始,介绍会议的其他主席和主要领导人,主要来宾,报告会议的出席人数,说明会议的目的、任务和宗旨,宣布会议议程或程序,强调会议的纪律和注意事项,介绍发言者的姓名和职务,宣布会议的结果,宣布会议结束等。其基本特点如下:

1. 对象性

即主持词与对象相吻合。它包括两个方面的含义:一是要根据主持人的身份来确定篇幅和语气。如果主持人的资历深、职位高,就可以采用自上而下的口吻。

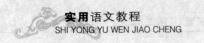

反之就应采取谦恭的语气,篇幅也要简短。二是要针对特定的听众来进行介绍和说明,做到定位准确,有的放矢。

2. 现场性

即主持词与现场相吻合。它要符合活动的主题色彩和现场的特定气氛。传达上级精神的会场,主持词往往显得平实、严肃;表彰之类的会场,主持词往往显得欢快向上、激越昂扬;庆祝之类的会场,主持词往往显得生动活泼、热情奔放。

3. 程序性

即主持词与程序相吻合。它要体现各种活动的程序。虽然,不同的活动内容有不同的活动程序,但是,特定的活动必然具有特定的程序。主持词必须遵守特定的程序写作,做到珠联璧合。

4. 承转性

主持词是活动程序之间的纽带。起承转合要自然,听众才不会产生突兀之感。各个程序上下相连,程序推进环环相扣,前后贯通,整个活动才能获得圆满的结局。

(三)主持词的写作格式

以会议主持词为例,其基本格式表现在如下几个方面:

1. 标题

会议活动名称+主持词,如:《××大会开幕式主持词》。

2. 日期

标题之下居中标明会议活动的具体日期。

3. 主持人姓名

日期之下居中标明主持人的身份和姓名。

4. 称呼

一般是身份从高到低,性别先女后男,并尽可能覆盖全体参加对象。

5. 正文

主持词正文部分要依据事先确定的会议或仪式的程序来拟写,使主持词与每一项活动程序有机地融合起来。在具体写作时要重点把握好以下几个环节:

(1)开场白。主持人的开场白主要是起宣布会议或仪式开始的作用,在不专门安排致开幕词的会议中,主持人的开场白相当于开幕词。大型会议活动开幕式由于另有专人致开幕词,因此主持词的开场白可对参加开幕式的来宾表示欢迎和感谢,或以简要揭示会议活动的背景和意义,作为开幕式的引子。要注意语言简明,不可长篇大论,避免与后面的开幕词或欢迎词意思重复。

(2)介绍。主持人要介绍出席会议或仪式主要领导和嘉宾以及每一位致辞人或发言人。介绍时一要做到次序得体,一般按身份从高到低,身份相同时,可按资历高低或先宾后主;二要做到被介绍者的身份、职务、姓名清楚准确;三要做到礼貌,即介绍致辞人、发言人、颁奖人、领奖人时,要用"请"、"有请"等礼貌用语。

（3）拟定程序。这是主持词写作的关键环节，不能轻视，更不能忽视，写作前必须慎重考虑，要做到"词"中有数。因为无论什么样的会议，都具有特定的程序。因此要根据会议的目的和议程来拟定程序。这样才能保证会议活动顺利进行。

（4）小结。每项程序结束后，主持人可作一个简短的小结，阐明致辞、发言或具体活动的意义，对发言者表示感谢。会议或仪式结束之前，可总体概括会议的成果，对与会者提出希望和祝愿，也可根据程序安排，导入下一节的活动。

在结构安排上，主持词中表达的每一项程序要以自然段落分开，或标上序号。语言要根据会议的性质和内容确定表达风格，如法定性代表大会的主持词要求准确、严密、规范，符合会议的议事规则，而节事活动的主持词则可以幽默、风趣、生动、活泼，充满激情。

会议主持词版面格式如图3-3所示。

图3-3

（四）主持词的撰写技巧

1. 开场精彩，制造场境效应

开场白的方法很多。或开门见山，直接入题；或情景交融，以情入题；或委婉曲折，含蓄入题；或幽默风趣，以笑入题。精彩的开头，往往能带给观众意外的惊喜。

例如在一次综艺节目主持中，杨澜、姜昆是这样开头的：

杨澜：各位来宾，电视机前的热心观众朋友：你们好！

姜昆：也许你刚刚脱去一天的疲惫，泡一杯浓茶坐到电视机前；也许你正觉得无聊，想不出家门就能看到外面的世界；也许你刚刚做完老师布置的作业，希望在休息之前从我们这里得到点精神享受。

杨澜：那好吧，就让我们带着您跨越时空的障碍，到世界各地去领略一番异域的风情，聆听美妙的音乐，因为——不看不知道，世界真奇妙！

这一开场白可谓言简意赅、美妙绝伦。它以真诚的关切和问候，缩短了主持人与观众的心理距离,使观众的认同感油然而生,同时也营造了轻松、和谐的气氛。好的开端是成功的一半。良好的开场白对于确定主题基调、表明宗旨、营造气氛、沟通情感是十分重要的。

2. 灵活推进,前后衔接,融为一体

在程序推进中,灵活运用诗歌或故事承上启下,把整个活动连接成一个有机的整体,往往能避免生硬和呆板,使观众于自然中享受欣然。例如在一次诗文朗诵会上,××主持人缓缓走上主席台,她没有立刻报节目,而是充满深情地朗诵了一首诗:

"母亲将院子扫干净/雨就来了/母亲将锅揭开/饭就熟了/母亲将衣服补好/夜就深了……母亲刚来得及拢一拢头发/两鬓就白了/母亲刚来得及照一照镜子/皱纹就深了/母亲刚刚入梦/天就亮了……"

紧接着顺势报幕:"请欣赏配乐散文朗诵《妈妈别走》。"

这一段主持词抛砖引"诗",承上启下,过渡自然。它不仅为即将推出的节目做好了铺垫,而且起到了烘托渲染气氛的作用。充分体现了主持词承转性的特点。

3. 巧于结尾,留下余韵

俗话说:"编筐编篓,最难收口"。主持词的结尾不能草率收兵,而应调动各种技巧和手段,以增强表达效果。或再兴高潮,给人以鼓舞和欢笑;或波澜不惊,给人以回味和思考。巧妙的结尾,往往能使观众回味深长。例如在一次大学生"青春诗会"上,××主持人是这样结尾的:

女:此时此刻,一切语言都难以表达我们的愉悦;

男:此时此刻,这份愉悦,我们只能在心底默默地感受;

女:此时此刻,我们的诗情,我们的快乐将会永驻;

男:此时此刻,青春的树枝繁叶茂,我们的诗心也会永驻。

女:让我们以热烈的掌声为我们的青春喝彩!

合:为本次青春诗会的圆满成功喝彩!

这是一次大学生"青春诗会"主持词的结束语。激情昂扬、热情奔放的话语,令人无比振奋,令人回味无穷。

当然,主持词并非一成不变。它虽然是主持活动的依据和前提,是活动程序顺利推进的重要保证。但是,在程序推进中绝不能生搬硬套。如果现场情况发生意外,主持人就应该随机应变,巧妙机智地变通主持词,从而使主持词始终与现场气氛合拍。例如在"海峡情"大型文艺晚会上,舞蹈家刘敏在表演时不慎跌落乐池之中,面对全场惊呆之状,主持人凌峰不慌不忙走上台,慢慢摘下翘边的礼帽,露出光秃秃的脑袋,向观众深鞠一躬说:"观众朋友,我知道,大家此刻正牵挂着的是刘敏摔伤了没有,那么请放心,假如刘敏真的跌伤了,我愿意后辈子嫁给她。"机智的调侃,缓解了观众的紧张情绪,使一直揪心的观众忍俊不禁地笑了。但是,到底刘敏摔得怎么样,观众仍很牵挂,接着凌峰又说:"观众朋友:艺术家追求的是尽善尽美,奉献的是完整无缺,现在——刘敏要把刚才没有跳完的三分钟舞蹈奉献给大家,奉献给海峡两岸的父老兄弟姐妹!"刘敏翩然出现在舞台上,观众中爆发出雷鸣般的掌声。

（五）主持词的写作要求

主持是一门综合艺术,它不仅要求主持人具有良好的口才、风度和气质,还需要有高质量、高水平的主持词,写好主持词是主持人成功的基础。

1. 认真准备、周密策划

如何说开场白、如何前后串联、如何形成高潮、如何结束,这些都是主持词的重要内容,要潜心研究,精心创作。

2. 承前启后,文气贯通

主持词的各节内容虽然相对独立,但绝对不能孤立。要通过巧妙的串联使之形成一个有机的整体,做到前后呼应,过渡自然,一气呵成。

3. 言简意明,易于上口

虽然,活动的性质、内容不同,主持词的语言风格有所不同,但是,语言简洁明了,则是主持词应用语言最基本的要求。对主持人来说,"言简"易于上口;对听众来说,"意明"易于入耳。

4. 勇于创新,不拘一格

主持词的写作没有固定格式,它的最大特点就是富有个性。不同内容的活动,不同内容的节目,主持词所采用的形式和风格也不相同。

二、解说词

（一）解说词的概念和特点

解说词即口头解释说明的词。它是配合具体事物、人物或画面进行解释说明的一种文体。在日常生活中,解说词的使用极为广泛。如产品展销、书画展览、文物陈列、园林景观、影视专题片、人物介绍等都要使用解说词。好的解说词,能够弥补实物或画面给人留下的认知空白,起到补充视觉和听觉的作用,从而帮助人们更好地认识事物。解说词的特点有如下几点:

1. 说明性

解说词是为解说事件、物体或人物而产生的,扣物写话,重在言简意明。它既要便于讲解,又要便于观众一目了然。因此,写作时要用精练的语言来说明,使观众借助简明的文字介绍,对实物或图画获得深刻的认识。

2. 顺序性

解说词是按照实物陈列的顺序或画面推移的顺序编写的。陈列的各实物或各画面有相对的独立性,反映在解说词里,应该节段分明,每一件实物或一个画面有一节或一段文字说明。在书面形式上,或用标题标明,或用空行表示。

3. 拓展性

也就是扩展性,主要是知识和情理的扩展。解说词补充和增加解说对象的相

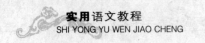

关信息,或者是被解说对象的背景材料,或是其潜在深层的思想文化内涵。使读者接受到画面和实物本身无法传递和难以表达的涵义。

4. 可读性

解说词虽然是说明性文体,但又不限于纯客观的说明,其写作形式灵活,表达方式多样,既可用散文形式,又可用韵文形式。它要形象地反映实物或图片的特点,生动地呈现场景。语言力求口语化、通俗化,要符合口语的表达需要和听众的听觉需要,因而具有很强的可读性。

(二)解说词的种类和格式

根据使用文体的笔法来划分,解说词可分为通讯式、报告文学式、散文式解说词等;根据解说的对象来划分,解说词可分为产品展销、书画展览、文物陈列、园林景观、影视专题片、人物介绍解说词等;根据语体色彩来划分,解说词可分为文学性、平实性解说词等。

解说词的结构形式比较灵活,内容长短也不确定,只要能够达到解释、说明的目的就行。一般来说,解说词的结构形式包括以下三个内容。

1. 标题

一般是以场合+事件+文种名的形式出现的,如"××学院第三届运动会专业系部入场式解说词";也可以直接标明解说对象,如《邓小平》、《国宝档案》等;还可以将解说内容的核心思想作为标题,如《独领风骚——诗人毛泽东》、《大国崛起》、《拯救黄河》等。

2. 正文

一般采用总分总的段落格式行文,可分为三个部分:

(1)开头。一般是说明解说对象的缘由、背景、现状、规则等内容,让受众有一个整体性的印象。

(2)主体。解说词的主体部分是针对实物内容作出解说,形式可活多样,篇幅长者,可以分为几个相互独立又相互联系的章节,每一章节可以有独立的小标题。如《大国崛起》的主体就分为《海洋时代》、《小国大业》、《走向现代》等章节,每一章均有一个独立的小标题。篇幅短者,独立成篇,如《茶乡放歌》团体操解说词、舞蹈《春去春来》解说词。

(3)结尾。是对整个实物展示或活动展开进行总结,可以抒情、发出号召、提出期望等,目的在于使整个过程达到高潮,形成圆满的结局。根据内容的需要,有时结尾可以省略。

(三)解说词写作的基本要求

解说词没有固定的写作格式,写作时要把握这样几点要领:

1. 要准确

解说词要与画面相配合,在需要准确介绍画面内出现的人物或事物名称时,千万不要张冠李戴;尽量避免出现知识性的错误;对于那些观众在画面中能感受到的情状,解说词就无需再作重复,但若观众在画面上感受不到,解说词大肆渲染,观众也会产生反感情绪,如"汗流浃背"、"热泪盈眶"等词语,在解说词里要特别小心地使用。

2. 要具体

解说词要具体,不说则已,言必有据,人名、地名、物名、数字等都必须是确凿有据,用语一般比较朴实,不能夸大其词,不宜过分渲染,形容词和描述性的语句一般少用为好。

3. 要形象

解说词和影像画面都不擅长表现抽象的数字,而观众也不一定记得住准确的数字信息。因此,在解说语言中,一般要对数字进行形象化处理,即用比较形象具体的事物提供大致相同的参照系,也可以用图示法显示。这样,观众就容易熟悉和把握。

4. 要灵活

解说词面对的对象千姿百态、错综复杂,因此解说词的写作也应因事因物而异,根据具体对象采用不同的解说方法。如介绍文物、旅游游踪、艺术盆景等常用书面语式解说词。介绍电视纪录片、广播剧及音乐作品的欣赏等多用口语式解说词。解说对象不同,解说词语言特色也不同。如产品、文物等解说语言宜平实,而园林、影剧介绍、音乐欣赏等则宜注重文采。

三、导游词

(一)导游词的概念和作用

导游词是导游员引导游客观光游览时的讲解词,是导游员同游客交流思想,向游客传播文化知识的工具,也是吸引和招徕游客的重要手段。从本质上说,它是一种对旅游景点进行历史的、文化的、审美的解读的文体。导游词就是要"还原"历史,"还原"生活,"还原"文化,"还原"事实。当然,这种"还原"不是用历史学家或考古学家的眼光,而是用艺术家的眼光,加以取舍,重新组合。导游词的质量直接影响着旅游服务的质量。一篇好的导游词,不仅能让游客了解更多的相关知识,对景点产生浓厚的兴趣,而且能帮助游客获得极大的审美享受,给游客留下深刻而美好的印象。

导游词的作用主要表现在以下三个方面:

1. 引导游客鉴赏

导游词的宗旨是通过对旅游景观绘声绘色地讲解、指点、评说,帮助旅游者欣赏景观,以达到游览的最佳效果。

2. 传播文化知识

传统文化知识即向游客介绍有关旅游胜地的历史典故、地理风貌、风土人情、传说故事、民族习俗、古迹名胜、风景特色,使游客增长知识。

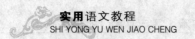

3. 陶冶游客情操

导游词的语言应具有言之有理、有物、有情、有神等特点。通过语言艺术和技巧,给游客勾画出一幅幅立体的图画,构成生动的视觉形象,把旅游者引入一种特定的意境,从而达到陶冶情操的目的。

此外,导游词通过对旅游地出产物品的说明、讲解,客观上起到向游客介绍商品的作用。

（二）导游词的种类和特点

导游词从形式上看,有书面导游词和现场口语导游词两种。书面导游词,一般是根据实际的游览景观、遵照一定的游览线路、模拟游览活动而创作的。它是口语导游词的基础与脚本。掌握了书面导游词的基本内容,根据游客的实际情况,再临场加以发挥,即成为口语导游词。

导游词特点主要有三个方面:

1. 知识性

导游词必须有丰富的内容,通过对景区和景点的概况、特点、价值、沿革、轶闻趣事及有关知识的介绍,引人入胜,增加游客的兴趣,帮助他们获得最大的审美享受。

2. 规范性

它规范性包括内容规范和语言规范两方面。首先,撰写导游词要正确把握历史、文化的内涵,不能无中生有、胡编乱造,误导游客;其次,语言要准确、健康,以便全国各地的读者都能读懂。

3. 针对性

导游词的运用,要灵活应变,不能千篇一律。在导游过程中,要根据游客的国籍、年龄、职业、文化水平,根据游客当时的情绪和周围的环境,调整导游词的内容,有针对性地进行导游讲解,从而调动游客兴致。

4. 口语化

导游词是导游员口头讲解给游客听的,是一种具有丰富表现力、生动形象的口头语言,因此,撰写导游词要注意多用口语词和浅显易懂的书面语词,要避免使用晦涩生僻、音节拗口的词语,而且要多用短句,做到精练流畅,讲起来顺口,听起来顺耳。

（三）导游词的结构与内容

导游词在结构上一般包括前言、总述、分述、结尾四部分。

1. 前言

写参观、游览前导游人员向游客表示问候、欢迎,并交代活动计划、有关事项及联络方式,制造良好氛围或设置某种悬念,为整个旅游活动做安排和铺垫。如《长城导游词》的前言:

大家好！欢迎大家到八达岭景区观光旅游。今天有幸陪同大家一起参观,我很高兴,希望各位能在八达岭度过一段美好的时光。

2. 总说

用概述方法介绍景点的特色、价值等,使游客对游览地有一个总体的印象,引发游客兴趣。如《故宫》总述部分,就是用简要的语言向旅游者介绍故宫的概况、名称的由来、占地面积、宫殿楼阁的间数及其建筑。这样,使旅游者不仅对故宫有了基本了解,而且深切感受到参观游览的重要意义。

3. 分述

是对旅游者游览的景观进行分别陈述。它是导游词中最重要、最精彩的部分。一般应以游览的时间先后或方位为线索,对景观一一加以解说,把其中最具魅力、最为传神的文化内涵挖掘出来,引导游客去欣赏、去品味。在内容安排上,要做到层次清楚,过渡自然,使各部分内容形成一个有机的整体。

4. 结尾

导游词的结尾没有固定的模式,可以用真诚的告别与祝福用语结束全篇,可以对未到之处做简要说明,也可以根据景点的具体情况,采用个性化的结尾。如《秦兵马俑导游词》的结尾,作者用一个设问句,引出秦始皇横扫六国的气度和魄力,使游客从中吸取了有益的人生哲理并受到巨大的鼓舞。

(四) 导游词的写作要求

1. 要突出导游的重点

每个景区(点)都有其代表性的景观,每个景观又都从不同角度反映出它的特色内容。导游词必须在照顾全面的情况下突出重点。因为时间等客观原因,在游览和讲解中不可能面面俱到。所以,在导游词中,应有一根主线贯穿整个讲解,要舍得"放弃"一些非主流景观,以便集中精力,利用有限的时间重点讲解介绍景区中最具有代表性的景点和景物,这样才能牢牢抓住游客,使他们从游览活动中获得知识和留下美好深刻的印象。

2. 要写出景点的个性

个性即特色,是"这一个"。导游词一定要突出所描写景点的个性,即充分揭示其本身独有的、不同于其他任何景观的特色。个性越鲜明,则导游词的价值越高。

自然景观要突出自然特色。每一个自然景观都有其独特的地方。只有准确地把它表达出来,才能吸引旅游者。例如三峡,各峡都拥有独一无二的特点:瞿塘峡的雄、巫峡的秀、西陵峡的险等,写作时只有将这些个性展示出来才能使游客眼界大开,游兴大发。

3. 要挖掘景观的深层内涵

我们所要介绍的景观,一般都有深厚的历史文化内涵,都有许多口头流传的故事或丰富的文学材料。因此,写作时要广泛地收集材料,认真分析、比较,吸取精华,去掉糟粕,并适时掺进自己观察得来的人生感悟,做到"推陈出新"。例如东陵孝庄太后墓在围墙之外,以前都传说她下嫁多尔衮,不守妇道,是个风流皇后,被逐出家门,现在则还历史本来面目,宣扬她对稳定清初政治局面、扶助康熙帝治理国家的功绩。

4. 要运用生动幽默的语言

生动形象、丰富多变的语言能使游客感到赏心悦耳,进而融入景观的意境;文明朴实、富有人情味的语言,能使游客倍感友好、亲切与温暖;幽默风趣的语言,能够活跃气氛,使游客在轻松愉快中获得知事明理的启迪。因此,在导游词中,要把景观、景物和游客巧妙地联系起来,力争用生动幽默的语言变困境为顺境、变紧张为缓和、变扫兴为高兴。

【例文选读一】

北京奥运会志愿者项目启动仪式主持词

女士们、先生们、朋友们:

大家下午好!

今天,来自五湖四海的朋友们欢聚一堂,举行北京奥运会志愿者项目启动仪式。

我们非常荣幸地邀请到了国际奥委会主席罗格先生,让我们以热烈的掌声对罗格先生的光临表示欢迎和感谢!

下面,我介绍出席仪式的领导和贵宾,他们是:

中共中央政治局委员、中共北京市委书记、北京奥组委主席刘淇同志;

国务委员、北京奥组委第一副主席陈至立同志;

国家体育总局局长、中国奥委会主席、北京奥组委执行主席刘鹏同志;

北京市市长、北京奥组委执行主席王岐山同志;

中国残疾人联合会主席、北京奥组委执行主席邓朴方同志;

出席今天仪式的领导和贵宾还有:国际奥委会委员、北京奥运会协调委员会委员吉拉迪先生、前悉尼奥组委首席执行官桑迪·豪威先生、联合国志愿人员组织总协调员阿德·莱德先生;国家体育总局、中国残疾人联合会、北京市委市政府、北京奥组委有关负责同志、北京奥运会志愿者工作协调小组负责人。

参加今天仪式的还有北京奥运会赞助商代表、京外赛区城市代表、国内外志愿者代表和热心志愿服务事业的朋友们。让我们用热烈的掌声向出席活动的各位领导、贵宾和海内外的朋友们表示热烈的欢迎!

我宣布,北京奥运会志愿者项目启动仪式正式开始!

请刘淇同志、罗格先生共同为我们开启北京奥运会志愿者标志。

谢谢刘淇同志和罗格先生!

通过今天这个仪式,我们推出北京奥运会志愿者的标识,同时,还要发布《北京奥运会志愿者行动计划》,北京奥运会的志愿者工作将在行动计划的指导下,逐步推进。下面,请大家观看一部北京奥运会志愿者行动计划的宣传片。

下面,让我们热烈欢迎国际奥委会主席罗格先生致辞!

谢谢罗格先生!

下面,请中共中央政治局委员、中共北京市委书记、北京奥组委主席刘淇同志发表重要讲话!

谢谢刘淇同志!

女士们、先生们,联合国秘书长安南先生始终关注和支持志愿服务事业。今天,安南先生特意为启动仪式发来了贺信。

下面,请工作人员宣读安南先生的贺信!

下面,请来自北京大学、清华大学的志愿者代表发言!

志愿者真诚的微笑是志愿服务的自然表征,是奉献精神的真实流露。我们从志愿者灿烂而充实的微笑中,可以体会到志愿者发自内心的快乐和对未来事业的信心。今天的启动仪式结束之后,志愿者们将踏上志愿服务事业新的征程。

下面,有请陈至立同志向来自北京和奥运会京外赛区城市的志愿者代表授北京奥运会志愿者旗帜!

谢谢陈至立同志!

微笑是美好的! 让我们记录下这一美好瞬间!

下面,有请台上的各位领导和贵宾,与志愿者代表们合影!

让我们的手紧紧相握! 让我们的心紧紧相连! 衷心祝愿海内外志愿者高擎旗帜、携手并肩,开辟志愿服务和奥运会事业的美好未来!

我宣布,北京奥运会志愿者项目启动仪式,到此结束!

【简析】 这是一篇会议主持词。开头以热情洋溢的语言对国际奥委会主席罗格先生的光临表示热烈的欢迎和感谢,并依次介绍出席仪式的领导、贵宾和各界朋友。接着宣布北京奥运会志愿者项目启动仪式正式开始。然后依次推进程序。最后以精练而富有韵味的语言作结。全文结构紧凑,语言简明,情感真挚,感召力强。充分发挥了会议主持词组织活动环节,介绍会议情况,控制活动进程和营造现场气氛的作用。

【例文选读二】

××学院运动会开幕式解说词

金秋十月,丹桂飘香,在这秋高气爽的大好日子里,我校5 000多名师生迎来了第6届运动会。这是一次全面贯彻党的教育方针的盛会,是一次展示我校开展素质教育成果的盛会。在这次运动会上,将有1 000多名运动员在运动场上拼搏。我们相信,运动员们一定会秉承"更高、更快、更强"的奥运精神,赛出风格,赛出水平,赛出成绩;我们相信,在全校师生的共同努力下,这次运动会必将开成团结拼搏的大会,欢乐祥和的大会。下面对各方阵队一一介绍。

伴随着无可比拟的骄傲和坚如磐石的虔诚,威武庄严的国旗队向我们走来。国旗在他们的护送下格外醒目。那铮铮有声的脚步,引领着××中学的发展鳌头,那威风凛凛的身姿,昭示着伟大祖国的蒸蒸日上。

管乐声声,鼓乐阵阵。这是一片花的海洋,这是一道亮丽的风景。风雨彩虹,铿锵玫瑰。在雄壮的鼓乐声中,我们看到管乐队向主席台走来,他们用一曲曲美妙的旋律,谱写出一首首动人的乐章和青春的赞歌。

飞扬青春,挥洒活力,现在看到的是五彩斑斓的彩旗队。那鲜艳的旗帜是他们飞舞的年轻的心,承载着他们火热的情。

现在经过主席台的是模具专业代表队。这是一个团结的集体,这是一个敢于奋斗的集体,这是一个充满自信和朝气的集体。今天,他们奋发学习;明天,他们将是祖国的栋梁。和着金秋的喜气,这个团结互助、勤奋活泼的集体将会如旭日般冉冉升起,如鲜花般慢慢绽放!

不坠凌云志,健儿当自强。伴随着雄壮的运动员进行曲,迎来了由机械一体化专业同学们组成的代表队。看,他们带着庄严的神情,为迎接明日的挑战而意志如钢;那矫健的步伐,显示出勇于战胜自我的力量;他们昂首阔步、奔向前方,只为不负肩上扛起的责任与希望。努力吧,为了心中那永恒的理想;加油啊,我们期待着明天,让胜利的豪情在眉间飞扬。

现在朝主席台缓缓走来的是国际贸易专业代表队。他们精神饱满,气宇轩昂,迈着整齐划一、铿锵有力的步伐走过来了。相信自己,完善自己,超越自己是他们坚定的信念。运动会上,国际贸易专业的健儿们,向着"更快,更高,更强"的目标迈进。赛出水平,赛出风格,向前冲。让我们共同祝愿他们在运动会中取得优异的成绩!

最后,预祝大会取得圆满成功!

【简析】 这篇解说词采用了总分总的结构方式。内容上,首先对院运会作整体解说,然后对各个方阵队作具体分说。每个解说部分都各有特色,内容丰富而又不雷同,语言富有感染力,符合解说词口语化和通俗化的特点和写作要求。

【例文选读三】

长江三峡导游词

女士们、先生们:

长江三峡旅游,可以从重庆顺流而下,快镜头地观赏三峡奇特风光,也可以从上海、南京或武汉逆流而上,慢节奏地饱览长江沿途美景。然而,从长江三峡门户宜昌出发,畅游神奇美丽的长江三峡,是长江三峡旅游最佳起始点。

长江三峡东起湖北宜昌南津关,西至重庆市奉节县白帝城,由西陵峡、巫峡、瞿塘峡组成,全长 193 公里。它是长江风光的精华,神州山水中的瑰宝,古往今来,闪耀着迷人的光彩,无数中外游客为之倾倒。朋友,让我们开始神奇壮丽的三峡之旅吧!

西陵峡

风光绮丽的西陵峡,西起秭归县香溪河口,东至宜昌市南津关,全长76公里,是长江三峡中最长的峡谷。因位于"楚之西塞"和夷陵(宜昌古称)的西边,故得名。西陵峡以"险"出名,以"奇"著称,奇、险化为西陵峡的壮美。西陵峡中有三滩(泄滩、青滩、崆岭滩)、四峡(灯影峡、黄牛峡、牛肝马肺峡和兵书宝剑峡),峡中有峡,滩中有滩,大滩含小滩,滩多水急,自古三峡船夫世世代代在此与险滩激流相搏。"西陵峡中行节稠,滩滩都是鬼见愁"。随着葛洲坝工程的建成蓄水,回水百里,水位上升,险滩礁石永睡于江底,加上解放后的航道整治,西陵峡中滩多水急的奇观、船夫搏流的壮景不复见了。今天我们沿途可欣赏博大恢弘的三峡工程及西陵峡两岸的美妙景色。

南津关

这就是南津关,长江三峡的起始点,长江上游的分界线。这里有著名的西陵峡口风景区,是国家级风景名胜区,省级旅游渡假区。主要景点有螺祖庙、桃花村、白马洞、三游洞、下牢溪、龙泉洞、仙人溪和五洲休闲乐园等景点。穿过南津关后,江面由2 000多米骤然左右变窄到300米,展现在你眼前的便是色彩斑斓、气象万千的壮丽画卷。

灯影峡

过南津关西行约10公里,就到了灯影峡。灯影峡又名明月峡,峡虽不长,但景致不凡,可谓"无峰非峭壁,有水尽飞泉"。峡壁明净可人,纯无杂色,如天工细心打磨而出。当这明净的峡壁被明净的天空映衬着时,酷似一幅水墨国画,崖壁映入江水中,静影澄碧;江水瑟瑟,更添明丽之趣。若晚间过此,月悬西山,月光之下的山光水色形成的那种"净界",难以言喻,所谓"明月峡",由此得名。灯影峡得以以形取景,船左方(南岸)的马牙山上有四块奇石,酷似《西游记》唐僧师徒四人西天取经高兴归来的生动形象:手搭凉篷、前行探路的孙悟空;捧着肚皮、一步三晃的猪八戒;肩落重担、紧步相随的沙和尚;安然座骑,合掌缓行的唐僧。形象逼真、惟妙惟肖,栩栩如生,妙不可言。每当夕霞晚照,从峡中远望。极似皮影戏(当地人叫灯影戏),故名灯影峡。

仙人桥

船继续西行不久,在江北可见一跨径15米,宽仅1米有余的天然石桥,这就是仙人桥。这里是欣赏西陵秀色的最佳点,站在仙人桥上俯视,上下百里的西陵峡大半尽收眼底,但见,云卷细浪,雾散轻烟,千轮万舟,形如柳叶,使人仿佛置身天上。传说有一樵夫为仙女所爱,但仙凡路隔,难结连理,仙女乃抛下裙带化为仙人桥,引渡樵夫登台而上。宋代诗人田钧有诗云:"仙人桥上白云封,仙人桥下水汹汹,行舟过此停桡问,不见仙人空碧峰!"

黄牛峡

乘船继续西上约10公里,翘首南望,便可于彩云间见一排陡峭的石壁,绝壁下九条蜿蜒下垂的绿色山脊,宛如九龙奔江,气势十分雄伟壮观。那横空出世的石壁便是黄牛岩,岩下河谷便是黄牛峡。

黄牛峡中乱石星罗棋布,犬牙交错。其间,河道似九曲回肠,泡漩如沸水翻滚,水急礁险,号称黄牛滩。古歌谣发出了:"朝发黄牛,暮宿黄牛,三朝三暮行太迟。三朝又三暮,不觉鬓成丝。"这反映了以往木船上水的艰难,因为这段江流,不但水急,暗礁也多,木船上水,十分吃力,又要时刻小心,所以行驶缓慢。

感慨黄牛一名由来,贯穿着夏禹开江治水的神话故事。相传玉帝降生夏禹到人世来治理洪水,同时又派遣天神下界来协助他。当他率民开凿到现在的黄牛峡,天神化为神牛前来协助。一日,天刚麻亮,有一民妇送茶饭给治水的民夫。她来到江边,猛然看到一头巨大、雄壮的黄牛,身绕霞光,扬蹄腾越,愤怒地以角触山,顿时天崩地裂,响声如雷。民女吓得瞠目结舌,大声呼喊起来。喊声惊动了神牛,便一下跳下山岩。从此把影像留在石壁间。传说诸葛亮撰写的《黄陵庙记》也有这样的记述:"熟视于大江重复石壁间,有影象现焉,鬓发须眉,冠堂宛然如彩画者。前竖旗旌,右驻以黄犊;前有岩石呈黑色,吉人牵牛壮。""策牛者何人,尔行何日也?"这是人们对征服大自然的美好想象,黄牛象征人民改造河山的伟大创造力。黄牛助禹开江有功,古人便在山下修了黄牛庙来四时祭祀;今日,在这里投资 3.9 亿元的国债支持项目黄牛岩生态旅游区正在抓紧建设。

中堡岛——三峡大坝坝址

船过西陵长江大桥,就到了三峡大坝坝址。这里原来是个长方形的小岛,称为中堡岛,是周恩来总理亲自选定的大坝坝址。中堡岛是个神奇的岛,历史上不论发生多大的洪水,都淹不了这个小岛。1870 年的特大洪水淹了位置比中堡岛高得多的黄陵庙,却没能淹没中堡岛,其中"水涨岛高"的奥秘,至今还没有令人信服的科学解释。

崆岭峡

船驶过三峡大坝后,再西行约 10 公里,便驶入了一个险峻的峡谷之中,这就是三峡中著名的崆岭峡。崆岭峡峭壁耸立,如斧削刀劈一般。此峡又称空冷峡,全长约 2.5 公里。《舆经纪胜》这样描述它:"绝崖壁立,湍流迅急,挽舟甚难,务空其(船),然后得过。"两岸绝壁之间,夹一天下闻名的险滩——崆岭滩。这里水流湍急,大小礁石密布水中。因而有所谓"青滩泄滩不算滩,崆岭才是鬼门关"的民谣流传千年。峡中原有一块突出水面的礁石,上刻三个大字"对我来"。航船经过这里,必须直冲着这块礁石驶去,便可借着流水的回冲力,安全地擦石而过;如果想要躲开它,反而会被它撞沉。1900 年,有一艘外国轮船开进峡江,船长不知其中奥妙,又不听峡江水手告诫,结果被礁石撞沉。解放后,经过多次航道整治,炸掉了这块礁石。葛洲坝建成后,水位抬高,险滩也不复存在。航船到这里安然无虞,只是少了一处够刺激的景观。

牛肝马肺峡

　　出崆岭峡,行不多时,便进入了牛肝马肺峡。全长 4.5 公里。在九畹溪入长江处,对岸(北岸)悬崖峭壁上,有几片重叠下垂黄褐色的岩石,形如牛肝,在它旁边还有一块肺状岩石,叫做马肺,因而这段峡谷就叫牛肝马肺峡。其实都是地下水中的碳酸钙沉淀而形成的钟乳石。

　　大家看,牛肝石还保持原样,而马肺下半部残缺不全,这是清光绪 26 年侵入西陵峡的英帝国主义军舰炮轰两岸岩石,打掉了马肺的下半部,同时也留下了帝国主义侵略我国大好河山的罪行。郭沫若留下"兵书宝剑存形似,马肺牛肝说寇狂"的诗句谴责这一罪行。

　　兵书宝剑峡

　　船过新滩,便到了兵书宝剑峡。在峡谷北岸陡崖石缝中,看去好似放着一个像书卷的东西,传说是诸葛亮的"兵书"。兵书石的下面突起一根上粗下尖,竖直插向江中,酷似下面浮雕的一柄宝剑的石头。

　　经过考古学家实地考证,所谓兵书乃是半山腰古代悬棺葬的遗物。宝剑石是绝壁上突出的岩块,是石灰岩沿着垂直发育的节理崩塌垮落而形成的。

　　此段峡谷还有两段传说:其一说诸葛亮将他一生的用兵经验写了一本书,有一次他得了重病,环顾周围的人都不配授予,又怕后人生吞活剥,照本指挥作战,死守老本,便选了险要之地把这部书放在难于攀登的峭壁上,让后世有才智的人去取。另一说是秦末张良的兵书。

　　香溪名人故里

　　船驶出西陵峡不久就到了香溪宽谷。在这绿水悠悠的香溪之滨,历史上曾出现过两位著名人物:一位是伟大爱国诗人屈原,一位是汉代的王昭君。传说有一天,昭君在溪边洗脸,无意中把颈上项链的珍珠散落溪中,从此溪水清澈,水中含香,故名香溪。香溪河似一条流香溢美的彩带,她架起了通向充满神奇的神农架原始森林的桥梁。三峡工程蓄水后,游船可从长江直到昭君村,中途也可达到屈原故里——乐平里。

　　【简析】 这是一份关于西陵峡的导游词。在介绍自然景观的同时,充分挖掘相关资料,将神话传说、精典诗文融会其中,使游客既能欣赏壮美景色,又能获得一些科学知识和人生哲理。全文结构层次井然,内容循序渐进,语言生动有趣,具有很强的知识性、趣味性和艺术性。

单元综合练习三

一、问题简答题

　　1. 求职信的"称呼"通常如何选择? 试述求职信正文内容写作的注意事项及原因。

2. 感谢信有哪两种类型? 感谢信所写的感谢内容一般包括哪些?

3. 慰问信与感谢信有哪些异同? 其写作有何注意事项?

4. 写好解说词应掌握哪些要领?

二、范文鉴赏题

请从格式和内容两个方面对下面这篇《答谢词》进行鉴赏。

答 谢 词

尊敬的×××先生,尊敬的×××集团公司的朋友们:

首先,请允许我代表代团全体成员对×××先生及×××集团公司对我们的盛情接待表示衷心的感谢!

我们代表团一行五人代表公司首次来贵地访问,此次来访时间虽短,但收获颇大。仅三天时间,我们对贵地的电子业有了比较全面的了解,与贵公司建立了友好的技术合作关系,并成功地洽谈了×××电子技术合作事宜。这一切,都得益于主人的真诚合作和大力支持。对此,我们表示衷心的感谢。

电子业是新兴的产业,蒸蒸日上,有着广阔的发展前景。贵公司拥有一支由网络专家组成的庞大队伍,技术力量相当雄厚,在网络工作站市场中一枝独秀。我们有幸与贵公司建立友好的技术合作关系,为我地电子业的发展提供了新的契机,必将推动我地的电子业迈上一个新台阶。

最后我代表×××公司再次向×××集团公司表示感谢,并祝贵公司迅猛发展,再创奇迹。更希望彼此继续加强合作,共创明天。

在此,我提议:

为我们之间正式建立友好合作关系,

为今后我们之间的密切合作,

干杯!

三、病文评改题

阅读下面两篇例文,讨论其中不足之处,写出自己的修改稿。

1. 求职信例文

策划部经理刘一达先生:

您好!

读了本市几家报纸对贵广告公司的连续报道,我对贵公司艰苦创业的精神深感钦佩。贵公司为产品所作的广告策划尤其令人叫绝,足见贵公司是一个有相当实力和前途的广告公司。听说贵部尚缺少文案策划人员,本人有意申请这个职位,成为贵公司的一员。倘能如愿,实在感谢!

本人姓×名××,男,31岁,是大学广告专业89级毕业生。曾在报社广告部供职,从事广告策划工作,有多种作品面世。其中关于《应用写作》一书的策划案获得全国广告策划比赛鼓励奖。如能加盟贵部,我可在文案策划方面作出成绩,促进贵公司广告运作更上一台阶。

本人身体健康,为本市户口,家住×××路×号,联系电话×××××××。兹附上身份证、毕业证、获奖证书及作品复印件,请察照。

顺致

敬礼

求职人:×××

2005 年 3 月 7 日

2. 感谢信例文

××公路局:

我院秘书系×××等四名学员,前不久在贵局毕业实习两个多月,得到了贵局领导和办公室人员政治上的热情关怀,业务上的耐心指导,生活上的悉心照顾。实习的时间虽然不长,他们却取得了很大的成绩,达到了预期的实习目的。为此,我们特向贵局表示衷心的感谢!

此致

敬礼!

×××× 学院

一九九二年七月一日

四、写作实践题

1. 选择一个与自己专业相关的单位,根据自己毕业时的学业完成情况、持证数量及能力素质情况,写一封求职信。

2. 在教师节来临之际,请以校学生会的名义,给全校教师写一封感谢信。

3. 近来某地区暴雨成灾,部分地区被淹,交通受阻,许多人的生命和财产受到威胁和损失。××公司员工因距离较远,不能前去抗涝救灾,决定捐些钱和衣物寄去。在寄钱和衣物的同时,还准备寄去一封慰问信。请你代为起草这封慰问信。

4. ××学院院长带领管理系部分师生到××酒店参观学习,受到了酒店领导和员工的热情欢迎和款待。××酒店在师生到来时召开了欢迎会,临别时召开了欢送会。请你为酒店总经理写一篇欢迎词和欢送词,为院长写一篇答谢词。

5. 高职高专学生专题研讨会将于 2008 年 8 月 25 日在××学术报告厅举行,请你为这次研讨活动写一篇主持词。

6. 选择自己熟悉的一个景点写一篇导游词。

第四单元 科技文书

第一节 学术论文

【文种知识】

一、学术论文的概念

学术论文也称"论文"、"科学论文"、"科技论文",是在各种科学领域内专门探讨学术问题、反映研究成果的论文。它既是进行科学研究的一种手段,又是描述研究成果的一种工具。中华人民共和国国家标准《科学技术报告、学位论文和学术论文编写格式》对此的科学定义如下:

学术论文是某一学术课题在实验性、理论性或观测性上具有新的科学研究成果或创新见解和知识的科学记录;或是某种已知原理应用于实际中取得新进展的科学总结,用以提供学术会议上宣读、交流或讨论或在学术刊物上发表,或作其他用途的书面文件。

学术论文应提供新的科技信息,其内容应有所发现、有所发明、有所创造、有所前进,而不是重复、模仿、抄袭前人的工作。

二、学术论文的作用及种类

学术论文是科学研究过程中的一种手段,它具有传播效用,是进行学术交流的工具,凡新发明、新成果或新发现都要以论文形式公之于众,同时它又具有储存价值,将人们在各阶段的科研成果储存下来,世代相传。学术论文对于推动科学技术、人文科学的发展,促进人类文明的进步具有十分重要的意义。因此,高等学校的学生、各种领域的研究人员都要学会写学术论文,掌握好这一科学研究的工具。

学术论文一般包括科学专著、专论、实验报告、研究札记,以及大学中的学年论文、毕业论文、学位论文(学士论文、硕士论文、博士论文)等。下面根据大学生的实际学习需要,介绍几种常用的论文类型。

(一)学年论文

学年论文指高等院校的学生在每一年末所撰写的带有总结性的论文。也可以说,它是一种学术性不太强、难度较小、带有练习性的综合性作业。学生可以在所学的诸学科中自由选题,在教师的指导下独立地进行撰写。它的目的主要是检验该学生对某一学科基本知识的掌握和运用能力,并激发他们运用专业知识去进行科学研究的兴趣。这类论文在内容上往往强调科学性,注重对前人知识的理解和运用,但独创性不强,不如毕业论文、学位论文等其他学术论文。它的篇幅一般在7 000~8 000 字。

(二) 毕业论文

毕业论文是指高等院校的学生在毕业时所撰写的带有总结性的论文。也可以说,它是一种具有一定学术性、难度适中、带有选拔性的综合性答卷。我国学位制度规定,大学生毕业可申请学士学位。因此,毕业论文往往同时就是"学士学位论文"。学生往往在教师的指导下进行选题,独立地阅读文献、收集资料、编写提纲,进行科学研究,并最终以论文形式来反映他所取得的研究成果。它要求表明该学生在某一领域中已经掌握了基本知识和理论,并具备了一定的独立研究能力。这类论文在内容上不但要强调较强的科学性,而且注重独创性,要求能反映出该学生在某一领域中今后的潜在能力和发展趋向。毕业论文在科学性和创见性上的要求,不像其他学术论文那样高。它的独创性要强于学年论文,而又弱于硕士、博士论文。其篇幅在 1 万字左右。写作毕业论文,应注重选择与专业课内容相关的题目,其难易程度要适合自己的实际能力;要在导师的指导下进行科学研究和论文写作;论述要有条理性、逻辑性;装订要科学化、规范化。

(三) 学位论文

学位论文是一种为了获取学位而提供的用于答辩的论文。它应该反映出学位申请者在某一领域中的学识水平、学术成果以及独立进行创造性科学研究的能力,这是学位评定授予的重要依据。

我国的学位有三级,即学士、硕士、博士,因此学位论文也有三种:一是学士论文,这应表明申请者确已较好地掌握本门学科的基础理论、专门知识和基本技能,并具有从事科学研究工作或担负专门技术工作的初步能力,通常由大学高年级学生提出,故也称"毕业论文";二是硕士论文,它要求申请者对所研究的课题应当有新的见解,表明作者具有从事科学研究工作或担负专门技术工作的能力,通常由攻读硕士学位的研究生提出,它的学术性往往介于学士论文和博士论文之间,其篇幅一般在 2~5 万字;三是博士论文,它表明申请者具有独立从事科学研究工作的能力,能开拓出新的研究领域,解决一些具有重要意义、有突破性的问题,并在科学或专门技术上做出创造性的成果,它的形式应该是系统、完整、精深的科学著作,通常由攻读博士学位的研究生提出,其篇幅一般在 5 万字以上。申请学位的同等学历

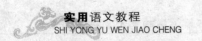

人员提交的学位论文,其要求与上述相同。以上三种学位论文均须在指导教师指导下,由论文作者独立完成。

三、学术论文的特点

学术论文所涉及的科学领域虽各不相同,但都具有共同的特点,即科学性、理论性、创见性和专业性。

(一)科学性

学术论文的科学性,要求作者在立论上不得带有个人好恶的偏见,不得主观臆造,必须切实地从客观实际出发,从中引出符合实际的结论。在论据上,应尽可能多地占有资料,以最充分的、最确凿有力的论据作为立论的依据。在论证时,主要采用归纳法,结构严谨周密,具有很强的逻辑性。

(二)理论性

学术论文在形式上属于议论文,但它与一般议论文不同,它必须有自己的理论系统,不能只是材料的罗列,应对大量的事实、材料进行分析、研究,使感性认识上升到理性认识。一般来说,学术论文或具有论证色彩,或具有论辩色彩。论文的内容必须符合历史唯物主义和唯物辩证法,符合"实事求是"、"有的放矢"、"既分析又综合"的科学研究方法。

(三)创见性

科学研究是对新知识的探求。创见性是科学研究的生命。学术论文的创见性在于作者要有自己独到的见解,能提出新的观点、新的理论。这是因为科学的本性就是"革命的和非正统的",因此,没有创见性,学术论文就没有科学价值。创见性是论文的真正价值所在,是论文的生命。

(四)专业性

学术论文的材料、语言具有专业特点,涉及的内容有各自专门的领域,有其特色的理论体系和科学术语,知识专业性极强。

四、学术论文的写作格式及写法

在总结前人撰写学术论文共同规律的基础上,人们找到了一种最明确、最容易理解的论文基本格式,按照这种基本格式写作,便于作者整理材料,便于比较完整地表达研究成果,也便于读者阅读理解。从国内外情况看,学术论文的基本格式正趋于统一化、规范化和标准化。根据国家标准 GB7713 - 1987《科学技术报告、学位论文和学术论文的编写格式》的要求,学术论文应当由标题、作者署名、摘要、关键词、正文、注释、参考文献目录等部分构成。

（一）标题

标题又称题目，是论文的必要组成部分。它要求用最简洁的、最恰当的词语构成逻辑组合，反映论文的特定内容，是论文内容的高度概括。一般以论点或论题标示，应力求直接、醒目、明确，能给读者以新鲜的感觉，标题以不超过 20 字为宜，尽量不要使用标点符号（有时用空格代替逗号或分号）。如《正确认识加入 WTO 的利与弊》、《老人与海：一个关于孤岛的寓言》等。

（二）署名

署名一是为了表明文责自负，二是记录作者的劳动成果，三是便于读者与作者的联系及文献检索（作者索引）。大致分为两种情形：单个作者论文和多作者论文。后者按署名顺序列为第一作者、第二作者……重要的是坚持实事求是的态度，对研究工作与论文撰写实际贡献最大的列为第一作者，贡献次之的列为第二作者，余类推。注明作者所在单位同样是为了便于读者与作者的联系。

（三）摘要

论文一般应有摘要，有些为了国际交流，还有外文（多用英文）摘要。它是论文内容不加注释和评论的简短陈述。其作用是不阅读论文全文即能获得必要的信息。

摘要应包含以下内容：① 从事这一研究的目的和重要性；② 研究的主要内容，指明完成了哪些工作；③ 获得的基本结论和研究成果，突出论文的新见解；④ 结论或结果的意义。

论文摘要虽然要反映以上内容，但文字必须十分简练，内容也要充分概括，篇幅一般限制在 200～300 字。

论文摘要不要列举例证，不讲研究过程，不用图表，不给化学结构式，也不要做自我评价。

【示例】

论文题目：天体对地球重力加速度的影响

论文摘要：地球重力加速度是一个极其重要的物理量，随着对重力加速度测量精度要求的日益提高，必须考虑天体对地球重力加速度的影响。本文介绍了天体（包含日、月及太阳系行星）对地球重力加速度影响的基本概念，推导了影响的计算公式，并经过误差分析，证明此公式的相对误差小于 1×10^{-9}，完全可满足现代精密重力加速度测量的要求。

撰写论文摘要的常见毛病，一是照搬论文正文中的小标题（目录）或论文结论

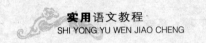

部分的文字；二是内容不浓缩、不概括，篇幅过长。

（四）关键词

关键词又称主题词，是为了文献标引工作，特别是为了计算机自动检索的需要，从论文中选取起关键作用、代表中心内容的词，或用以表示全文主题内容信息款目的词、词组或术语。选择关键词可以从论文标题和摘要中选取，也可以从论文正文中寻找，一篇论文一般可选 3～8 个关键词，将它们依次列于摘要之下。关键词要以选准、选全为原则，同义词、近义词不要同时选为关键词。

（五）正文

正文包括引论、本论和结论。

1. 引论

引论又称前言、绪言、导言、引言等，是论文正文的开端。其写作内容包括：研究的理由、目的、背景、前人的工作和知识空白、理论依据和实验基础、预期的结果及其在相关领域里的地位、作用和意义。

引言的文字不可冗长，内容选择不必过于分散、琐碎，措辞要精练，要吸引读者读下去。引言的篇幅大小，并无硬性的统一规定，需视整篇论文篇幅的大小及论文内容的需要来确定，长的可达 700～800 字或 1 000 字左右，短的可不到100 字。

【示例】

论文题目：胆法反流性胃火的临床特征

前言：慢性胃炎是一种常见病，其病因尚未完全阐明。目前认为本病的致病因素较多，十二指肠液包括胆法反流入胃，可能是其中的一个因素[1]。

本文探讨了胆法反流性胃炎的临床特征。这里，短短几行文字却清楚地阐明了研究背景、理由和知识空白，同时也表明了前人的工作（由标注文献[1]反映，其详细内容可通过查阅该文献获得）以及作者现在所从事的研究内容。

2. 本论

这是学术论文的主体部分，也是最重要的部分。论文所体现的创造性成果或新的研究结果，都将在这一部分得到充分的反映。因此，要求这一部分内容充实，论据充分、可靠，论证有力，主题明确。为了满足这一系列要求，同时也为了做到层次分明、脉络清晰，常常将这一部分分成几个大的段落。这些段落即所谓逻辑段，一个逻辑段可包含几个自然段。每一逻辑段落可冠以适当标题（分标题或小标题）。结构形式通常采用总分式、并列式、层进式或混合式（并列与层进交织）。要求逻辑严密，论证深刻有力。

3. 结论

论文的结论部分，应反映论文中通过实验、观察研究并经过理论分析后得到的学术见解。结论应是该论文的最终的、总体的结论。换句话说,结论应是整篇论文的结局,而不是某一局部问题或某一分支问题的结论,也不是正文中各段小结的简单重复。结论应当体现作者更深层次的认识,而且是从全篇论文的全部材料出发,经过推理、判断、归纳等逻辑分析过程而得到的新的学术总观念、总见解。

结论应该准确、完整、明确、精练。该部分的写作内容一般应包括以下几个方面:① 本文研究结果说明了什么问题;② 对前人有关的看法做了哪些修正、补充、发展、证实或否定;③ 本文研究的不足之处或遗留未予解决的问题,以及对解决这些问题可能的关键点和方向。

"结论"部分的写作要求是:措辞严谨,逻辑严密,文字具体,常像法律条文一样,按顺序1、2、3……列成条文,用语斩钉截铁,且只能做一种解释,不能模棱两可、含糊其辞。文字上也不应夸大,对尚不能完全肯定的内容注意留有余地。

【示例】

论文题目:丁二烯和丙烯腈共低聚反应中共聚物组成的控制

论文的结论:

1. 对于以过氧化氢为引发剂、乙醇为溶剂、丁二烯和丙烯腈的共低聚反应分批聚合体系,由于单体况聚率不同,为了改善丁腈羟的性质,进行组成控制是必要的。

2. 本工作采用向反应体系中补加消耗快的单体的方法,能够控制反应液的单体组成与共聚物的组成。

3. 本文根据自由基共聚反应理论,提出了一种补加单体的新的计算方法。实验证明,应用这种计算方法,能合成出组成比例均匀的丁腈羟液体共聚物。这种方法不仅能用于丁腈羟的合成,也能用于其他自由基二元共聚反应。

4. 按本文的方法所合成的丁腈羟不仅组成比较均匀,序列人发布也比较均匀,序列长度为1的分布几率高达97%。

[此文部分内容曾在 IUPAC 第 29 届高分子讨论会(罗马尼亚)上报告,刊于《应用化学》1984 年第 3 期]

(六) 致谢

按照 GB7713-87 的规定,致谢语句可以放在正文后,体现对下列方面致谢:国家科学基金、资助研究工作的奖学金基金、合同单位、资助和支持的企业、组织或个人;协助完成研究工作和提供便利条件的组织或个人;在研究工作中提出建议和提供帮助的人;给予转载和引用权的资料、图片、文献、研究思想和设想的所有者;其他应感谢的组织和个人。

（七）注释

注释是对正文某些内容的解释，一般有下列四种：

1. 尾注

这是在全文或全书的末尾一并加注。篇幅不太长的单篇论文常用这种方法。好处是注释集中在一起，引文的出处一目了然；不足之处是阅读时颇费翻检之劳。

2. 脚注

即把注释内容写在被注释项所在页的下端。读者在查阅时，无需翻检，较为便捷。现在的著作中使用较多的就是此种加注法。

3. 段中注

又称夹注，即在正文需要注释的地方写明注释内容，并加上括号，以示同正文的区别。这种加注方法不宜使用过多，否则不便于阅读正文。

4. 章节注

即把注释内容写在被注释项所在的章节之后的注释形式。

引文要加注。正文中的注码一律用小号字体标出，常用梅花形符号"＊"标明。

（八）参考文献

在学术论文后一般应列出参考文献（表），其目的有三，即：① 为了能反映出真实的科学依据；② 为了体现严肃的科学态度，分清是自己的观点或成果还是别人的观点或成果；③ 为了对前人的科学成果表示尊重，同时也是为了指明引用资料出处，便于检索。

中华人民共和国国家标准《GB7714-87 文后参考文献著录规则》，对参与文献的标注方法做了规定。指出：专论正文部分引用的文献的标注方法可以采用顺序编码制，也可采用"著者-出版年"制。

1. 顺序编码制

【示例】

参 考 文 献

[1]　刘湘生.关于我国主题法和分类法检索体系标准化的浅见.北图通讯，1980(2)：19-23.

[2]　杨沛霆，赵连城.建立检索系统的几个问题.北京：中国科技情报研究所,1963.

2. "著者-出版年"制

【示例】

刘湘生.1980.关于我国主题法和分类法检索体系标准化的浅见.北图通讯,(2)：19-23.

学术论文的版面格式如图 4-1 所示。

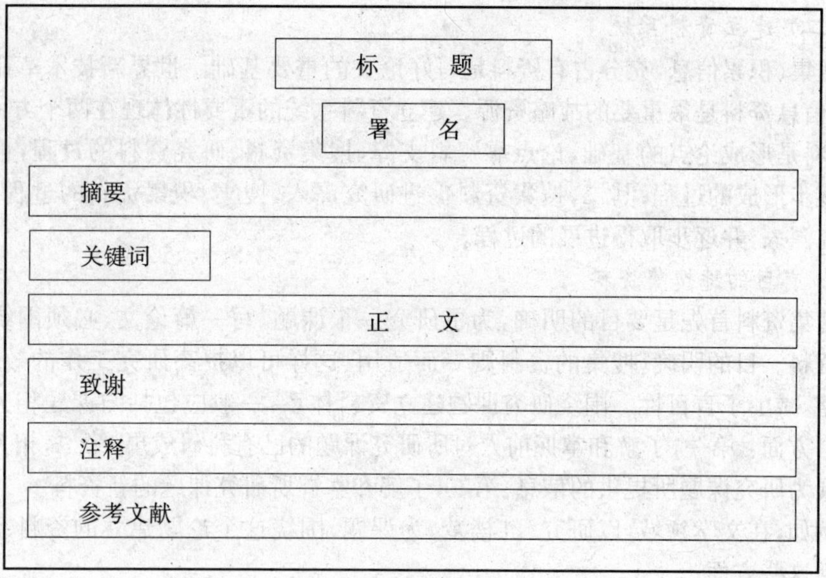

图 4-1

五、学术论文的撰写步骤

写学术论文要把握好以下几个重要环节：

（一）精心选择题目

选题在科技学术论文写作中具有头等重要的意义。这是因为，只有研究有意义的课题，才能获得好的效果，对科学事业和现实生活有益处；而一项毫无意义的研究，即使研究得再好，论文写作得再美，也是没有科学价值的。钱学森教授认为："研究课题要紧密结合国家的需要。……在研究方法上要防止钻牛角尖，搞烦琐哲学。目前在社会科学中，有的人就古人的一句话大做文章，反复考证，写一大篇论文，我看没有什么意思。"因此，我们要选择有科学价值的课题进行研究和写作。

那么，应该根据哪些原则来选题呢？

（1）具有科学性。它应包括：亟待解决的课题；科学上的新发现、新创造；学科上短缺或空白的填补；通行说法的纠正；前人理论的补充等。

（2）有利于展开。指的是要有浓厚的兴趣；能发挥业务专长；先易后难，大小适中；已占有一定的资料；能得到导师指导；在一定时间内能完成；对题目加以限定。

（3）要适中。论文的选题还必须考虑自身的主观条件，也就是完成研究课题的可能性。主观条件包括作者的专业基础、知识结构、研究能力和兴趣特长。要正确估计、权衡、分析自身条件，发挥优势，扬长避短，量力而行。

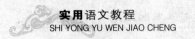

（二）建立资料系统

搜集、积累信息,充分占有资料是写好论文的重要基础。世界新技术革命启示人们,信息资料是最重要的战略资源。建立资料系统的重要性体现在两个方面:其一,资料是形成论点的基础,论点靠资料支撑,搜集资料、研究资料的过程,也就是论点逐步形成的过程;其二,搜集资料促进研究深入,搜集、积累资料的过程,也就是研究深入,并逐步取得进展的过程。

1. 有目的地搜集资料

搜集资料首先是要目的明确,为了研究一个课题,写一篇论文,必须围绕论题搜集资料。目的明确,搜集的资料则专而适用,这样可以提高研究工作的效率,少走弯路,减少了盲目性。围绕研究课题建立资料体系,一般应包括与课题相关的这样三个方面:第一,了解和掌握前人对所研究课题的已有科研成果;第二,相关学科的发展为研究课题所提供的信息;第三,了解和掌握所研究课题的新资料。

例如,在文学领域,以研究《红楼梦》为课题,围绕这个论题建立的资料系统至少包括这些方面:

(1)《红楼梦》的原著(包括各种版本)。

(2)曹雪芹的生平、家庭及创作。

(3)有关曹雪芹的背景材料。

(4)历来研究、评论《红楼梦》、曹雪芹的材料。

(5)研究《红楼梦》、曹雪芹的最新成果。

(6)有关文艺理论、文学史方面的研究材料。

(7)有关《红楼梦》、曹雪芹的考评、争论材料。

只有建立了这样的资料系统,才有可能进入论文的写作阶段。

搜集资料的前提是充分占有资料,要广集博采。王力先生说:"一个小小的题目,我们就要占有很多材料。往往是几十万字,要做几千万张卡片。"这就是一种"竭泽而渔"的工夫。在广泛搜集的基础上要突出重要的、有代表性的、有说服力的资料,加以认真研究,细嚼慢咽。

课题研究工作中的资料有两个来源:一是直接资料,二是间接资料。直接资料是亲自参加社会实践活动和科学实验活动所获取的第一手资料。间接资料主要是阅读文献、书籍、报纸杂志和学术研究动态所获得的资料。为此,要掌握信息检索能力,学会查阅图书馆馆存的各种资料。

2. 整理、分析、研究资料

搜集资料的过程,先要学会记录资料,要手抄笔录,勤动手。英国哲学家培根在《论学问》一文中说过:"阅读使人充实,会谈使人敏捷,写作与笔记使人精确。"古语说"不动笔墨不看书",这都是很有道理的。记录资料不但要动手,也要动脑筋,它实际上是帮助记忆、强化记忆的过程,也是一种思考、理解的过程。

记录资料的方法有做卡片、记笔记,而现在广泛运用电脑、上网等方式查找、储存资料。

对于记录、积累的资料,要及时进行整理分析,使之有用。整理材料,首先是分类。可以按观点分类,可以按项目分类,也可以按属性分类。然后在分类的基础上进行优选。优选就是对资料的研究、鉴别和审定。对材料的取舍、筛选过程就是一种去粗取精、剔除谬误的分析综合过程。分析研究材料是科研活动中的一个重要环节。

（三）提炼论点,形成论点提纲

在整理分析和研究材料的过程中,论文的构思也就开始了,而构思中的关键环节,是提炼中心论点,形成全文的论点提纲。

论点是一篇论文的灵魂,论文作者在选题、研究材料之后要琢磨、仔细推敲的就是中心论点,也就是在论文中所要提出的观点、见解和主张。它是依据材料,通过分析、提炼而抽象出来的一种理性认识,关系到论文的价值水平。

提炼论点可以从以下几个方面入手:

（1）吸收前人的研究成果,组合诸多因素转移出新。要充分研究、系统了解前人已经取得的科研成果,在继承的基础上,或深化,或补充,或完善,或更新,从而提出自己的观点。

（2）突破思维定式,推翻旧说,创立新说。在继承前人科学研究的遗产时,既尊重权威、专家,又要善于发现矛盾,大胆质疑,纠正前人理论的错误;或推翻旧说,提出新见解。

（3）系统分析比较,在抽象概括中立论。对所研究的对象,进行系统深入的分析,找出事物的内部联系,发现其中的本质规律,从而得出结论、提炼论点,这是形成观点最可靠、最有效的途径。

提炼出中心论点以后,要围绕中心论点形成论点提纲,即形成一个论点系统。论点提纲应列出从属于中心论点之下的若干分论点,分论点由中心论点派生而出,并按照一定的联系次序来阐述中心论点。分论点之下又由若干小论点构成。中心论点统领全文,为全篇之纲领。

论点提纲形成,学术论文的总体设计蓝图就完成了。有了这个总体设计,作者就思路通畅、全局在胸,行文就有所依据、有所规范了。

（四）安排论文结构

学术论文的构思模式,大体沿着提出问题、分析问题、解决问题的思路展开。这种思路是论文结构的基础。学术论文的结构一般由绪论、本论和结论三大部分构成。

1. 绪论

绪论又称引论,是学术论文的开头,有统领全文的作用。一般交代写作动机,

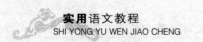

提出主要问题,提示中心论点,对全文做概括性论述。绪论一般采用开门见山的写法。

2. 本论

本论是论文的主体部分、主要内容所在。它对论文的问题从各个方面、各个角度进行分析、论证、阐释,并从这些问题的结构联系中阐明中心论点。本论部分分层论述,其结构方式主要有以下几种:

(1) 推进结构。这是一种直线推进、逐层深入的结构关系。提出中心论点以后,逐层深入,层层推进,最后得出结论。

(2) 并列结构。这是一种并列平行的结构关系,包含各分论点的段落,从不同角度论证中心论点,各分论点呈现一种横向的内在联系。

(3) 综合结构。一般较长的学术论文往往综合地运用以上两种结构方式,或者总的结构是推进式,其中某些部分用并列式;或者总的结构是并列式,其中某些部分又用推进式。

3. 结论

结论是学术论文的结尾部分,是本论部分论证的必然结果。结论归结全文,对全文做概括综合。结尾要公允、干净、有力,与绪论相呼应。

(五) 撰写初稿,修改定稿

上述几个步骤准备就绪以后,就可以动手写初稿了。初稿的质量直接关系到论文的定稿,写初稿要注意以下几点:

(1) 力求完整。初稿的内容要力求完整,对论点的内涵揭示要充分,对论据的选用、表述要与论点一致,结构上要形成一个整体,避免遗漏和残缺不全。

(2) 力求翔实。初稿在内容方面要力求充实、丰富,不能停留在搭架子阶段。初稿在提纲的基础上充分铺展,从篇幅上看要比定稿丰富一些,便于定稿时有取舍、删改的余地。

(3) 力求清晰。包括结构要完整,语言要清晰。初稿是定稿的基础,要严肃认真,一丝不苟,语言要准确、明白、畅达,不能杂乱无章,草率成篇。

各种参考资料的来源、出处,在初稿中都要注明,以免定稿时再去查找。

最后,推敲修改,誊清定稿。一篇有价值、有分量的论文不可能一次定稿,必须修改。修改的过程,既是作者思维、认识深化的过程,也是论文充实、完善、提高的过程。论文的修改,一般包括观点的订正、材料的增删、结构的调整、语言文字的润色等几个方面。修改的方法因人而异、因文而异,但不论用什么方法都应该注意:

(1) 要主动听取别人的意见。

(2) 要再查阅、再研究,然后动笔修改。

(3) 要"冷处理",即把初稿搁上若干天,然后广泛地浏览有关资料,让头脑冷静下来,再行修改。这样修改,往往容易突破原来的框框,发现问题,产生新的看法,使论文质量得到明显的提高。

【例文选读】

通感隐喻的认知阐释

王志红

本文试图在认知理论的框架下,运用莱考夫的理想化认知模式来分析通感,以便探寻这一语言现象背后的认知和心理奥妙。

一、通感现象

一般情况下,人的视、听、嗅、味、触五种感官各司其职,不得逾越各自的权限。正如荀子所说,"人之百官,如耳、目、鼻、口不可以相借官也。"

然而,现代心理学特别是近几年来的研究证明,"在人脑的前额叶(frontal lobes)部分,各感官之间在很大程度上是相互关联并连成一体的",因而有着"跨感官迁移(cross-model transfer)假说"。由此可见,人的各个感官不是孤立的,而是互相关联的。在一定程度上,它们可以互相代替。钱钟书先生对此也有一段精辟的论述:"在日常经验中,视觉、听觉、触觉、嗅觉、味觉往往是可以彼此打通或交通。眼、耳、舌、鼻、身各个官能的领域可以不分界限,颜色似乎有了温度,声音似乎会有形象,冷暖似乎会有重量,气味似乎会有锋芒。"如英语 piercing cry(刺耳的声音)、sweet music(悦耳的音乐)、sour look(怒视)、a loud shirt(颜色花哨的衬衫)、soft light(柔和的光线)。汉语中也有类似的表达法,如闻见(香味)、听见、冷眼、清净、音色、声音刺耳、眼睛尖、口味重等。特别是在文学作品中,通感更是受到了古往今来中西文人的青睐,被广泛地运用着。

在很多情况下,通感不仅仅是两种感觉的相通,还可以是多种感觉器官相通,即视、听、触通感。

这一点在中英诗歌中经常出现,比如,在贾岛的诗中,"促织声尖尖似针,声声刺着旅人心。独言独语月明星,惊觉眠童与宿禽。"诗人将蟋蟀的鸣声这一听觉形象化为"针"的视觉形象,再换位为"刺"的触觉形象。"尖"字同时跟听觉、触觉和心灵的痛楚相连,因而描摹得细而独到。李贺的"砚取青光写词楚,赋香春粉黑离离;无情有恨何人见,露压泪啼千万枝。"诗人将视觉意象"青光"、"黑离离",听觉意象"泪啼",嗅觉意象"赋香"等相互沟通,以其独特的艺术技巧表现了他怀才不遇,独自在新竹上写诗行的苦闷心情,感人至深。英国诗人西蒙斯有一首诗,是一个精彩的五官相通的英语通感范例:

Soft music like a perfume and sweet light,

Golden with audible odours exquisite,

Swathe me with cerements for eternity。

柔软的音乐声散发着芳香幻化成甜美的光,

金光闪闪让人听来品味出极精美的味道,

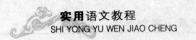

包裹着我让我沉浸在永恒之中。

上例中诗人把听觉与触觉(soft)、嗅觉(perfume)、视觉(light)、味觉(sweet)都糅合在一起,绝妙地表达了听了肖邦乐曲后的感受,让读者仿佛也能够全方位、多角度地直接感受到肖邦乐曲的难以描摹、难以言传的音乐美。这些例子充分说明通感既是一种生理现象,也是一种心理现象。它是人类共同的感知经验和心理反应。对一种感官刺激也引起其他感官产生相应而不同的反应,还可能激起多种感官的不同感知。这种"感觉移位"(sensorial transpositions)是人类在社会生活中发展起来的共有的生理和心理现象。人类感官的这种通感作用也构成了人们认知事物的生理和心理基础,同时,通感也成为人们认知和表现客观世界的一种手段。

二、理想化认知模式与通感

理想化认知模式(idealized cognitive models,简称 ICMs)最早是由莱考夫(1987年)提出来的。它与脚本(scanario)、草案(script),以及认知图式(schema)相似,都认为人们对世界的感知与认知是以已有的心理图式为基础对信息进行选择和加工。根据图式理论,认知是来自外部世界的信息与我们已知信息储存于人脑中有序的结构,是关于某个特定的认知对象的有组织的认知。认知图式在与外界信息的相互作用中,一方面将新信息纳入其旧经验的框架中,同化于原有的结构;另一方面又因外界信息不断刺激影响已有认知结构,使原有认知结构不断调整以适应新的情境。

莱考夫之所以将它的认知模式称为理想化的认知模式,是因为他认为认知模式是在人与外部世界互动的基础上形成的认知方式,不是客观存在的,而是人类创造的,所以是"理想化的"。它强调认知对客观世界及其关系进行处理而能动地认知世界的过程。

莱考夫将认知模式分为四种类型:命题模式、意象模式、隐喻模式和转喻模式。通感隐喻的认知主要涉及意象图式和隐喻模式。

(一)意象图式(image schema)

意象图式与基本范畴和原形一样,也是人类认知的基本层面。人们通过将有关联的经验组织成意象图式,尔后又将意象图式投射到其他的经验,因而发展了隐喻的意义。

人的经验中存在着大量的意象图式。莱考夫(1987年)从中总结出了以下意象图式:部分—整体图式(The Part-Whole Schema)、连接图式(The Link Schema)、中心—边缘图式(The Center-Periphery Schema)、起点—路径—目标图式(The Source-Path-Goal Schema)、上—下图式(Up-Down Schema)、前—后图式(Front-Back Schema)、线性图式(Linear Order Schema)、力图式(Force Schema)等。例如,人体具有中心(躯体和内脏器官)和边缘(手、指、脚、头发等)。根据"中心—边缘图式"而产生与"头"有关的隐喻表达法:the head of the family(一家之长),head of the state(国家元首),the headwaiter(侍者领班);而与"hand"有关的

318

隐喻表达法却是：the hand of a watch/altimeter（手表/高度表指针），give/lend a hand to（帮忙）；由"arm"产生的隐喻表达法是：the arm of the chair（椅子的扶手），the arm the recorder play（唱机的唱头臂）。这是因为"hand"和"arm"都属于"边缘"。汉语中也有大量的以人体部位为特征的隐喻。比如，"头脑、头目、首领"喻指集团或部门的负责人；"手臂"喻指人的助手；"心脏"比喻中心位置；"咽喉"喻指形势险要的交通孔道。

由此可以看出，隐喻的产生是基于人们的生理和生活经验以及所产生的结构相关性。也就是说，人们参照已知的具体事物将外界的信息与人的经验中已有的认知图式进行选择加工，通过感知、体验去认识周围环境的各种人和事物，从而形成一个隐喻概念系统。

通感隐喻也是如此。人的五官各种感觉本来界限分明，但之所以在五官之间可以产生某种特殊的感应，是因为人们在长期的社会生活实践中，通过感官获得了大量的经验。已有的感官体验，受到新信息的刺激，在不同的层面会产生感觉的相互交织。如"粗糙（harsh）"本是要用手指触摸才能感知的，但是经过人们的长期感知后，"粗糙"的感觉贮存在人的大脑中，并用于与"粗糙（harsh）"有关联的经验，如"（质地）不光滑，不精细"、"感觉不舒服"、"刺激"等组织成相关的意象图式，然后将这些意象图式投射到其他的经验，因而产生以下通感：harsh texture（粗糙的织物），harsh colors（刺眼的颜色），harsh voice（刺耳的声音），harsh light（刺眼的强光）。汉语中的"尖（sharp）"原本是与触觉有关，而现在人们既能用触觉，也能用视觉来觉知，因而有"眼尖"、"尖刀"、"尖塔"等通感表达法。我国医书《审视瑶函》中有一篇文章叫《目为至宝论》文中说道，人的眼睛"物之丝发差别可以辨，物之毫忽轻重可以定"。这种视觉与触觉与轻重感觉的相通，是因为人们将对外界事物的感知与贮存在大脑中的已知经验联系起来，通过"意象图式"结构进行记忆和推理，在不同层次、不同抽象程度对事物、事件认知的完形。人的经验中的大量意象图式是通感产生的心理基础。

（二）隐喻模式

隐喻模式是指一个命题或意象图式从某一认知域投射到另一认知域的相应结构，用来对抽象事物的概念化、理解和推理。通感是一种隐喻性表达。在理想化认知模式中，作为一种特殊的概念隐喻，通感隐喻是指某一感官范畴的认知域向另一感官范畴的认知域的映射，也就是说感官中的某些特征从某一感官（称作源域 source domain）映射到另一感官（称作目标域 target domain）。通感隐喻包含以下两个层次的认知域的映射：

1. 基本认知域之间的映射

基本认知域来自人的基本经验，是无法再简化的（irreducible）。基本认知域大都与人的基本感知有关。因为人们往往从自身出发，用身体和物质经验去表达一些抽象概念。比如时间、温度、音度、颜色、亲属关系等。人们可以根据空间概念来认知,即可以分别用长短、高低、深浅、远近等空间概念来定义和理解。但同时,在基本认知域之间也可以发生对应(corespondence),所以就可以互为定义。根据兰盖克(1987年)的观点,空间、颜色、感情、味(嗅)觉、触觉(温度、压力)、亲属关系等,属于基本认知域。英汉语中许多通感都发生在同一基本认知域之间,如 piercing cold(刺骨的寒冷),soft smell(芳香的气息),hot taste(辛辣的味道),high pressure(高压),soft red(柔和的红色)等。

2. 从基本认知域到复杂认知域之间的映射

通感隐喻中从基本认知域到复杂认知域的投射主要指从触觉、空间、嗅觉、味觉到听觉和视觉的投射。触觉、味觉、嗅觉属于低级的感官,听觉和视觉属于较高级的感官。其中,视觉是最复杂的感官,它融合了空间感觉、触觉、色觉、听觉等多种感觉。英语中大量的通感是从基本认知域到复杂、抽象的认知域的投射。如 a loud perfume(浓郁的香气),a loud smell(刺鼻的味道),acid looks(酸溜溜的表情),aculeated expression(尖刻的措辞),a sweet voice(甜美的声音),a bitter smile(苦笑)。

综上所述,通感不仅仅只是一种单纯的修辞手法,它是基于一定的认知心理基础的语言现象。"它深深扎根于认知结构中",源于日常经验的认知体系构成了通感运用和推理的心理基础。因此,生理上和心理上的通感构成了人类普遍的一种方式,即从某一感官范畴的认知域映射到另一感官范畴的认知域。通感隐喻正是以其特有的五官感觉为感知客观世界的手段,成为人们重要的认知方式。它对于人们认识事物、事物概念的形成及语言的发展都起重要的作用。它与由基本认知域到复杂、抽象的认知域投射的隐喻认知方式是一致的,因而成为人们强有力的认知工具。

作者单位:安庆师范学院外国语学院
(本文节选自《修辞学习》2005年第3期)

【简析】 这是一篇从认知角度分析通感这种修辞手法形成过程中所包含的隐喻性的认知和思维方式的学术论文,通感是一种古老而又奇特的修辞手法,历来研究成果十分丰富。本文作者引入认知心理学的相关知识,从人类认识领域给予新的阐释,其选题既有科学性,又有创见性。

从结构上看,本文前言简洁明了,正文部分层次分明。首先用大量形象生动的语料,分析通感这种语言现象在中英文文学作品的种种表现,指出通感既是一种生理现象,也是一种心理现象,是人们认知和表现客观世界的一种手段。然后借助莱考夫的理想化认知模式,分析意象图式和隐喻模式在通感的产生和形成中起到的奇妙作用,阐明通感不仅是一种单纯的修辞手法,它更是基于一定认识心理的语言现象。全文内容丰富,论述严密,深入浅出,既有专业性又有可读性。

第二节　毕 业 论 文

【文种知识】

一、毕业论文的概念

毕业论文是学术论文的一种,是高等院校学生毕业前独立完成的作业,是对大学生在读书期间所学各种基础课和专业课的一次总测试,是一次全面的业务考核。

二、毕业论文的作用

(一)是对学生的全面综合性考核

撰写毕业论文的目的在于培养和锻炼学生,运用基础理论、基础知识和基本技能分析、解决问题,进行科学研究的能力,这对于培养一名合格的大学生具有重要意义。世界上经济发达的地区和国家,如欧美、日本的高等院校,都非常重视毕业论文在大学学习过程中的地位和作用。美国哈佛大学明文规定,毕业论文写作不及格必须补写。日本教育部也规定,毕业论文不及格领不到大学毕业文凭。我国的国家学位条例也规定,毕业论文不合格的学生,不能授予学士学位。

(二)有益于大学生早日成才

写毕业论文既是对大学生的全面业务考核,也是对大学生参加科学研究的一次初步训练。在这个科学研究的实践中,学生可以了解熟悉科学研究和论文撰写中的基本环节、程序和方法,初步确定科研方向,为今后从事科学研究打下基础。尽早参加科学研究实践,尽早进行论文写作训练,对于开掘学生智力,提高学生发现、分析和研究问题的能力,培养严谨的学风,增长才干,都具有积极意义。大学生在毕业论文的写作中,能够充分地展现自己的成绩和才华,学校和用人单位能从毕业论文的写作和答辩中及时发现人才、推荐人才。国内外的许多学者、专家在学生时代的论文写作中就已崭露头角。实践证明,毕业论文写作有益于大学生早日成长。

三、写作毕业论文的主要环节

(一)在教师的指导下定题

大学生初学写论文,选题一定要慎重。为了把好选题这一关,避免走弯路,毕业论文的选题要在教师的指导下确定,要求得到指导教师的认可。下面重点讲两个问题:

1. 选题宜早确定

毕业论文的选题要早做酝酿,尽早确定,这样便可以赢得充分的时间做准备、思考。日本学者宕城之德认为毕业论文需要一年左右的时间准备,这话是有道理的。选题最好在毕业前一年就大体定下来,以便较早地根据选题搜集资料,进行课题研究。有的学生迟迟不考虑选题,甚至到了规定的写作时间,选题还未定下来,这就延误了准备和写作的时间,也必然会影响论文的质量。选题经过慎重考虑定下以后,不要轻易更换,有的同学定题轻率、换题频繁,最后因时间紧迫仓促完稿,结果论文质量很差。

2. 寻求新切入点

确立选题仅仅是第一步,接下来思考如何研究这个论题,也就是选择突破口。从严格意义上说,没有选准突破口或切入点,不能说选定了题目。这个切入点,指的是论证角度和研究方法,这里我们强调一个"新",即要善于选择"新切入点",也就是说论证的角度、研究的方法要有新意。对一个论题,可以从不同角度,运用不同方法去论证,对人们已经研究过的旧论题,也可以从新的角度去研究、开掘。所以,选择、寻求新切入点,是选择中相当重要的环节。

毕业论文选题的方式,可以由教师命题,也可以学生自选,或者二者结合起来。不论采用哪种方式选题,都应听取教师的指导,这样才可以避免选题不当,使毕业论文写作得以顺利进行。

(二)从准备到成文的关键性环节

从选定题目到完成论文初稿,要注意三个关键性环节,下面分别加以讲述:

1. 搜集钻研资料

搜集资料要有的放矢,要围绕论题建立一个资料系统。写毕业论文时搜集资料,要在广泛浏览、增加信息量的基础上,特别注意"精"与"新",要将搜集到的资料进行比较、鉴别、筛选,将重要的资料复印,或通过笔记卡片摘抄。同时特别要注意搜集最新信息、最新资料。对花费很大精力搜集到的资料,一定要反复阅读、领会、分析、理解,在研究资料的过程中往往会悟出新的见解、新的观点。搜集资料时要注意克服盲目性,无目的地翻阅书刊、上网浏览会浪费很多时间,劳而无功。同时要学会处理、研究资料,有的同学对辛辛苦苦搜集到的资料不做认真思考,浮光掠影地翻阅之后就置之于一旁,这就失去搜集资料的意义了。

2. 琢磨完善提纲

有的同学认为,写毕业论文可以不用拟提纲,可直接进入初稿的撰写,这种看法显然是不对的。大学生从写毕业论文开始,就要养成拟写提纲的良好习惯。在起草论文前,一定要拟出比较详细的提纲,而且要请指导教师过目,听取意见进行反复修改。拟写提纲可以帮助我们建立整体观念、考虑论文的全局,有助于我们理清思路、搭好架子,使观点与材料相契合、内容与形式相统一。拟写提纲的过程,也是提炼、推敲论点,取舍材料,谋划论文结构的过程,细致、具体的高水平提纲是论文成功的基础。

3. 精心写出初稿

提纲拟定,就可以着手初稿的撰写,撰写初稿是相当复杂、艰苦的工作,需要毅力和耐心。准备工作就绪以后,要集中时间、精力,排除外界干扰专心写作。撰写初稿最好是一鼓作气,一气呵成。不可写写停停,三天打鱼两天晒网。撰写初稿过程中,会遇到许多意料不到的问题,包括一些细节与技术性问题,需要我们重新思考,并对原来的设想、提纲做出修改和调整。写初稿时要注意段落层次的安排,要在稿中留出一定的空白,以便修改。初稿中引文的出处要注明,名词的使用要统一,符号的运用要一致。论文的初稿,篇幅上可长一些,以便修改。

四、毕业论文的标准格式

(一)标题(下附署名)

要求准确、简练、醒目、新颖,概括论文的中心意思。如果单行标题不能完全概括论文的内容,可加上副标题。大学生拟论文标题要注意"题"、"文"相符,不要故弄玄虚。

(二)目录

如果论文较长,要编出目录(论文中主要段落的简表),标明页码,以便指导教师和有关人员审阅。

(三)内容提要

在正文前将论文的主旨明确清晰地提示出来,文字要简练、概括,两三百字即可。

(四)关键词或主题词

关键词是从论文的题名、提要和正文中选取出来的,是对表述论文的中心内容有实质意义的词汇。关键词是用作计算机系统标引论文内容特征的词语,便于信息系统汇集,以供读者检索。每篇论文一般选取 3～8 个词汇作为关键词,另起一行,排在"提要"的左下方。主题词是经过规范化的词,在确定主题词时,要对论文进行主题分析,依照标引和组配规则转换成主题词表中的规范词语。(参见《汉语主题词表》和《世界汉语主题词表》)。

(五)论文正文

1. 引言

引言又称前言、序言和导言,用在论文的开头。引言一般要概括地写出作者

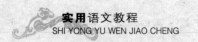

意图,说明选题的目的和意义,并指出论文写作的范围。引言要短小精悍、紧扣主题。

2. 本论

本论是论文的主体,应包括论点、论据、论证过程和结论。主体部分包括以下内容:

(1) 提出问题——论点。

(2) 分析问题——论据和论证。

(3) 解决问题——论证方法与步骤。

3. 结论

是对全文的归结,要注意与引言相呼应。

（六）参考文献

一篇论文的参考文献是将论文在研究和写作中可参考或引证的主要文献资料,列于论文的末尾。参考文献应另起一页,标注方式按《GB7714－87 文后参考文献著录规则》进行。其要求是:

(1) 所列参考文献应是正式出版物,以便读者考证。

(2) 所列举的参考文献要标明序号、著作或文章的标题、作者、出版物信息。

其基本格式是:

中文　标题—作者—出版物信息(版地、版者、版期)

英文　作者—标题—出版物信息

毕业论文定稿誊清后,要加上封面、封底,装订成册。

毕业论文版面格式如图 4-2 所示。

| 标　　题 |
| 署　　名 |
| 目录 |
| 内容提要 |
| 关键词 |
| 正　　文 |
| 参考文献 |

图 4-2

五、毕业论文答辩

答辩是审查论文的一个重要环节，是对论文的最后检验，是对包括论文在内的学生综合表达能力的考核。

毕业论文完稿以后，要送给指导教师或指导组审查，审查通过以后方能允许参加论文答辩。答辩委员会由指导组及相关教师组成，负责对学生论文进行考查、审定。目的在了解学生的撰写过程的真实性程度、对课题研究的深度与广度，以及存在的问题，帮助学生进行总结。

（一）答辩的准备

大学生第一次参加答辩，要保持良好的心态，消除紧张的情绪。要做到这一点，关键在于准备要认真充分。答辩的准备主要包括两方面：

（1）要准备一份答辩报告，报告的内容包括：① 选题缘由；② 论文要旨，对论文主要观点的简短阐述、解释；③ 写作过程；④ 对论文的评价，包括存在的问题与不足。答辩报告要写文，报告时最好不要照念稿子。

（2）要根据论文内容，对可能会提出或涉及的问题做好准备。可在答辩时带上有关参考资料或笔记、卡片。

（二）答辩的方式

论文作者报告完毕后，由答辩委员会成员提问，学生回答问题有两种方式：

（1）准备后回答。答辩委员会成员可提出问题后学生记下问题，并限定时间准备，让学生准备后回答。

（2）即席回答。答辩小组成员还可根据答辩情况当场发问或追问，让学生即席回答。

学生在答辩中回答问题要严肃、冷静、大方、从容、有礼貌。要认真听取答辩委员会的发问或意见，用笔记下来。回答问题要实事求是，知之为知之，不知为不知，对没有把握或不能回答的问题可如实陈述。表达要力求清楚、明白、简练、有节奏。

【例文选读】

解读《围城》中的女性知识分子

《围城》是我国现代文学史上学贯中西、融通古今的学者型作家钱钟书的小说代表作。美籍华人学者夏志清推崇小说无处不在的幽默和讽刺，称"《围城》是中国近代文学中最有趣和最用心经营的小说，可能亦是最伟大的一部"。

自《围城》1947 年在《文艺复兴》期刊上连载面世之后，在社会上产生了巨大的反响。时人根据各自的思想立场和人生体验解读文本，或"捧"或"杀"，而赞誉之词大体雷同，批评之声也时有所闻。归纳起来，前人袭用 20 世纪西方文学批评模式的评论大致有如下几种：从新历史主义批评角度看，文本中大量的隐喻、讽喻与典故，使它更像是一座用精巧语言构成的中外学术迷宫，风格颇似欧美所谓知识型文本或后小说；至于钱钟书随手拈玩的中国及西洋神话、寓言，可为原型批评的典范文本；而小说中除各色人物外，暗含一个无所不知的"叙述者"，不仅叙述事态的发展，而且常常大发议论，正吻合结构主义批评代表罗兰·巴特叙事理论中关于叙述者大于人物的分析；此外，小说中描写船上茶房阿刘与方鸿渐的两次"钗钱交易"，阿刘手心里的发钗由三只变为一只，这样的"细节印证法，似还有形式主义的痕迹"。若生发开来，从社会学批评、读者接受批评，甚至后殖民主义批评、现象学批评均可对这部思想深刻、艺术高超、风格独特的小说做出新的阐释与评析，但鸿泥半爪，令人终日沉迷其间也难尽其全。

杨绛所言《围城》的主要内涵是："围在城里的想逃出来，城外的人想冲进去。对婚姻也罢，职业也罢，人生的愿望大都如此。"这已广为流传。《围城》高超的讽刺幽默手法、大量的奇语妙喻、深刻的心理刻画也早已被世人津津乐道。本文试图避开对文本题材、主题与艺术表现手法的传统分析，而从女权主义角度、运用女性主义文学批评方法，侧面对《围城》中女性知识分子角色进行解读，以期勾勒一幅《围城》姹紫嫣红的"十二钗正册图"，探究作者关于20世纪30年代中国女性解放问题的思索。

这里有必要对女性主义文学批评作简单介绍。女性主义文学批评是20世纪70年代在美、英、法兴起的一种批评流派，80年代中期以后在我国流播。女性主义文学批评主要是张扬颠覆父权文化、消解男性中心的文化主张。作为后结构主义批评思潮的一个分支，它与西方当代文化思潮特别是后现代主义文化思潮一同生长发育，并借助语言哲学、文化人类学、精神分析学、现代阐释学、符号学等一系列学科作为自己的理论背景。美国著名女权主义批评家爱莲·肖尔瓦特（Elaine Showalter）曾对女性主义文学批评的研究对象做过经典性的概括，她将其分为女性主义评论与女性批评家两大类。其中，女性主义评论即"女性阅读"研究，它将女人作为读者进行关照，是一种以历史为根据的探索，它探究文学现象的种种意识形态的假设。本文就拟以"女性阅读"研究方式，对文本做出文化的研究与解释，并以话语方式的突破来深刻理解文本对父权文化的扰乱、瓦解。笔者进行这样一种理论话语建构过程，是"因为理论的各个组成部分及其组合或许能揭示出语言、情感以及存在主题未曾预料到的联系"。

《围城》主人公方鸿渐在爱情婚姻方面的际遇，是由于他的意志薄弱、优柔寡断和幼稚。他不但被鲍小姐引诱然后抛弃，而且被苏文纨追求然后报复，最后还被孙柔嘉诓骗然后驾驭。而这些使他饱受感情折磨的女性知识分子隐于文本的来龙去脉、人生流转间的巧语笑靥，个中缘由可谓层峦叠嶂、径幽路险。

一、文本女性名字暗含宿命：20世纪30年代女性解放之失败是必然

《围城》中的晓芙、文纨、柔嘉等女性知识分子的起名用典，钱钟书一方面"网罗

理董,律求全征献",另一方面又达至"意解圆足而免于偏枯",煞费苦心地隐含了她们的吉凶祸福,点判她们追求的理想生活不过是"镜中花,水中月",颇似《红楼梦》中的"十二钗正册判词"。

首先,书中唐晓芙的名字,似乎来自《楚辞·九歌》。歌中"湘君"一节唱道:"采薜荔兮水中,攀芙蓉兮木末。"唐晓芙纯真天然,恰似"初日芙蕖",她与方鸿渐同属理想青年,是方的最爱。但她偏执于女性彻底解放,竟要求"占领爱人整个生命",方鸿渐也窥破她"不化妆便是心中没有男人"的私心偏见,于是两人误会不断、喜悲流变,方终不能爬树去摘那水生芙蓉。可怜一对进步恋人,双双为理想所耽。

文本意指女孩修成了博士才俊,其烂漫稚气便不免流于幻想。因 20 世纪 30、40 年代女性知识分子虽已走出家门甚至国门,仍如高空中的风筝,一头牢牢拴在"男女不平等"的线上。唐晓芙纵是满腹诗书也枉然,到头来连婚姻都虚无缥缈。

苏文纨之名可引谢惠连的《雪赋》:"凭云升降,从风飘零,素因遇立,污随染成,纵心皓然,何虑何营。"此诗正注释苏文纨在小说中的际遇,空有苏小妹才名及法国博士帽,却沦落到先与方鸿渐诸人玩爱情与智力的双重游戏,待失落理想,失去丈夫后又不避世俗急急下嫁,演绎了一出人生闹剧。她工于心计,喜欢男人簇拥在自己周围,男人之间越是嫉妒吃醋,她越能欣赏玩味并从中得到所谓爱情方面的满足。伪洁与易染使她追求的女性新生活注定是媚俗的。

孙柔嘉是小说中最重要的女性角色,钱钟书为之取名不惜搬用重典。《诗·大雅·抑》篇有卫武公讥刺暴政名句:"质尔人民,谨尔侯度。用戒不虞,慎尔出话。敬尔威仪,无不柔嘉。"《大雅·垂民》:"中山甫之德,柔嘉维则。令仪令色,小心翼翼。古训是式,威仪是力。天子是若,明命使赋。"两次提及的柔嘉均是讽颂统治驾驭之道。柔嘉初次在船上亮相,显示着女学生的胆怯幼稚。到达三闾大学,鸿渐看柔嘉仍是个"事事要请教自己"的毛丫头,因惧怕"黑夜孤行",他萌生靠拢之意,却发现她"不但有主见,而且很牢固"。订婚后,鸿渐便"仿佛有了个女主人",开始佩服她的驯服技巧。待到辛眉唤醒他朦胧的警觉时,他已身陷"围城",再不能"称心傻干"任何事了。孙柔嘉虽教过英文,却并不妨碍她在日常生活领域守护传统、钳制异议,成为囚禁丈夫精神的樊笼。她那种从"羞缩缄默"外表下渐露的"专横与善妒"的个性,正是"中国妇女为应付一辈子陷身家庭纠纷与苦难所培养出来的"。孙柔嘉企图以控制丈夫来求得女性生存保障,方鸿渐又希冀得到自由与安宁,传统与现代这对矛盾,早就暗藏着孙柔嘉苦心经营的婚姻终将走向破裂的必然逻辑。文本揭示披着洋袍而骨子里却一味地守旧的 20 世纪 30 年代的女性解放只能是一句口号。

鲍小姐呢?"鲍鱼之肆是臭的,所以那位小姐姓鲍。"在法国邮船上,鲍小姐黑甜似半融朱古力,秀色可餐,却如勾引浮士德卖身求知的魔鬼,使方鸿渐船上吃亏,自叹"女人是最可怕的"。鲍小姐留学西洋,洋墨水喝了多少尚且不知,带回来却是自由放荡、不守妇道的德性。文本想要说的是若女性解放堕落为"性解放",那么20

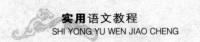

世纪30年代女性解放已无可挽回地必然坠入深渊。

二、女性爱情心理描摹：探20世纪30、40年代女性解放失败的个人根源

《围城》中有许多绝妙的女性爱情心理多角度描写，刻画出当时女性知识分子无法超脱的父权主义心理。

文本开篇有一段关于鲍小姐上岸前的侧面心理描写："鲍小姐睡了一天才起床，虽和方鸿渐在一起玩，不像以前那样的脱略形骸，也许因为不日到香港，先得把身心收拾整洁，作为见未婚夫的准备。"

任是鲍小姐如何放浪不羁，她也无法做到像西蒙·波伏娃那样只同居不结婚，像西苏那样与男性抗争，像卫慧、棉棉那样用身体写作。她的"明修栈道暗渡陈仓"，只能说明她对男权社会战战兢兢，唯恐引起以"未婚夫"象征的封建伦理道德的半点不满。

对于苏文纨形象的刻画，《围城》中有一段"打电话"的戏，是这样写的：

鸿渐拿起听筒，觉得整个周家都在屏息旁听，轻声道："苏小姐吗？我是鸿渐。"

"唐小姐去不去呢！"鸿渐话出口就后悔。

斩截地："那可不知道。"又幽远地："她自然去呀！"

"你害的什么病，严重不严重？"鸿渐知道自己问得迟了。

"没有什么，就觉得累，懒出门。"这含意是显然了。

明着是苏文纨在追方鸿渐，可她却"犹抱琵琶半遮面"，就在暗处使劲儿。知道方鸿渐喜欢唐晓芙，除了嫉妒与促狭别无他法。苏文纨自始至终不敢说一句"我爱你"，总是半推半就，只敢躲在洋文里叫方鸿渐吻她。"打电话"是两人关系的分水岭，苏文纨风格依旧，不敢去与晓芙平等竞争，一场爱情游戏就此偃旗息鼓。说到底，文纨虽洋派，亦难摆脱"窈窕淑女，君子好逑"的传统恋爱模式，她宁愿费尽心机玩那"猫捉老鼠"的游戏，也不肯扯掉遮羞布表达自己的渴望。难怪方鸿渐从一开始就不认可苏文纨，因为"他知道苏小姐的效劳是不好随便领情的，她每钉一个纽扣或补一洞，自己良心上就增一分向她求婚的责任"。

还有孙柔嘉，《围城》后半部的开始部分，大段大段地写她的柔弱与胆怯。她在船上亮相时，不是睁大惊异的眼睛，就是卖小："方先生在哄我，赵叔叔，是不是？"后来在三闾大学面临人事复杂的局面，她与方鸿渐越走越近，文中写她的表现是：

孙小姐感激道："我照方先生的话去做，不会错的。我真要谢谢你。我什么事都不懂，也没有一外人可以商量，只怕做错了事。我太不知道怎样做人，做人麻烦死了！方先生，你肯教教我么？"

孙柔嘉那样一副柔弱、天真、温顺的外表，实则是驯服男人的手腕之一。封建伦理道德要求女性"笑不露齿"，称赞"女子无才便是德"，主张女子"守夫为业"。孙柔嘉深谙男子对女性的癖好，把自己扮演得楚楚可怜。她以退为进，掩盖专横、善妒、自私、刻薄的真面孔，其成为男性附属品的过程这样用心良苦，可以看出孙柔嘉虽是受过高等教育的新式女子，可也还是摆不脱传统文化束缚，有许多旧式女子的弱点。

　　孙柔嘉结婚以后为什么对待方鸿渐像一位暴虐的君主呢？她说方鸿渐："你不讨厌,可是全无用处","本领没有,脾气倒很大"。她本以为嫁给方鸿渐,就可以安享幸福生活,"靠山吃山,靠水吃水",守着丈夫吃丈夫。可惜方鸿渐没有钩心斗角、纵横捭阖的手段,尽漂浮在虚幻的空想里,结果参加了失业大军。孙柔嘉的泼闹就是为方鸿渐的不争气,她是"恨铁不成钢"。方鸿渐不嫖不赌,正直为人,孙柔嘉却仍把女性的弱点发挥到极致。《围城》中有一副著名的西洋对联,上联是："丈夫是女人的职业",可为孙柔嘉的行为做点评。对孙柔嘉而言,爱情无足轻重,生活才是最实在可靠的。

　　三、女性的社会定位剖析：20世纪30年代女性解放失败的社会根源

　　众所周知,"五四"新文化思想启蒙的精神成果是人的发现和女性的发现。钱钟书1933年毕业于清华大学,曾受到"五四"精神的影响。他1935年到英国留学,又受西风吹拂。钱钟书非常明了传统伦理道德以及它的基础宗族制度对女性的残害,女性知识分子也不例外。《围城》中这样嘲弄道："丈夫是女人的职业,没有丈夫就等于失业,所以该牢牢捧住这饭碗。"中国古代曾有"三从四德"之说；《圣经》中上帝曾出谕惩罚女人道："吾必使汝受孕娩之苦,更教你世代傍夫,奉其为主。"中西夹攻,女性怎能逃脱这张中西父权宗法制度的大网？方鸿渐对唐晓芙一段聪明的女人论,道出了男权社会的心声：

　　"女人有女人特别的聪明,轻盈活泼得跟她的举动一样。比了这种聪明,才学不过是沉淀渣滓。说女人有才学,就仿佛赞美一朵花,说它在天平上称起来有白菜番薯的斤两。真聪明的女人决不用功要做成才女,她只巧妙的偷懒——"

　　钱钟书明知封建流毒贻害女性及女性知识分子,但他又从文本中流露出对当时女性解放的讥讽和消解。方鸿渐有这样一段奇论：

　　"我在欧洲,听过先生的课。他说男人有思想创造力,女人有社会活动力,所以男人在社会上做的事该让给女人去做,男人好躲在家里从容思想,发明新科学,产生新艺术。我看此话甚有道理。女人不必学政治,而现在的政治家要成功,都要学女人。政治舞台上的戏剧全是反串。"

　　方鸿渐去拍唐晓芙的马屁没拍上,倒被唐晓芙数落："我不知道,方先生是侮辱政治还是侮辱女人,至少都不是好话。"当时女性解放尚处在不自觉状态,不过是受西方女权主义思想支离破碎的影响,人们(包括像唐晓芙这样的年轻女性知识分子)对性别社会角色倒置这类话题都是非常厌恶的。当沈太太提及自己参加世界妇女大会,观察出"全世界的女性现在都趋向男性方面"的普遍动态时,方鸿渐的反应是"又惊又笑,想这是从古已然的道理,沈太太不该到现在出席了妇女大会才学会"。连方鸿渐此等留洋博士都对女性解放无所知,如何"在不久的将来"实现沈太太"男女两性的分别要成为历史上的名词"的理想？

　　为何文本中会弥漫着20世纪三四十年代中国女性知识分子无力也无从解放自己的怅惘情绪？《围城》是钱钟书1944年动笔1946年完成的。钱钟书羁居上海沦陷区,"搓通碧汉无多路,梦入红楼第几层","卜自如红杏专春闹,眼似黄梅诈雨

晴",在这种忧世伤生情绪支配下,他就必然从文本中流露出对当时女性解放不可得的宿命观点。此外,当时女性解放思想虽有沈太太之流挟裹回国,但时世动荡,方鸿渐所遇诸多女性知识分子无一不是颠沛流离,从印度洋到香港,从香港至上海,又从闽赣路入湘,最后又经港返沪。她们无法把握国事,就只好因袭传统围困男人,以进入婚姻"金丝笼"为人生归宿,求得暂时的安宁与解脱。基于这种时代背景,钱钟书在《围城》中对20世纪30年代女性解放持批判与消解态度实属自然。

综上所述,本文通过从探寻《围城》中几位女性主角取名用典的隐含意义入手,对这些女性知识分子的爱情心理和社会定位做出分析,可以看出文本揭示了菲勒斯中心下,20世纪三四十年代中国女性知识分子的一种尴尬处境:她们兼修中西文化,有些许现代意识,为追求人格价值体现与理想生活境界,挤入男性社会刻意巧画人生,率先尝到了女性解放过程中的辛酸苦辣;同时,她们融通古今,深知天经地义的男女不平等观念之根深蒂固,因而迫于现实又无力摆脱沦为父权宗法制度牺牲品的命运。这种二律悖反的处境,使20世纪30年代中国女性解放只能是暗流涌动而无法成为主潮,最终消失于无声处。

【简析】 这是一篇汉语言文学专业学生的毕业论文,作者选择中国现代文学的经典作品《围城》,分析钱钟书先生在作品中描写的三位女性唐晓芙、苏文纨、孙柔嘉,从她们取名用典的隐含意义入手,对这几位女性知识分子的爱情心理和社会定位进行分析,解读了20世纪三四十年代中国女性知识分子的尴尬处境。选题新颖,有一定的研究意义。

全文以文本解读的方式,结合时代背景对作品情节及人物性格做了细致的分析,得出了较有说服力的结论,反映了该学生有一定的综合分析能力,能发现问题、研究问题。整篇论文,层层深入,论证严密,语言清晰流畅,不失为一篇较优秀的毕业论文。

第三节　实　验　报　告

【文种知识】

一、实验报告的概念

实验报告是科技实验报告的简称。在科学研究过程中,人们为了检验某种科学理论或假设,进行创造发明和解决实际问题,往往都要进行实验,通过观察、分析、综合、判断,如实地将实验过程和结果记录下来并写成文章,这就是实验报告。即实验报告是描述、记录某一研究课题的实验过程和结果的科技报告,是科研人员向社会公布自己实验结果的一种文字形式。

二、实验报告的作用

实验报告是实践环节的理性回归,是实验工作的全部总结和系统概括,是实验工作中不可或缺的重要组成部分,它具有情报交流作用和资料保存作用。

三、实验报告的种类

根据性质的不同,实验报告可分为检验型实验报告和创新型实验报告两种。

(一)检验型实验报告

这是一种反映项目单一、只需要按固定的格式填表、书写简单的实验报告,通常又称为报告单。它的内容大多是重复前人已经做过的实验,缺少保存价值。

(二)创新型实验报告

这是一种具有较大学术参考价值的科技文献。它的明显特点是具有一定的创造性。这类实验报告,或者描述一个从过程到结果都是全新的实验;或者是得出了更高精确程度的结论,对前人的实验做修正;或者是用新的实验方法,重新验证已有的结果等。

四、实验报告的格式和基本写法

(一)标题

标题即实验名称,是实验内容的高度概括,体现该报告所写的内容。实验报告的标题有单一式和复合式两种。单一式标题直接点题,如《低温灭菌实验》、《水的硬度测定实验报告》;复合式标题则由正标题与副标题两部分组成,如《大豆化学品质检验——蛋白质测定》,一般直接采用实验课题的名称,使人一目了然。

(二)摘要

主要包括本报告中最突出的几条结论,而且不加任何说明,能使读者一看就了解全文内容。

(三)前言

说明实验的课题、目的、内容、范围(实验的对象和时间);讲清实验课题提出的缘由、意义以及国内外在这一方面的研究现状及趋势(即实验课题提出的背景);讲明本项实验研究要解决的问题。若是有争议的课题,应摆出自己的观点,以引起反响。写法上要简明扼要。

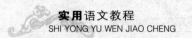

（四）正文

包括实验原理和设备、实验方法和步骤、实验结果和讨论等。

1. 实验原理

简要说明进行实验的理论依据。主要内容包括介绍实验涉及的重要概念和实验依据的主要定律、公理、公式。

2. 实验设备、实验方法和过程

这是实验报告的重要部分，应详细介绍实验设备，包括所用主要设备的大批量、主要设备的名称、性能和型号等。实验所需的原材料，应写明名称、性质、特征产地等。同时还要介绍实验应具备的条件和要求，以及简述实验方法和实验过程。必要时可以用图表加以说明。其结构顺序一般按照实验操作过程依次排列。

3. 实验结果

这是实验报告的主体部分。包括两方面内容：一是在实验中所收集的原始资料和观测资料经过初步分析后的结果；二是对资料进行初步整理后，采用逻辑分析、系统科学分析、模糊数学分析或教育统计分析的方法，推出实验的最后结果。写作时注意以下几点：

（1）实验结果的呈现应以事实、数字、图表为主。展示的图表应简明扼要，对某些图表可加以说明或注释。对实验结果的描述，文字要简明。注意运用大量经过科学方法处理、分析后的数据（测试数据、调查数据、观察数据等）来证明实验的结果，以增强实验报告的说服力。

（2）实验结果中所列举的数据，必须是从实验中所获取的资料中得来，要有据可查，实事求是。

（3）对于数据资料进行量化处理和客观分析。

（4）实验结果必须经得起验证，并可重复、再现。

（五）实验结论与讨论

结论不是结果的简单重复，而是要将实验研究中得到的大量数据和有关材料进行提炼加工，去粗取精，使结果上升到理性认识的高度，揭示其产生和发展的必然性。

讨论是实验研究人员根据实验的客观事实和结论，结合自己对电教理论和实践的认识，在教育学、心理学的基本原理指导下，对实验提出的新见解、新观点。

这一部分也常以"结论与分析"、"分析与讨论"、"讨论与建议"等作标题。

（六）附录

附录一般包括三方面内容：

（1）实验研究中引用的重要文献资料目录。注明出处、作者姓名、书刊名、出版社、出版时间和地点等。

（2）实验研究中收集的重要原始资料。如能反映典型问题的学生周记、日记、作业及图表资料等。

（3）实验研究中所采用的工具、手段、设备。包括仪器、教材、测验量表、试卷等。这是研究人员必备的治学修养之一。

实验报告版面格式如图4-3所示。

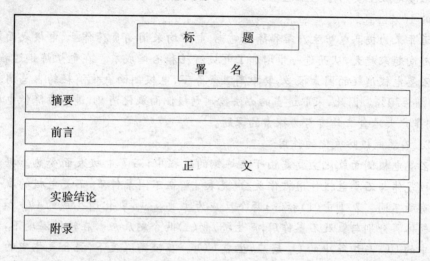

图4-3

五、实验报告的写作要求

1. 要注意客观性

客观性是指作者要有认真、求实的科学态度，客观地观察实验过程并报告实验结果，不可夸大、缩小或杜撰。

2. 要注意正确性

正确性是指实验报告的实验原理、方法、结论必须正确无误，在表述范围、程度时应恰如其分，特别是数据要确凿可靠。

3. 要注意公正性

公正性是指撰写实验报告时要彻底排除偏见和主观因素。

4. 要注意确证性

确证性是指实验的结果是能反复证实的，即任何人重复进行实验都一定能观察到同样的现象，得出同样的结论。

5. 要注意可读性

可读性是指实验报告要遵循一定的格式和写作要求，在叙述过程时要条理清楚而有连贯性，文字表达要简洁、鲜明，避免模棱两可或产生歧义的现象，使读者能

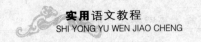
够准确地领会报告的内容。

【例文选读】

防止石墨电极高温氧化的实验研究

×××　×××　××

1. 前言

石墨电极主要用于电弧冶金作为导电的耗材料,其消耗费用约占电炉钢冶炼成本的 $10\%\sim15\%$。

近年来为提高电炉生产率和降低电耗,电炉均采用高负荷作业,电极表面氧化消耗趋向越来越大,从而进一步增加了电极消耗和冶炼成本。在电炉炼钢过程中,造成石墨电极消耗的因素很多,其中高温条件下,电极侧面氧化消耗约占总消耗量的 $50\%\sim70\%$。因此,采取适当的办法控制电极侧面氧化消耗,进一步降低电极消耗,仍是广大冶金工作者努力探索的课题。

2. 石墨电极防氧化的作用

石墨电极侧面氧化主要是由于在炼钢的过程中,石墨电极表面受热。据炉内氧化性气体与石墨电极作用氧化反应(见表1),在不同条件下,石墨电极的氧化方式也有所不同。表1中(1)和(2)两个反应为主要反应,氧化所生成的 CO 和 CO_2 混合气体再分别与氧及石墨作用,产生(3)和(4)两个副反应。在较低温度下,混合气体中的 CO 与炉气中的 O_2 反应,生成 CO_2。在较高温度下,混合气体中的 CO_2 及由氧燃烧成的 CO_2 可以直接与石墨电极反应,生成的 CO 再向炉气中扩散,高温情况下也被 CO_2 氧化。可见石墨电极不仅被炉气中的 O_2 氧化,若提高石墨电极表面温度,增加炉内氧化性气体含量(或气体流量),则有利于石墨电极氧化。另外,石墨电极属于多孔固体,它在制造过程中会产生 $25\%\sim30\%$ 的孔隙度,这些孔隙使氧化反应界面积增加,同时成为氧化性气体向石墨电极内部扩散的通道,这将会加速石墨电极氧化。随着氧化不断向石墨电极内部发展,电极不断被消耗,其结果造成电极外部尺寸不断缩小,总体积不断收缩,电极变成"纱锭状",这种变形使电极表面电流密度有增大的倾向,从而进一步增强了石墨电极的氧化。采取直流供电形式,可以减缓这种倾向。

根据石墨电极的氧化特性,可以采取降低电极表面温度,防止氧化性气体侵入石墨电极表面和延缓电极氧化反应进行的时间等方法,达到降低电极表面氧化消耗的目的。

表1石墨电极氧化反应方程式、标准自由焓和反应条件(略)

3. 实验工作条件及方法

(1) 实验工作条件

全部实验均在高温氧化失重测试仪上进行(参见图1(略))。主要设备及技术参数见表2。采用 $\phi 25\,mm \times 300\,mm$ 石墨电极试样。试验前,全部试样在干燥箱内吹氢恒温进行干燥处理,充分去除试样内的水分。

表2 主要设备及技术参数(略)

(2)实验方法

按照石墨电极在冶炼过程中的工作状态,热态模拟石墨电极在电炉内氧化过程采取直接向电极表面喷淋防氧化溶液的方法。迅速降低电极表面温度,使高渐抗氧化物质育填在电极表面的孔隙中,减少氧化反应界面积。在电极表面形成连续均匀的防氧化溶液,确定最佳配比,寻求简便易行的最佳工艺制度及参数。实验过程中防氧化溶液由炉子上部喷淋环中以向下呈45°角向电极外表面连续进行喷淋,不断观察石墨电极外部防氧化层形态。

(3)实验结果及分析

实验炉温为 1 000℃,空气流量为 0.08 ml/h,实验结果如图 2 所示(略)。

由图 2 可见,没有采用喷淋防氧化溶液处理的 3♯ 石墨电极,经高温氧化后,试样外表面疏松,氧化层易脱落,其氧化消耗速率(V)与喷淋防氧化溶液处理 2♯ 和 1♯ 石墨电极相比,分别高 2~5 倍和 5~6 倍。

直接向石墨电极外表面喷淋防氧化溶液可使炉子上方电极红热部位在几分钟内被冷却至黑色,即能迅速、有效地降低电极表面温度。喷淋采用的防氧化溶液熔点低,高温下不易挥发,它与石墨电极具有良好的润滑性,能均匀地铺展在电极表面,且在石墨电极表面的孔隙内沉积,形成一层表面光滑连续的防氧化膜,显著提高了石墨电极抗氧化能力,从而极大地减少了电极表面氧化消耗。

4. 结束语

在造成石墨电极消耗的诸多因素中,石墨电极侧表面高温氧化是消耗的重要因素之一。实验结果证明,直接向石墨电极外表面喷淋防氧化溶液,可以迅速降低电极表面温度,并在其表面形成连续、均匀的防氧化膜,显著提高石墨电极高温抗氧化能力。它是降低石墨电极消耗的一种简便易行的有效途径。

5. 参考文献(略)

节选自《本溪冶金高等专科学校学报》1999 年第 2 期

【简析】 这是一篇创新型实验报告。采用单一式标题,集中反映了实验的核心内容。前言部分,说明了研究的对象(采取办法,降低石墨电极消耗)和实验的意义和作用(降低电极消耗,从而降低冶炼成本)。主体部分,阐明所依据的科学原理并介绍实验条件与方法。结尾部分,根据实验结果作出判断,直接向石墨电极化表面喷淋防氧化溶液来说明防氧化溶液的配比。全文语言简明、准确,以文为主,辅以图表。文、图、表上下衔接,前后配合,相得益彰。

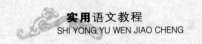

第四节　产品说明书

【文种知识】

一、产品说明书的概念

说明书是以说明为主要表达方式,用于向广大读者、观众、用户介绍某种事物的一种应用文体。科技说明书是说明书的一种。说明书在被说明的事物和读者、观众、用户之间,起着"媒介"、"桥梁"的作用。例如,有人想买一件新产品,就要阅读产品说明书,了解它的性能、特点和使用方法,以便合理使用。由此可见,说明书和人们的工作、学习和生活有着极为密切的关系。随着现代化建设的发展,新产品日益增多,说明书的使用越来越广泛。在新产品开发中,常见的科技说明书有:设计说明书、产品说明书、操作说明书、安装说明书、使用说明书、标准编制说明书等。这里只介绍产品说明书。

产品说明书是科技应用文中使用范围最广、适应面最大的一种文体,它要用简明通俗的语言对产品进行介绍,以期用户对产品有所了解,扩大产品的使用范围,从而广开销路。

具体地说,产品说明书是生产单位向用户介绍产品的性能、用途、使用和保养方法以及注意事项等情况时所写的准确、简明、通俗的文字说明。它广泛用于生产、科研、经济和商业领域,大多随产品赠送,深受生产单位重视和广大用户欢迎。

二、产品说明书的作用及类别

产品说明书的主要作用是指导用户了解产品的用途、性能、使用和保管等,以便用户顺利有效地使用产品。产品说明书是印刷形式的推销员,是生产单位推销产品的一种重要宣传工具,能起到宣传产品、扩大销售、促成用户购买的积极作用。另外,产品说明书还能提供科技资料和产品情报。据国外一份调查表明:产品说明书与学术杂志的原著论文、单行本小册子及专刊说明书一样,是可靠的资料情报来源之一。

产品说明书的种类,根据产品的简繁和说明的目的,可分为向用户简明扼要介绍产品内容的产品说明书和向用户全面详细介绍产品内容的产品说明书。一般说来,前者多用在民用商品、医药等方面,后者多用在运输工具、机床、仪器仪表等方面。根据内容和用途的不同,可分为民用产品说明书、专业产品说明书、技术说明书等。根据表达形式的不同,可分为条款式说明书、文字图表说明书等。根据传播方式的不同,可分为包装式和内装式。包装式即直接写在产品的外包装上,内装式则是将产品说明书专门印制,甚至装订成册,装在包装箱(盒)内。

三、产品说明书的特点

(一)内容的科学性

一种新产品问世,本身就是科研生产的结果。产品说明书必须如实地对新产品做科学的介绍,把新产品有关的原理、知识或要领说明白。说明的内容必须符合产品的实际情况,经得起实践的验证,取得用户对产品的信赖。

(二)说明的条序性

产品说明书应按产品的生产过程及其相互关联的顺序,或者按用户认识产品的递进程序,条理分明地进行说明,让用户依循一定的程序,逐一了解和掌握产品的用途、性能、使用和保管等事项,以便准确地操作应用。

(三)用户的实用性

产品说明书是为用户服务的,旨在使用户对产品有所了解,从而能正确、合理地使用产品。因此,产品说明书与成果报告不同,应以实用为目的。电视机说明书不必大谈其显影的原理,而要注重使用方法的解说,强调实用性是产品说明书的突出特点。

(四)语言的通俗性

产品说明书的语言要让人一看就知道"该怎样"和"不该怎样",以引起用户的重视和注意。

(五)形式多样性

产品说明书的样式各种各样:装帧上,有单页、活页、卡片,也有折叠式和书本式等;规格上,没有固定开本,有 16 开、32 开、50 开等;印刷上,有油印、晒图、彩印、塑面烫金等;表达形式上,可以文字式,也可以图文兼备。

为了加强宣传效果,许多产品说明书非常注意图文并茂。图画、照片既可以美化产品说明书,活跃版面,给人以新颖感;又能减少文字,对文字难以说明的内容做形象的示意。

四、产品说明书与广告的区别

产品说明书与广告虽然都要求说明产品的名称、产地和有关知识,但是也有所区别。主要在以下几点:

(一)广告的目的主要是推销产品,说明书的目的主要是说明产品各方面的知识。

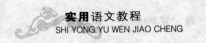

（二）广告对产品性能、特点、用途等的说明高度概括，产品说明书则较为详细具体。

（三）广告的内容包括接洽方法、时间、地点等，产品说明书则没有这些内容。

五、产品说明书的结构和写作要求

要写出一份好的产品说明书，必须对产品有充分的认识和深刻的了解，要掌握产品的各个方面，这样才能博中求约、要言不烦，突出产品最主要的特点。写作产品说明书还要考虑表达手段的多样性，不但要写好文字，还要借助照片、图画、表格等，使得说明书包容尽可能大的知识量。此外，产品说明书大多随产品赠送，为达到理想的宣传效果，应注意文字的洗练，封面设计、美术装帧都要美观，选用的照片要构图精美、色彩鲜艳。只有各种因素相互配合，才能得到一份理想的产品说明书。

工业和科研使用的产品说明书，一般可按下列要求写作：

（一）封面

封面上最好印有实物照片或外形图，印有醒目的标题。标题一般是由产品名称加上"说明书"三字构成，如《VCD 说明书》。有些说明书侧重于介绍使用方法，称为使用说明书，如《吹风机使用说明》。还要标明生产单位。

（二）目录

标明各章节名称及页码。有的产品说明书可以没有目录。

（三）概述

说明产品设计的目的，产品的性能、特点、原理，产品的使用范围和使用条件等。

（四）正文

正文是说明书的核心部分，大体包括以下几点：

1. 主要技术指标

列出产品的各项性能指标，产品工作条件的数据范围，如温度范围、压力范围、电源电压以及电压的变化范围等。对于较精密的仪器、仪表还应列出仪器、仪表的精度、误差范围、产品的体积和重量等。

2. 工作原理

简略叙述产品是根据什么原理设计的，对于特殊的机构和特殊的电路要做较详细的介绍。原理部分应起两个作用：首先是让用户对产品有较深入的认识，其次能使用户对于操作程序有较深入的理解。原理知识还可以帮助用户维护和检修产品。

3. 使用方法

按照操作的程序分别逐条列出每一项操作的要领,同时还应指出必须注意的事项,对于容易损坏的部位要特别予以强调。

4. 维护与修理

强调产品保养的方法,对于较复杂的产品还要指出常见的故障以及简单的修理方法。

5. 零件表

列出所有零配件的型号和规格。

6. 原理图

包括结构图、电路图等。

7. 其他

产品附件、备件的名称、图形和附件、备件位置的示意图、成套设备说明书清单。

使用说明书内容较多时(如成套设备),可按单项内容编制文件,如"调试说明书"、"安装说明书"、"维修说明书"等。

(五)封底

正中可标明醒目的商标,注明厂址、电话号码、传真,有的还注明厂休日,便于用户识别、联系。

民用产品使用说明书,一般对产品的科学原理不作烦琐的阐述,一笔带过。

六、撰写产品说明书要注意的问题

(一)要有高度负责的精神

生产产品的目的在于满足人民日益增长的物质和文化生活的需要,要为用户着想,必须实事求是地向广大用户宣传,充当忠实可靠的生活顾问。

(二)要有严肃认真的科学态度

写产品说明书的时候,要认真调查研究,充分占有材料,抓住产品的本质属性和特点,不夸大,不缩小,不走样,才能写出科学、准确的文字说明。

(三)要抓住关键问题

写说明书必须抓住事物的关键问题进行阐述,特别是有关指导某些实验或生产实践的说明书,更应该这样。所谓抓住关键,也就是抓住事物中最紧要的部分,抓对事物的产生、发展和变化起决定性作用的因素。如果关键部分没有抓住或抓住了没说清楚,那么读者对所要说明的问题就理解不了,就不能参照说明书去实践。

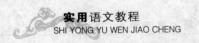

【例文选读】

香雪牌抗病毒口服液使用说明书

（纯中药新药）

本品系以板蓝根、藿香、连翘、芦根、生地、郁金等中药为原料,用科学的方法精心研制而成,是实施新药审批法以来通过的第一个用于治疗病毒性疾患的纯中药新药。

本品经中山医科大学附属第一医院、第一军医大学南方医院和广州市第二人民医院等单位严格的临床证明,对治疗上呼吸道炎、支气管炎、流行性出血性结膜炎（红眼病）、腮腺炎等病毒性疾患有显著疗效。总有效率达 91.27%。其中,对流行性出血性结膜炎（红眼病）和经病毒分离阳性的上呼吸道炎疗效均为 100%,并有明显缩短病程的作用。

本品疗效确切,服用安全、方便,尤其适用于儿童患者,是治疗病毒性疾病的理想药物。

［性状］本品为棕红色液体,味辛,微苦。

［功能与主治］抗病毒药。功效清热祛湿,凉血解毒,用于治疗风热感冒、瘟病发热及上呼吸道感染、流感、腮腺炎等病毒感染疾患。

［用法与用量］口服,一次 10 ml,一日 2～3 次,宜饭后服用,小儿酌减。

［注意事项］临床症状较重,病程较长或合并有细菌感染的患者应加服其他治疗药物。

［规格］每支 10 ml。

［贮藏］置阴凉处保存。

【简析】 这是一份产品说明书。最突出的优点是其对药品的介绍,用了名牌医科大学附院等单位的临床疗效以作证明,其次对消费者的需要和利益也考虑得比较周到。本文语言明晰、准确,很好地体现了产品说明书的科学性、实用性和条序性的特点。

单元综合练习四

一、问题简答题

1. 构成学术论文结论的内容要素有哪些? 撰写结论时应注意哪些问题?

2. 毕业论文的选题应注意哪些要点?

3. 产品说明书的作用及写作要求有哪些?

二、问题研讨题

1. 你所学专业目前科研中有哪些前沿性问题?

2. 你所学专业的现状和发展趋势是怎样的？

3. 你所学专业目前科研中已成立的学说有哪些需要补充或纠正的问题？

三、阅读分析题

1. 阅读下列材料，完成后面练习。

1939年10月，当时在美国的科学家爱因斯坦、玻尔、费米、白拉德、维格纳等人，为了抢在希特勒的前面把原子弹研究出来，写了一封很长的信给美国总统罗斯福，信中陈述了铀裂变有可能被用来制造威力空前的炸弹，并特别提到了德国人也在进行的工作，建议美国立即研制原子弹。这封信由爱因斯坦签署，并由罗斯福的朋友、国际金融专家萨克斯面呈罗斯福。由于信中的科学论述艰涩难懂，尽管萨克斯口若悬河，罗斯福却听不懂，反应十分冷淡："这些都很有趣，不过政府若现阶段就干预此事，看来还为时过早。"萨克斯的第一次努力失败了。他苦苦思索，怎样才能三言两语使总统大彻大悟，茅塞顿开？第二天，萨克斯再与罗斯福见面时，总统首先发言："今天不许再谈爱因斯坦的信，一句也不许谈。"萨克斯胸有成竹，讲一段历史：英法战争期间，在欧洲大陆上不可一世的拿破仑在海上却屡战屡败。这时，一位年轻的美国发明家富尔顿向拿破仑建议："把法国战舰的桅杆砍断，撤去风帆，装上蒸汽机，把木板换成钢材。"可是拿破仑心里想："船没有帆能走吗？木板换成钢板能不沉没？"拿破仑眉头一皱，把富尔顿轰了出去。萨克斯接着说："历史学家们在评论这段历史时认为，这是由于敌人缺乏见识而使英国得以幸免。如果当时拿破仑稍稍动一动脑筋，郑重考虑一下富尔顿的建议，十九世纪的历史就得重写。"罗斯福听完，沉默了几分钟后，对萨克斯说："你胜利了！"在罗斯福的支持下，当天就成立了研制原子弹的专门委员会，很快动员了十二万五千人参加研制工作，并为此专门投资二十亿美元。

（1）用一句话概括出这段文字的标题；

（2）分析、解释这一材料的意义。

2. 阅读下面这篇实验报告，分析归纳其特点。

"露珠引火"的验证

一、实验的动机与目的：在一家报纸的知识栏里，刊登了这样一篇文章，说树上的一个鸟窝忽然起了火，据推测，是悬挂在树叶上的露水滴像凸透镜一样聚集了太阳的光线，光线的焦点正好落在用枯草搭盖的鸟窝上，所以引起了火。

看了这个报道，我们很感兴趣，想亲自实验一下，看看水滴是不是能起凸透镜的作用，如果能，是怎样引燃柴草的。

二、实验用品：玻璃一块，清水一杯，稻草一束，计时表一块。

三、实验经过：

实验是在晴天的正午进行的。

1. 把清水滴在玻璃上，使它聚在一起不要流散。

2. 手持玻璃，使阳光从水滴上射入，并平稳地移动位置。使光线聚集的焦点落在稻草束上。

3. 观察稻草燃烧情况，并做如下记录。

时间开始一分钟、三分钟、五分钟、十分钟、稻草起火过程。焦点落在稻草上，开始冒烟，稻草被烤成焦茶色。烟增大，烧焦处扩大。烟更大，烧焦处发红。出现火焰，燃烧。

四、实验结论：

水滴可以像凸透镜一样，聚集阳光引燃稻草。进一步推想，其他可以起透镜作用的东西在阳光照耀下也同样可以引起火，如装满水的椭圆形鱼缸，下雨后天窗璃玻上的水滴等。对此，我们

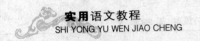

应该引起注意。

3. 阅读下面这则产品说明书,指出其中存在的优缺点。

××电动剃须刀使用说明书

一、特点

本剃须刀采用 1.5 V 一号电池作电源动力,剃须时勿须擦皂沫,使用方便,安全舒适。

二、规格

额定电压 DC1.5 V。

三、使用方法

剃须时,先将后盖旋开,放入电池,然后将后盖旋紧,以拇指向左推动开关,内刀片即开始转动,除去塑料保护罩,以外刀片接触面部有须部位来回转动,胡须即被剃除。

四、注意事项

1. 勤剃须,否则会因胡须过长,不易进入外刀孔,影响剃须速度。

2. 剃须后,旋开外刀片用毛刷刷去须屑和油污,保持须刀清洁。

3. 如不经常使用,须将电池取出,以防电池漏液腐蚀零件。

五、特邀修理部

1. ×××家电服务部。地址:×××大街××号。

2. 厂修理部。地址:×××路××号。

四、写作实践题

1. 查阅专业资料,将最近 3～4 期专业期刊中你最喜欢的栏目的资料,分类编成资料卡或文集,并写出阅读心得。

2. 在教师指导下,结合课程实习或科研工作,撰写一篇论文。要求完成选题、收集材料(包括查阅文献资料及做实验)、整理材料、编写提纲、起草修改等工作。题目自拟。